어느 지식인의 죽음

칼빈주의 청교도 ◦ 전도 부흥 설교자

조지 휫필드
신학 사상과 설교

박세환 저

도서
출판 **영문**

The Theological Thought And Sermon of George Whitefield

by

PARK, SE WHAN., Th. M., D.P.M., Th. D. Cand.

Young Moon Publishing Co.,
Seoul, Korea. All rights reserved.
Printed in Korea.
2002

추천하는 글

이번 박 세환 박사의 저서 「조지 휫필드 신학 사상과 설교」 출간을 진심으로 축하하고 기뻐하는 바이다. 책이란 읽기도 쉽지 않지만 쓴다는 것은 더욱 쉬운 일이 아니다. 그의 저서는 빈틈없는 생생한 자료 수집과 함께 날카로운 분석력, 그리고 논리적 사고가 없이는 엄두를 낼 수 없는 작업이다.

필자는 지금까지 저자를 대할 때마다 그의 해맑은 웃음과 구수한 친화력에 반하지 않을 수 없었고, 또 한국 교회에 대한 그의 사랑과 진지함에 감탄과 존경을 표한 적이 한 두 번이 아니었다. 그러다가 가끔씩 연락이 뜸하다 보면 무슨 큰일 하나씩을 해내곤 하였는데 이번에도 역시 예외는 아니었다. 그가 영적 거성을 소개한 것이다.

조지 휫필드는 영국 태생으로 종교 개혁자 존 칼빈 이후에 가장 개혁주의 신학자요 설교자요 목회자임을 부인할 수가 없다. 그는 18세기 계몽주의, 인본주의가 판을 치던 시대에 미국과 영국을 7번이나 넘나들며 영적 혁명을 일으킨 부흥 운동의 주창자였다. 그와 동시대의 사람 윌리엄 코오퍼는 휫필드에 대해서 "그의 정열과 사도적인 자비심에 있어서 바로 사도 바울과 동일한 인물이었다"라며 극찬을 아끼지 않았다.

횟필드는 무엇보다 원고 없이도 대중을 휘어잡는 능력이 있어, 설교자로서의 이미지를 당대에 굳혔던 현대판 빌리 그래함이었다. 저자도 지적하였지만 그의 설교는 감리교 창시자 존 웨슬리와 그리고 황금의 입이라 불리는 스펄전 설교자에게까지 영향력을 끼칠 정도로 카리스마가 컸었다. 그의 설교 주제는 인간의 죄악성에 대한 복음적인 치유 능력과, 그리스도를 통한 구원의 풍성함에 대한 믿는 자의 누림이었다. 그는 비록 웨슬리와 성경 해석상의 차이가 있었으나, 거리를 두지 않고 자신의 장례식을 웨슬리에게 부탁할 정도로 복음적인 자유와 화목을 누리며 살았다.

자칫 지나간 세대의 영적 인물들을 다룰 때에, 잘못하면 저자의 상상력이나 미사려구에 의하여 굴곡된 교훈이나 편견을 심어줄 수가 있다. 그렇지만 저자 박 세환 박사는 횟필드에 대한 풍부한 자료를 토대로 객관적인 검증이 철저했고, 그리고 횟필드 설교를 직접 발췌하여 비교 분석하는 수고를 아끼지 않아, 역사 학자와 신학자로서의 통찰력을 유감 없이 보여주었다.

그렇기 때문에 개인의 신앙 체험과, 교회 부흥 운동에 대한 이해와, 목회적 설교를 꿈꾸는 분들이 본서를 대하게 된다면, 실로 엄청난 자기 도전과 발전이 있으리라 믿어진다. 저는 감히 일독을 권하는 바이다. 이 만한 책이 나오기까지 수고하신 박 세환 박사의 노력을 경하하며 앞으로 더 많은 책을 기술하여 한국 교회와 성도들에게 커다란 유익을 끼칠 것을 소망해 본다.

2002년 8월 22일
한국 실천신학 연구소 소장 (말씀의 교회)
윤 두 환 목사

머리말

저는 앞서 간 영적인 거봉(巨峰)들인 존 번연, 존 칼빈, 찰스 하돈 스펄젼, 클라렌스 에드워드 매카트니, 디. 엘 무디, R. A. 토레이 박사를 살펴보면서 지난 한 해를 주와 한국 교회를 위해서 바쳤습니다. 2002년을 맞이해서 저는 계속해서 조지 휫필드를 연구하였습니다. 그는 진정한 칼빈주의 전도자이며, 목회자이며, 또한 부흥사로서 그의 시대적인 역할과 재평가는 더욱 중요한 일입니다. 이제 21세기 한국 교회의 영적 대각성과 부흥의 불길을 사모하는 모든 동역자들에게 이 글을 바칩니다.

제 1 부에서는 조지 휫필드의 생애와 신학 사상을 그의 자서전에서 살펴보았습니다(Arnold, Dallimore., George Whitefield, vol. I., (1979) II., (1980), Westchester, Illinois: Cornerstone Books., George, Whitefield., George Whitefield's Journals, Edinburgh: The Banner of Truth Trust, 1978., George, Whitefield., George Whitefield's Letters: For the period 1734-1742, (reprint.) Edinburgh: The Banner of Truth Trust, 1976., Ninde, Edward S., George Whitefield (Prophet-Preacher), New York: The Abingdon Press, 1924)를 참조했습니다.

제 2 부 휫필드의 설교에서는 그의 설교와 존 웨슬리의 설교를 비교했습니다. 그리고 J. C. Ryle., Select Sermons of George Whitefield, Edinburgh: The Banner of Truth Trust, 1997)., George, Whitefield., Whitefield's Sermon Outline, Sheldon B. Quincer., (edit.)., Grand Rapids: Wm. B. Eerdmans Publishing Company, 1987., George, Whitefield., Eighteen Sermons Preached by the late Rev. George Whitefield, M. A., London, 1771)를 참조했습니다.

휫필드 설교의 특징은 성령의 설교이면서도, 예수 그리스도의 은혜 교리에 기초로 하는 본문 원고 없는 주제별 설교에 대한 모델을 제시해 주었습니다. 특히, 2002년은 정말로 뜻깊은 한 해입니다. 한국 교회에 초대 선교사인 언더우드 선교사와 마포삼열 선교사를 통해서 심겨진 칼빈주의의 청교도 신앙을 전해 주었던 선교사들이 바로 무디와 토레이 박사의 부흥 운동과 선교의 영향을 입어 한국 교회의 선교에 영향을 미쳤습니다.

이와 같은 복음 전도와 부흥 정신을 계승한 총신 동문 신학자 협의회에서 태동한「프로 에클레시아(Pro Ecclesia)」가 이년 째를 맞이했습니다. 한국 교회와 민족을 섬기는 신학회로 발전하기를 기원합니다. 또한 아메리카에서 조나단 에드워즈를 통해서 1734년에서 1742년 사이에 일어났던 부흥의 역사가 1737년 5월 18일에 미국에 도착한 조지 휫필드를 통해서 영적 대각성이 지속되었던 것처럼, 1907년 한국 평양에 위치한 장대현 교회에서 일어났던 부흥 운동이 21 세기에도, 2007년에 다시 일어나기를 기도합니다.

올해로 휫필드 목사 출생 제 288 주년을 맞이했습니다. 우리는 이제 선진들의 신앙 유산을 재검토라고 계승 발전시킬 시점에 이르렸습니다. 21 세기를 맞이해 한국 교회가 칼빈주의 청교도 개혁 정통 신앙의 유산인 전도와 선교와 부흥 운동을 되찾아 우리 민족과 세계를 선도하는 교회가 되기를 바랍니다.

이 글을 나오기까지 물심 양면으로 수고하시고, 한국 출판계의 청교도 개혁 정통 신앙의 비전을 제시하기 위해서 헌신적으로 섬기는 도서 출판 영문 대표 김수관 장로와 출판 관계자들에게 진심으로 감사를 드립니다. 이어서 20 세기 칼빈주의 청교도 영향을 받은 전도자인 「조나단 에드워즈의 신학 사상과 설교」가 출간될 것입니다. 많은 기도를 부탁드립니다.

이 글이 나오는데 추천의 글을 써 주신 한국 실천신학 연구소 소장이며 말씀의 교회 당회장 윤 두환 목사님에게 감사를 드립니다. 이 글이 나오는데 수고하신 분들과 조력해 주신 이 범선(루디아) 선생에게 감사를 드립니다. 이 책을 읽는 자마다 전도와 부흥과 사랑의 비전이 임하시기를 기도합니다. 프로 에클레시아 세미나에 교계 모든 분께서 많은 참여하여 주시기를 바랍니다

마지막으로 조지 휫필드가 사랑했던 성구들을 실었습니다.

"의는 나라로 영화롭게 하고 죄는 백성을 욕되게 하느니라."(잠 14:34).

"너희는 약한 손을 강하게 하여 주며 떨리는 무릎을 굳게 하여 주며 겁내는 자에게 이르기를 너는 굳세게 하라, 두려워 말라, 보라 너희 하나님이 오사 보수하시며 보복하여 주실 것이라 그가 오사 너희를 구하시리라 하라. 그 때에 소경의 눈이 밝을 것이며 귀머거리의 귀가 열릴 것이며 그 때에 저는 자는 사슴 같이 뛸 것이며 벙어리

의 혀는 노래하리니 이는 광야에서 물이 솟겠고 사막에서 시내가 흐를 것임이라. 뜨거운 사막이 변하여 못이 될 것이며 메마른 땅이 변하여 못이 될 것이며 메마른 땅이 변하여 원천이 될 것이며…"(사 35:3-7).

"하나님이 미리 아신 자들로 또한 그 아들의 형상을 본받게 하기 위하여 미리 정하셨으니 이는 그로 많은 형제 중에서 맏아들이 되게 하려 하심이니라. 또 미리 정하신 그들을 또한 부르시고 부르신 그들을 또한 의롭다 하신 그들을 또한 영화롭게 하셨느니라."(롬 8:29-30).

"Et dixit eis: Euntes in mundum universum praedicate Evangelium omni creaturae.(또 가라사대 너희는 온 천하에 다니며 만민에게 복음을 전파하라.)"(SECVNDVM MARCVM 16:15)

- 진리 안에서 영광을(In Veritate Gloria)! -

주후 2002년 6월 20일
한국 실천신학 연구소
은암 박 세 환 조사

목 차

추천하는 글 ···3
머리말 ···5
조지 휫필드 약력 ···13

제 1 부 휫필드의 생애와 신학 사상 ·······································15

제 1 장 성장과 영적인 변화 ···17
  1. 출생 ···17
  2. 휫필드의 회심 ···28
  3. 옥스퍼드 대학교 시절 ··30
  4. 미국 조지아 선교 ··37
제 2 장 전도자로서의 부름 ···42
  1. 옥외 집회 ···42
  2. 런던 옥외 집회 ··48
  3. 결혼 ···50
제 3 장 사랑의 전도자 ···58
  1. 베데스다 고아원 설립 ··58

2. 흑인 교육기관 설립 ··62

제 4 장 목회자 ··66
　　1. 장막 교회 ··66
　　2. 공동체 지도자 ··71
　　3. 미국 순회 전도 ··77
　　4. 뉴잉글랜드 ··85
제 5 장 칼빈주의 사역자 ··91
　　1. 칼빈주의자 ··91
　　2. 웨슬리와 교리 갈등 ··95
　　3. 웨슬리와 결별 위기 ··100
　　4. 감리교 조직 자 ··106
제 6 장 휫필드의 팀 사역 ··112
　　1. 호웰 해리스 ··112
　　2. 찰스 웨슬리 ··121
　　3. 존 케닉 ··124
　　4. 벤쟈민 프랭크린 ··126
제 7 장 부흥 사역자, 휫필드 ····································130
　　1. 고난과 핍박 ··130
　　2. 섬기는 전도자 ··135
　　3. 영적 대각성 운동 ··141
제 8 장 설교자 휫필드 ··146
　　1. 설교자로서의 변화 ··146
　　2. 설교자로서 휫필드 ··162
　　3. 조나단 에드워즈 ··166
　　4. 아더 피어선 ··172
제 9 장 복음 전도자의 생활 ······································176

1. 헌팅든 백작 부인 ······································176
   2. 스코틀랜드 ···181
   3. 캠버슬랭의 신앙 부흥 ································185
   4. 미국 선교 ···192
제 10 장 휫필드 정통 칼빈주의 신학 사상 ···············205
   1. 성경 연구관 ···205
   2. 인간의 타락성 ··206
   3. 예수 그리스도의 양성 ·······························208
   4. 칭의관 ···209
   5. 회개관 ···211
   6. 회심관 ···212
   7. 신앙관 ···213
   8. 중생관 ···215
   9. 구속관 ···217
  10. 성화관 ···218
  11. 성령관 ···221
  12. 중보 기도 ··223
  13. 사랑관 ···224
  14. 예배관 ···225
  15. 목자론 ···227
  16. 자기 부인 ··230
  17. 승리관 ···232
  18. 설교관 ···233
  19. 전도관 ···237
  20. 부흥관 ···239
  21. 신자 생활 ··243
  22. 휫필드와 웨슬리 신학 ······························244

제 11 장 선지자의 안식 ··255
  1. 마지막 사역 ··255
  2. 장례식 ··267

제2부 휫필드의 설교 ··275

서 론 : 조지 휫필드의 설교 분석과 존 웨슬리의 설교 ···············277
제 1 장 믿는 자의 지혜, 의로움, 성화와 구속함이 되신 그리스도 ·····299
제 2 장 하나님과 동행 ···323
제 3 장 선한 목자 ··347
결론 : 조지 휫필드의 영적 유산 ·····································369

부 록 ···381
  참고 도서 ··383

조지 휫필드 George Whitefield(1714-1770)

1714년	12월 16일 토머스 휫필드와 엘리자베스 사이에서 칠 남매 중 막내로 출생
1726-1729년	성 마리아 드 크립트(Saint Mary de Crypt) 학교
1730-1년	어려운 가정 형편으로 학업 중단하고 어머니가 경영하던 벨 여관 급사
1731-2년	다시 성 마리아 드 크립트 학교에 재 입학
1732년	옥스퍼드의 펨부로크(Pembroke) 대학에 근로 장학생으로 입학 1학년 말에 옥스퍼드 대학 내 홀리(holy) 클럽에 가입
1735년	5월에 헬리 스쿠걸의 책「영혼 속에 거하는 하나님의 생명」을 통해서 회심
1735년	5월에서 1736년 3월까지 옥스퍼드 대학교 휴학
1736년	7월 20일 영국 국 교회 소속 벤슨 주교에게 집사 안수를 받음.
1736년	7월 옥스퍼드 대학교 졸업
1736년	8-9월에 런던에서 설교
1737년	순회 설교자로서 런던에서 대중 가운데 큰 인기와 열매를 맺음.
1738년	2월 2일 선교 사역을 위해 아메리카의 조지아에 고아원 설립을 위한 허가를 받고 고아원 모금 마련을 위해 영국으로 귀국(9월 9일)
1739년	벤슨 주교에게 목사 안수를 받고, 브리스톨의 킹스우드에서 야외 설교 교리적인 차이로 인해 웨슬리와 소원해지면서, 2차 미

	국 선교 방문
1740년	1월 미국 조지아에 베데스다 고아원과 흑인 교육을 위한 나사렛 시공
1740년	9-10월에 미국 뉴잉글랜드 전역을 휩쓴 대각성 운동을 주도
1741년	잉글랜드로 귀국. 스코틀랜드 전역을 돌며 부흥의 불길을 일으킴(8-9월)
1741년	11월 14일 웨일즈에서 엘리자베스 제임스(Elizabeth James) 과부와 결혼
1743년	"칼빈주의 감리교 협회" 결성. 초대 종신 의장으로 추대
1744년	8월부터 1748년 7월까지 3차 미국 방문
1748년	7월부터 1751년 8월까지 영국과 아일랜드 사역
1750년	"칼빈주의 감리교 협회"의 수장을 포기
1750년	헌팅든 부인을 통해서 귀족들에게 설교하여 상류층 전도
1751년	존 웨슬리와 화해
1751년	9월에서 1752년 5월까지 4차 미국 방문(조나단 에드워즈와의 만남)
1752년	5월에서 1754년 3월까지 영국 순회 전도
1754년	3월에서 1755년 5월까지 5차 미국 방문
1755년	비 국교회 예배당으로서는 세계 규모인 토트넘코트 로드 예배당을 지음.
1755년-1763년 사이에 영국과 미국 두 지역에서 사역	
1763년	7월에서 1765년 7월까지 6차 미국 방문
1765년	7월에서 1769년 9월까지 영국에서 마지막 사역
1769년	9월에서 1770년 9월까지 7차 미국 방문
1770년	9월 29일 엑서터에서 마지막 설교
1770년	9월 30일 매세츄세츠의 뉴베리포트에 올드 사우스(Old South) 장로 교회에서 장례 예배

제 1 부

조지 휫필드(1714-1770) 생애와 신학사상

제 1 장
성장과 영적인 변화

1. 출생

　18 세기에 하나님께서 영국의 휫필드를 통해서 대각성 운동과 부흥을 통해서 미국에 있는 조나단 에드워즈를 통해서 양국을 통해서 영적인 연합 운동이 결국 19 세기에 영국에서는 찰스 스펄전과 미국에서는 디와이트 무디라는 전도자를 통해서 하나님의 크신 역사가 일어났습니다. 더욱이 미국에서는 루벤 토레이 박사와 아더 피어선, 클라렌스 매카트니 박사를 통해서 성경, 전도, 선교 운동이 일어났습니다. 이 같은 놀라운 성령의 역사가 일어난 뿌리로써 우리는 칼빈주의 전도자이며 또한 부흥사인 조지 휫필드를 꼽습니다.

　그가 근대와 현대의 성령 운동에 불길을 던져 주기 전인 1660년 영국의 영적, 도덕적인 상태를 살펴봅시다. 영국은 왕정복고로 인해서 청교도주의를 강력하게 배척함으로 인해서 영국 사람들에게는 고삐가 풀린 방종한 삶으로 전락했습니다. 국민 대다수가 절제를 저버리고 조심 없이 불경건, 술취함, 비 도덕성과 도박에 빠졌습니다. 1662년에 청교도 양심을 반하는 법제화로 인해서 영국 역사에 가장 암흑기에 처하여 거의 2,000명의 성직자들이 기도 방식 통일 법령(Act of Uniformity)을 거부함으로 인해서 사역지에서 쫓겨나고 이들 가운데 수백명은 수난을 받았으며 한 부류는 감옥에서 죽었습니다. 이로 인해서 신앙 양심으로 살기 위해서 평신도 전도자 존 번연(John Bunyan)도 수감되었습니다.

비록 많은 청교도 신자들과 목사들이 감옥에 갇혔지만 영원한 신앙의 가치를 위해서 진리와 투쟁하면서 영적인 부흥을 위해서 기도함으로써 고투했습니다. 이런 상황 중에 자연신교(Deism)가 영국에 소개되었기에 점차로 영국 교회는 종교적인 합리주의의 형태로 찾아들었습니다. 이 사상은 하나님은 제일 원인으로 보고, 시계 공이 시계의 태엽을 감아두는 것처럼 돌아가듯이 창조를 통해서 신은 인간의 역할에 대한 책무를 깨닫는 것이 중요하다고 주장했습니다. 참된 그리스도교를 자연적인 종교에서 다시 발견하려고 했습니다.

그렇기에 그들은 초자연적인 종교에 대하여 비판적이었습니다. 자연신교는 1660-1670년 사이에서 영향을 미치다가, 1730년에 출간한 틴달(Tindal)의 「창조로서 오래된 그리스도교(Christianity as Old as the Creation)」이 결정체였습니다.

영국 교회는 학문이나 그리스도교 원리들에서 자연신교를 받아들일 수밖에 없을 정도로 속수무책이었습니다. 영국 교회도 무방비 상태에 이르렀습니다. 이로 인해서 한 세기가 지나면서 그리스도의 신성이나 삼위일체에 대한 논쟁이 영국 교회를 뒤흔들었습니다. 상당한 국민들은 그리스도교에서 신앙하는 것조차도 거짓된 신앙고백으로 자처하는 문제로 전락했습니다. 이로 인해서 영국 국민은 신앙의 '열정'을 꺼려하였습니다. 그래서 그들은 신앙의 열정을 오늘날에 '광신적'이라는 말처럼 이상하게 여겼습니다. 장로교 교인들이나 독립 파나 침례교 교인들인 비 국교회는 영국 국교회보다는 자연신론의 영향을 덜 받았습니다.

    그러나, 영국 국교회로부터 1662년에 결정했던 대 추방령(The Great Ejection)이 이어서, 1689년에 관용법(Act of Toleration)이 도입으로 인해서 완화된 신앙의 자유로 인해서 비 국교도들은 다소 활성화되었지만 그들의 기쁨도 잠시였습니다. 그들도 점차 오랜 시간이 지나면서 영적인 자유의 열기는 점점 식어져 갔습니다. 비 국교도 교회의 위기는 회의주의에 영향을 받아 그리스도교의 근본적인 원리들에 대하여 아리안주의(Arianism)가 침투했습니다.

    그래서 명백한 진리가 영국 교회에서 떠나기 시작했습니다. 이로 인해서 영국 국민은 교회 개혁이래 예수 그리스도의 복음이 절박하게 필요로 했습니다. 영국 상류층은 비인간성이 자리잡고 있었습니다. 그들의 삶은 자만과 외양에 치중하며 사치에 빠졌기에 입으로는 교회를 섬기면서 자연신론의 사상이 그들을 사로잡고 있었습니다. 그들 아래 부류들은 가난에 빠져서 방종하고 나태한 삶의 좌절에 빠져들었습니다. 그래서 감옥에는 많은 죄수들로 차고 넘쳤습니다. 그 당시에 정신 이상자나 어린이 학대, 도박이나 폭도들이 넘쳤습니다. 이로 인해서 모든 타락의 온상지가 되었습니다. 이 같은 불경건의 홍수가 영국에 흐르는 것을 막는데 그리스도교 변증을 위한 학자의 저술로써도 충분치 않았습니다. 국가는 범죄자에 대한 처벌의 강화나 악행자에 대한 광고나 교수형이 증가했지만 개인적인 심령의 변화를 줄 수 없었습니다. 이 때에 영국 국민을 깨우는 설교자의 목소리가 있었으니 그가 바로 조지 휫필드였습니다(Arnold. A. Dallimore., George Whitefield, V. I., Westchester, Illinois:

Cornerstone Books, 1979, 31).

특히, 조지 휫필드의 조상은 옥스퍼드 대학과 사역적인 면에서 살펴보자면, 그의 할아버지 앤드류 휫필드(Andrew Whitefield)는 브리스톨(Bristol)에서 사업으로 자수성가해서 조기 은퇴하여 말년을 보냈습니다. 그의 거주지는 토른베리(Thornbury) 부근입니다. 그의 아버지인 토마스 휫필드(Thomas Whitefield)가 어릴 때 그곳에서 자라났는데, 그는 신사의 가문에서 안정되게 성장했습니다. 할아버지 앤드류에게 있었던 왕성한 기업 정신이 그의 아버지인 토마스에게도 있었습니다. 그래서 그는 브리스톨에서 포도주 사업장에서 일하기보다는 개인 사업에 대한 열망으로 사업에 뛰어들었습니다. 그 후로, 그는 자수성가해서 글로세스터에 있는 벨 여관을 개업했습니다. 그는 먼저 19 세인 엘리자베스 에드워드(Elizaberth Edwards) 양과 결혼했습니다. 엘리자베스의 아버지인 리차드 에드워즈(Richard Edwards)는 제조 무역업을 했습니다. 그의 가문은 중상층이었습니다. 조지 휫필드 집안은 옥스퍼드의 대학 출신들이고 또한 옥스퍼드 교회의 성직자들이나 사업에 성공한 모범적인 시민들이었습니다(41).

조지 휫필드는 1714년 글로세스터(Gloucester)에 있는 벨 여관에서 태어났습니다. 이 곳은 늘 붐비는 식당과 선술집을 겸하고 있는 60m 너비의 3 층 건물은 영국 글로세스터 전역에서 가장 훌륭한 여관이었습니다. 그 여관의 그레이트 룸(Great Room)은 연회장이나 극장 공연 무대로 쓰였습니다. 단골 손님 가운데 당대에 유명한 사람들도 있었습니다. 그의 아버지 토마스 휫필드(Thomas Whitefield)의 사업 수완으로 인해서 당시에 벨 여관은 번창했습니다. 당시 그에게 부과되는 구빈(救貧)세는 그 지역의 어느 주민보다 두 배 이상이었습니다.

토마스와 그의 아내 엘리자벳(Elizabeth)은 둘 다 유복한 가정 출신이었습니다. 할아버지 앤드류 휫필드는 저택에서 한적한 생활을 했었습니다. 그곳에서 그의 아버지 토마스는 소년 시절을 보냈으며, 그의 아내인 엘리자벳도 브리스톨의 명문가(名文家) 출신이었습니다. 그녀의 친척들 중에는 공무원이 많았으며, 그들이 남긴 유언서로 볼 때 상당한 재산가인 사람들도 있었습니다. 휫필드 가(家)는 사업만 번창한 것이 아니라 집안도 번성했습니다.

토마스와 엘리자베스는 처음에 다섯 아들을 낳았고, 그 후에 딸을 하나 낳았습니다. 마지막으로 '조지'라는 아들이 태어났습니다. 그가 바로 조지 휫필드였습니다. 그들의 가정은 중상류 층에 속했고 글로세스터의 유력한 시민들 축에 끼었습니다(45).

"제가 어릴 때부터 죄 중에 잉태하여 죄 중에 태어났습니다. 저에게는 본성적으로 아무런 선함도 없었습니다. 그럴지라도 하나님의 은혜로 인해서 붙잡아 주지 않았다면 하나님의 면전에서 추방되고 말았을 것입니다. 제가 분명히 말하건대, 저는 어머니 태 중에서부터 성품이 잔인했습니다. 저에게는 교훈을 싫어하는 동물적인 본능이 있기에 교육을 받는 것으로써 피하려고 들었습니다. 그래서 저는 불결한 행위를 자행했습니다. 저는 신중하지 못한 성질로 인해서 매우 어릴 적부터도 거짓말, 욕설, 어리석은 농담에 탐닉했었습니다. 때때로 저는 거짓 맹세를 하거나 혹은 저주의 말을 했습니다.

저는 어머니의 돈을 훔치면서도 그것이 죄라고 생각하지 않았습니다. 저는 자주 신의를 저버렸으며 또한 집에 있는 많은 돈을 가져다가 썼었습니다. 그 돈으로 육신적인 식욕을 채우기 위해서 과실이나 파이를 사먹었습니다. 저는 주일을 많이 범했고, 하나님 교회 안에서 아주 불경하게 행동하기 일쑤였습니다. 저는 돈내기 카드놀이와 연애 소설 읽는 것이 내 즐거움이었습니다. 저는 다른 사람들과 어울려 짓궂은 속임수를 쓰는 놀이를 할 때도 많았습니다. 저는 이런 일을 하는 것이 유쾌한 일은 아니었습니다. 이로 인해서 제가 회개한 이후로 하나님을 찬송하기에 이르렀습니다."(38).

그러나 "그것은 값없이 주시는 하나님의 은혜였으니, 왜냐하면 부패성이 그렇게 강하게 내 영혼 속에 역사 했던 성령께서 내 마음에 감동을 주신 것을 아주 일찍부터 느꼈음을 지금도 회상됩니다. 저는 어렸을 때부터 죄에 대한 자각이 있었습니다. 한번은 어떤 사람들이 나를 지분거리며 놀린 적이 있었는데, 그때 나는 즉시 내 방으로 들어가 무릎을 꿇고 많은 눈물을 흘리며 기도했습니다....어머니에게서 훔쳐내고 하던 돈의 일부를 가난한 사람에게 주기도 했고, 내가 다른 사람에게서 몰래 가져온 책들 가운데 경건 서적들도 있었습니다."(George, Whitefield., George Whitefield's Journals, Edinburgh: The Banner of Truth Trust, 1978, 37-8).

그의 어머니는 그 일이 조지에게는 별로 좋은 일로 생각지 아니했습니다. 어머니의 소망은 그가 옥스퍼드 대학에 가서 목회자의 길로 가는 것이었습니다. 그의 어머니는 남편이 죽은 지 팔년 만에 재혼했습니다. 그녀의 새 남편 케이플 롱던(Capel Longden)은 훌륭한 집안 출신으로, 벨 여관에서 가까운데서 철물점을 경영하였습니다. 그러나 조지는 "어머니의 재혼은 누가 봐도 세상적인 이득을 노린 남자와의 불행한 결혼이라 부를만한 것이었다."고 말할 정도이었습니다.

그는 별로 호감을 주는 사람이 아니었습니다. 그는 횟필드의 어머니 여관 경영까지 간섭할 정도였고, 그의 간섭으로 더욱 여관 사업은 기울기 시작했습니다. 그런 상황은 삼 사년 간 계속되어 여관 경영은 원상 회복이 불가능하게 되었고, 휫필드 가의 생활 형편은 아주 힘들었습니다. 그래서 조지 휫필드가 열 다섯 살이 되었을 때, 그는 어머니께서 자신을 옥스퍼드에 보낼 수 있는 가정 형편이 아님을 알고서, 그는 학교를 휴학하고서 여관 일을 돕겠다고 어머니에게 말했습니다. 처음에는 어머니가 아들의 뜻을 거부했으나, 나중에는 마지못해 이를 허락했습니다. 그래서 그는 학업을 휴학하면서 학구열로 인해서 한 과목 수업만을 위해서라도 가끔씩 학교에 나갔습니다.

"나는 푸른 앞치마를 두른 평범한 직업적인 급사가 되어 일년 반 동안 그 일을 했습니다."(Arnold. A. Dallimore., V. I., Paternal Pedigree Chart, 56).

어느 날 한 청년이 자신은 근로 장학생으로 옥스퍼드에 들어가 적은 비용으로 학교에 다니고 있다고 롱던 부인에게 귀뜸을 해주었습니다. 조지의 소망은 이루어질 수 없는 꿈만도 아니었습니다. 그래서 그는 다시 복학하여 열심히 공부했습니다. 그는 생활 태도 또한 경건해져 생각과 행동과 말을 조심했으며, 사순절 동안에는 서른 여섯 시간 동안이나 금식을 했습니다. 그는 많은 고전 작품들을 읽었습니다. 그는 헬라어 신약 성경을 공부했으며, 하루에 두 번씩 공예배에 참석했습니다.

그가 복학한 1732년 가을에, 옥스퍼드 펨브로크(Pembroke) 대학에 입학했습니다. 그는 근로 장학생으로서 수업료와 식비를 면제받는 조건으로, 부유층 자제들을 위해 잡일을 했습니다. 그는 동급생으로서 비록 부끄러운 일이었지만, 근로 학생으로서 열심히 일했습니다. 그는 여관에서 급사로 일했던 경험이 있었으므로, 잘 적

응했습니다. 그는 이렇게 술회했습니다.

"고향에서 경건 생활의 토대를 닦아놓지 않았더라면, 나는 대학 생활을 더 이상 계속할 수 없었을 것입니다. 저와 같은 방을 쓰던 몇몇 친구들은 곧, 나를 그 무절제하고 자유분방한 생활로 끌어들이려고 유혹했습니다. 하나님께서는 그들의 유혹을 견뎌낼 수 있는 은혜를 주셨습니다. 한번은 아주 추운 날이었는데 그들과 함께 어울리지 않으려고 혼자 공부를 하다가 손발이 마비되어 밤새도록 잠을 자지 못한 적도 있었습니다. 그렇기에 나는 그런 유혹에 굴복하지 않음으로 얻는 경건의 유익을 깨달았습니다. 나를 굴복시킬 수 없다는 것을 일단 알아차린 동료들은 아예 나를 별난 친구로 생각하고 내버려두기 시작했습니다."(64).

그러나 그는 얼마 되지 않아 경건한 친구들과 사귀었습니다. 당시 옥스퍼드 대학에는 신앙적으로 열심 있는 학생의 모임이 있었습니다. 그들은 '성경 벌레들', '성경 꾼들', '성찬주의자들(Sacramentarians)', '형식주의자들', '홀리 클럽(Holy Club)' 등으로 불렀습니다. 그 모임에 속한 학생들은 아침 일찍 일어나 경건 시간을 가졌습니다. 하루 중 단 한순간이라도 시간을 낭비하지 않는 자기 훈련을 위해서 애썼습니다. 그들은 매 주일마다 성찬에 참여했고 매주 수요일과 금요일마다 금식했으며, 옥스퍼드에 있는 두 곳의 감옥을 정기적으로 방문하여 재소자들에게 구제품을 전해 주었습니다. 그들은 모두 영국 국교회 신도들이었으며 그런 선행들이 그들 영혼의 구원에 이바지한다고 믿고 있었습니다.

찰스 웨슬리는 휫필드를 자기 형인 존 웨슬리와 홀리 클럽의 다른 회원들에게 소개했습니다. 그가 그 모임에 들어와서 얼마 동안 횟필드는 말이 없고 행동을 자제하였지만, 곧 그의 두려움을 극복하고서, 그는 신앙 활동에 적극 참여했습니다. 당시만 해도 홀리 클럽은 옥스퍼드의 외부에 거의 알려지지 않았습니다. 그 모임은 여덟 내지 아홉명의 회원으로 구성되었으며, 그들은 함께 모여 서로 학문 연구에 도움을 주기도 했으며, 또한 그들 스스로 엄격한 체제를 만들어 지켜나갔습니다. 존 웨슬리가 그 모임의 회장이었으며, 그의 역할은 그 모임의 목적들에 강력한 추진력을 부여하며, 동시에 다른 구성원들의 자기 경건 훈련 과정에 격려했습니다.

처음 십일 개월을 제외한 옥스퍼드 재학 기간 내내 횟필드는 홀리 클럽의 강력한 영향 아래서 지냈습니다. 홀리 클럽의 영향 아래서 횟필드의 사고 방식을 갑자기 완전히 바꿔놓은 책 한 권을 접했습니다. 그것은 스코틀랜드 사람 헨리 스쿠걸(Henry Scougal)이 쓴 「인간의 영혼 속에 있는 하나님의 생명(The Life of God in the Soul of Man)」이라는 책이었습니다. 그 책을 대하기 전까지 횟필드는 '중생(new birth)'의 기적에 대해 아무 것도 몰랐습니다. 이 책을 통해서 그는 하나님께서는 자신이 거듭나야 하며 그렇지 않을 경우 자신이 저주받으리라는 사실을 깨달았습니다. 그는 어떤 성도는 교회에 나가 기도를 하고 성찬에 참여할지라도 진정한 그리스도인이 아닐 수도 있다는 것을 깨달았습니다. 그래서 그는 그 책을 읽으면서 이 같은 고민을 했습니다.

"이 책을 태워버릴까? 던져버릴까? 아니면 이 책이 말하는 대로 추구해볼까? 나는 그 책을 더 연구하면서, 책을 손에 쥔 채 하늘과 땅의 하나님께 고백했습니다. '하나님, 제가 그리스도인이 아니라면, 다시 말해서, 진정한 그리스도인이 아니라면, 제가 마지막에 멸망당하지 않도록 제게 그리스도교가 무엇인지를 보여주소서!'

하나님께서는 내 기도에 응답하셨습니다. 나는 책을 몇 줄 더 읽다가, 나는 '참된 그리스도교 신앙이란 영혼이 그리스도와 연합하는 것, 우리 안에 그리스도의 형상이 형성되는 것'이라는 구절을 발견했습니다. 내가 그 책의 글을 읽자, 거룩한 광선이 즉각 내 영혼 속으로 뚫고 들어왔습니다. 그 순간부터 나는 그리스도 안에 새로운 피조물이 되어야 한다는 것을 알았습니다."(73).

"제가 그것은 그때까지 알지 못하던 사실입니다. 내 편안한 마음이 곧 사라지고 끔찍할 정도의 두려움과 공포가 내 영혼을 압도했습니다. 어느 날 아침....나는 내적 어두움 속에서 내 가슴이 무언가에 짓눌리는 듯한 이상한 느낌을 받았다....얼마나 그 많은 밤을 그 이상한 무게에 짓눌려 침상에서 신음하면서, 또 사단에게 나를 떠날 것을 명령하면서 지냈는지 오직 하나님만이 아십니다. 몇 날 몇 주를 나는 땅에 엎드린 채로 보냈습니다. 그래도 이 모든 노력들이 실패만 거듭하자 그는 홀리 클럽과의 교제도 끊을 수밖에 없다고 결심하였습니다. '그것은 극심한 시련이었습니다. 그러나 잘못된 개념이긴 했지만 그래도 나는 그리스도의 제자가 되지 못하기보다는 비록 나에게는 소중한 모임이었지만 그들을 포기하기로 결심했습니다.'"(74).

이처럼 젊은 대학 시절에 영적인 고민과 갈등이 그의 심정에서 불타고 있었습니다. 1734년 가을 이후, 휫필드는 피나는 영적인 고투가 지속되었습니다. 그는 1735년 봄 사순절이 가까워 질 무렵에는 영적 상태가 더욱 심각해졌습니다. 그는 육 주간 동안 내내 거친 빵과 설탕 넣지 않은 세이지 차(茶) 외에는 아무 것도 먹지 않기로 하였습니다. 그의 마음에는 큰짐을 지고 있었고, 그의 몸은 너무 쇠약해져서 학업을 계속할 수 없는 상황에서, 그는 격렬한 부르짖음과 눈물로써 기도하면서, 헬라어 신약 성경을 줄곧 읽으면서 배가되는 노력으로 사순절 경건 생활에 박차를 가했습니다.

"축복하시는 성령께서 항상 내 영혼을 정결케 하였습니다. 모든 내 죄악과 내 마음의 죄까지 기억이 나도록 깨달을 때마다, 나는 언제든지 하나님 앞에서 아침과 저녁으로 자복했습니다. 비록 내 육신은 금식으로 연약했지만 저녁마다 두 시간 이상 눈물로 통회했으며 또 헬라어 성경을 읽고 홀(Hall) 주교의 가장 뛰어난 「묵상」을 읽으면서 내 건강이 허락하는 한 모든 시간을 바쳤습니다."(77).

조지 휫필드가 펨브로크 칼리지 기숙사에서 병상에 누워 있을 때, 하나님께서는 그의 영혼 속에 신적인 생명인 거룩하고 영원한 구원의 생명을 '그의 영혼 속에 하나님의 생명'을 주셨던 것입니다. 그는 그 체험에 관해 이렇게 간증합니다.

"하나님께서는 그 무거운 짐을 치워 주사, 나로 하여금 살아있는 믿음을 주시사, 존귀하신 주 예수를 붙잡게 하시고, 나에게 양자(養子)의 영(靈)을 허락하사, 영원히 구속(救贖)을 받을 날까지 나를 인 치기를 기뻐하셨습니다. 오, 죄의 무게가 사라지고, 수심에 잠긴 내 영혼에 하나님의 사랑이 자리잡게 되었을 때, 내 영혼은 얼마나 기뻤겠습니까! 그것은 말로 설명할 수 없는 영광으로 가득 찬 기쁨이었습니다. 그 날은 영원히 기억할 날입니다. 내 기쁨은 마치 홍수처럼 강둑을 넘어 범람했습니다."(77).

그는 영적인 회심에 이르는 내적인 고투와 고민이 너무나 컸습니다. 청교도 설교자는 그토록 중생인 거듭남인 신생에 대하여 중요시 여겼던 것은 바로 그리스도와의 내적인 관계를 회복하는 것이 더욱 중요했기 때문입니다. 휫필드의 메시지는 중생에 대한 바른 이해와 확신과 실천적인 그리스도인의 삶을 확증했습니다. 그리고 그는 믿음의 첫 출발인 중생과 동시에 믿음의 결과인 성도의 견인에 대한 그리스도의 교훈에 충실하게 설교하였습니다.

2. 휫필드의 회심

1735년 부활절 몇 주 후에 그의 회심이 일어났습니다. 그때 그의 나이 20 세였으며, 그때 그가 느낀 기쁨은 실로 가슴 벅찬 것이었습니다.

"나는 내 모든 형제 자매에게 편지를 써 이 일을 알렸고 내 방에 온 학생들에게도 이 일을 이야기 해주었습니다."

그의 삶에서 어두움은 완전히 사라졌습니다. 그는 그리스도 안에서 무한히 성장할 가능성 가운데 기쁜 열정을 가지고 신앙 안으로 뛰어들었습니다. 그러나 그는 몇 달에 걸친 긴장과 과로 때문에 몸이 극도로 허약했기에, 그는 손상된 건강을 회복하기 위해 글로세스터로 돌아가야만 했습니다. 그는 무일푼의 병약한 몸으로 글로세스터에 도착했습니다. 글로세스터의 시장 가브리엘 해리스(Gabriel Harris)와 그의 아내 및 그의 아들은 그를 자기 집으로 따뜻하게 맞아 들여, 몇 달 동안 그를 극진히 돌봐주었습니다. 비록 그의 몸은 약해졌지만, 그의 영은 살아 있었기에, 모든 것이 새로워 보였습니다.

그래서, 그는 성경을 읽는 일에 새로운 기쁨을 발견했습니다. 그는 매일마다 성령께서 주시는 위로로 큰 평화에 힘입어 그리스도의 건덕을 이루었습니다. 그는 경건 서적을 통해서도 은혜와 지식에서 장성하기에 이르렀습니다. 그는 교회 개혁자들과 청교도들의 저술을 탐독함으로써, 성경적인 교리에 대해 이해했습니다. 특히, 그는 매튜 헨리 주석(Matthew Henry's Commentary)을 갖고 싶어 했지만, 그것을 살만한 돈이 없었습니다. 그럼에도 불구하고 그는 끊임없이 솟아오르는 성령의 열심에 따라서 주변 사람들에게 예수가 그리스도이심을 증거했습니다. 그는 이렇게 술회했습니다.

"하나님께서 나를 도구로 삼아, 몇몇 젊은이들을 일깨우게 하셨습니다. 그들은 곧 작은 공동체를 만들어 전에, 우리가 옥스퍼드에서 그랬던 것처럼 글로세스터 사람들에게 이상한 사람으로 취급받는 영광을 누렸습니다."

이는 역사적으로 중요한 사건이었습니다. 왜냐하면 글로세스터에서 출발한 그 작은 모임이 엄격한 의미에서 최초의 감리교(Methodist) 공동체였고, 이 사역은 휫필드 필생 사역이었습니다. 그의 사역 이후부터 웨슬리 형제, 그 밖의 다른 사역자들에 의해 수많은 공동체가 생겨났지만, 최초의 글로세스터 감리교 공동체는 조지 휫필드로부터 출발했습니다. 그는 소년 시절부터 목사가 되고자 했지만, 그가 정말 하나님을 알게 된 후로부터 목사의 직분이라는 영적 책임에 관해 두려워했습니다. 그래서 그는 이렇게 술회했습니다.

"내가 목회의 길을 간다는 것과 설교하는 것이 얼마나 깊은 염려가 되었는지에 대하여 하나님만이 아십니다. 하나님께서 나를 부르시어 그분의 일 가운데로 밀어 넣으실 때까지도 그분께서 나로 하여금 주의 교회에서 사역하기를 위해서 비가 오듯이 땀을 쏟으며 수

천 번이나 기도를 시켰습니다. 나는 글로세스터에서 겪었던 그 때의 연단을 지금도 추억합니다. 나는 그때 그 방에서 창문을 올려다 보았습니다. 내가 그 침대 옆에서 엎드려 기도했던 그 마루도 기억납니다. 하나님께 나는 이렇게 부르짖었습니다. '주님, 저는 사역에 나갈 수 없습니다. 저는 사역자로서 교만에 빠져 마귀의 올무에 넘어지고 말 것입니다.'"(86-7).

그는 자신이 정말 목회의 길을 가는데는 눈물의 기도와 연단을 겪었습니다. 그는 자신이 사역자로서 부름에 대한 하나님의 인도를 옥스퍼드에 복학할 수 있도록 재정적 수단을 마련해주심으로써 분명한 하나님의 뜻을 보여달라고 기도하였습니다. 그가 그렇게 기도하자, 여러 곳에서 줄지어 학비를 대어주는 역사가 일어남으로써, 그가 글로세스터에 머문 지, 구 개 월만에 그는 다시 옥스퍼드 대학교로 돌아갔습니다.

3. 옥스퍼드 대학교 시절

그는 건강도 회복되면서, 대학 과정을 마치고 학사 학위를 취득했습니다. 그는 목회란 거룩한 일(holy labor)이어서, 주의 일에 입문하려는 사람은 하나님의 분명한 부르심이 있어야만 한다는 것을 자각하고 있었습니다. 그렇지만 그는 그 모든 것을 포기하고 자신을 완전히 하나님께 바칠 각오가 되어 있었습니다.

"사실 그 일은 힘든 일이지만 하나님은 모든 것을 충족시키시는 분이므로, 그 분의 전능하신 보호에 겸손히 나 자신을 맡깁니다. 나는 내 영혼과 몸을 그분의 처분에 맡겨, 그분께서 합당하다고 생각하시는 일에 쓰임을 받습니다. 그리하여 나는 그분의 도우심을 힘입어…. 어느 때보다도 절제 있는 생활을 영위하며 나 자신을 기도와 말씀 연구에 바치기로 결단합니다. 나에게 건강을 주시는 것이 하나님의 뜻이라면 그분은 그렇게 하십니다. 나는 나 자신을 전폭적으로 그분께 드립니다."(A Diary of G. W. (미 간행), the British Museum, Manuscript Division. entry May 16, 1736).

그는 주의 사역자로서 재 헌신을 확인하고 난 후, 안수를 받을 생각으로 글로세스터로 돌아갔습니다. 그는 주교(bishop)인 벤슨(Benson) 박사에게 찾아갔습니다. 그는 영국 훌륭하고 존경받는 고위 성직자인데, 비록 휫필드가 나이는 스물 한 살이지만, 그는 휫필드가 능력이 있고 또 하나님을 향하여 특심한 사람임을 인정하고, 그에게 안수를 주는데 찬성했습니다. 조지 휫필드는 목회자에게 따르는 영적 지도자의 책임에 대한 큰 두려움을 느끼면서 그로부터 안수를 받았습니다. 그의 안수식은 1736년 6월 20일에 장엄한 글로세스터 예배당에서 거행하였습니다. 그는 그 때의 심정을 이렇게 토로했습니다.
"나는 꾸밈없는 경건한 태도로, 내가 이제 받게 될 직분의 위대함에 어울리는 태도로 처신하고자 했습니다."

휫필드는 여러 소그룹에서 연설을 했지만 영국 국교회의 관습에 따라 그 때까지 설교는 하지 않았습니다. 그런데 이제 그는 '성직'에 몸을 담았기에 자유롭게 설교를 할 수 있었습니다. 그는 한 친구에게 보낸 편지에서 이렇게 말했습니다.

"지난 주일, 나는 세인트 메리 드 크립트 교회에서 처음으로 설교를 했습니다. 그곳은 내가 세례를 받은 교회이기에, 호기심이 많은 회중이 모였습니다. 나는 처음으로 그 광경을 보고서 약간 두려운 마음이 생겼었습니다. 나는 설교할 때에, 하나님께서 함께 하심을 느끼며 위로를 받았습니다. 어릴 때 내가 학교에서 자주 연설을 하던 일과 옥스퍼드 대학에 다닐 때 죄수들과 빈민(貧民)들을 가르쳤던 일이 말할 수 없이 큰 힘이 되었습니다. 나는 그런 경험이 있기에, 담대히 설교할 수 있었습니다. 나는 설교를 해나가면서, 심령의 불길이 임하는 것을 감지했습니다. 나는 비록 어리지만, 내 설교를 듣는 사람들 중에는 철없던 시절부터 나를 알고 있었던 성도들도 많이 있었지만, 나는 어느 정도 복음의 권위로 설교했다고 마침내 믿게 되었습니다. 비록 설교하는 나를 비웃는 사람들도 있었지만, 대다수 성도들은 내 설교에 감동을 받은 듯했습니다. 그 후, 나는 내 첫 번째 설교가 열다섯 사람을 미치게 만들었다고 누군가가 벤슨 주교에게 불평하는 말을 들었습니다. 그 존경스러운 주교는 '그 미친 증상이 다음 주일이 오기 전에 사라져 버리지 않기를 바라네.'"(The Works of the Reverend G. W.(Edinburgh and London: Dilly, 1771, 18-9).

그는 인간적인 명성이나 물질적 부는 조금도 부러워하지 않았습니다. 그가 그 청년 시절에 설교의 목표가 무엇이었는지 명백하게 나타납니다. 그는 자신의 설교에 대하여 고백했습니다.
"내가 말할 수 있는 것은 내가 이생에서 영원한 갈등과 고난을 찾는다는 것뿐이며, 나는 영원 세상의 이편에 있는 동안 십자가 외의 다른 어떤 평화도 소망하지 않습니다."(Diary, May 18, 1736).

그의 말에는 그의 삶의 태도가 잘 반영되어 있습니다. 그는 홀리 클럽의 리더가 되어 그들이 서로 학업을 돕는 일 및 자선 활동에 지침을 주었습니다. 존 필립스(John Philips) 경(卿)은 휫필드의 사역을 인식하고, 그가 옥스퍼드에 남아 있는 동안 매년 30 파운드씩 후원하겠다는 제의했습니다. 더욱이 그는 대학원에 진학해서 학업을 계속하여 석사 학위를 받았습니다.

어느 날 그가 옥스퍼드에 머문 지 겨우 몇 주가 되지 않았을 때, 런던 탑 예배당에서 목회를 하던 한 친구가 설교해줄 것을 그에게 요청했습니다. 그는 자신이 런던에서는 설교할 자격이 없다고 생각했지만 그럼에도 불구하고 그의 간곡한 초청으로 인해서 수락하였습니다. 그가 런던에서 첫 예배에 대해 이렇게 썼습니다.

"내가 어리다고 거의 모든 성도가 나를 내려다보는 것 같았습니다. 그렇지만 내가 설교를 하면서 부터, 그들의 태도는 진지하게 경청하였습니다. 내가 설교 단에서 내려서자 내게 그들은 큰 경의를 표했습니다."

그는 영국의 대 도시인 런던 탑에서 두 달간 사역을 지속했습니다. 그의 설교를 듣는 사람들 중에는 젊은 도제(徒弟)들도 있었고, 런던의 몇몇 귀족들도 '중생(重生)'을 외치는 그의 설교에 감동을 받았습니다. 그가 런던에서 설교 사역을 마치고 옥스퍼드로 돌아왔지만, 그에게 숨도 돌릴 사이도 없이 다시 뎀머(Demmer) 마을에서 설교해 달라는 초청을 받았습니다. 그는 그곳에서 설교하는 동안, 그의 삶에 큰 영향을 끼칠 한 가지 중대한 결정을 내렸습니다. 그는 미국 조지아(Georgia)에 선교사로 가기로 결정했습니다. 그가 선교하러 가려는 조지아는 박애주의 정신을 가진 영국인 오글토프(Oglethorpe) 대령이 개척한 신대륙이었습니다. 그는 영국에서 살면서 경제적인 파탄과 위기에서 벗어나 살기 위해서 신대륙으로 가서 재기하여 정착할 수 있는 곳을 마련했습니다. 더욱이 그는 로마교의 박해를 겪은 유럽인들이 영적인 피난처로 삼을 자리를 마련했었습니다.

먼저, 1735년에는 조지아로 선교사로 갔었던 웨슬리 형제도 있었습니다. 그들은 엄격한 훈련의 삶을 사는 것으로 조지아에서 주목을 받았습니다. 그들은 해외 선교사 생활을 하면서 받는 고난들을 감내함으로써 자신들의 영혼이 구원받을 가능성이 더 커질 것이라 생각하고 선교사로 지원했었습니다. 그렇지만, 예민하고 시적(詩的)인 사람이었던 찰스 웨슬리는 새 땅에서 받는 시련을 오래 견디지 못하고, 칠 개월이 못되어 영국으로 되돌아갔습니다. 그러자, 찰스 웨슬리가 영국으로 떠남으로써 다른 선교의 조력자가 필요했습니다. 그러자, 존 웨슬리는 휫필드에게 편지를 써보내, 자신을 도와줄 것을 구했습니다.

그는 옥스퍼드에서 생활이 아주 행복했지만, 요한 웨슬리의 초청을 신중하게 고려했습니다. 그렇지만 그는 영국에서 목회를 하는 데 따르는 책임을 감당할 준비가 아직 안 된다고 느꼈습니다. 그래서 그는 미국 조지아 선교 생활이 자신에게 귀한 사역의 체험이 될 것이라고 생각했습니다. 또 한 편으로는 그는 사람들이 건강에 해롭다고들 생각했던 선박 장기 여행이 사실은 자신의 허약한 체질에도 미칠 위험도 생각했습니다. 더구나 그는 조지아에 간다고 해도 거기서 영원히 체류할 필요는 없었습니다. 게다가 당시 영국 국교회는 두 단계에 걸쳐 안수를 주었습니다. 첫 단계는 집사(deacon) 안수였고, 둘째 단계는 성직자(priest) 안수였습니다. 그런데 그 두 번째 의례를 치르기 위해서 휫필드는 어차피 영국으로 돌아와야 했기 때문이었습니다. 그는 미국 조지아 총독인 대령을 만나러 조지아에 가는 선편을 기다리는 동안, 글로세스터 주에서 스톤하우스(Stonehouse)에서 설교해 달라는 초청을 응락했습니다.

그는 코츠월드(Cotswold) 전원(田園)에 봄이 무르익을 때까지 그곳에 머물렀습니다. 그는 봄기운에 한껏 취해 생동감을 얻어 영적 황홀경에까지 이르렀습니다. 그는 고별 설교 필사본을 스톤하우스에 남겨두었는데, 로마서 8장 30절을 본문으로 한 이 설교는 그의 생각 속에 이미 신학적 체계가 형성되어 있었습니다. 그것은 오래 전부터 '칼빈주의'라는 체계였으나, 그는 그것을 '은혜의 교리'라고 불렀습니다. 휫필드는 여전히 그를 미국에서 초청한 오글토프 대령을 만남을 기다리면서 브리스톨을 다시 방문했습니다. 그가 브리스톨에 오고 있다는 소식을 들은 사람들은 도시 외부로부터 도보로, 또는 마차를 타고 수없이 몰려왔습니다. 그는 이 교회에서 저 교회로 설교를 초청 받아 다녔으며 이때 일에 대해 그는 이렇게 술회합니다.

"나는 평상시처럼 일주일에 약 다섯 번 정도 설교했습니다. 사람들이 높은 오르간 난간에 매달려 있는 모습, 교회의 함석 지붕으로 기어올라가는 광경, 그리하여 교회 전체가 그들이 내뿜는 숨결로 후끈 달아올라 기둥들에서 마치 빗방울이 떨어지듯 물기가 맺혔다 떨어지는 광경은 정말 놀라웠습니다. 교회의 공간이 비좁아 매번 많은 사람이 발길을 돌려야 했고, 때로는 설교자인 나도 강대 상 앞으로 걸어나가기가 대단히 힘들 정도였습니다. 모든 교파의 사람들이 설교를 들으러 모여들었습니다."(Journal, 110-11).

그가 그 몇 달 동안 행했던 설교 아홉 편이 설교 집으로 출판되었습니다. 그 설교들은 성경 본문을 충실하게 강해하여 평이하게 개인의 삶에 적용시킨 설교들입니다. 그는 그 설교들을 통해 첫째로는 듣는 이의 생각에 접근하고자 했고, 그 다음에는 그들의 감정을 일깨우고자 했으며, 마지막으로 그들의 의지를 움직이고자 했습니다. 그것은 정말 주목할 만한 설교였으며, 더구나 그렇게 젊은 사람이

행한 설교라는 점에서 더욱 놀라운 것이었습니다. 자신의 편지들과 일지(Journals)와 설교들, 그리고 개인적인 대화들에서 휫필드는 자신을 '감리교도(Methodist)'고 칭했습니다. 그래서 수많은 남녀들이 그를 쫓아 자신을 감리교도로 생각했습니다. 옥스퍼드의 감리교는 몇 명 안 되는 학생들에게만 알려져 있었지만, 그들은 구원의 확신도 없었습니다.

1735년 웨슬리 형제가 떠남에 따라 그마저도 사라져 버린 상태였습니다. 그러나 그의 사역에 의해 생겨난 이 감리교는 기쁨과 확신의 감리교였고, 영속될 감리교였습니다. 그 자신의 사역에 이끌리고 있는 수많은 남녀들이 영적 복락(福樂)에 대한 배려로 휫필드는 교구 교회의 예배와 성찬에 늘 참석할 것을 그들에게 권면했습니다. 또한 그는 종교 공동체들(Religious Societies)에도 참석할 것을 촉구했습니다. 그 모임은 영국 국교회와 관련된 조직들이었는데, 휫필드의 권면에 따라 많은 사람들이 모여들었습니다. 대부분 공동체에는 성도들로 차고 넘쳤고, 새 공동체들도 형성되었습니다. 런던에서 휫필드의 사역은 사 개월 간 지속되었습니다.

1737년 말이 가까워지자, 그는 더 이상 조지아 행(行)을 연기할 수 없음을 느꼈습니다. 더 이상 그는 오글토프 대령을 기다릴 수 없었기에, 자신의 출발을 알렸습니다. 그는 1737년 12월 30일에, 배에 올랐습니다. 그리고 그는 기도를 드렸습니다.

"하나님, 제게 깊은 겸손과, 잘 절제된 열심과, 타오르는 사랑과, 오직 한 길만 바라보는 눈을 주옵소서! 그러면 그 어떤 사람이나 심지어 마귀들도 나를 방해하지 못할 것입니다."(Arnold. A. Dallimore., G. W., V. I., 140).

4. 미국 조지아 선교

훳필드를 싣고 아메리카로 갈 윗태커(Whitaker) 호가 딜(Deal) 항에 정박하여 출항을 기다리고 있는 동안, 사무엘(Samuel) 호는 미국에서 존 웨슬리를 싣고 영국으로 항해하고 있었습니다. 조지아에 머무는 동안 존 웨슬리는 그 모라비아 교도들과 더욱 친해졌습니다. 그들이 웨슬리가 전하는 구원의 확실성에 관해 증거 하는 말을 듣고, 웨슬리는 자신이 학자이며 성직자이지만 모라비아 교도들이 말하는 진리와 같은 확신이 없다는 사실을 깨달았습니다. 이것이 그에게 있어서 복음주의 그리스도교와의 첫 접촉이었으며, 이 만남으로써 그에게 지속적인 영향을 끼쳤습니다. 존 웨슬리는 조지아에서 고난뿐이었습니다. 그는 조지아 선교지에서 순결했으나, 지혜롭지 못한 연애 사건으로 막을 내렸습니다. 그는 명예 훼손죄로 1,000 파운드의 벌금을 내리는 소송에 휘말려 사우스 캐롤라이나에 있는 찰스톤으로 피했다가, 거기서 영국으로 은밀히 돌아왔습니다. 그리하여 존 웨슬리는 신 대륙 조지아에서 런던으로 떠나자마자, 조지 훳필드는 신대륙 조지아로 떠나갔습니다. 그 날이 바로 1738년 2월 2일이었습니다.

그가 대양(大洋)을 항해하는 동안 윗태커 호에 승선한 모든 사람들의 목사 역할을 했습니다. 그 배에는 선장 휘팅(Whiting), 장교 맥캐이(Mackay)와 병사 백 명들과 승무원들 외에도 이십 여 명의 부녀자와 아이들이 함께 승선했었습니다. 이 배와 동행한 다른 두 척의 배는 먼저 지브롤터(Gibraltar)에 경유해서 더 많은 군인들을 태울 예정이었습니다. 그 이유는 조지아로 가면 그 군인들은 그곳에서 복무하면서, 플로리다에 주둔해 있는 스페인 군인으로부터 그 식민지를 방어할 예정이었습니다. 그래서 그는 군인들에게는 군목 사역을 감당했습니다. 더욱이 군인과 승무원과 민간인들에게 향한 세 가지 직무를 받은 목사로 자각했습니다. 휫필드는 선상에서 맞은 첫날 아침에, "내가 너희 중에서 예수 그리스도와 그의 십자가에 못 박히신 것 외에는 아무것도 알지 아니하기로 작정하기로 선언했습니다."(152).

이 말은 군인들과 선원들 그리고 선장이 비웃음을 샀습니다. 그러나 나흘 후, 그는 군인들을 위한 요리 문답 공부를 시작했습니다. 첫 째날 아침에는 육 칠 명이 참석했지만, 참석자는 꾸준히 늘어나 일주일이 지나자, 이십 명이나 달했습니다. 이에 그는 주기도문 강해 반을 신설했습니다. 이것이 호응을 얻자, 그는 기도문을 읽을 때마다 설교를 시작했습니다. 이런 공적인 노력 외에 그는 개인적인 친분 관계를 맺는데도 힘을 썼습니다. 그는 신사 몇 사람과 아침 식사를 함께 하면서 「아담 안에서 인간의 타락과 중생(重生)의 필요성」에 대해 한 시간씩 격의 없는 대화를 나누었습니다.

그는 밤에는 갑판 위로 올라가 항해사와 이야기를 나누었고, 어떤 때에는 밤 열한 시까지 선미(船尾)에 앉아 선원들과 더불어 의(義)와 절제와 다가올 심판에 관해 토론을 벌였습니다. 선상에 있는 모든 사람들에게 꾸준히 호감을 얻게 되자, 그는 여자들을 위한 요리 문답반을 매일 열었고, 거기에 성경 공부반도 열었습니다. 또한 그는 동행한 제임스 하버샘(James Habersham)으로 하여금 어린 아이들을 위한 초등교육을 시작했으며, 군인이나 선원 할 것 없이 누구든 배우거나 읽기를 원하는 사람은 그 반에 참석할 수 있었습니다(153).

휫태커 호 선장 휘팅이 영적인 변화를 입고서 승무원이나 승객이나 군인들의 영적인 후원을 아끼지 않았으며 휫필드의 사역을 적극적으로 후원했습니다. 휫태커 호가 항해하다가 비스케이(Biscay) 만을 지나다가 폭풍을 만나서 기도와 시편 찬양을 통해서 신음하며 공포하는 승객들에게 위로와 소망을 주었습니다. 그가 지브롤터에서 십 오일 일 동안 정박하고 있는 동안, 집회를 통해서 병영에 영적인 각성과 신앙을 불붙여주었습니다. 그는 「음주의 숨겨진 죄들(The Heinous Sin of Drunkenness)」라는 설교 제목을 통해서 술이 보배롭고 죽지 않은 영혼을 타락을 시킬 수가 있기에 빛가운데 성도의 기업을 얻을 자로서 합당한 습관이 아니라고 금주하라고 설교했습니다(159).

그가 조지아에 닿기 전, 유행성 열병이 배 안을 휩쓸었습니다. 휫필드는 여러 밤낮으로 환자들을 심방하며 보내다가 예상했던 대로 그 자신도 열병에 걸리고 말았습니다. 그는 며칠 동안 죽음의 문턱에까지 갔었으나 하나님께서 그를 돌려보내셨습니다. 병이 나은 후에 그는 고백했습니다.
"나는 죽어서 그리스도께로 나가기를 염원했습니다. 그러나 하나님께서 이를 원치 아니 하사, 이 사망의 골짜기에서 다시 생명의 길로 인도해주었습니다. 나는 천국의 가나안을 향하여 주께로 나아가고자 준비를 마쳤었습니다. 그러나 하나님께서 저를 보실 때 영광을 얻기에는, 아직 미숙함을 아셨습니다. 그래서 그의 자비로써 나를 살려 주셨습니다."(160).

휫태커 호는 영국을 떠난 지 사 개월만에 마침내 조지아 해안에 도착을 했습니다. 1738년 5월 17일 당시 그 식민지 대륙이 생긴 지 불과 십 육년째였습니다. 그는 설교 제목인 「자비를 받은 자들이 드릴 감사는 필연적인 의무(Thankfulness for Mercies

Received, a Necessary Duty)」를 통해서 군인들에게 하나님으로부터 받은 자비들을 영원한 평안을 누릴 수 있는 선한 양심을 갖도록 하나님을 아는 지식과 경외함으로 공평무사한 책무를 권했습니다. 여인들에게는 경건한 신앙의 길을 걸으면서 혀로써 다른 사람들에게 상처를 주지 않도록 사랑 안에서 걸으면서 기도하는 것을 게으르지 않도록 권면했습니다(161).

그는 수많은 풍랑과 전염병과 숫한 위험들과 사망의 자리에서 자비를 베풀어 살게 해주신 하나님께서 영원한 피난처로 인도하심을 잊어서는 안 된다고 증거했습니다. 그가 설교를 마치자, 수많은 사람들이 울었습니다. 그에게 인사와 선물을 나누면서 헤어짐을 안타까워했습니다. 그는 중생할 것을 강조하면서 영적인 새로운 세계에서 살도록 거듭 권했습니다(162).

그는 목사의 책임을 선상 생활을 통해서 목사의 사역에 대하여 뼈저리게 체득했습니다.
"나는 목사로서 책무를 다했다고 말할 수 없습니다. 나는 목사로서 아직도 어려서 많은 결점들이 많았는데, 나 자신이 하나님 앞에 은밀히 겸손하는데 실패했었습니다....나는 더 강력한 책임을 느끼면서 하나님께서 성도들의 심령에 나의 사역이 하나님의 인침이 되기를 진심으로 원합니다."(161).

그는 당시 주된 정착지는 사반나(Savannah)였으나, 오글토프 대령이 도착하여 그곳에서부터 남쪽으로 약 160 km 떨어진 곳인 프레데리카(Frederica) 정착지를 개척했습니다. 식민지 대륙의 총인구는 천명 가량이었습니다. 그는 이 소규모의 사람들을 섬기기 위해 런던의 많은 대중들을 떠나온 것입니다. 그는 배 안에서 얻은 열

병이 채 다 낫지도 않았지만, 그 다음 날 아침 다섯 시에 첫 예배를 드렸습니다. 선상 예배에는 성인 열 일곱 명과 어린아이 이십 오 명이 예배에 참석했습니다.

이전에는 존 웨슬리의 주요 적대자였던 토마스 코스튼(Thomas Causton) 행정관은 휫필드에게는 집을 지어주고 많은 호의를 보이겠다고 약속했습니다. 이 조지아 방문은 휫필드의 생애에 중요한 영향을 끼쳤습니다. 신 개척지에서 세상을 떠나는 죽는 주민들도 많았기에, 많은 고아들이 생겨났습니다. 그는 그들을 돌봐줄 사람도 없는 처지를 목도했습니다. 이에 그는 영국에 돌아가, 그들을 위해 고아원을 세울 수 있는 설립 허가서와 기금을 마련해오기로 작정했습니다. 그는 이 계획을 염두를 하였기에, 식민 대륙에서의 사역을 오 개월만에 종결시켰습니다.

그 식민 대륙의 사무관인 윌리엄 스티븐스(Willam Stephens) 대령은 그의 공식 「일지(Journal)」에 마지막 예배 때에 광경을 이렇게 기록했습니다.
"교회 안이 너무 혼잡하여 많은 사람들이 문 밖이나 창문 아래 서 있었습니다. 그들에게는 가능한 한 빨리 돌아오겠다고 그들을 안심시키는 휫필드 씨의 말보다 더 기쁜 것이 없었습니다."(203).

1738년 11월 30일, 마침내 그는 영국의 파크게이트(Parkgate) 항에 도착했습니다. 런던에서 눈물의 작별을 한지 십 개월 만이었습니다.

제 2 장
전도자로서의 부름

1. 옥외 집회

횟필드가 다시 영국에 돌아왔다는 소식에 그의 친구들은 너무나 큰 기쁨으로 그를 맞이했습니다. 당시 옥스퍼드에 있었던 찰스 웨슬리도 신속히 그를 만나러 런던으로 갔으며, 역시 같은 곳에 있었던 존 웨슬리도 그때 일을 이렇게 회상하면서 썼습니다.

"휫필드가 조지아에 도착했다는 소식을 듣고 서둘러 런던으로 갔다....하나님께서 함께 달콤한 권고를 들을 기회를 우리에게 한번 더 주신 것입니다."

그가 없는 동안 웨슬리 형제도 각각 회심을 했습니다. 그들은 모라비아 교도 목사인 피터 볼러(Peter Böhler)와 접촉하면서, 피터는 그들이 어떤 행위로도 자신들의 영혼을 구원하지 못하며, 또한 구원은 오직 그리스도 안에 있는 믿음을 통해서만 온다는 것을 그들에게 가르쳐 주었습니다. 그러자 그 두 형제는 영원히 잃어버린 자가 되는 것을 두려워한 나머지, 곧바로 그 믿음의 길을 찾는 삶의 타오르는 소원이 되었습니다. 그렇지만 그들은 그 믿음을 갈망했지만, 어떻게 해야 할 지를 알지 못했습니다. 더욱이 찰스 웨슬리는 여러 밤낮으로 믿음을 위해서 갈망하며 기도했습니다. 그는 믿음이 임하기 위해서, 그리스도께서 인간의 모습으로 나타나실 것이라고 생각했습니다. 그렇지만, 그의 영혼을 구원을 받는 날인, 1738년 5월 21일에, 그는 오직 그리스도를 의뢰하고 구원의 확신에 이르렀습니다 (John Wesley's Journnal, V. I., 476).

휫필드가 다시 런던에 도착했다는 소식을 접하고 웨슬리 형제뿐만 아니라 홀리 클럽의 다른 회원들까지도 그를 반기러 찾아왔었습니다. 그들 가운데 일곱 사람은 뜨거운 열심으로 불타는 페터 레인회(Fetter Lane Society) 모임에 참여했습니다. 1739년 1월 초에, 휫필드는 영국 국교회에서 주는 제 이 단계 안수인, 성직자(priest)로써 안수를 받기 위해서 옥스퍼드로 갔습니다. 그의 안수식은 이전에 그에게 집사(deacon) 안수를 준 성직자 벤슨 주교가 집례했습니다. 그는 휫필드를 가리켜 높이 평가했습니다. "훌륭한 능력과 큰 열심을 가진 선한 청년으로서, 하나님께서 그가 하는 모든 일에 크게 사용하여 이 타락의 시대에 영적인 부흥이 일어나기를!" 기대하면서 그에게 기도했습니다.

그는 첫 번째 안수를 받을 때와 마찬가지로 영적 책임을 두렵고 떨리는 마음으로 의식하면서 두 번째 안수를 받았습니다. 그가 미국에서 선교 사역하는 동안에도 추종자들은 브리스톨, 글로세스터, 그리고 런던에서 여전히 그를 크게 사모하면서 곧 영국으로 돌아오기를 기도하면서 사역했습니다. 그가 설교를 했던 아홉 편 설교는 책으로 발간되었고, 그중 '중생'이라는 설교는 널리 전파되었으니, 일종의 감리교 운동 선언문 같았습니다. 더욱이 아메리카 여행기라고 할 수 있는 일지(Journal)도 책으로 발행되어, 그도 알지도 못하는 사이에 세 명의 발행인이 각각 그 책을 간행했습니다. 이럼으로써 그의 의도가 아니었음에도 불구하고, 그는 여전히 대중들에게 잊혀지지 않았습니다. 그러나 그가 런던에 돌아온 지 이틀째 되던 날 성도들에게 말했습니다.

"벌써 다섯 교회가 나를 거부했고, 목사들 중에는 나를 여기서 떠나게 만들려는 사람들도 있었습니다."

그러나 휫필드는 이런 상태가 오래 계속되지 못하리라는 것을 느꼈습니다. 그는 자신과 웨슬리 형제들도 곧, 모든 교회들에서 배척 당할 것이며, 심지어 공동체들에서 사역하는 일도 금지 당할 것이라고 느꼈습니다. 어떤 교회에서 휫필드가 설교할 때, 너무 많은 사람들이 찾아왔기에, 교회 밖에서 설교를 들었다는 말을 듣고서 그는 말했습니다.

"이런 상황은 나로 하여금 옥외에서 설교를 하려는 생각에 이르렀습니다. 몇몇 친구들에게 이런 생각을 밝혔더니 그들은 미친 짓이라고 거부했습니다. 그렇지만 어떤 일도 성급하게 이뤄지지 않도록 우리는 무릎꿇고 기도했습니다."(229).

그러나 옥외 설교라는 아이디어는 원래 휫필드가 창안한 것이 아니었습니다. 그것은 지칠 줄 모르고 두려움도 없는 역동적인 웨일즈 사람 호웰 해리스(Howell Harris)와의 편지 교환을 통해 얻었습니다. 학교 선생인 해리스는 휫필드와 비슷한 때에 회심했었습니다. 그는 평신도였기에, 당시에 설교하는 것이 허용되지 않았기에, 자기 집에다가 사람들을 모아놓고서, 하나님께서 자신의 영혼에게 어떤 일을 이뤄 주셨는지를 그들에게 증거했습니다. 당시에 해리스는 한

걸음 더 나아가서, 여러 가지 옥외 집회를 집행했습니다. 이를테면, 그는 박람회나 스포츠 경기가 열리는 곳을 찾아 집회를 개최했습니다. 그는 승마용 발돋움 대, 돌담, 거리에 놓은 탁자 등 연단으로 사용할 수 있는 것은 그 무엇이든지 이용하여 복음 전파를 전했습니다. 그의 노력은 뜨거운 열심으로 특징을 지어졌으며, 또한 하나님께서 내리시는 충만한 축복도 임했습니다. 그는 전도 집회를 할 적마다, 행정관들과 성직자들의 신랄한 반대에도 부딪혔으나, 강한 신념으로 사역했습니다. 그는 옥외 집회를 통해서 많은 사람들을 영광스러운 회심으로 예수님께로 이끌었습니다.

그럼으로써, 남부 웨일즈 사람 상당수가 그의 메시지를 듣게 되었습니다. 해리스는 정식으로 안수를 받지 않았기 때문에 자신이 하는 일을 설교라고 부르지 않았습니다. 그는 그것을 다만 '권면'이라고 불렀습니다.

조지아에서 돌아온 지, 얼마 안되어 휫필드는 해리스의 소문을 듣고 그에게 편지를 썼습니다. 해리스는 답신을 보내왔고, 이 두 사람은 같은 영으로 같은 전도 사역에 힘쓰고 있음이 분명해졌습니다. 그래서 휫필드는 웨일즈로 가서 해리스를 만날 작정을 했습니다. 그는 해리스가 옥외 집회를 인도하는 현장에 함께 가서, 그가 그 놀라운 사역을 수행하는 광경을 보았습니다.

그가 웨일즈로 갈 때 사업가 윌리엄 슈어드(William Seward)를 대동했습니다. 슈어드는 주식 투자에 성공하여 상당한 재산을 모은 사람으로서, 자선 학교를 돕는 일에 많은 후원금을 대주었습니다. 그는 영적인 일에 도움을 줄 사람을 찾다가 찰스 웨슬리를 만났습니다. 곧, 찰스 웨슬리는 "윌리엄 슈어드가 간증할 정도로 변했다."고 알릴 정도가 되었습니다. 그러나 휫필드가 영국으로 돌아오자 슈어드는 곧, 그에게 깊이 감화되어 자기 재산을 그의 마음대로 쓰도록 했습니다. 그는 그가 가는 곳이면 어디든지 따라 가고자 했습니다.

휫필드가 브리스톨(Bristol)에 도착한 후, 여러 공동체들과 교도소에서 설교 요청이 쇄도하자, 잠시 웨일즈 행을 연기했었습니다. 그는 브리스톨에서 옥외 설교를 한번 시도해 보기로 했습니다. 그가 최초로 옥외 설교를 했던 브리스톨 근처에 있는 킹스우드(Kingswood) 석탄 체굴 지역이 있었는데, 그곳에는 갱부라고 불리는 수백 명의 광산 노동자들이 아내와 자녀들을 부양하기 위해서, 중노동에 시달리며 살아가고 있었습니다. 그곳에는 학교나 교회가 한 군데도 없었으며, 외부 사람들이 그 지역에 들어가는 경우도 거의 없었고, 때로 그곳 광부들은 브리스톨에 난입하여 폭력 사태를 일으키기도 했었습니다.

그 때는 이 월이었고, 그 해 겨울은 유난히도 추웠었지만, 휫필드가 브리스톨에 도착한 후 처음 맞는 토요일 날에 휫필드와 슈어드는 킹스우드로 동행했습니다. 그들은 헛간 같은 오두막 집을 집집마다 찾아다니며 설교를 들으러 오라고 청했습니다. 이에 대하여 그는 후에 술회했습니다.

"나는 한 언덕에 올라가 사람들이 모이는 대로 설교를 했습니다. 사람들은 이백 명 가량 모였습니다."(Journals, 216., Whitefield's Text, Matt. 5: 1-3).

그는 브리스톨으로 돌아와서 자신이 사역했던 일들을 곰곰이 생각해 보았습니다. 그는 성직자로서 옥외 집회를 개최한다는 것이 지극히 기이하고 허무한 일로 무시될 것이라는 것을 너무나 잘 알았습니다. 그러나 그는 킹스우드 옥외 집회를 통해서 전도자로서 놀라운 고백을 했습니다.

"하나님께서 찬양을 받을지어다! 나는 드디어 시작했습니다! 내가 들판에 서서 그 청중들을 가르치는 나를 사람들이 그 옛날 주님을 배척했던 것처럼 배척할 것입니다. 어떤 사람은 나를 비난하기도 할 것입니다. 그러나 내가 사람을 기쁘게 한다면, 진정 그리스도의 종이 되지 못할 것입니다."(Arnold A. Dallimore, G. W., 256).

그는 브리스톨에서 사역하는 동안, 과부인 자기 누이 집에 머물렀는데, 그 집으로 그의 어머니가 자주 찾아왔습니다. 어머니는 자기 아들이 유명한 인물이 되었다는 사실에 크게 놀랐습니다. 다른 성직자들은 갱부들이 사는 구역에 들어가 복음을 전하기를 두려워했지만, 그는 그곳에서 전도 사역하는 동안, 단 한번도 위협적인 말이나 행동을 무시당하지 않았습니다. 오히려 그들은 그를 진정한 따뜻한 애정으로 받아들였으며, 그는 자신이 행한 사역의 결과를 묘사했습니다.

"자신의 의를 자랑할 것이 없는 자들인 세리와 죄인들의 친구이신 예수님은 의인이 아니라 죄인을 부르시려 왔습니다. 그 죄인들은 하나님께로 회개케 하려고 오신 예수님의 가르침에 듣기를 좋아했습니다. 그들이 내 설교에 감동을 받았다는 첫 번째 증거는 탄광에서 막 나왔기에, 그들의 옷은 검은 석탄 가루로 껌정 얼굴이지만, 그들의 볼 위에 타고 내리는 하염없는 눈물로 홍수를 이뤘다는 사실입니다. 수백 명 광부들이 곧 자기 죄를 깊이 깨우치기에 이르렀고, 그들의 눈물로써 그 깨우침은 건전하고도 철저한 회심으로 이어졌습니다(263).

횟필드는 브리스톨을 중심으로 하여 그 주변 지역에서 일 주일에 약 삼십 회씩 집회를 열었습니다. 그가 곧 런던으로 떠날 것임을 안 킹스우드의 갱부들은 그와 작별할 준비했습니다. 그들은 횟필드를 위해서 송별회를 준비했었습니다. 그가 그들을 위한 학교를 지을 계획을 시사하자, "그들은 앞다투어 벽돌 한 장이라도 자기가 처음으로 쌓으려고 했습니다."

어떤 사람들은 땅을 내놓기도 했고 벽돌을 희사한 사람도 있었습니다. 그는 이 일을 위해 "지옥의 문이 이 계획을 방해하지 않기를" 무릎꿇고 기도했습니다. 갱부들은 "이십 파운드 가량의 돈을 내놓았고, 작정 기부금으로 사십 파운드가 약속되었습니다."

또한 그들은 노동력과 자신들에게 있는 건축 자재들도 제공하겠다고 약속했습니다. 킹스우드에서 송별 행사가 있은 후, 횟필드는 브리스톨과 그 주변 지역에서 자신이 시작했던 사역이 잘 진행되리라는 확신 가운데서, 그는 런던으로 떠나갔습니다. 그 후로 브리스톨에서의 사역을 웨슬리 형제에게 지도를 부탁하였습니다.

2. 런던 옥외 집회

그가 런던에 돌아온 후, 첫 주일 날, 무어필즈(Morfields) 공원에서 옥외 설교를 했습니다. 그가 돌아온 것을 런던 시민도 주목했습니다. 그는 믿을 수 없을 정도로 많은 사람들이 옥외 전도 집회에 몰려드는 것을 보았습니다. 그 집회 장소는 인산인해를 이루었습니다. 그래서 그는 양쪽에 두 친구를 대동하고 사람들 사이로 들어갔으나, 많은 사람들이 밀고 밀려서 그의 친구를 잃어버릴 정도였습니다. 그렇지만 그들은 그의 몸을 상하게 하기는커녕 오히려 길을 터 주었습니다. 그가 그 들판에다가 설교할 탁자가 하나 놓여 있었으나, 역시 혼잡한 인파 때문에 여러 조각으로 부서져 있었습니다.

그는 아무 방해도 받지 않고 웅집한 많은 군중들에게 설교를 하였습니다. 아마도 삼 만 명은 족히 되는 인파가 모여들었습니다. 때마침 바람이 불어 횟필드가 설교하는 목소리를 저 끝에 있는 사람들에게까지 실어다 주었습니다. 모두들 서서 그의 설교를 경청하다가 한 목소리로 시편과 주기도문을 암송했습니다. 그는 어떤 교회 안에서도 그렇게 엄숙하게 설교한 적이 없었습니다. 그의 설교에는 말씀의 능력이 임하였고, 그는 언제나 마귀의 나라인 이 세상에서 하나님의 선(善)이 침노하기를 소망했습니다.

횟필드는 런던에서 처음 시도한 옥외 설교가 놀라운 성과를 가져 왔습니다. 이로 인해서 그는 매일 저녁 집회마다 케닝튼 공유지(Kennington Common)에서 야외 집회를 가졌고, 무어필즈(Moorfields)에도 매 주일 아침 집회를 가졌습니다. 런던 집회에 대한 집회의 주도권이 조지 횟필드에게 있음을 인정하던 찰스 웨슬리는 자신이 맡고 있는 사역의 책임 역할에 대한 어려움을 그에게 알리고자 생각했습니다.

"나는 설교를 그만두고 싶다는 유혹을 계속 받습니다. 하나님은 계속 역사하시지만, 그 역사는 내 안에서가 아니라 나에 의해서 일어나는 것입니다. 나는 그것을 느낄 수 있습니다. 형제여, 하나님께서 하시는 일에서 내 힘을 기대하지 마십시오. 나는 당신의 성공을 기뻐하는 바이며, 수천 배 더 큰 성공을 거두시기를 기도합니다."(373).

그러나 찰스가 그 일에서 손을 떼겠다는 것은 말뿐이었습니다. 그는 옥외 설교를 계속했고 비범한 능력을 지닌 설교자가 되었습니다. 그가 설교 사역에 하나님의 축복이 임했습니다. 휫필드는 글로세스터에서 사역을 맡길 사람을 찾지 못해서 찰스 웨슬리로 하여금 그 지역을 순회하며 설교케 했습니다.

3. 결혼

그는 미국 필라델피아로 항해 중에 엘리자벳 델라몬트 양에게 편지로 구혼을 청했습니다. 그는 사바나에서 그녀로부터 받은 답장에서 결혼할 의사를 이미 밝혔었습니다. 그는 그녀의 부모에게 딸과 결혼을 허락해 줄 것을 요청하는 편지와 사역자의 아내가 될 어려움을 기술한 서신을 동봉해서 보냈습니다(468).

그러나 휫필드의 구혼은 성사가 되지 못했습니다. 이 사실을 잘 알고 있었던 친구이자 동역자 호웰 해리스가 자신이 사랑하던 여인을 그에게 소개시켜 주었습니다. 그래서 해리스의 주선으로, 휫필드가 1739년에 웨일즈 출신의 과부 엘리자벳 제임스(Elizabeth James)와 교제를 가졌습니다. 그녀는 불타는 신앙인이었고, 해리스의 애정은 너무도 고결해서, 그는 그녀를 언급할 때 이름보다는 +로 표현하기를 더 좋아했습니다. 하나님의 사람인 이 남성에 대한 그녀의 애정 역시 그에 뒤지지 않았기에, 그가 그녀에게 청혼했더라면 그녀도 기꺼이 승낙할 수 있었을 것입니다. 그러나 그는 그런 제의를 할 준비가 되지 않았고, 오히려 그 자신이 "내 영혼과 하나님 사이에 아무 것도 놓여있지 않은 상태"로 사역하려고 생각해 왔었습니다. 그래서 그는 자신의 결혼 문제를 피하는 방법을 찾았습니다. 그는 동역자 횟필드를 평소부터 아주 존경했습니다. 그래서 그는 자신이 사랑했던 과부였던 제임스 부인과 결혼할 생각을 포기하고, 이보다 더 나은 생각으로써 자신이 사랑하는 상대자를 횟필드의 배우자로 맺어줌으로써, 더욱 좋은 동역의 유대 관계를 견고케 하고자 했습니다.

　횟필드가 미국에서 선교 사역을 하다가 돌아오자, 해리스는 편지로 중매 계획을 먼저 그에게 알렸고, 이 문제로 횟필드는 그와 만나서 심사숙고했습니다. 횟필드는 해리스의 진의를 확실히 확인하고서, 그가 잉글랜드 서부로 전도 사역을 하러 갔을 때, 웨일즈를 지나 과부 제임스 부인을 찾아 방문했습니다. 그는 그녀야말로 하나님께서 자신을 위해 선택해 주신 사람이라고 믿었기에, 스코틀랜드 순회 집회에서도 그녀에게 편지를 써서 보냈습니다. 그리고 그는 그녀와 결혼할 의사로 웨일즈로도 갔었습니다.

　당시 과부인 제임스 부인은 훌륭한 가문의 출신이었으며, 그녀는 해리스가 세워놓은 신앙 공동체에 나가 정기적으로 특별히 여성들을 돌봐주었습니다. 그리고 그녀는 그들의 영적인 질문에 답변해 주고, 또 그들에게 그리스도인의 삶을 권고해 주었습니다. 이 때에 해리스는 빈번히 전도 사역에 많은 적대자들의 격렬한 반대에 부딪쳤습니다. 이럴 때일수록 제임스 부인에게도 마찬가지로 닥친 고난이었지만 용기로써 잘 대처했습니다. 해리스는 그녀를 가리켜 '아름답지도 젊지도 부유하지도 않지만 능력이 있는 진정한 성도"라고 말했습니다.

　그녀는 에버게브니(Abergavenny)에 자신의 작은 집이 있었지만 십 대인 딸 낸시와 함께 살았습니다. 그녀는 주로 영적인 사역에서 두드러졌습니다. 그녀의 편지는 성경에서 인용한 문구(文句)들로 가득 차 있었고, 더욱이 영적인 일을 잘해내지 못한데 대한 슬픔과 때로는 샘솟는 기쁨이 뒤섞인 표현들이 넘쳤었습니다. 그녀에게서는 항상 자애로운 분위기가 넘쳤기에, 동역자 해리스가 실의에 빠져 있을 때마다 힘과 영력(靈力)을 북돋아주곤 했습니다. 휫필드는 제임스 부인의 집에서 해리스가 자신과 만나도록 주선했습니다. 그는 즉각 그녀와 결혼할 준비가 되었습니다. 그러나 제임스 부인은 휫필드만큼 마음이 준비된 상태가 아니었습니다. 그렇지만 해리스가 휫필드에게 결혼을 양보할 뜻을 처음으로 밝혔을 때, 그녀는 이렇게 말했습니다.

"당신이 내 친 오빠라고 할지라도 저의 뜻을 처리할 권리는 없습니다. 당신은 나로 인해 주의 일을 하는데, 마음이 분산이 되어지므로, 주께서 당신이 세상을 떠날 때까지 나와 떨어져 있게 한다고 말씀하십니다. 그러나 그런 말들이 저에게 어떻게 들리는가를 다시 기도하시고 결정하기를 바랍니다."(Arnold A. Dallimore, G. W., V. II., 1980, 106).

당시 그 세 사람이 그녀의 집에서 만났을 때, 해리스는 그 때 상황을 말했습니다.

"휫필드 형제는 자애롭고 또 사랑스런 소박한 그녀를 하나님께서 주신 사람으로 여겼기에, 그에게서도 욕정이란 전혀 없었습니다. 그는 그녀를 위한 사랑이 그의 마음에 심겨지는 것을 느꼈습니다. 처음에, 그녀는 나에 대한 인간적인 호감 때문에 결혼함으로써 주의 사역에 유익이 되지 않을까 하여 반대하였습니다. 이제 이 문제가 극복될 수 있음을 확인하자, 그녀는 모든 염려를 극복하자 사명자로서 결혼을 하기에 이르렀습니다. 그래서 그는 그녀를 덜 사랑하거나 또 질투하지 않고, 오직 그녀와 믿음으로 결혼할 것이라고 토로했습니다...."(107).

그러자, 제임스 부인은 결단을 내릴 시점에 도달했었습니다. 그녀는 웨일즈의 위대한 전도자 호웰 해리스와 결혼할 것인지, 아니면 국제적인 복음 전도자, 조지 휫필드의 청혼을 받아들이는 문제가 심각한 생애의 딜레마였습니다. 그런데 휫필드가 에버게브니에 머무는 나흘 동안 그녀는 그와 결혼하기로 결정했습니다. 그도 역시 그녀와 결혼을 결심했습니다. 휫필드가 자신이 결혼을 결심하는데 영적 준비가 필요함을 레븐 경에게 보낸 편지에서 엿볼 수 있습니다.

"저는 지금 영적인 책무가 무거워짐을 느끼기에, 더 이상 글을 쓸 수가 없습니다. 내일이면 제가 결혼하게 되므로, 하나님께서 이제 잠자리에 드실 것을 명하십니다."(108).

그들이 란틸리오(Llantilio)에 있는 교회로 가서 결혼식을 청했지만 단번에 거절되고 말았습니다. 더욱이 휫필드와 해리스가 영국 국교회의 교구 목사로서 사역하는 것조차 반대를 받았기 때문이었습니다. 그래서 그들은 다시 말을 몰아 우스크(Usk)로 가서 교회에서 결혼식을 거행하는 것도 거절당했습니다. 이로 인해서, 다시 그들은 란로웰(Llanllowel)로 갔지만 그곳에서도 역시 거부당했습니다. 그들은 저녁 때에 캘코트(Calcott)에서 결혼식을 올리도록 요청했지만 이곳에서도 거절당했었습니다. 그러나 그들의 일행이 말을 타고 농장과 마을을 지나는 것을 보고 사람들이 모였었기에, 그는 예정에 없던 야외 집회를 가짐으로써 그 날을 마감했습니다.

그 다음날, 그들은 케어필리(Caerphilly)에 이르러서 신앙 부흥 운동의 동지 존 스미스(John Smith) 목사를 만났습니다. 그는 그의 사정을 알고 나서, 기꺼이 그들을 결혼시켜 주도록 주선했습니다. 우여곡절 끝에, 그들의 결혼 예식은 1741년 11월 14일에 거행되었습니다. 해리스는 이때 그들의 결혼식에 대하여 이렇게 적었습니다.

"11시에 휫필드 형제와 +는 결혼식을 위해 스미스와 그의 아내와 함께 교회 예배실로 갔습니다. 그들은 그들의 결혼을 위해서 열심히 기도했습니다. 결혼 예식이 끝나고서, 케닉(Cennick) 형제가 결혼식 축가를 불렀습니다. 그리고 우리는 성찬식을 함께 참여했습니다. 그리고 성찬식 설교에서 휫필드 형제는 마태복음 구 장 십이 절 성경 본문으로서 힘있는 설교를 했습니다. 성찬식이 끝나고 결혼식은 거행되었고, 휫필드와 엘리자벳 제임스(Elizaberth James)와의 결혼이 성사가 됐습니다. 휫필드는 결혼이 자신의 사역에 방해가 되어서는 안 된다는 그의 심정을 길버트 테넨트에게 보낸 편지에서 잘 보여줍니다(109).

"나는 서른 여섯 살 가량의 한 미망인과 결혼했습니다... 그녀로 말할 것 같으면 재산이 많지도 아름답지도 않지만, 그녀가 하나님의 참된 자녀라고 믿으며 또한 세상에서 주의 일을 방해하지 않을 사람이라고 생각합니다."(110).

그들은 신혼 여행도 가지 않고, 아내의 집에 일 주일 간 머물면서 그 주변 지역에서 하루에 두 번씩 전도 설교를 했습니다. 그리고 그는 아내와 그녀의 딸을 그곳에 남겨두고, 브리스톨과 글로세스터와 런던을 순회하는 전도 여행길에 나섰습니다. 한 달 후, 그는 크리스마스를 위해 에버게브니에 돌아 온 후로, 다음 날 아침으로 다시 길을 떠나 브리스톨과 런던으로 갔습니다. 그는 자신의 생활 방식을 설명했습니다.

"나는 조금씩 자고 조금씩 먹었으며 아침부터 한 밤 중까지 일했습니다."

그는 정진하는 사역이 성공적으로 진전되는 것을 느꼈습니다. 그는 결혼한 지 삼 개월만에 그의 부인 엘리자벳과 런던에서 합류했습니다. 그녀의 집을 비워 두고 런던에서 그가 얻어 놓은 셋집으로 들어갔습니다. 성도들도 휫필드가 결혼했던 신부가 그보다 열 살 정도 더 많으며 '별로 아름답지 않은' 것으로 알고 있었습니다. 휫필드 부부에게도 결혼 생활의 슬픔을 겪었습니다. 그들이 결혼한 지 삼년이 지나 엘리자벳은 아들을 낳았습니다. 그는 아기를 '요한'으로 이름을 지었습니다. 그는 아이가 자라서 훌륭한 설교자인 '세례 요한'과 같은 인물이 되기를 기대했었습니다. 당시 그들은 런던에서 누추한 셋집에 살면서 월세를 제대로 낼 수가 없었기에, 그는 웨일즈에 있는 아내의 집으로 이사하는 것이 최선이라고 생각했습니다. 그래서 그들은 한 겨울 난방도 되지 않는 마차를 타고서 얼어 붙은 울퉁불퉁한 길로 여행했습니다.

그들이 글로세스터에 이르자, 일정대로 '벨 여관'에서 며칠 간 투숙했었습니다. 당시 휫필드의 형이 운영하고 있었던 여관에서 갑자기 아기가 병이 났었는데, 의사가 최선을 다하여 치료했지만 그 아이는 그 병으로 인해서 후에 이 월 구 일에 그만 죽고 말았습니다 (168).

어린 자식이 병고로 인해서 죽었을 때에도, 휫필드는 전도 집회로 인해서 출타 중이었습니다. 그가 글로세스터에 돌아와 그 아이가 사망했다는 슬픈 소식에 접하고 애도했지만, 그의 아내의 만류에도 불구하고, 그는 시편의 말씀인 "울며 씨를 뿌리러나가는 자는 정녕 기쁨으로 그 단을 가지고 돌아오리로다."를 인용하면서 이전처럼 설교하러 나갔습니다. 그때 일을 그는 이렇게 술회했습니다.

"내가 저녁 집회의 설교가 끝나자마자, 집에 돌아와 보니 어린 자식을 위한 장례식을 알리는 종이 울렸습니다. 나는 그 소리에 동요를 느꼈으나 위를 올려다보면서 다시 힘을 얻었습니다. "하나님께서 합력하여 선을 이루시니라."는 말씀으로 위로를 받았습니다. 내 아기와의 헤어짐은 엄숙했습니다. 우리는 무릎을 꿇고 앉아 많은 눈물을 흘렸습니다. 내가 태어난 집에서 세상을 떠난 아기는 내가 세례를 받고 처음으로 성찬을 받고 최초로 설교를 했던 교회로 옮겨졌습니다....나는 열왕기에 나오는 수넴 여인의 어린 자식이 죽었을 때, 말씀으로 위로를 받았습니다. "너는 평안하냐?....아이가 평안하냐?"

그러자, 수넴 여인은 "평안하다!"고 대답했었습니다. 그는 자식이 죽기 전까지는 아이가 살아나기를 바랬었지만 그의 바램조차도 근신할 것을 배웠습니다. 이 사건으로 인해서 그는 교회 사역자로서 신중한 처신을 배웠습니다."(168).

그의 아내인 엘리자벳은 동행할 자도 없이 자신의 집이 있었던 웨일즈의 집으로 떠날 채비를 갖추었습니다. 그러자 휫필드는 그녀가 사용했었던 가구들을 에버게브니의 궁핍한 사람들에게 주어버렸습니다. 그래서 그는 글로세스터에 있는 친구들로부터 가구를 빌리다가 중고 커튼 한 세트를 얻어 기뻐하며 돌아왔습니다. 이것이 바로 고아원 기금을 유용하여 부자가 되었다고 많은 사람들에게 비난을 받았던 종의 모습이었습니다.

휫필드는 사역자로서 약점이면서도 또 장점인 자신의 확신대로 행동하는 습관이 있었습니다. 그가 무모한 충동이 아니라 하나님께서 주신 확신이라고 처신했었습니다. 그렇지만 자신의 아들이 '세례 요한' 같은 인물이 될 것이라는 확신과 기대가 무너진 이후로 그는 자신의 충동된 확신들이 그릇될 수 있다는 것을 깨달았습니다.

아메리카 전도 여행 시에 휫필드가 아내와 동행할 때, 그들은 사년 동안 영국을 떠났습니다. 이로 인해서 그들은 새로운 사역지에서 아기에 대한 모든 슬픔을 잊고서 오직 구령 사업에 헌신하였습니다. 더욱이 그들은 두 번째로 스코틀랜드를 방문할 때, 스코틀랜드 캠버슬랭(Cambuslang)에 일어난 신앙 부흥 운동에서 하나님의 능력과 영광을 목격합니다. 이로 인해서 그들의 조국에서 겪었던 가정적인 모든 슬픔을 잊고 오직 영혼 구원 운동을 통해서 위로해 주시는 하나님의 크신 자비와 은혜를 그들은 하나님께 감사를 드리며 영적인 자녀를 위한 사역에다가 동역하는 일에 매진했었습니다.

제 3 장
사랑의 전도자

1. 베데스다 고아원 설립

1739년 11월 2일 금요일 저녁에 휫필드는 필라델피아에 도착했습니다. 본래 그는 조지아에 고아원을 세울 작정이었으나 준비 과정으로서 미국을 알기 위해서 이곳을 찾았습니다. 그는 펜실베니아의 필라델피아에 도착해서 장로교와 침례교 목사들로부터 그곳에 터를 닦은 집안인 펜(Penn) 가에서 그때까지 남아 있었던 토마스 펜(Thomas Penn)으로부터 열렬한 환영을 받았습니다. 그는 매일 저녁 집회에서 많은 군중들에게 설교했습니다. 그는 미국에 도착해서도 영국에서처럼 인기를 누렸습니다. 그렇지만 그는 성경의 진리를 전파하기 위해서 대중적인 인기에 영합하지 않았습니다.

당시 유명한 장로교 목사 윌리엄 테넨트(William Tennent)도 그를 찾아왔습니다. 그는 미국 장로교 교단 내에 성경의 진리에서 이탈하는 풍조가 만연된 사실을 탄식하면서 또 장로교 전도 집회에서 정통 신앙을 열렬히 옹호하였습니다. 또한 그는 사역자 훈련을 위해 '통나무 대학(Log College)'으로 잘 알려져 있는 학교인 후에 장로교 신학교의 전신인 프린스톤 신학교를 세웠습니다. 테넨트는 자신의 학식과 개인적 열정은 사역자로서 신학생들에게 철저한 학문과 뜨거운 열심을 구비하도록 가르치고 훈련을 시키고자 했습니다.

이 때에 영국에서 미국으로 선교하고자 방문했던 젊은 전도자 조지 휫필드 목사를 만나 보고서 마치 '요나단과 다윗'처럼 동역자로서 서로 합력하고 미국의 복음화를 위해서 협력자들이 되었습니다. 미국의 영적인 위기에서 탄식하는 테넨트 목사의 중심을 감찰하신 하나님께서 미국의 영적 부흥의 불길을 조지 휫필드를 통해서 붙여 주었습니다. 이외에도 휫필드는 그의 삶에서 심대한 영향을 주었던 두 인물과 친분을 맺기 시작했습니다. 그중 한 사람은 상당한 재산을 가진 뉴욕 사람 토마스 노블(Thomas Noble)로서, 그는 고아원 설립을 돕겠다는 의사를 서면(書面)으로 밝히는 한편, 한번 방문해줄 것을 휫필드에게 요청했습니다. 또 한 사람은 윌리엄 테넨트의 아들인 길버트 테넨트(Gilbert Tennent)인데, 그는 뉴욕 여행 때 휫필드와 동행한 열심 있는 설교자였습니다. 그는 뉴욕에 다녀온 후 휫필드와 동역하면서 필라델피아에서 가장 큰 장로교 교회에서 사역했지만, 그곳이 너무 좁아서 다시 옥외 전도 집회를 개최했었습니다.

더욱이 윌리엄 슈어드는 배가 한 척 있으면 고아원을 설립하는 일에 아주 유익하게 쓰일 것이라 생각하고는 범선 한 척을 구입하여 사반나 호(The Savannah)라고 이름을 붙였습니다. 이 선박을 통해서 휫필드는 영국에서 함께 온 사람들을 미국 조지아를 향해 출항했습니다. 그렇지만 휫필드는 미국에 관해서 더 알기를 원했기에, 그들과 따로 슈어드와 자신의 비서인 존 심스(John Syms)를 대동하고 육로(陸路) 여행에 올랐습니다. 휫필드의 예상대로 그는 여행에서 귀중한 체험을 했습니다. 그는 인구가 많은 지역에서는 많은 사람들을 상대로, 그리고 황무지에서는 몇 명이 되지 않는 사람들을 상대로 매일 설교했습니다. 그들이 포토맥(Potomac) 강을 건널 때는 세 사람 모두 빠져 죽을 뻔했습니다. 그는 가끔씩 대 저택에서 편안하게 하룻밤 머물 때도 있었으나, 대부분 통나무집이 아니면, 혹은 땅바닥에서 잤었습니다.

휫필드는 윌리엄과 메리 대학(William and Mary College)을 방문하고서 크게 기뻐했던 일은, 그곳 교수 중 두 사람이 옥스퍼드 동기생이라고 말했었기 때문이었습니다. 그는 수많은 사람들을 만났고 또한 식민지 농장 몇 군데를 돌아보았으며, 특히 그 농장들이 노예들의 노동력에 의존한다는 사실을 주목하게 되었습니다. 휫필드는 베데스다에 도착해서 자신이 영국에 방문한 동안에도 베데스다 고아원 공사가 눈에 띄게 진척된 것을 보았습니다. 그 건물과 마당은 보기 좋게 단장되었고 몇 군데 마무리 공사만을 남겨두었습니다. 베데스다 고아원과 그곳의 운영하는 후원 기관이었던 농장도 잘 운영되는 중이었습니다. 그러나 그는 아메리카에 도착해서, 적대자들의 여론 때문에 고아원 후원 헌금을 한 푼도 받지 못했습니다. 그래서 고아원을 운영하는데 재정난이 급박한 문제가 되었습니다. 그렇지만 베데스다 고아원에 정기적으로 기부금을 내겠다고 했던 영국인 성도들과 미국인 목사들도 있었고, 또한 그리스도인 사업가들로부터 적지 않게 도움을 얻었습니다.

그런 구제 사업 활동에는 정치인도 동참했었습니다. 벤자민 프랭클린은 고아원 운영에 관한 횟필드의 뜻에 공감하여 아메리카와 유럽 양 대륙에서 모두 통용되는 다른 수표책에도 사인하여 보내겠다고 횟필드에게 편지로 알려왔습니다. 그러나 그는 고아원의 재정난을 전국적으로 알리는 것을 거부했던 이유는 하나님께서 이 선한 사업에서 실패하신 것으로 알려져서 하나님의 영광을 가리우는 것을 우려했습니다. 그렇지만, 횟필드의 고사에도 만류하고서, 프랭클린은 개인적 기부 형식으로 75 파운드의 돈을 보내왔습니다. 횟필드는 프랭클린의 처음 제안을 비록 받아들이지는 않았지만, 그 편지의 사본을 몇몇 친구들에게 보내 사적(私的)인 방법으로 쓰일 수 있게 하려 했습니다. 그러나 그 계획은 무위로 돌아가고 말았습니다. 왜냐하면, 그 당시 영국은 전쟁 중이었고, 그래서 대서양을 건너간 편지가 분실되는 경우가 종종 있었던 것입니다.

더욱이 미국 내에서도 사바나처럼 먼 곳으로 보내는 편지는 안전하게 도착되리라 믿을 수가 없었습니다. 이러한 상황 중에 한때 베데스다 운영을 돕고 싶다고 하면서 이미 횟필드에게 돈까지 빌려주었던 토마스 노블(Thomas Noble)이 자기 전 재산을 모라비아 교도들에게 주겠다는 유언을 남기고 세상을 떠나버렸습니다. 유언 집행자는 베데스다 고아원을 건축하는데 여섯 달 내에 빌려간 건축비를 갚으라는 독촉 편지를 횟필드에게 보내왔습니다. 이에 대하여 그는 이런 저런 일들로 인해서 지친 그는 이렇게 답변했습니다.

"나는 이 고아원 사업이 내 능력에서 벗어나는 일이 될까 두렵습니다. 그러나 우리는 한 주님의 형제들이고 그 빚의 채무자는 그 분이시므로, 나는 당신이 좀더 기다려 주실 것을 소망합니다."

2. 흑인 교육기관 설립

휫필드가 타고 난 친절함은 아메리카의 흑인들을 돕는데도 잘 드러났습니다. 그는 많은 노예들에게 행해지는 잔인하고 야만적인 처사를 목격한 휫필드는 메릴랜드, 버지니아, 남북 케롤리나의 주민들에게 보내는 흑인 노예들에 관한 편지를 써서 출판했습니다. 그가 노예제도를 비판했던 내용을 일부 소개하겠습니다.

"당신이 기르는 개도 귀여움을 받고 더욱이 식탁에서도 주인들의 상 곁에서 장난을 치지만, 개나 짐승처럼 불려지는 노예들은 그만한 대접도 받지 못하고 있습니다. 그들에게는 주인의 상에서 떨어지는 음식물 부스러기를 줍는 것조차 허용되지 않습니다. 어떤 주인들은 지극히 사소한 잘못에도 노예들에게 화를 내면서 그들을 향하여 나이프로 긋기도 하고 또 포크를 그들을 향하여 내던지기도 합니다. 얼마나 많은 노예들이 잔인하고 엄한 주인에게 비인간적 취급을 당하는지 말할 수가 없습니다. 그들은 자신들을 위해서 수고하는 노예들에게 쉴새없이 채찍질 해대며 또 등에 쟁기를 매어 밭을 갈게 하고, 마침내는 죽음에까지도 이르게 합니다. 나는 당신들 중에도 그런 노예들에게 야만적인 행위를 하는 괴물들이 없기를 바랍니다. 당신들이 가엾은 노예들에게 노동의 결과를 누리지 못하게 하는 처사는 잔인할 뿐만 아니라 은혜를 모르는 행위가 아닙니까? 당신들이 경영하는 열대 농장들이 어떻게 개간되고 경작되는지를 생각하시오!

수많은 대 저택들과 그의 집 주인들이 날마다 호화로이 연락하는 것을 볼 때, 나는 노예들의 노동 덕분이라고 봅니다. 그런데도 우리 그리스도인 지주들조차도 많은 노예들이 먹을 것이나 입는 것 한 가지도 변변치 못한 것을 생각하면 나는 소름이 끼칩니다.

"들으라! 부한 자들아, 너희에게 임할 고생을 인하여 울고 통곡하라!"

그 불쌍한 흑인들이 먹는 것을 보시오! 그들은 밭에서 추수해 주고도 먹을 것을 제대로 먹지 못합니다. 추수꾼의 울음소리가 만군의 여호와의 귀에 들리고 있습니다!"(Anorld A. Dallimore, G. W., V. I., 496).

그래서 그는 노예들을 물질적으로도 돕고자 했습니다. 1740년 4월 22일 화요일에 그의 나이 스물 세 살 때에 기록된 일지(Journal)에 그는 이렇게 썼습니다.

"오늘 나는 델라웨어로 갈라져 들어가는 곳에 육백 십 만 평의 땅을 사서 그곳에 그 불쌍한 노예들을 교육하는 곳으로 쓰일 건물을 짓게 했습니다."(Journal., Pennsylvania: The Banner of Truth Trust, 1978, 411).

그는 그곳에 들어 설 건물에 성경에 나오는 '나사렛'이라는 이름을 붙였습니다. 그는 그 식민 대륙의 중앙 부분 전역을 광범위하게 순회하며 설교했습니다. 그의 설교를 듣고 많은 백인들뿐만 아니라 다수의 흑인들도 회심하였습니다. 그러나 나사렛 집은 휫필드가 기대했던 결실을 거두지 못했습니다. 그는 나사렛 일에 직접 관여치 않고 필라델피아에 있는 한 위원회에 그곳 일을 일임했습니다. 휫필드는 그 모라비아 교도들과 따뜻하게 관계를 유지했으며, 그들과의 우정이 너무나도 깊은 나머지 얼마 후에, 그는 자신이 모라비아 교도가 되었다고 알려질 정도였습니다. 그런데 이상하게도 그에 대한 악평이 떠돌았습니다.

"그는 아주 무정해서 불러와 그 외 다른 여자들과 남자들, 그리고 아이들을 한 겨울에 자기 소유지에서 쫓아냈다."(Arnold A. Dallimore, G. W., V. I., 507).

횟필드에 대한 악한 세평이 공공연하게 사람들 입에 오르내리면서 사실로 믿어졌습니다. 참으로 이런 일들은 안타까운 일들이었습니다. 이로 인해서 그의 선한 사업에 너무나 큰 부담을 주었기에, 그가 나사렛 건물을 완공할 수가 없었습니다. 나사렛 건물을 공사하는 지역 주변의 인디언들조차도 자신들을 위한 기관 공사인데도 불구하고 그들은 공공연히 적대 행위를 보였으며 더욱이 재정적인 어려움이 봉착하여 그 건축 계획을 그가 지탱해나갈 수 없었습니다. 그래서 모라비아 교도들이 그 건물 소유권을 얻어서 완공을 보게 되었으며, 오늘날 그 건물은 모라비아교 박물관(Moravian Museum)으로 남아 있습니다. 이 건물은 모라비아교 선교사들이 휴가 때 머무는 곳으로 쓰이고 있습니다. 그는 흑인들을 돕는 결실을 맺지 못함으로 인해서 다른 면에서 그 선한 사업을 계승했습니다.

그 중에서 가장 중요한 일이라면 그의 설교가 흑인 영가(Negro Spiritual)를 낳았습니다. 그가 일자무식의 흑인들도 이해할 수 있는 방식으로 영적 진리를 전해주는 것을 한 흑인이 들었고, 그는 그에게서 배운 진리로 영혼의 위로를 받으며 집으로 돌아와 다시 고된 노동에 임했습니다. 그는 그 설교자의 입술에서 얻어들은 몇몇 문구(文句)들을 거듭해서 되뇌었고, 그리하여 어느 새 그 문구에는 리듬이 붙었고 그의 타고난 음악성이 그 문구에 멜로디를 붙였습니다. 그는 그 노래를 부르고 또 불렀으며 다른 흑인들이 이를 듣고 목소리를 합쳤고 모든 흑인들이 날마다 이 노래를 반복한 끝에 마침내 그 노래는 그들 삶의 일부요 한 방편이 된 것입니다. 이렇게 해서 성경의 진리가 마음을 울리는 노래로 흑인들에 의해 탄생되었으니 그것이 바로 흑인 영가(靈歌)의 시발입니다.

그 당시에는 "흑인들에게도 영혼이 있는가?"라는 질문이 유행했는데, 이에 대하여 휫필드는 흑인도 백인과 근본적으로 다를 것이 없다는 긍정적인 답변을 했습니다. 그의 이 말은 흑인들의 인권에 관해서 최초로 긍정적인 답변이 되었습니다. 그렇지만 그가 노예 제도는 지극히 사악한 제도로 보고 인권과 영권(靈權)으로 모든 인간에게 '자유와 정의' 차원에서 끝까지 투쟁하지 못한 한계는 안타까웠습니다.

제 4 장
목회자

1. 장막 교회

휫필드가 더 이상 칼빈주의 감리교의 수장으로서 더 이상 봉사하지 않겠노라고 추종하는 성도들에게 선포했음에도 불구하고, 그의 사람들은 그를 그냥 놔두지 않았습니다. 그들은 장막 교회 목사로서의 휫필드가 아닌 평범한 하나님의 종으로서 수용하지 않았습니다. 그도 할 수 없이, 자신이 시무했던 교회의 성도들에게 설교도 계속하고 또한 몇 가지 교회 사업들을 감독했습니다. 그는 이일 외에도 웨일즈와 스코틀랜드, 아일랜드 전역을 돌면서 설교했으며, 아메리카에도 몇 차례 다녀왔습니다. 그러나 1753년에 그는 '장막' 교회 건물을 새롭고 좀더 영구적인 구조물로 바꾸어야 할 필요성을 절감하였습니다. 그래서 그는 시무를 했던 오래된 장막 교회 건물에는 지나 간 소중한 추억도 많았습니다. 그 교회가 처음 건축되었을 때가 1741년인데, 이 건물은 휫필드에게는 사역과 집회의 본부이었습니다. 그는 이곳에서 자신의 신부를 데려와 회중들에게 그녀를 소개시켰고, 바로 이곳에서 해리스와 케닉 두 사람 모두 몇 달 동안 위력이 있는 사역을 펼쳤습니다. 그리고 그가 런던에 머무는 동안이면 하나님의 능력이 임하여 많은 죄인들이 회심하는 것을 목격했습니다. 그래서 그는 새 건물이 필요하다는 사실은 1752년에 수반된 특별한 큰 축복을 통해서 더욱 확실히 드러났습니다. 그는 당시 교회를 회고했습니다.

"주님의 영광이 장막에 가득 찼습니다. 우리는 사람들이 신선한 각성을 얻게 되었다는 소식을 매일 듣습니다. 우리는 지극히 위엄이 있는 성찬식을 두 번 치렀습니다."

그는 새 장막 교회를 지을 계획을 세웠습니다. 몇 주만에, 그는 천 파운드 이상의 돈을 기부 받았습니다. 그리고 그는 그 돈으로 첫 벽돌을 놓았고, 그리하여 공사가 시작되었습니다. 그는 공사가 진행되는 동안, 1,100 km 순회 전도 설교 일정에 올랐습니다. 새 '장막' 교회는 길이가 25 m이고 이중 벽돌 구조로 지어졌습니다. 그 교회 준공으로 '장막' 교회는 사방의 회랑에 약 사 천 명 가량을 수용할 수 있었지만 늘 숨이 막힐 정도로 비좁았습니다. 그래도 그곳에서 주님께서 이 사도적인 전도자를 통해서 주가 베푸시는 은혜의 향기를 드러냈습니다. 또한 휫필드는 장막 교회의 성도들이 사용할 수 있도록 공중 예배를 위한 찬송(Hymns for Social Worship)이라는 새 찬송가를 편찬하여 장막 교회 성도들의 찬양 생활도 도왔습니다. 그가 세상을 떠난 후에도 여러 해 동안 장막 교회에는 경건한 목사들이 계속 부임해왔고, '은혜의 교리'가 그들의 목회의 중심을 이루었습니다.

장막 교회의 출신 젊은이들 중 후에 유명한 신학자인 알 데일(R. W. Dale), 남태평양의 에로망가(Erromanga)에 선교사로 갔다가, 순교한 존 윌리엄스(John Williams)가 있습니다. 그 교회 건물이 백 십 육년 동안 사용되다가, 그 후 좀 더 작은 구조물로 대체되었습니다. 그 예배당이 아직도 레오나드 가(街)와 터버너클 가(街)의 한 모퉁이에서 서 있는 이 석조 건물로써 지금까지도 남아서 인근 학교의 체육관으로 사용되고 있습니다. 역시 브리스톨의 많은 성도들도 휫필드와의 교제를 끊기를 거부했으며, 여전히 자신들도 '휫필드의 공동체'로써 여겼습니다. 그들은 과거에 수도원의 식당에서 집회를 가졌습니다(Anorld A. Dallimore, G. W., V. II., 355-6).

1749년에, 헌팅든 부인은 브리스톨의 교외에 집이 있었는데, 그녀도 장막 교회를 건축을 위하여 기금을 모았습니다. 체스터필드 경과 그의 부인도 이 일을 위해 돈을 기부했고 배스 백작도 기부를 했습니다(387).

휫필드는 1755년에 런던에서 그의 전 생애에서 가장 끈질기게 계속된 반대를 겪었습니다. 그는 국교 반대파의 집회 장소인 롱 에이커 예배당(Long Chapel)을 사용해도 좋다는 제안을 받았습니다. 그는 그 예배당이 위치해 있는 지역에 복음 전할 수 있기를 오랫동안 고대해 왔던 터인지라, 일 주일에 두 세 번씩 그 예배당에서 설교했습니다. 그런데 그가 예배당에서 설교하는 동안 밖에서 큰 소동이 벌어졌습니다. 폭도들이 몰려와 예배당 건물을 에워싸고 끊임없이 소동을 피웠습니다. 어떤 자들은 인근 소유지에 단을 세워 놓고는 예배 때마다 그곳을 올라가 주변을 수라장으로 만들기까지 했습니다. 그러한 반대는 어느 정도는 극장 사람들로부터 일어났지만 거기에 또 다른 반대하는 이유가 있었습니다.

그 당시에 프랑스와의 사이에 전쟁이 발발했는데, 프랑스는 조지 왕을 폐위시키고 그들이 선택한 다른 왕을 세울 작정이었습니다.

그러자 이에 영국인들 중에 이 계획에 동의하는 자들도 있었습니다. 더구나, 당시 상황은 프랑스 군대가 언제 영국 해안에 상륙할지 모르는 긴박한 상황이었습니다. 이런 와중에서 휫필드는 '외국 침략에 대비하자!' 라는 모든 교파 사람들에게 주는 짤막한 연설을 발표했습니다. 그는 그 글에서 왕에 대한 충성을 선언했으며 영국과 국왕에 대한 강력한 지지를 진작케 하려고 애썼습니다. 그래서 이 소책자는 큰 호응을 받았으며 전에 그를 반대하던 사람들도 책자에 찬사를 보냈습니다.

그렇지만 이 사건이 롱 에이커에서 그를 반대하던 사람들로 하여금 더욱 악의를 품게 만들었습니다. 그는 연설을 발표하고 난 후, 그를 암살하겠다고 위협하는 익명의 편지를 세 통이나 받았습니다. 그는 이 협박 사건을 사법 당국에 알렸고 당국은 이 일을 왕에게 고하였습니다. 왕은 공식 포고를 내려 범인에 관한 정보를 제공하는 자에게는 포상을 내리겠다고 발표했습니다. 그는 자신에 대한 노골적인 공격으로 인해서 롱 에이커에서 영구적 사역이 불가능하다는 판단을 내렸습니다. 그러나 그가 설교하던 예배에는 많은 회중이 모여들었습니다. 그래서 그는 그들이 모일 수 있는 집회소를 건축하기로 작정하여, 좀 떨어진 곳에 위치도 물색해두었습니다. 그곳은 토튼햄 코트 로드에 있는 시골 지역이었지만, 그는 즉시 이곳에 큰 예배당을 짓기 시작했습니다. 예배당의 너비가 21m, 길이가 38m, 삼면에 회랑이 두 개씩 설치되었는데 비 국교회 예배당으로서는 세계 최대 규모였습니다.

그의 아내는 계속 '장막' 교회에 부속된 집에서 기거했지만, 새 예배당 뒤편에 사역자를 위한 사택과 방이 열다섯 개가 있는 구빈원을 지었습니다. 그 방들은 가엾은 과부들에게 무료로 할당해주었습니다. 그는 예배당 밑에는 죽은 자를 매장하기 위한 지하 납골당을 지었습니다. 휫필드는 자기 부부와 사역하던 목사들이 죽으면 그곳에 묻게 할 계획이었습니다. 그리고 그는 그 지하 납골당에 자신과 웨슬리 형제와의 연합을 상징하는 것이 되기를 원했습니다. 웨슬리의 사역 본부는 여전히 전에 대포 공장이 있었는데, 휫필드는 자신의 교인들에게 이렇게 말했습니다.

"나는 이 예배당에 지하 납골당을 만들어 놓았으니, 죽으면 거기 묻힐 작정입니다. 또 존과 찰스 웨슬리 목사도 거기에 묻힐 것입니다. 우리는 모두 함께 누울 것입니다. 여러분들은 그 두 형제가 살아있는 동안 이 예배당에 들어오는 것을 허용하지 않을 것입니다. 그러나 죽은 그들은 여러분에게 아무런 해도 끼치지 못할 것입니다."(387).

롱 에이커의 예배당에 출석했던 사람들은 대다수가 이제 이 새 예배당으로 출석했고, 헌팅든 부인의 응접실에서 드리던 예배에 참석했던 다수의 귀족들도 있었습니다. 그처럼 뛰어난 재능을 가진 천재, 그처럼 재능이 있는 의원(議員), 지혜와 아량과 웅변술이 화려하게 빛나는 당대의 쟁쟁한 인물들이 모여드는 자랑스러운 곳은 토튼햄 코트와 장막 교회 외에는 없었습니다. 당시 유명한 조각가 존 베이컨(John Bacon)도 이 새 예배당의 출석 교인이었는데, 그는 휫필드를 닮은 대리석 조상(彫像)을 제작함으로써 그에 대한 찬탄을 표현했었습니다.

그러나 새 '장막' 교회 건물과 예배당을 지음으로써 휫필드가 더 큰 짐이 되었습니다. 조지아에 있는 고아원 외에 그는 지금 런던에 있는 큰 두 교회를 사역했으며, 또한 잉글랜드와 웨일즈와 스코틀랜드를 돌아다니며 순회 사역을 했으며 서신 교환 양도 엄청나게 많았습니다. 수많은 자들이 그를 찾아와 "구원을 받으려면 어떻게 해야 합니까?"라는 신앙 상담을 했습니다. 그러나 그는 주님께서 주시는 힘으로 감당했으며 그리스도 안에서 승리했습니다.

이 새 예배당은 한 세기 남짓 존속하다가 대대적으로 보수되었습니다. 처음 지었을 때보다 훨씬 작게 개축된 이 예배당은 제 2 차 세계 대전 때 독일 군에 의해서 파괴되었습니다. 이 후에 다시 건축되어 그 출입문 위에 '횟필드 기념 예배당'이라 썼었지만, 그 명칭도 그 후에 바뀌었고, 지금은 '런던 미국인 교회' 건물로 쓰입니다.

2. 공동체 지도자

횟필드는 버뮤다에 도착해서 열렬한 환영을 받으며 설교했습니다. 그는 그들의 요청에 따라 두 번이나 설교를 했으며, 그곳 총독과 저녁 식사를 한 후, 그 섬의 의회와 고관들이 모인 자리에서 또 한번 설교를 했습니다. 그 후로도 그는 교회들과 집회소와 가정과 또 야외에서 하루에 두 세 번씩이나 설교를 계속했습니다. 그는 마을뿐만 아니라 사람이 살지 않는 곳에서도 설교했으며, 이런 행적들을 통해 또다시 하나님의 임재와 그의 능력을 증거했습니다.

그가 버뮤다에 있는 동안에도, 즉시 영국으로 돌아오기를 촉구하는 편지를 받았습니다. 횟필드는 횟필드 공동체 계열인 감리교 젊은 지도자이며 또 동역자였던 존 케닉을 잃음으로 말미암아 큰 손실을 당했습니다. 더욱이 최근에 유능한 젊은 설교자인 윌리엄 쿠드모어(William Cudmore)도 삼 백여 명의 사람들을 데리고, '장막' 교회를 떠나서, 가까운 곳에 독자적인 공동체를 세웠습니다. 그는 호웰 해리스에게 장막 교회의 지도권을 주었으나, 그에게는 시간적인 한계가 있었습니다. 그래서 그를 비롯해서 '장막' 교회의 직분 자들도 하루 속히 영국으로 돌아오라고 휫필드에게 강력하게 촉구했습니다. 그런데 그들의 요구대로라면 버뮤다에서 곧장 영국으로 간다는 것은 부인 혼자 아메리카에 남겨 둔다는 의미였습니다. 그렇지만 그녀는 결코 남편의 일에 방해가 되지 않겠다고 동의했기에, 그는 아내를 아메리카에 남겨둔 채 영국으로 가는 배에 올랐습니다.

그는 휴식을 취해야 한다는 의사의 지시를 따르고자 생각하고 버뮤다에 왔으나 그곳에 머무는 두 달 동안 그는 줄곧 설교로 시간을 보냈습니다. 그리고 그는 고국으로 돌아가는 동안에도 배 안에서 복음을 전하게 될 것을 예상하고 기도를 올렸습니다.

"오, 하나님께서 나와 함께 항해하는 사람들의 영혼을 모두 내게 주시기를!"

그는 사년 동안 영국을 떠나 있었습니다. 그를 따르던 사람들은 그가 돌아오기를 고대하고 있었고 런던에 돌아온 그는 수많은 인파의 환영을 받았습니다. 그들은 살아있는 그의 모습을 본다는 데서 특별한 기쁨을 느꼈습니다. 왜냐하면 그가 아메리카에서 오랫동안 병을 앓고 있다는 소식에 뒤이어 그가 죽었다는 보고가 있었기 때문입니다.

예를 들면, 신사 매거진(The Gentleman's Magazine) 최근호의 부음(訃音) 난에는 '유명한 순회 설교자이며 감리교의 창시자 조지 휫필드' 라는 이름이 실렸고, 또 다른 신문들도 비슷한 기사를 실었습니다. 영국에 있는 장막 교회는 즉시 활기를 되찾았습니다. 그의 성도들은 흥분했으나 경건한 태도를 잃지 않는 회중들이 예배 때마다 차고 넘쳤고, 그의 동역자이자 또 야외 설교자인 무어필즈에게도 거대한 군중들이 모여들었습니다. 그는 글로세스터와 브리스톨을 방문했고, 두 곳 모두에서 열렬한 환호를 받았습니다. 그러는 동안 휫필드는 이제 과연 어떤 진로를 택해야 할지 깊이 생각했습니다. 그 한 가지 이유로는 자신의 생활의 균형이 아메리카 쪽으로 기울어져 있으며 따라서 영국에는 자기 시간의 일부 밖에 할애할 수 없음을 알았기 때문입니다. 더욱이 그는 다시는 싸움에 말려들지 않기로 결심한 바 있었습니다.

1741년에서 1744년까지 영국에 있는 동안 그는 웨슬리로 하여금 화해하는 태도를 갖게 했지만, 그가 여전히 경쟁 의식을 갖고 있었습니다. '파운더리'와 '장막' 사람들 사이에도 그런 의식이 있었습니다. '장막' 측 사람들이 휫필드의 사역이 다시 한번 융성해지기를 바램에서 확연히 드러났습니다. 그것을 기화로 그들은 웨슬리와 그 추종자들에게 승리했다고 주장할 작정이었습니다. 그러나 그는 하나님 백성들 사이에 그런 경쟁 심리가 있다는 것을 지극히 개탄하면서, 그런 상황을 극복하려고 결심했습니다. 먼저 그는 아르미니안 감리교와 칼빈주의 감리교가 연합할 수 있다면 많은 난관을 극복되리라고 생각했습니다. 그는 이 문제를 가지고 호웰 해리스에게 말해 보았으나 동의를 받지 못했습니다. 해리스는 그에게 이렇게 답했습니다.

"그렇게 되지는 않을 겁니다. 양쪽 어느 편도 웨슬리 씨나 휫필드 씨 등 상대편의 지도자에게 복종할 수 없을 테니까요."(Arnold A. Dallimore, V. II., 249).

그 때 존 웨슬리는 런던에 없었으므로 휫필드는 그의 형제 찰스와 이 일을 의논했습니다. 그때 찰스는 상당히 성숙해 있었고 또 신학적 견해도 많이 변해져 있기에, 어떤 설교자들은 그가 예정론에 대한 반대와 성도의 완전론에 대한 주장에서 휫필드의 견해와 동의했다고 존 웨슬리에게 알려줄 정도였습니다. 찰스가 원숙한 교리적인 견해를 지녔지만 휫필드의 입장과 전보다 훨씬 더 가까워진 것은 사실이지만, 지나치게 과장되었습니다.

오랜만에 서로 만난 찰스와 휫필드는 따뜻하고 달콤한 우정을 나누었으며, 찰스는 기꺼이 긴밀히 협력할 용의가 있다고 말했습니다. 휫필드는 존 웨슬리에게도 편지를 썼습니다. 그 내용의 일부를 소개하면 다음과 같습니다.

경애하고 친애하는 웨슬리 목사께

런던에서 당신을 만날 수 없어서 실망했습니다....연합에 대해서 어떻게 생각하십니까? 저는 외적인 연합이 실행 불가능할까 두렵습니다. 당신의 설교로 볼 때, 저는 우리가 원칙에 있어서 생각보다 많이 다르다는 것을 알게 됩니다....저는 아메리카 사역에 애정을 갖고 있으므로, 제가 영국에서 머무는 시간은 그리 길지 않을 것입니다....저는 당신이 잊지 않고 저를 위해 기도해 주기를 소망합니다. 저도 당신을 늘 기억하고 있습니다.

경애하고 친애하는 웨슬리 목사께
그리스도 예수 안에서 사랑하는 G. W.(250-1).

휫필드와 해리스는 이 문제를 숙의하고자 연합 회의를 1749년 8월 2-3일에 개최하기로 했습니다. 그 회의에 참석한 사람은 존 웨슬리와 찰스 웨슬리, 휫필드와 해리스였습니다.

"우리는 쟁점이 되는 문제에 관해 마음을 열고 이야기했으며...

논쟁적인 방법을 지양하여 가능한 한 상대방의 표현을 채택하고 각자 포기할 수 있는 것을 모두 포기함으로써 연합의 가능성이 있다는 것을 인식했습니다. 사랑의 법이 더 이상 파괴되는 것을 방지하기 위해 그런 규정을 세우자는 데 의견의 일치를 보았습니다. 나는 그 (J. W.)가 우두머리가 되고 싶어서 한 분당을 만들지 않을까 하는 두려움을 표시했습니다. 그가 감리교라는 이름을 그 혼자만 독점적으로 사용하는 것에 반대 의사를 표명했습니다."(255).

그러나 그는 이렇게 협력 분위기가 증대함에도 불구하고 감리교의 두 분파가 연합할 가능성은 거의 없다는 것을 인지했었습니다. 양측 사람들 사이에는 깊은 적대감이 있었으며, 또한 호웰 해리스와 헌팅든 부인의 말처럼, 행정적 수완이 뛰어난 존 웨슬리는 첫째가 아니고는 만족하지 않으리라는 것도 그도 잘 알았습니다. 그래서 횟필드는 참으로 큰 자기 희생적 결단을 내리기에 이르렀습니다. 그는 칼빈주의 감리교의 수장(首長) 지위를 포기하기로 결정했으며, 자신의 공동체와 따뜻한 우애 관계는 유지하되, 한 운동으로서의 그들을 이끄는 일은 더 이상 하지 않기로 했습니다.

더 나아가 그는 '장막' 교회의 목사로 봉사할 사람을 물색하고자 했으며 '장막' 교회의 일은 그 주요 직분자들이 관할하게 했습니다. 이처럼 그는 아무런 속박이나 조직체에 대한 책임감 없이 자유롭게 복음을 설교할 수 있게 되고자 했으며, 그가 말한 것처럼 '단순히 모든 사람의 종'이 되고자 했습니다.

그래서 그는 1741-1744년 사이에 감리교 운동(Methodist Movement)의 분쟁을 피하고자 존 웨슬리로 하여금 메소디스트의 수장으로 세우고자 했습니다. 또한 그는 호웰 해리스에게 '장막' 교회의 목회자가 되도록 요청했습니다. 그러나 해리스는 이를 거절했습니다. 그는 다른 세 사람이 연합하여 그 일을 해줄 것을 제의했으나 이 제의가 받아들여지지 않았습니다. '장막' 교회의 사람들은 휫필드 자신 외에는 어느 누구도 자신을 목사로 받아들이지 않을 것이 확실했습니다. 결국 그는 다시 그 일을 맡기로 했습니다. 그러나 그는 어느 누구에게도 칼빈주의 감리교 연합의 의장직을 맡게끔 하려 하지는 않았으며 따라서 여러 공동체들이 계속 존속하기는 했지만 그 연합회는 소멸되기 시작했습니다.

휫필드를 따르는 사람들은 그가 자기 지위를 포기하는 것을 강력하게 반대했습니다. 그들은 그가 아메리카에 가고 없는 사년 세월을 견뎌왔습니다. 그가 고국에 돌아온 지금 그들은 그가 사역을 계속하면서 새 승리를 거두기를 바랬습니다. 그러나 그의 단호한 의사표명에 그들의 소망은 물거품이 되었습니다. 몇몇 사람들은 그가 명성을 잃을 것이며 마침내 후 세대에게 잊혀질 존재가 될 것이라고 주장했습니다. 그러면서 그는 그의 동역자들에게 부탁했습니다.

"'내 이름을 잊도록 하시오. 이로 인해서 예수께서 영광을 받으신다면 나로 하여금 모든 사람들의 발 밑에 놓여도 됩니다.'"
(Works, V. II., 242; Arnold A. Dallimore, V. II., 257).

'내 이름은 어느 곳에서든지 죽어 없어지게 하고 내 친구들마저도 나를 잊게 하시오. 이로 인해서 축복된 예수만이 확증되기를 바라오.'(Works, V. II., 150; Arnold A. Dallimore, V. II., 258).

'나는 영혼들을 분당(分黨)에 인도하려고 하지 않습니다... 그들에게 진정한 예수 그리스도에 대한 참된 신앙으로 이끌고자 합니다.'(Works, V. II., 150; Arnold A. Dallimore, V. II., 258).

'도대체 칼빈은 무엇이고 루터는 무엇입니까? 우리는 인물들과 분당을 넘어선 그 이상의 것을 바라봅시다. 우리는 우리의 모든 것에 모든 것이 되십시다. 우리는 그 분만이 전파되도록 하십시다...
나는 누가 제일 윗자리에 있는가에 관심이 없습니다. 나는 내 자리
를 압니다... 그것이 모든 사람의 종이 되는 자리일지라도 마다하지
않겠습니다. 저는 내 이름을 따르는 무리를 원치 않습니다.'
(Works, V. II., 428; Arnold A. Dallimore, V. II., 258).

'내 명성이 깨끗이 지워버릴 심판 날이 올 때까지 기다리기를
바랍니다. 그리고 내가 죽은 뒤 묘비에는 '여기 G. W. 눕다. 그가
어떤 사람이었는지는 위대한 심판 날이 밝혀줄 것입니다.' 라는 말
외에는 쓰지 말라."(Works, V. II., 268; Arnold A. Dallimore,
V. II., 258).

그는 화목과 겸손과 섬김에서 오는 화해와 연합의 행위로써,
그 당시의 신앙 부흥 운동을 불화와 갈등으로부터 구했습니다. 그리
고 이로 인해서 오늘날 조지 휫필드가 아닌 존 웨슬리가 '감리교의
지도자요 또 창시자'로 알려졌습니다. 그러나 그는 '모든 사람의
종'으로서의 자신에게 시대적으로 하나님이 부여하신 특별한 사명
을 완수하기 위해 새로운 출발을 했습니다.

3. 미국 순회 전도

휫필드가 첫 번째 미국 방문은 1738년 여름에 이루어졌습니다.
사바나아(Savannah)에서 몇 주일을 지내다가 영국에 잠깐 귀국했
던 이유는 그가 목사 안수를 받는 일과 미국 고아원 설립을 위해서
고국에서 모금하려는 이유이었습니다. 그는 1739년 여름에 다시 미
국 델러웨어(Delaware) 해안선에 있던 케이프 헨로펀(Cape

Henlopen)근처 서부 해안에 도착했습니다. 그는 숲 속을 마차로 헤치며 필라델피아까지 나갔습니다. 그는 거칠은 황야를 거치면서 전도할 때에 이주민들을 만나기도 너무나 어려웠습니다. 그는 이주민들이 거하는 곳을 몇 일을 헤매다가 찾을 때가 종종 있었습니다. 그는 수많은 개떼들이 자신을 향해 짖어대거나 혹은 이주민들의 집 지붕을 보며 어찌나 기쁘고 위안을 얻었는지 말로 표현할 수가 없었습니다. 당시 원주민들은 통나무집들이었습니다. 그는 종종 나뭇잎들을 침대로 삼고 잤기에 나무를 친구로 삼았습니다. 그는 황야에서 야간에는 불을 지펴서 늑대들을 물리쳤습니다.

그러면서 그는 이렇게 말하곤 했었습니다. "하나님 사랑의 불길로 마귀는 쫓길지니라!" 그는 이주민들이 사는 곳을 찾아 순회 전도하는 자신을 일컬어서 존 웨슬리에게 이렇게 편지를 했었습니다. "내가 무엇을 하고 있느냐고 묻는다면 제가 답변을 드릴 수 있는 것은 '불쌍한 심령들을 찾아 돌아다니면서 추적하고 있습니다.'"

당시 남부 지역에는 영적인 황무지였습니다. 많은 지역들에서도 단 한 명의 성직자도 없었기에, 그 주민들은 실제적으로 이방인과 다름이 없었습니다. 휫필드가 방문하는 것은 천사의 방문과 같았습니다. 그가 방문했던 어디 곳에든지 전도했습니다. 그는 한 두 사람을 두고 예배하거나 혹은 한 가족이나 예배를 드리는 경우가 많았습니다. 그러기에 황야에 거주하는 이주민 이십 여명이나 또는 일백 명이 모여드는 경우에서 전도하거나 예배하는 것은 특별한 경우였습니다. 이처럼 당시는 대부분 개척 이주민들이 흩어져 살았기 때문이었습니다. 그는 영국에서 수 천 명에게 복음을 전하는 것이 더욱 영광스럽게 여기지 않고, 오히려 몇 십 명에게라도 복음을 전하는 것을 즐겨하고 행복하게 여겼습니다.

그는 남부 지역에서 순회 전도하면서 노예제도 문제를 대면했습니다. 그는 노예들에게 관대하게 조치했습니다. 그는 그들을 위한 교육 기관을 세웠으며 그들의 회심을 위해서 쉬지 않고 사역했습니다. 그는 노예들이 예배를 참여함으로써 노예들이 더욱 거만해지고 또 불순종하게 된다고 불평하는 농장주들에게나 혹은 그들에게 예배 참석을 금지하려는 자들에게 준엄하게 책망했었습니다. 그가 수많은 노예들을 잔인하게 학대하는 자들에게 대하여 단호한 입장을 피력하자, 그의 생애 종말에는 노예제도의 수호자로 낙인찍게 오명을 씌우고자 했었습니다. 당시 휫필드와 존 웨슬리도 조지아에 처음 도착해서 식민지 지도자들에게 노예의 수입을 금하도록 요청했습니다. 웨슬리나 다른 전도자들도 노예제도를 반대하는 입장을 취했습니다. 그러나 휫필드는 전도자들이 지나치게 노예제도를 무조건적으로 정죄하는 것을 오히려 비난했습니다. 그는 노예제도의 수호자는 아니었지만 남부의 무더운 농장에서 흑인들만이 일해 낼 수 있다는 입장에서 흑인들의 필요성을 인정했지만, 노예로서 흑인들을 사용하는 것을 건의했을 때, 노예의 주인들이 그의 건의를 받아들이는 것을 공적으로 기뻐했습니다. 바로 그 당시에 웨슬리는 노예제도를 가장 추악한 일로써 거부했습니다. 이에 반하여 휫필드는 스스로 노예를 사서 고아원 농장을 위한 일꾼들로 세웠습니다. 그래서 그가 흑인 노예들을 마치 가축처럼 부리는 노예를 고용한다는 것이 위대한 설교자로서의 신실함에 의심받을 여지가 있었습니다.

사실은 그는 노예제도의 수호자는 아니었습니다. 노예로 하여금 일과 신앙의 자유에 대한 더 나은 점진적인 신분의 개선과 개혁을 바랐던 것입니다. 그렇지만 그의 의도와는 상반되게 그의 열렬한 숭배자들이 이런 면에서 노예의 필요를 인정함으로써 휫필드의 윤리적인 결점을 내보이게 만들고 말았습니다(Edward S. Ninde.,

George Whitefield (Prophet-Preacher), New York: The Abingdon Press, 1924, 134-6).

제 2 차 사역에는 일년 이상 머물면서 깊은 감명과 감동을 주는 사역이 이루어졌습니다. 그가 영국을 떠날 때에 사바나아에서 목회자로 초청을 받았습니다. 그렇지만 그는 한 지역에서 목회자로 나설 사명자는 아니었습니다! 그는 더 이상 거주할 없었던 개척지였던 조지아까지 전도했으며, 또한 고아원을 설립하기 위해서 북부에 부유한 지역까지 복음을 전파했습니다. 그는 복음의 선지자로서 죽어 가던 수많은 심령들을 살리는 성령의 불로 외쳤던 순회 전도자요 또 전도자였습니다. 그는 미국 식민지 지역 북부와 남부 지역을 순회 전도자의 생활을 그의 최후를 마치던 1770년까지 지속적으로 영국을 다녀오면서도 지속적으로 실행했습니다. 당시는 선교나 전도 활동이 모국인 영국보다 훨씬 영적인 불모지였습니다. 그렇기에 전도자로서 휫필드에게는 고난과 역경이 기다렸습니다.

당시 필라델피아 인구가 32,000 명이고, 뉴욕이 23,000 명이고, 보스톤이 16,000 명이 있었습니다. 당시 운송 수단이란 수로를 이용할 뿐이고, 도로 사정은 영국과는 비교할 수 없는 좁은 소로뿐이었습니다. 당시 18 세기 중엽까지도 도시 외곽에서는 네 바퀴 마차들도 제대로 이용하지 않을 정도였습니다. 모든 사람들은 말을 타고 여행했습니다. 뉴욕과 필라델피아 사이에 운행하던 첫 역마차가 1756년에 생겼습니다. 아무리 좋은 날씨에 마차로 여행을 하더라도 150 km 거리를 사흘이나 걸렸습니다. 휫필드가 겨울 전도 여행을 피하려고 했던 것은 놀라운 일이 아닙니다. 그는 심신이 피곤하여 지쳐서 밤 열 시에 여관에 들어오면 이미 식어져 있던 음식을 먹고 나서 차가운 방에서 잠을 잡니다. 이른 새벽 세 시경에 일어나서 희미한 촛불 아래서 옷을 갈아입고서 눈과 얼음 사이를 차가운 겨울 바람을 맞으면서 18 시간이나 걸리는 전도 여행을 감행해야 했습니다. 사실 휫필드가 사망하기 일년 전인 1769년에 이르러서 특급 역마차가 좋은 도로와 좋은 말로 달리는 마차가 생겼습니다. 이 마차를 당시는 "날아다니는 마차"라고 불렀습니다. 그는 사망하기 전에 이년 동안 보스톤과 뉴욕 사이를 한 달에 두 번 이상을 여행했으며, 적어도 다섯 시간에서 십 삼 일이나 걸리는 전도 여행 마차를 탔습니다(127-8).

당시 전반적으로 미국이 도덕적으로 영국보다 훨씬 나은 상태였습니다. 당시 미국은 심각한 범죄인 강도나 살인이나 공직자의 부패 정도가 영국보다 더 드물었습니다. 또한 범죄자들에 대해서도 인도적인 입장에서 처리했습니다. 영국에서는 한 해 사형수가 이백 명이나 되었지만 미국에서 매세츄세츠는 이십 명이고, 펜실베니아는 단 두 명이었습니다. 물론 음주 문제는 거의 보편적이었습니다. 당시 미국 음식점은 주점이 겸한 곳이 백 개이었으며 또 과거부터 주류 세를 추징했었던 추세는 점차 사라지고 있었습니다.

당시에 필라델피아가 보스톤보다 훨씬 술에 빠져 있었습니다. 남부에서 온 존 아담스(John Adams)는 필라델피아 도시가 술에 빠져 가는 것을 탄식했습니다. 당시 장례식은 축제일이었습니다. 장례식에 모인 수 천 인파들이 모여서 먹고 마시는 친교와 위로를 나누는 모임이었습니다. 매세츄세츠에 임했던 대각성 운동이 일어난 지 십 여년이 되지 않았지만 식민지 지역에 주조장이 육십 세 개소나 있었습니다.

당시 보스톤에는 화물선이나 무역선이나 해외 선박이 구백 척이나 되었습니다. 그렇지만 청교도 양심(Puritan Conscience)이 아직도 크게 훼손되지 않았습니다. 그가 미국 선교에서 자국 정부에다가 식민주의자들이 술이나 노예들을 수입을 허용하는 것을 막아야 한다고 탄원을 올렸습니다. 그러나 그는 술이 수입되는 것을 막는 정부의 조치에 크게 환영했습니다. 그는 노예 수입에 대한 영국 정부의 미온적인 조치에 괴로워했습니다. 그는 늘 절제하는 생활을 했기에, 술에 취한 삶을 혐오했습니다.

당시에 전도자나 청교도 성도들이 모든 면에서 삶의 모범이 된 것은 아니었습니다. 청교도의 양심은 자주 기이한 면이 있었습니다. 청교도들은 극장에 가는 것을 배척했지만, 닭싸움을 보는 것은 특히 좋아했습니다. 그들은 닭싸움에서 오는 배당금에 대해서는 개의치 않았습니다. 매세츄세츠 사람들은 양조장을 허용하면서도, 길거리에서 입맞춤을 하는 것을 엄격하게 금하는 미풍법을 시행했습니다. 보스톤 선장이 오랫동안 항해하고서 돌아오면서 부두에서 자기 부인에게 자연스럽게 볼에 키스를 했다고 한 때 체포되어 공공 미풍을 훼손한 벌금을 물었습니다. 휫필드에게서는 특히 뉴잉글랜드에서 주일을 지키는 것보다 더 나은 때가 없었습니다.

보스톤도 주일 성수를 위한 고요한 거룩함으로 덮였습니다. 모든 사람이 교회에 나가 예배를 드렸습니다. 주일 날에는 산보하거나 여럿이 모여서 잡담하는 경우도 없었습니다. 만일 사람들이 모여서 웅성거리면 경찰들이 해산을 시켜서 집으로 보냈습니다. 어떤 성직자들 가운데 주일에 태어난 어린 아이에 대한 유아 세례를 주일에 주지 않을 정도로 너무 지나친 경우들도 있었습니다. 이런 목사들 가운데 쌍둥이 난 아이를 주일에 유아 세례를 받고자 하자, 목사가 거절함으로써 그 때로부터 무 세례라는 좋지 않은 풍토가 반감으로 생겼습니다.

당시 예배는 남녀가 나뉘어서 드렸습니다. 어린 아이는 현관 쪽으로 나이든 엄숙한 여인들의 팔에 꽉 붙잡혀서 예배를 드렸습니다. 당시 교회 예배를 드리는 난방장치를 갖추지 않아서 추운 겨울에는 예배를 추위를 참으면서 드리면서도 불평하는 자가 없었습니다(131-33).

휫필드가 미국을 방문했을 때, 신앙이 영국처럼 죽어 있었던 것이 아니었습니다. 대부분 지역에는 암울한 교회는 없었습니다. 그 지역에는 비 국교도들이 대다수였습니다. 이주민들의 신앙은 영국 성도보다 더 자유롭고도 자발적이고 생명력이 있었습니다. 그렇기에 그들은 영적인 면에서 더욱 만족스러웠습니다. 매리랜드 (Maryland)와 버지니아(Virginia)에 있던 많은 독립 장로교 목사들은 학문적으로나 도덕적인 면에서 슬프게도 결핍했었습니다. 펜실베니아와 북부에 이르기까지 장로교 교인들이 많았지만 신앙은 약했습니다. 그리스도인이 경건의 모양과 신조만 따랐지, 부흥에 대하여 들어볼 수 없는 영적인 상태였습니다. 그렇다고 해서 뉴잉글랜드가 훨씬 낮은 것은 아니었습니다. 초기 청교도들은 거듭남을 강조했습니다. 그들에게는 신앙은 열정적인 열심히 있었습니다. 많은 교회들이 부흥의 불길이 여름이든지 혹은 겨울이든지 사라지지 않았습니다. 정규적인 예배 가운데서도 회심이 일어나곤 했었습니다. 그런데 영적인 냉각이 찾아오면서 영적인 냉동이 찾아왔습니다.

그런데 1734년에 조나단 에드워즈(Jonathan Edwards)의 사역을 통해서 매세츄세츠의 노스앰프턴(Northampton)에서 대각성 운동이 일어났습니다. 그곳에서 성령의 역사가 강력하게 일어났습니다. 그러나 부흥이 일어난 지, 이년이 지난 후에 영적인 힘이 쇠진하여 짐으로 인해서 미래가 불투명하여 질 때, 하나님은 영국 옥스퍼드에서 영적인 운동을 했던 휫필드를 세워서 영국을 넘어서 미국의 대각성 운동의 불길을 다시 지피는 역사를 이루었습니다. 그는 조나단 에드워즈가 고투하는 동안 그는 지원군으로서 새 활력을 부어주었습니다. 이로 인해서 복음의 불길을 전 미국 식민지들에게 붙여주었습니다.

그의 설교의 핵심은 여전히 "거듭나야 합니다!"이었습니다. 그는 중생에 대하여 설교하면서 좁은 의미에서 다시 말해서 예정론적인 해석을 한다고 종종 비타협적이고 논쟁적이라고 비판도 제기되었습니다. 그렇지만 그는 교회의 영적으로 죽은 연약함에서 벗어나 평신도들이나 목회자들에게 예수 그리스도의 앎을 통해서 진정한 구원의 도리를 분명하게 복음으로 드러냈습니다. 이 같은 구원의 도리인 중생을 강조했던 인물인 조나단 에드워즈의 할아버지인 솔로몬 스토다드(Solomon Stoddard)가 뉴잉글랜드에서 사역하면서 육십 여년 전에 증거했을 때 뉴잉글랜드에서부터 다른 지역에까지 도전을 주었습니다. 그렇지만 그에 대한 반대도 만만치 않았습니다. 우리는 불타는 중생의 젊은 선지자가 이 복음의 진리를 확증했습니다. 그가 바로 휫필드였습니다. 그는 펜실베니아의 설교자들이 중생에 대하여 확신하지 못한다는 사실들을 알았습니다. 그 가운데는 예외적인 목회자들도 있었습니다.

1718년에 이주했던 테넨트(Tennent) 가문이 있었는데, 그의 아버지와 네 아들들이 모두 목회자이었습니다. 그 아버지 테넨트는 필라델피아에서 멀지 않은 네쉬미니(Neshaminy)에다가 학교를 세웠습니다. 미국의 장로교 대학과 신학교의 전신인 '통나무 대학'을 세웠습니다. 그의 아들들 가운데 길버트 테넨트(Gibert Tennent)는 휫필드의 가장 가까운 형제이며 동역자가 되었습니다. 그도 휫필드가 전했던 중생의 필요성과 회심 사역의 필요를 공감했습니다. 그도 열정적인 사역자였습니다. 그런데 그의 장로교 형제들이 노회를 통해서 그를 배제시켰지만 흔들리지 않았습니다. 1743년에 그는 필라델피아에다가 휫필드 사역으로 생긴 회심자들을 중심으로 하는 교회를 세워서, 1765년에 사망할 때까지 목회를 했습니다. 그 당시에 휫필드의 동역자들로 구성된 교회는 필라델피아 장로교 교회로서 대표적인 영향력을 끼쳤습니다(136-40).

그는 미국 사역에서 칼빈주의 신앙을 견지하는 동역자들과 함께 사역했습니다. 그렇지만 그는 교단이나 인종이나 국적이나 모든 특성을 그리스도의 복음을 증거하는데 차별이나 제한이 전혀 없었습니다. 그러기에 그는 존 웨슬리보다 더욱 영국과 미국을 중심으로 하는 연합적인 선교와 전도 사역의 특성이 더욱 분명했습니다. 우리는 개혁자 루터보다 개혁자 존 칼빈이 더욱 연합주의 정신을 갖고 실천하려고 했으나, 루터와 그의 신학자들로 인해서 성과는 이루어지지 않았습니다. 더욱이 휫필드는 칼빈주의 전도자로서 존 웨슬리보다 아르미안주의 복음 전도자보다 더 연합적인 정신을 소유하고 실천했던 것입니다. 우리는 흔히 칼빈주의자들이나 청교도들이나 정통주의자이나 보수주의자들이 폐쇄적이고 편협적이라고 오해하고 지적하지만 사실은 진정한 에큐메니칼 정신은 성경에 근거로 하는 그리스도와 교회관이 정립된 영적인 지도자들에 의해서 수행되었습니다. 영국에서 찰스 하던 스펄젼도 칼빈주의 신앙을 지켜 나갔으며 미국에서도 칼빈주의 신앙에 기초로 했던 조나단 에드워즈나 디 엘 무디와 찰스 피니, 알 에 토레이 박사나 아더 피어선 박사는 21 세기에 이르기까지 진정한 에큐메니칼 신앙의 유산을 전해주었습니다.

4. 뉴잉글랜드

1740년 9월에 이르기까지 휫필드는 보스톤에 방문하지 않았습니다. 그는 청교도 고장인 뉴잉글랜드에 방문하고자 했습니다. 또한 뉴잉글랜드 사람들은 소문 난 젊은 전도자의 설교를 듣고 싶어했습니다. 특히, 보스톤 사람들은 처음으로 방문하는 전도자를 진심으로 환영하기 위해서 저명인사들의 환영 행사와 장관의 아들과 저명한 목사들이 그를 환영했습니다. 그가 그 지역에서 설교할 때 전혀 보지 못하는 놀라운 광경이 벌어졌습니다. 매일 이른 아침부터 설교자를 맞이하여 집회할 때마다 눈물로 회개하는 역사가 일어났습니다. 많은 이들이 신앙 상담과 기도를 청하여 왔습니다. 그들은 하나님을 진심으로 찾고 갈구하였습니다.

하버드 대학 집회에서 대학생들이 크게 감동을 받고 영적인 변화가 일어났습니다. 성령으로 충만한 학생들이 기숙사나 강의실에도 찬양으로 가득 찼습니다. 은혜의 사역이 영광스럽게 진행되자 하나님께 감사하는 무리들이 차고 넘쳤습니다. 휫필드가 옥외 설교를 했었던 캠퍼스 안에 있는 캐임브리지 느릅나무는 삼십 오년 후에 와싱턴(Washington) 장군이 총사령관이 되어, 그 나무 아래서 취임함으로써, 뜻깊은 기념수가 되었습니다. 모든 뉴잉글랜드 지역에서 매세츄세츠의 행정관 벨쳐(Belcher)는 휫필드의 사역을 후원하고 지원했던 인물이었습니다. 그는 휫필드가 전하는 말씀으로 인해서 녹아졌습니다. 그가 휫필드 전도자에게 고백했습니다.

"휫필드 씨, 말씀하신 대로 살고자 진심으로 저는 기도하게 되었습니다. 저는 의에 갈급하여 기도하게 되었습니다."

휫필드는 한 달 동안 보스톤에 머물면서 전도 집회를 통해서 부흥의 역사가 일년 반 동안이나 지속되었습니다. 그가 머무는 동안 삼십 여 신앙 공동체들이 생겼습니다. 이로 인해서 1741년 겨울 동안 수 천 명이나 회심자들이 등록했습니다. 그가 뉴잉글랜드를 떠나기 전에 노스앰프톤(Northampton)에 방문해서 그곳에서 사역하던 조나단 에드워즈(Jonathan Edwards)가 시무하는 교회와 지역 연합 집회를 네 번이나 열었습니다. 그 지역은 이미 에드워즈의 주도로 부흥이 일어나서, 이년 동안이나 지속되었습니다. 이 때 휫필드는 몇 주일 사이에 뉴잉글랜드 구석구석을 방문하여 부흥의 불길을 가속시켰습니다. 중생의 선지자인 휫필드는 청교도의 후예들에게 두려움 없이 강렬한 열정을 품고 '거듭나야 합니다!'고 외쳤습니다.

특히, 그는 중생을 하지 않은 목사들이나 평신도들에게 거듭 중생을 역설했습니다. 더욱이 교회가 중생을 하지 않은 이들을 받아들이고 있음을 개탄했습니다. 주의 책무로써 조지 휫필드는 강력하게 중생의 복음을 외쳤습니다. 그의 메시지는 성령의 감동을 입히는 경우도 있었지만 이에 반대로 반감을 사는 경우도 있었습니다.

1740년 경 이십 육 세였던 설교자 때보다는 1760년에는 더욱 많은 실수들을 피할 수 있는 성숙한 설교자로서 성장했습니다. 본래 휫필드는 감정적이고 충동적인 요소가 있었습니다. 다시 말해서 단순하고 정직한 성품이었습니다. 그가 뉴잉글랜드에 도착하기 전에 이미 유명한 설교자로서 명성이 났으며 말할 수 없는 환대를 받았습니다. 그는 눈물을 흘리면서 혹은 많이 울면서 설교하다가 말할 수 없는 기쁨으로 외쳤습니다. 성도들은 그를 '하나님의 천사'로 받아들였고, 그를 사도 바울처럼 여겼습니다. 이것은 아직도 '청교도주의가 살아났었습니다.' 그는 자신을 가르켜서 자주 '풋나기'에 불과하다고 말했었습니다.

그는 매일 기도하는 생활로 인해서 겸손하게 낮아졌으며 또한 자신이 한 인간으로서 사람들의 칭송이 되는 것을 전적으로 피했습니다. 하나님이 세운 영적인 최고 검열관으로 그를 사용하셨습니다. 그는 보스톤에 도착하자마자 극단주의자들로부터 건전한 판단에 따라 말하지 않고, 불건전한 소리를 듣고서 '회심하지 않은' 목사들에 대항하여 강력하게 질책을 하였습니다. 이 때, 존 웨슬리와 동갑이 었던 조나단 에드워즈가 횟필드보다 열 한 살이나 연상이었습니다. 그래서 그는 횟필드가 설교할 때 목회자들에 대한 질책을 주의하도록 충고해주었습니다. 횟필드의 부흥 집회로 신앙의 불길이 일어나자, 그가 뉴잉글랜드 사역에서 떠나가자, 사방에서 광신자들이 일어나고 또한 위대한 설교자를 모방하는 자들이 아무런 덕이나 자질이 없는 흠이 많은 자들이 순회 전도자로 자처하여 활동함으로써 진정한 신앙과 부흥 운동에 말할 수 없는 피해를 끼쳤습니다. 이로 인해서 수십 여 달이 지나면서 보스톤에서 순회 전도와 전도자들의 피해로 인해서 전도를 반대하는 분위기로 반전하고 말았습니다.

횟필드가 영국에 가서 사역하고 사년여 공백기를 지나서 1744년 가을에 다시 뉴잉글랜드에 방문했을 때 벨쳐 행정관이 뉴저지로 이미 전근했기에, 공식적인 환영식도 없었고 영적으로 냉담했습니다. 뉴잉글랜드 목회자들이 영적인 사역에 무관심하였으며 또한 그가 방문하기 전에 이미 강단에서 그의 활동에 대하여 불평을 늘어놓았습니다. 그래서 목회자들은 횟필드 사역을 반대하는 연합체들이 생겼으며 또한 그토록 그를 환영했던 하버드 대학교와 예일 대학교에서도 그를 반대하는 '성명서'가 공식적으로 발행했습니다. 그렇지만 그는 영적인 침체가 뉴잉글랜드에 지배하는 것을 알고도 흔들리지 않았습니다.

그는 겸손하게 젊은 지나친 열정으로 인해서 말하지 않았어야 할 것을 주저 없이 설교했었던 것을 시인했습니다. 그는 자신이 믿고 확신하는 것에 대하여 너무나 유연하게 대처하지 않고, 무조건 주장을 함으로써 오해로 인해서 그의 설교에 대하여 너무 와전된 것을 알게 되었습니다. 그는 자신이 설교자로서 인간적인 실수나 허물을 인정하지만 중생에 대한 진리에 대하여 전혀 타협하지 않았습니다. 그의 대적자들은 휫필드를 가르켜서 '풋내기 목사'라고 비아냥거렸습니다. 심지어 옥스퍼드 대학에서 석사 학위를 받은 그를 일컬어 '무식하여 논증할 수 없는 어리석은 자'로 악평도 했습니다. 그의 반대자들은 그의 직선적인 설교가 '혼돈과 혼란을 가중시키는 결과'를 가져온다고 피해를 전하는 자로 내몰았습니다. 그들은 옥외에서 찬송을 부르고 회심을 시키는 전도 집회를 무시했고 심지어 하버드 대학 이사 가운데도 그들의 의견에 동조하여 보스톤에서 전도 사역을 방해하는 자가 생겨났습니다. 그렇지만 휫필드는 선지자로서 비전과 메시지를 전했습니다.

그는 고백했습니다. '한 반대자가 나에게 비난하는 것은 제가 믿기로는 많은 선한 신앙의 사람들이 지지하기 때문입니다.'

그는 이런 사람의 불 시험을 통해서 설교 할 때에 언어 구사에 있어서 신중한 태도를 배웠습니다. 이런 불미스런 시련 가운데서도 뉴잉글랜드에서 놀라운 영적 대각성이 휫필드의 지도 아래서 일어났습니다. 그와 함께 조나단 에드워즈가 조력해주었습니다. 그 지역 교회에 성도들이 40,000 명이나 급증했습니다. 보스톤 주변 목회자들 가운데 회심을 몰랐던 이십 명이나 회개했습니다. 이제 더욱 '회심치 않던 사역'에서 회심의 사역으로 질적인 변화가 진정으로 일어났습니다. 그는 사역하면서 비난을 받으면서도 여전히 청교도의 신앙에 대한 추억과 뉴잉글랜드 성도들을 진정으로 사랑했습니다.

그는 전도 집회를 하다가 하버드 대학 도서관이 불타자, 그는 런던에 있는 자기 친구들에게 책들을 수집하여 전달했으며 또 도서관 모금을 해서 기탁했습니다. 그는 대학 당국으로부터 감사의 뜻을 전해 받았습니다. 그리고 예일 대학교 총장이 휫필드 집회를 인해서 학교 예배당에서 학내 생활에 영적인 생활이 이루어짐에 대하여 진심으로 감사를 표했습니다. 그는 학내에 부모의 신분에 따라서 학교에서도 차별을 받는 학내 분위기였습니다. 휫필드도 옥스퍼드 대학과 대학원을 마치면서 학내 학생들 사이에도 신분적인 차별을 겪고 학창 시절을 보냈습니다. 그의 설교를 통해서 대학 내의 학풍이 바뀌어져서 1767년에 예일 대학교에도 학내 신분 차별이 없어지고, 하버드 대학교에서도 휫필드가 사망하는 해인 1770년에 이루어졌습니다.

그는 전도와 설교와 구제와 교육과 선교를 통해서, 1620년 메이플라워(Mayflower) 호를 타고 플리머우스(Plymouth) 식민지에 개척했던 백 이 명 청교도 단의 땅에서 120년 만에 영적인 제 이 의 필그림 화더(Pilgrim Fathers)가 되었습니다. 존 번연(John Bunyan)이 1678년에 영국에서 출간했던 「천로역정(Pilgrim's Progress)」 이후로 실천했던 진정한 그리스도이며 또한 그리스도의 사자였습니다.

제 5 장
칼빈주의 사역자

1. 칼빈주의자

그는 영국을 떠나기 전, 사역자들을 훈련시키는 영국 비 국교회(non-Anglican) 계통의 학교인 필립 도드리지 아카데미(Philip Doddridge's Academy)의 학생들에게 연설했었습니다. 그는 배 안에서 그들에게 이런 편지를 썼습니다.

"국교도나 비 국교도이든지 우리의 주된 관심사는 우리가 하나님께 부름 받고 가르침 받는 것임을 확신하는 것이어야 합니다. 나는 여러분들이 인간에 대한 비굴한 두려움에 너무 많이 굴복했다고 생각합니다. 여러분들의 마음이 세상적인 소망과 두려움에서 해방되지 않는 한, 마땅한 주의 분부대로 담대하게 말할 수 없을 것입니다."(Arnold A. Dallimore, I., 399).

"나는 내 공(公) 사역의 결점들을 용서해주시기를 구하기 위해

하나님과 가까이 교제하는 데에 많은 시간을 할애할 수 있는 영광스러운 기회를 누렸습니다."고 그는 말하면서 엄격한 자기 성찰(省察) 행위를 계속해 나갔습니다. 먼저, 그는 도저히 도달할 수 없는 수준의 거룩한 성결함에 대해 새로운 비전을 갖는 반면에, 인간의 죄에 대해 새로운 시각을 갖고 있었습니다. 즉, 하나님의 시각에서 보는 죄의 흑암, 타락한 인간 본성 속에 존재하는 죄, 그리고 무엇보다도 그 자신의 마음 속에 거하는 죄의 모습들을 보게 된 것입니다."(같은 글).

횟필드는 이런 체험을 하면서 침체 상태에 빠졌습니다. 한 때는 그는 사역을 포기해야 한다고까지 느낄 정도였습니다.
"나는 사역을 할 자격이 없고 사역에 적당한 인물이 아니라는 느낌이 무겁게 나를 짓눌러 나는 이제 물러나는 것이 최선일 것이라는 생각을 자주 했습니다."

심지어 그는 편지를 더 쓰는 것까지 삼갈 것이라는 생각을 비치기도 했습니다.

"나는 내 자신이 너무도 초라하고 비참하게 느껴졌고 마치 눈멀고 벌거벗은 듯한 느낌이었으며, 그래서 사단은 누구에게도 편지를 쓰지 말라고 나를 유혹했습니다."
그는 또 다시 대중 앞에 나설 일을 예견(豫見)하면서, "또 다시 그 선동자들과 화살과 죽음 가운데서 위험을 무릅써야 하는가?" 라고 자문했습니다. 그렇지만 결국 그는 "그렇다, 주님의 힘으로 나아갈 수만 있다면!" 이라는 단언으로써 자신의 물음에 답변했습니다.
런던의 한 비평가는 그를 가리켜 "확신에 가득 찬, 미친 횟필드!"라고 했습니다. 하지만 이 청년은 분명 자기 자신을 믿지는 않았습니다. 다만 그의 하나님이신 주님 안에서만 힘을 찾았을 뿐입니다. 하나님의 은혜에 대한 이 깊은 인식으로 인해 그는 자신이 체험한 진리를 여러 편지들에서 말하기 시작했습니다. 그렇게 함으로써 그는 자신이 포용하고 있는 신학 체계의 원리를 선언했는데 그 신학 체계는 흔히 '칼빈주의'라고 불리지만 그는 그것을 '은혜의 교리'라 부르기를 더 좋아했습니다(404).

그렇지만 그는 그것을 자신의 위안으로 삼았습니다. "예수 그리스도께서는 영원 전부터 나를 아셨습니다. 그 분은 나를 존재하게 하셨고 때를 맞춰 나를 부르셨습니다. 그 분은 그분의 보혈을 믿는 믿음을 통하여 아무 값없이 나를 의롭다 하셨습니다. 그 분은 그분의 성령에 의해 나를 점진적으로 거룩케 하십니다. 그 분은 세상 끝 날까지 그 분의 영원한 품안에 나를 보존하실 것입니다."

오, 이 복음 진리의 복됨이라니! 이것이 정말 복음입니다. 이는 들을 귀 있는 모든 자들에게 큰 기쁨을 안겨주는 복된 소식입니다. 휫필드는 이런 진리들을 성경에서 배웠다고 말했습니다. 그는 한 편지에 쓰기를, "내가 칼빈주의 가르침을 포용하는 것은 칼빈 때문이 아니라 예수 그리스도께서 그것을 나에게 가르치셨기 때문입니다."고 했습니다(404).

그는 자신이 친구 저명한 저술가 제임스 허비(James Hervey)에게 이렇게 조언했습니다.

"친애하는 허비 씨, 모든 편견을 접어두고 사도 바울의 로마서와 갈라디아서를 읽고 기도하시고, 바울은 이 교리에 대해 어떻게 생각했는지 느껴지는 대로 내게 이야기해 줄 것을 부탁합니다." (Works, V. I., 98; Arnold A. Dallimore, I., 406).

휫필드는 이 진리들이 바로 사역자으로서 열심의 원천이라고 밝혔습니다. 어떤 사람에게 그는 이렇게 썼습니다.

"우리가 선택되었다는 교리와 그리스도 예수 안에서 값없이 의롭다 칭함 받는다는 교리는 내 영혼을 거룩한 불길로 채우며 내 구주 하나님께 대해 큰 확신을 갖게 해줍니다. 나는 우리가 서로에게서 불을 얻기를, 우리들 사이에 인간은 낮추고 주 예수는 높이려는 거룩한 경쟁이 있기를 소망합니다. 오직 종교 개혁(Reformation)의 원리만이 그 일을 할 수 있습니다. 다른 교리들은 모두 인간에게 자유 의지의 여지를 남기며, 최소한 자기가 자기 자신의 구세주가 되게 만듭니다. 내 영혼아, 너는 그런 것들을 가르치는 자들의 비밀에 근접하지 않았는가...나는 그리스도가 모든 것 되심을 알고 있습니다. 인간은 아무것도 아닙니다. 인간은 지옥으로 가려는 자유 의지를 갖고 있습니다. 그러나 하나님께서 역사하사 그에게 새로운 의지를 주시고 또 그분의 기쁘신 뜻에 따라 그렇게 하시지 않는 한 어느 누구도 천국에 갈 수 없습니다."(Works, V. I., 95; Arnold A. Dallimore, I., 406).

휫필드에게 은혜의 교리는 하나씩 받아드려지거나 거부되는 개별적 교의(敎義)가 아니었습니다. 오히려 그 교리는 서로 결합되어 하나의 통일된 신학 체계를 구성하는 것이었습니다. 이 점에 관해 그는 이렇게 말했습니다.

"나는 성자(聖子)를 통해 성부께 영원히 선택되었고, 성자의 보혈을 믿는 믿음으로 말미암아 값없이 의롭다 함을 받으며, 그 결과 성화(聖化)되며 끝까지 보존되고 또 그 모든 것의 결과로서 영화롭게 된다는 사실을 성령을 통해 깨닫게 하시는 하나님을 찬송합니다.

나는 하나님께서 이 일들을 서로 결합시키신다고 믿습니다. 어떤 인간도 또는 마귀도 이 원리들을 서로 떼어놓지 못합니다..."(Works, V. I., 82; Arnold A. Dallimore, I., 407).

더욱, 그는 회심 이후 사년에 걸쳐 점차적으로 위와 같은 확신했습니다. 또한 그는 그 확신들에 대해 매우 실제적인 이해를 갖고 있었으니, 즉 그것을 추상적 사고 체계로서가 아니라 성경의 교훈이요 그의 일상 생활의 기본 원리로서 이해했습니다. 그는 대서양을 건너가는 동안 이런 체험을 하게 함으로써 하나님께서는 당신의 종 앞에 놓여있는 특별한 사역을 위해 그를 준비시키셨습니다. 그는 성경에서 가르치는 은혜와 칭의와 구원을 하나님의 예정가운데서 섭리하시는 하나님의 특별 은총을 확신한 진정한 성경적인 선지자이며 또한 칼빈주의자였습니다.

2. 웨슬리와 교리 갈등

존 웨슬리와 조지 휫필드 사이에 칼빈주의 교리에 대한 견해 차이가 있어왔습니다. 그렇지만 휫필드는 언제나 존 웨슬리와 전적으로 연합 사역과 공동적인 교회연합을 실현하고자 했습니다. 그러나 존 웨슬리는 먼저 휫필드의 설교가운데 예정론을 비판하고 나섰습니다. 이로 인해서 휫필드는 웨슬리의 설교에 대한 답변하기에 이르렀습니다. 이 같은 사건을 계기로 점차 자기보다 대학교 선배이며 또 연령적으로 십일년이나 연장자인 존 웨슬리는 이제 교리적인 차이로 인해서 옥외 전도자의 경쟁자로 서로 결별을 할 단계에 이르렀습니다.
먼저, 웨슬리는 자신에게 영적인 감화와 영향을 주었던 모라비아 교도들과 차별화하고 또 결별했습니다. 당시 그는 페터 레인회와 관련을 맺고 있었기에, 모라비안 지도자 피터 볼러의 가르침 아래서 교리와 경건 훈련을 통해서 급속히 동화되어 갔습니다. 하지만 볼러는 곧 아메리카로 떠났고, 웨슬리는 그의 후계자로 선택되지 못했습니다. 그러자 존 웨슬리는 상당한 불만과 충격을 받자, 자신의 신앙 노선에 대한 입장을 고심하게 이르렀다.

당시 모라비안 총수는 진젠도르프(Zinzendorf) 백작은, 자비롭지만 영적으로 자만해서 볼러를 대신할 인물로서 독일 사람 필립 몰더(Philip Henry Molther)를 세우자, 존 웨슬리는 영적인 교제에 대한 회의가 생기며 교제를 단념하기에 이르렀습니다. 그 중요한 이유 가운데 하나는 특히, 필립 몰더는 페터 레인회의 멤버가 대부분이 회심하지 않은 사람들이라고 생각했었습니다. 더욱이 그는 정적주의의 가르침(Stillness Teaching)을 강조하여, 하나님께서 믿음을 심어주실 때까지 조용히 기다려야 한다고 주장했습니다. 또한 그는 구원을 위해 성찬이라는 수단에 의지하지 않도록 그들이 영국 국교회의 성찬에 참여하는 것도 삼가야 한다고 말했습니다. 이로 인해서 몇몇 사람들은 이 가르침을 극단적으로 이행한 나머지, 영국 국교회의 예배에 참석하는 것까지 거부했고, 또한 일부는 자신들의 구원을 위해 선행(善行)에 의지하지 않도록 더 이상 선행도 행하지 않겠노라고 선언하기까지 이르렀습니다.

이에 대하여 웨슬리에게 그의 이런 태도는 곧, 교회의 기능을 부인하는 것으로 비쳤기에, 페터 레인회의 집회에서 그는 그를 반박하는 주장을 폈습니다. 그의 주장 가운데 몰더의 지나친 신앙적인 경향을 과장에 대한 문제점을 말하면서 페터 레인회의 회원들은 여전히 모라비아 운동을 그대로 답습하고 있다고 주장했습니다. 이로 인한 갈등은 마침내, 존 웨슬리가 페터 레인회에서 열 아홉 명과 함께 나와서 자신이 파운더리(Foundery)이라고 이름을 붙인 한 건물에서 최근 세워진 한 공동체로 들어갔습니다. 그래서 그는 진젠도르프 백작보다 서열상 하위(下位)인 위치에서 스스로 박차고 나왔습니다. 이로 인해서 웨슬리는 진젠도르프와 헤어졌습니다.

횟필드는 브리스톨을 떠나 미국 선교에 나가면서도 웨슬리와 "예정론"에 관해서는 아무런 논쟁하지 말기를 원했습니다. 존 웨슬리는 예정론이 '칼빈주의'의 교리인데, 횟필드가 바로 칼빈주의 신학을 견지하는 것을 알고 있었습니다. 그러나 웨슬리는 신학적으로 '아르미니안(Arminianism)'이라는 그와 정반대가 되는 신앙의 가르침을 특히, 그의 어머니로부터 받아왔습니다. 이제까지 복음 전도하는 일에서 웨슬리는 횟필드의 위치보다 종속적이었습니다. 그 당시 횟필드에게는 따르는 엄청난 회중들이 있었고 또 그가 야외 집회를 시작한 후, 웨슬리까지도 그의 사역지인 브리스톨에 동역자로 끌어들였습니다. 그런데 존 웨슬리에게는 어떤 일을 하든 항상 수위(首位)에 서기를 갈망하는 특성이었습니다. 하나님께서는 바로 그런 능력을 사용하여 그를 지도자로 만드셨습니다. 로버트 사우디(Robert Southey)가 말한 것처럼 "존 웨슬리는 남과 똑같은 위치를 견뎌낼 수 없었지만, 남보다 우월한 위치는 조금 견딜 수 있었습니다."

따라서 그는 진젠도르프 백작은 물론이고, 후에는 헌팅든 부인에게도 그랬던 것처럼 횟필드에 대해서도 위치 상 자신이 우위를 점하고자 했었다는 것은 놀랄 만한 일이 아니었습니다. 따라서 그는 '초자연적' 체험으로 확신을 얻고서 더 이상 주의 사역에 있어서 종속된 위치에 있을 필요가 없다고 생각하고 '예정론을 반박하는' 설교를 준비하기 시작했습니다. 그런데 자신이 견지하는 교리가 옳다는 또 다른 증거를 원한 그는 그 증거를 얻기 위해 제비뽑기라는 방식을 사용했습니다. 그가 뽑은 제비에서 "설교하고 출판하라!"고 지시되어 있었기에, 그는 준비해 놓은 설교를 출판했습니다. 이것은 휫필드가 그를 브리스톨의 회중들에게 소개하면서 한 뒤, 웨슬리가 그 같은 처신을 하지 않기로 '약속을 했었던' 날로부터 정확히 사주만에 일어났습니다.

그는 자신이 '값없는 은혜(Free Grace)'이라는 존 웨슬리의 설교에서 예정론을 정의(定議)하는 것부터 시작했습니다. 그는 예정론에 관해 이미 인정되고 있는 정의는 언급하지 않고 그 자신이 생각해 낸 새로운 의미를 그의 교리에 부여하고 나서는, 이 교리를 견지하는 모든 사람들은 그 교리의 그와 같은 극단적인 의미까지도 경계해야 한다고 선언했습니다. 그리고 나서 그는 예정에 관해 다음과 같은 주장을 계속하여 펼쳤습니다.

"이것은 참람(blasphemy)으로 가득 찬 교리로써, 그 참람은 감히 입에 담기조차 두려운 것이지만 은혜로우신 하나님의 영광과 진리의 대의(大義) 때문에 나는 침묵할 수가 없었습니다. 이 끔찍한 교리에 담겨있는 끔찍한 참람에 대해 약간 만 언급하겠습니다. 이 교리는 우리의 복되신 주님, '의로우신 예수 그리스도'를 위선자이며, 사람들을 속이는 자요, 보편적인 성실함조차 결핍되어있는 사람으로 제시합니다. 이것이 예정론은 끔찍한 강령에 분명히 내포되어 있는 참람한 내용입니다! 여기서 나는 내 마음을 정했습니다. 이제 나는 이 교리를 주장하는 모든 자들까지 함께 비난할 것이며, 그대들은 하나님을 마귀보다 나쁜 분, 마귀보다 더 그릇되고 더욱 더 잔인하며 또한 더 불의 하신 분으로 제시하고 있습니다."(Arnold A.

Dallimore, G. W., I., 315).

    우리는 존 웨슬리가 모라비아 교도들과 조지 휫필드와 결별하게 된 동기를 나쁘게 해석하지 않습니다. 그는 모라비아 교도들이 영국 국교회의 성찬을 사용하지 못한 것은 분명히 잘못이라고 믿었습니다. 그리고 그가 비록 칼빈주의를 올바로 이해하지 못했을지라도, 그것이 오류라고 믿는 확신만은 진지했습니다. 여기에만 그치지 않고, 그는 자기 자신에 대해서 일종의 우월감과 웅대한 야심이 있었기에, 그러한 성향들이 바로 그의 모든 행동의 근간을 이루었습니다. 웨슬리는 곧 런던으로 갔고, 휫필드 곧 그로 하여금 대회중 앞에서 설교하게 했습니다. 휫필드는 기도했습니다. "주께서 그에게 자기에게 주신 것보다 만 배나 더 큰 성공을 주시도록 말입니다." (315).

    그는 전도자로서 옥외 집회를 무어필즈와 케닝튼에서 사역함으로써 큰 부흥이 일어났습니다. 그가 미국에 가 있는 동안 웨슬리로 하여금 자신이 인도했던 성도들을 부탁했습니다. 그리고 1739년 8월 13일, 월요일에 그는 델라모트 가(家)에서 저녁 식사를 하면서 그들을 가리켜 "눈물을 흘리는 내 귀한 친구들"이라고 했습니다. 델라모트 가족들은 그가 타고 갈 배가 출항 준비를 하고 있는 그레이브젠(Gravesend)까지 그와 동행해 주었습니다. 이리하여 이 두 가지 일, 즉, 웨슬리가 야기하는 분열에 대한 두려움과 엘리자벳 델라모트에 대한 애정을 마음에 품은 채, 휫필드는 두 번째 아메리카 방문 길에 올랐습니다.

3. 웨슬리와 결별 위기

횟필드가 런던에 온 후로 가장 먼저 한 일은 옛 친구인 찰스 웨슬리를 만나는 일이었습니다. 그때는 그의 형인 존 웨슬리가 런던에 없었기 때문입니다. 물론 그들은 서로 교리 상의 차이가 논의되었지만, 두 사람 모두 같은 분열의 위기를 인식했습니다. 그 당시에 횟필드는 고백했습니다.

"찰스 웨슬리 씨와 내가 가능한 한 결별만은 피할 수 있기를 기도한 후에 함께 울었다는 말을 들으면 누구라도 마음이 누그러졌을 것입니다."(Arnold A. Dallimore, G. W., II., 45).

그러나 찰스는 그가 선택의 교리를 옹호하는 것만큼 그것을 강경하게 반대했고, 무죄의 완전한 상태에 도달할 수 있다는 교리에 대해서는 그가 반대하는 만큼 완고하게 지지했습니다. 찰스는 횟필드와 더 이상 아무런 협력도 하지 않으려 했고, 그래서 결국 그들은 헤어졌습니다. 그러나 십년 후, 찰스의 교리적인 확신이 어느 정도 변하여 횟필드와 상당히 의견이 일치하게 되었다는 것은 정말 기쁜 일입니다. 그리하여 두 사람은 다시 깊은 우정을 나누게 되며 이 우정은 횟필드가 세상을 떠날 때까지 계속되었습니다.

특별히, 그를 슬프게 한 일은 윌리엄 슈어드가 세상을 떠났다는 사실이었습니다. 몇 달 전 호웰 해리스가 웨일즈에서 가진 옥외집회 때 해리스와 동행했던 슈어드는 폭도들의 손에 크게 부상을 입었었습니다. 그러나 그는 그 일이 있은 후에도 다른 집회에 나갔고, 이번에는 돌맹이가 그를 향하여 날아들어 왔지만, 그는 돌팔매질을 당하면서도 "지옥보다는 이것을 견디는 것이 더 낫다!"고 소리쳤습니다. 며칠만에 그는 몸이 쇠약해져서 결국, 천국에 있는 집으로 가고 말았습니다. 그 후 오랫동안 그는 '최초의 감리교도(Methodist) 순교자' 로 일컬어지고 있습니다.

그런데 슈어드가 죽기 전에 고아원 명의로 삼백 오십 파운드의 빚을 진일이 있는데, 그가 갑자기 죽자, 조지 휫필드가 그의 채무를 떠맡게 되었을 뿐만 아니라, 빚을 갚지 못할 경우에는 감옥에 넣겠다는 위협까지도 받았습니다. 그의 채권자들은 휫필드의 활동에 제동을 걸 기회가 눈앞에 와 있다고 생각하여 쾌재를 불렀습니다. 그는 어떤 기적적인 방법으로 그 돈을 얻게 되기까지는 계속 구속의 위험에 처해 있어야 했습니다. 더욱이 슈어드는 자진하여 베데스다 운영의 공동 책임자 역할을 맡았으나, 유언 한마디 없이 죽었기 때문에 모든 책임이 휫필드에게 떨어졌습니다.

그러나, 그에게 더 큰 슬픔을 안겨 준 일은 전도자 존 웨슬리와 찰스 웨슬리 형제가 자신을 향하여 적대하는 태도를 보이는 일이었습니다. 그래서 휫필드는 자신의 심경을 이렇게 썼습니다.

"내가 마지막으로 영국을 떠날 때까지 눈이라도 빼어서 나에게 주려고 했던 많은, 나의 영적 자녀들이 그들이 존경하는 선생님들 때문에 깊은 편견을 갖게 되었습니다. W(웨슬리)가 선택의 교리에 그처럼 끔찍한 색깔을 입혀놓은 탓에 그들은 나를 보려고도, 내 말을 들으려고도 하지 않으며, 또한 나를 조금이라도 도와주려고 하지 않습니다. 그들은 나를 도와 주기는커녕 하나님께서 곧 나를 망하게 하실 것이라고 협박 편지를 보내는 자들도 있었습니다. 나는 친애하는 옛 친구들인 그들 존 웨슬리와 찰스 웨슬리를 여전히 내 영혼처럼 사랑합니다."(46).

이처럼 휫필드는 웨슬리 형제들과 대학 시절부터 맺어 온 형제 우애뿐만 아니라 사역자로서 동지 의식을 끝까지 지켜 가고자 노력해왔습니다. 우리는 교리나 신학이나 신앙 문제로 인해서 쉽게 종파적인 사역자가 되는 것을 경계해야 합니다. 우리는 예수 그리스도의 사역자이며 또 하나님의 종인 사실을 명심해야 합니다. 동역자들까지도 배척하고 비방할지라도 하나님은 여전히 살아 계십니다. 자신의 사역을 위해서 마음에 합한 종들을 여전히 사용하시고 사랑하십니다.

그러기에 조지 휫필드에게는 돕는 사람이 아주 없는 것은 아니었습니다. 그의 친구들 중에는 휫필드에게서 설교를 듣는 청중들이 비와 추위를 피할 수 있는 대형 목재 창고를 무어필즈 구역에 짓기 시작했습니다. 그런데 그 예배당 위치가 요한 웨슬리의 '파운더리'에서 멀지 않은 곳이라 휫필드는 이 제안을 거절했습니다. 그렇지만 자신이 무어필즈에서 먼저 사역했던 인물이라는데 생각으로 인해서 그 집회 건물을 신축하여 사용하기로 결정했습니다. 그는 그것을 임시적으로 사용할 것이라 생각하고 '장막(Tabernacle)'이라는 이름을 붙였습니다. 몇몇 친구들은 주간 소식지를 발행하기도 했습니다. 그 소식지는 그의 사역 소식뿐만 아니라 유럽과 아메리카 양 대륙에서 칼빈주의 정신을 가지고 사역하는 다른 사역자들의 소식을 실었습니다. 그는 그 소식지를 「주간 역사(The Weekly History)」라고 칭했습니다.

또한 휫필드는 웨슬리의 설교 '값없는 은혜', 또는 웨슬리가 칭하는 대로 '예정론을 반박하며'라는 설교에 답변하는 글을 영국에서 발표할 것인가 하는 문제에 여전히 봉착해 있었습니다. 존 웨슬리는 십 구 개월 동안 이런 반박하는 비판 설교를 유포시켜왔고 또한 찰스까지도 매일 설교에서 휫필드의 예정론에 대하여 반박해 오고 있었습니다. 수많은 사람들이 그들의 가르침을 받아들이고 있었으므로, 더 이상 휫필드도 묵인할 수 없어서 지상(紙上)으로 그들의 비판에 대해 답변할 수밖에 없다고 결정을 내렸습니다. 그는 어떤 내용이든 존 웨슬리를 비판하는 글을 발표한다는 것에 거부함을 피력했습니다.

"요나가 니느웨에 갈 때 가졌던 거부감도 내가 그대를 반박하는 글을 쓰기 위해 펜을 쥐면서 지금 느끼고 있는 거부감보다 더 크지는 않았을 것이오. 이런 일을 하느니 차라리 죽고 싶은 것이 나의 솔직한 심정이지만 내가 하나님께 충실한 자라면, 그리고 나 자신과 다른 사람들의 영혼을 위한다면, 더 이상 어정쩡하게 있을 수 없다고 생각했소. 하나님께서 나의 사역을 통하여 역사 해주시기를 기뻐하셨던 많은 사람들이 오도(誤導)당해 왔는데, 그래도 그보다 더 많은 사람들이 나에게 내 의견도 밝혀 줄 것을 요구하고 있소. 그래서 나는 내가 육신을 쫓는 사람이 아니요 사람들의 평가에 구애받는 사람도 아니요, 다만 나의 주님이요 주인이신 예수 그리스도께 대한 나의 의무에만 철저한 사람이라는 것을 보여 주어야 하는 것이오. 이 답변에서 조지 휫필드는 자신의 주장을 명쾌히 개진하고 있으며 교리의 확신에 조금도 흔들림이 없습니다. 하지만 존 웨슬리에 대한 그의 태도는 그의 편지들에서 볼 수 있는 것과 같은 존경심으로 나타납니다."(552).

그는 언제나 존 웨슬리에 대하여 "내 존경하는 친구"요 또 "존경하는 선생님(Honoured Sir)"이었습니다. 그의 언명은 단호하지만 거친 말은 단 한 마디도 없었습니다. 그런데 휫필드의 답변 중 우리가 주목해야할 사항이 한 가지가 있습니다. 웨슬리는 그의 설교를 발표하면서 자신은 "여기 개진하고 있는 사실이 '예수 안에 있는 그대로의 진리' 일 뿐만 아니라 나는 어쩔 수 없이 이 진리를 온 세상에 선포할 수밖에 없다는 강력한 신념"에 의해 이 설교를 하게 되었노라고 짤막한 서문을 삽입한 바가 있었습니다(56).

존 웨슬리는 한 술 더 떠서, 브리스톨에 있는 '뉴 룸(New Room)'과 킹스우드에 있는 '스쿨 하우스(School House)' 건물들이 실제로 휫필드와 슈어드가 헌금으로 지어진 건물을 그가 소유하고 말았습니다. 그러자 휫필드는 이 일에 대해서도 웨슬리에게 편지를 써서 따졌고, 이에 대하여 웨슬리는 격렬한 어조의 긴 답장을 보내왔습니다. 웨슬리 자신은 이 불협화음을 일으킨 데 대해 아무 책임이 없고, 오히려 휫필드가 이 분쟁의 도모자라고 일관된 태도를 취하였습니다. 이 같은 무법한 태도를 휫필드에게 존 웨슬리는 그 후에도 일평생 유지했습니다.

그러나 이즈음 휫필드는 한때 잃어버렸던 회중들을 다시 얻고 있었습니다. 이 일로 웨슬리는 십 구 개월 동안 휫필드를 적대시함으로써 오히려 사역을 통한 결실의 상당 부분을 잃고 있다는 것을 깨달았고, 더욱 이러한 사역의 손실로 인해서 그를 격노케 했습니다. 그는 휫필드에게 사실무근의 왜곡된 비난을 가했으니, 그것은 휫필드가 자신에게 교제의 손길을 내밀기를 거부했으며 또 휫필드는 어느 곳에서든 자신을 반박하는 설교를 할 것이라 주장했다는 것이었습니다. 그러나 웨슬리가 이러한 말을 한 것은 자신의 기대가 어긋났기 때문임을 우리는 쉽게 알 수 있습니다.

휫필드 측의 사람들 중에는 그가 웨슬리에게 너무 관대하다는 것과 뉴 룸 및 킹스우드의 학교에 대해 자기 몫을 요구하지 않는다는 것에 분개하는 사람들도 있었습니다. 그러나 그들의 항변에 휫필드는 이렇게 답변했습니다.

"나는 나와 생각이 다른 사람에게 친절함과 우정을 보여주었다는 사실에 대해 전혀 잘못을 느끼지 않습니다. 나는 하나님의 능력을 느꼈다는 그 귀중한 진리들을 포기할 수 없으며, 그 진리는 인간에게서 배운 것이 아니라 하나님에게서 배운 것입니다. 그와 동시에 나는 비록 어떤 사항에서도 나와 의견이 다른 사람일지라도 주 예수를 사랑하는 마음으로 그 모든 사람들을 사랑할 것입니다. 나는 모라비아 교 형제들에게도, 웨슬리 씨에게도, 또 내가 잘못되었다고 생각하는 그 어떤 사람에게도 단 한 순간도 항복하지 않겠습니다. 다만 그들을 납득시킬 가능성이 없을 때에는 논쟁을 피하는 것이 최선이라고 생각할 따름인 것입니다."(76).

그러나 십년 후 헌팅든 부인에게 보내는 편지에서 두 사람의 웨슬리에게 당했던 일을 우연히 회상할 기회가 생겼을 때 횟필드는 이렇게 말했습니다.

"나와 가장 가까웠던 친구에게서 밀려나고, 경멸과 비난과 비판을 받은 후, 결국 그들로부터 결박까지 당한 것이 나에게는 유익입니다. 그로 인해 나는 친구 중의 친구이신 그 분의 신실하심을 알게 되었기 때문입니다. 그리고 모든 사람들의 마음을 다 아시는 그 분이 이제 모든 이들에 대한 내 의도가 정직하다는 것을 보고 계신다는 사실에 나는 만족합니다."(77).

이 시절 그는 존 케닉(John Cennick)이라는 청년의 조력을 받았습니다. 케닉은 매우 품위 있는 사람인 동시에 힘있는 설교자였으며 또한 하나님의 기름을 부음 받은 사람이었습니다. 이 때부터 그는 휫필드의 삶에서 매우 중요한 역할을 하였습니다. 휫필드는 사역에 박차를 가하였고 영국에 돌아온 지 네 달 반쯤 되었을 때에, 그의 사역은 다시 옛날과 같은 건강 상태를 회복했습니다. 그래서 그는 스코틀랜드로부터 많은 방문 요청에 응하기 위해 영국을 떠나도 되겠다는 생각을 하였습니다.

4. 감리교 조직자

휫필드는 런던으로 돌아와서 복음 전파와 공동체를 결성하고 조직했습니다. 그의 작업 본부는 물론 무어필즈에 있는 '장막(Tabernacle)' 교회이었습니다. 그곳에 모이는 회중은 이천 내지 삼천 명에 달했고, 특별한 경우에는 더 많은 사람들이 몰려들기도 했습니다. 오늘날 같으면 관계 당국이 집회를 허용치도 않았을 정도로 많은 사람들이 그의 설교장으로 몰려든 것이었습니다. '장막' 건물 외에 휫필드는 이미 '사회관(Society Room)'이라는 또 하나의 건물을 세운바 있었습니다. 이곳은 일반 사람들이 정기 예배에 참석하곤 했지만 그곳 공동체에 대한 허가는 그 회원 수로 인해 유보되었고 또한 고정된 회원의 수와 전임으로 그곳에서 사역하는 사람들의 수를 정기적으로 산정 하여 보고해야 했습니다.

그 공동체는 '밴드(Bands)'와 '클래스(Classes)' 둘로 나뉘어졌습니다. '장막'은 학교 두 곳(여학교 한 곳과 남학교 한 곳)을 운영했고, 또 도서실과 가난한 사람들을 돕기 위한 조직체가 있었습니다. 또한 그곳에는 작업장 한 곳과 소규모 소개소도 있었습니다. 이 모든 활동들은 계획과 질서 있게 관리되었습니다. 호웰 해리스는 이에 대해 이렇게 말했습니다.

"미혼 남자들은 '밴드(모임)'에서 함께 모이고 또 기혼 남자들도 따로 모이며, 또한 그들은 일주일에 한번씩 전체 모임을 갖습니다....각 '밴드'의 지도자들은 사역자를 만나 그가 모든 구성원들의 상황을 알려줍니다. 여자들의 모임에도 똑같은 규칙이 적용되는 것을 볼 수 있으며, 남성 '밴드'와 여성 '밴드'는 일주일에 한번씩 전체 모임을 갖습니다. 가난한 사람들도 마찬가지로 영혼과 육신 모두 돌봄을 받으며 또한 이 일만을 전담하는 사람들이 따로 있습니다. 그리고 재정 출납을 맡아하는 사람도 따로 있고, 모든 일이 질서 있게 진행되기에, 이곳은 아주 편안하고도 유쾌한 곳이며, 무슨 일이든 서두를 필요가 없습니다. 그리고 이곳에는 백 명이 넘는 남녀 장학생들이 교육받고 있고 또 교사는 침대 등이 갖춰진 방에서 기거하고 있었습니다. 그래서 이곳에서의 삶은 천국과 같습니다."(Gomer Morgan Roberts, Selected Trevecca Letters, 1742-1747(Caernarvon: The Calvinistic Methodist Bookroom, 1956, 40).

이곳에서 발행하는 소식지 「장막의 순간들(Minutes of the Tabernacle)」에는 "주간 사역 활동(Weekly Exercise of the Ministry)"이라는 난에서 '장막'에 소속된 직분자들의 설교나 각 조직체들의 집회 등 사역자와 그의 보조자 한 두 명이 각 주간마다 이행한 일들 열아홉 가지가 소개되었습니다. 그리고 '장막'에서 거리 상 멀리 떨어져있는 공동체에서 설교하는 경우도 있었기 때문에 자연히 여행할 일이 많았는데, 이렇게 해서 정해진 스케줄은 매우 엄격하게 진행되었습니다. 영국에는 '신앙 공동체(Religious Societies)' 모임들이 있었습니다. 이 신앙 공동체 사역을 시작했을 때부터 횃필드는 영적으로 각성되고 회심한 사람들에게 그런 공동체에 참석할 것을 촉구했습니다. 그 덕분에 연륜이 오랜 몇몇 공동체들은 그 규모가 아주 커졌고 또 새로운 공동체들도 많이 결성되었습니다.

제 2 차 아메리카 선교를 마치고 돌아왔을 때에도 여전히 새 공동체들이 결성되기 시작했고, 그 전에 결성된 공동체들이 그랬던 것처럼 그 새 공동체들도 그의 지도 아래 있고 싶다는 소망을 표현했습니다. 그런 공동체들의 수가 주목할 만하게 늘어나자, 그는 "공동체들을 몇몇 지역에 정착시켜야 할 것 같다."고 말했습니다. 그에 따라 1742년 말에는 그렇게 일정한 지역에 정착한 단체들이 많이 생겼는데, 그 단체들을 통틀어 '휫필드의 감리교 공동체(Whitefieldian Methodist Societies)'라고 했습니다. 물론 감리교가 어떤 독립된 교파가 된 것은 아직 아니었고, 다만 그들은 스스로 영국 국교회 내의 한 운동으로 간주했습니다. 그 공동체는 복음주의 신앙에 대한 충실성, 그 삶의 거룩함, 복음을 선포할 때의 그 진취적 기상으로 유명했습니다. 그러나 다른 교파, 이를테면 독립교회나 장로교, 침례교, 퀘이커에 속해있으면서도 위의 원칙들을 견지하는 사람들 역시 '감리교도'라 불렸습니다. 더욱이 이때 존 웨슬리는 자신의 사역을 일컫는 이름으로 '연합 공동체'라는 명칭을 거의 사용하지 않고, 그 대신 그것을 '감리교'라고 부르는 횟수가 점차 많아졌습니다.

휫필드의 공동체들은 비록 짧은 시간 내의 결성되긴 했지만, 영국 내의 다양한 지역에 위치했었습니다. 런던 근교에는 '장막'을 비롯하여 네 곳의 공동체가 더 세워져 있었고 브리스톨과 글로세스터의 사정도 이와 비슷했습니다. 그리고 「장막의 순간들」 지(紙)에는 "휫필드 목사의 돌봄 아래 함께 연결된 공동체들의 기사" 난이 있었는데 세 곳의 주요 공동체들뿐만 아니라, 1743년까지 디본, 콘월, 옥스포드셔, 월트셔, 버킹검셔, 스태포드셔, 쉬류스베리 등지에 세워진 서른 여섯 군데 공동체들의 동정(動靜)을 알리는 글이 실렸습니다. 그 난에는 또한 '공동체가 정착되어있지 않은 곳 중에서 설교가 행해져야 할 지역'의 명단에 실렸으며, 그런 지역으로 스물 다섯 곳을 더 언급했는데 이 지역들 역시 영국 내에서 다양한 분포를 보였습니다.

육십 여 곳 이상의 공동체들과 설교 장소들로 구성된 이 모임에서 오십 명 이상의 설교자들이 사역했습니다. 이들 중에서 열다섯 명 가량은 이 영적인 일에 전적으로 시간을 바치는 전담 사역자이었고, 그 외 사람들은 대부분 다른 생업을 갖고 있으면서 매주 몇 번씩 설교하는 사람들이었습니다. 그들 중에는 주일 날 지정된 곳에서 설교하기 위해 매주 토요일마다 몇 km 씩 걸어야 하는 사람들로 있었습니다. 웨일즈에서 해리스의 사역을 도우면서 영국에서 휫필드의 일에 관여하는 사람도 몇 명 있었는데, 그 중 존 케닉, 존 크룸(John Croom), 앤드류 킨즈맨(Andrew Kinsman), 윌리엄 호그(William Hogg) 등 네 사람은 비범한 영적 능력의 사역을 행했습니다. 우리는 그들의 업적을 연구하여 기려야 할 것입니다. 이 사람들은 '휫필드의 설교자들(Whitefield's Preachers)'이라고 일컬어졌으며, 「주간 역사(The Weekly History)」매 호(號)마다 "휫필드 씨와 관련된 권면자들과 조력자들"이 소개되었습니다. 이 사람들이 바로 후에 '말을 타고 순회하는 감리교 설교자들(The Methodist Circuit Riders)'로 널리 알려진 효시였습니다. 1750년에 휫필드는 이 운동의 지도자 역할을 그만 두었지만, 그래도 수많은 사람들이 여전히 자신들을 그의 추종자로 여겼습니다.

휫필드의 조직체가 얼마나 광범위하게 분포되어 있었는지는 그의 비서인 존 심스(John Syms)가 1743년에 "영국이나 웨일즈에서, 한 가지의 일이라도 시작되지 않은 구역은 거의 없다시피 합니다."고 증언했습니다. 그가 주도한 그 운동은 네 개의 협회(Associations)로 나뉘어져 있었습니다. 일년에 네 번씩 협회 모임이 런던, 브리스톨, 윌트셔, 글로세스터에서 번갈아 가며 열렸습니다. 각 협회마다 감독이 한 명씩 있어 휘하 권면자들을 감독했습니다. 각 협회는 런던에 있던 존 심스에게 보고서를 보냈고, 그는 그 보고서의 내용들을 휫필드에게 알려주었습니다. 웨일즈에 있는 형제들도 그의 조직화 능력을 필요로 했습니다. 그들은 자신들의 일을 좀더 효율적으로 조직화하기 위해 1741년 12월에 회집하기로 계획을 세우는 한편, 그 모임에 휫필드도 참석해줄 것을 촉구했습니다.

초기 감리교의 중요 요소가 된 어떤 관습들, 이를테면 '대중'을 상대로 권면자와 '개인적인' 권면자를 구별하는 것, 월례 회의를 갖는 것, 편지를 회람하는 날을 두는 것 등이 휫필드의 위의 편지에 처음으로 제시되고 있습니다. 웨일즈 사람들은 계획대로 모임을 갖기는 했으나 생각대로 일이 잘되지 않았습니다. 그들은 다시 한번 휫필드에게 편지를 써, 다음 번 모임에는 반드시 참석을 해야만 하며 그 날짜는 휫필드가 직접 정해줄 것을 요청했습니다. 호웰 해리스는 그가 와서 "모든 일의 질서를 잡아주기를" 원한다고 말했는데, 그의 이 말은 그들이 특별히 그에게 원하는 기능이 무엇이었는지를 지적해주고 있습니다.

그리하여 마침내 그들은 1743년 1월 5일 남 웨일즈의 와트포드(Watford)에서 만났습니다. 모인 사람은 여덟 명 가운데 네 명은 안수를 받은 사람이었고, 네 명은 평신도였습니다. 그들은 만장일치로 휫필드가 회의를 주재하는 한편 매일 아침과 저녁에 그가 설교를 부탁했습니다. 그들은 조화와 일치를 이룬 이 모임에서 여러 가지 규정과 규칙들의 광범위한 체계가 잡혔습니다. 또한 안수를 받은 사역자들은 '감독자(overseers)'가 되어 각각 한 '구역(district)'을 맡아 자신의 관할했습니다. 그리고 '감독(superintendent)'과 '권면자(exhorter)' 직분을 두어서 마땅한 사람을 정하여 세웠으며 각자 책임의 영역을 할당해주었습니다. '권면자'들은 '대중' 권면자와 '개인적' 권면자 두 범주로 나누어졌고 그 직분자의 자격 요건이 규정되었습니다. 그들은 각 지역 단위로 월례회를 가져야 했고 일년에 네 차례씩 좀더 큰 지역 단위로 회합을 열어야 했으며 웨일즈 지역 전체로는 일년에 한번씩 연례 회의를 가졌습니다. 그 후에도 그는 그런 화합에 다시 한번 참석해줄 것을 요청 받았습니다.

그래서 와트포드에서 모였던 사람들이 석 달 후 다시 한번 모임을 가졌으며, 이 회합에서 웨일즈 지부와 잉글랜드 지부까지 함께 연계하여 '칼빈주의 감리교도 협회(The Calvinistic Methodist Association)'을 형성하였습니다. 휫필드가 이 모임의 종신 의장으로 지명되었으며, 그의 부재 시는 해리스가 그 직위를 대신 감당하도록 정해졌습니다. 이것은 정말 역사적인 업적이었습니다. "최초 칼빈주의 감리교 협회 회의가 웨슬리의 첫 번째 감리교 협의회보다 열여덟 달이나 빨리 열렸다."는 것은 주목할 만한 사실입니다.

제 6 장
휫필드의 팀 사역

1. 호웰 해리스

그는 1735년에 회심한 후 바로 그 주간부터 설교를 시작하여 하루도 거의 빠짐없이 때로는 하루에 두세 번씩, 그것도 한 시간 이상 계속되는 설교를 해왔습니다. 그는 여러 해 동안 시장에서, 항구에서 설교하고, 야외에서 많은 무리들에게 복음을 선포하며, 공동체를 찾아다니면서 활동을 계속해왔습니다. 그리고 런던에서 그의 사역을 총감독하면서 몇 달씩 머물었습니다. 그는 일정한 수입도 없이, 먹을 것도 제대로 먹지 못하면서 다녔지만, 어쩌다 돈이 생기면 어김없이 가난한 사람들에게 상당한 액수를 주곤 했습니다. 그는 주에 대한 열심은 정말 놀라웠습니다. 예를 들어, 그는 이런 고백한 적이 있었습니다.

"나는 설교를 하러 '장막' 교회에 갔습니다. 사단이 하나님의 종들로 인해서 노했지만, 이에 반하여 하나님께서는 사단의 대적에 따라 나를 더욱 내적으로 강하게 만드셨습니다. 매 집회마다 많은 사람들이 모였습니다. 나는 땀을 너무 많이 흘려서 옷이 모두 젖어버렸고, 내 기운을 모두 써버린 탓에 걷기도 힘들도록 말씀을 전파했었습니다." 나는 주께서 우리 죄인들을 향하여 '오라!'는 말에 담긴 하나님의 영광에 관해서 설교했습니다. 나는 힘이 있고 명쾌한 목소리로 사람들을 부르고 경고하면서 강대상을 두드리면서 설교했습니다. 나의 간절한 설교 중에는 마치 천국 가까이에 와 있는 듯한 느낌이었습니다…. 나는 이번 주에 말을 타고서 40 km나 가서 복음을 전했기에, 너무 피곤에 지쳐서 기진맥진한 채로 새벽 두 시에야 집으로 돌아왔습니다."(Arnold A. Dallimore, G. W., II., 298).

그는 핍박을 받고 있는 신자들을 격려하기 위해 북부 웨일즈를 다녀온 후, 그는 이렇게 썼습니다.

"나는 지금 일주일 동안 열세 개 주를 방문하면서 거의 20 km를 다녔고 매일 두 번씩 설교했으며 때로는 하루에 서너 번씩 설교를 했습니다. 그리고 이 마지막 여행 때 나는 칠 일 밤낮을 옷을 벗지 못한 때도 있었고 아침부터 그 다음날 아침까지 산 속에서 고생한 때도 있었습니다. 나는 핍박을 피하기 위해서는 그렇게 할 수밖에 없었습니다."(같은 글).

또한 휫필드는 북부 웨일즈에 머물면서 발라(Bala) 마을에서 야외 집회를 갖는 동안 해리스는 "폭도들에게 무엇으로 머리를 맞았는데, 그 충격은 내 머리를 돌로 갈라놓을 수 있을 만한 것이었습니다."고 말했습니다. 제 아무리 건강한 사람이라 할지라도 해리스가 당했던 그런 수고 앞에서는 나는 병이 나고 말았을 것입니다. 그래서 해리스의 머리가 다친 일 때문에 휫필드의 일정에는 예기치 못한 변화가 생겼습니다. 그는 사역자로서 깊은 고난을 통해서 자신의 아픔과 동정과 안타까운 심정에서 벗어날 수 없었습니다. 그렇지만 끊임없는 사역의 책임을 어느 정도 벗어놓은 홀가분한 상태가 되었습니다.

해리스는 사역의 조력자로서 시드니 그리피스(Sydney Grifith) 성도로부터 위안을 얻었습니다. 1748년 그리피스 부인은 술주정뱅이 시골 유지였던 남편을 떠나 해리스의 사역에 동참했습니다. 그녀는 인격적인 힘과 매력적인 용모를 갖춘 스물 아홉 살이었습니다. 또한 해리스는 그녀에게서 사도와 같은 예언의 은사가 있다고 믿었습니다. 그는 전도 여행에 함께 그녀를 데리고 사역하면서 웨일즈 지역의 영적 지도자들에게 그녀의 판단을 전적으로 수용하도록 하였습니다. 그러자, 그리스도인들은 해리스의 이러한 처신에 크게 놀라움을 피력하면서 많은 사람들이 해리스와의 사역의 협력을 중지했습니다.

그래서 그가 사역하다가 런던으로 가자, 그리피스 부인도 그를 좇아갔습니다. 그는 '장막' 교회에서 설교하게 될 것을 기대하고 휫필드에게도 찾아갔습니다. 물론 그도 해리스의 사역을 거부했습니다. 그리고 휫필드는 동역자 해리스에게 엄숙하게 말해줬습니다. "그리피스 부인이 해리스와 함께 동역하는 것은 하나님의 말씀에 어긋남으로써, 찬성할 수 없습니다."(300).

그러나, 그리피스 부인은 곧 세상을 떠났습니다. 그러자, 해리스는 웨일즈의 트레베카에 있는 자기 집에 정착했습니다. 그의 추종자들 가운데 그가 기거하는 곳으로 왔기에, 그는 자기 집을 넓혀서 마침내 마을 회관처럼 사용되었습니다. 그러나 그는 자주 심하게 앓았고 그의 마음도 자주 균형을 잃었습니다. 몇 년이 지나 그런 상태에서 벗어나게 되자, 그는 휫필드와 웨슬리 형제를 찾아 나섰고, 그들은 그를 진심으로 영접했습니다. 또다시 그는 설교 사역을 시작했으나 과거처럼 힘과 열심히 회복하지 못했습니다. 우리는 주님을 지나칠 정도로 섬겼던 호웰 해리스에게 동정을 느낍니다. 그는 웨일즈에서부터 무뢰한들의 공격을 받았고, 또한 성직자들의 미움을 받고 행정 관리들에게 불려가기도 했습니다.

1741년 발라(Bala) 마을에서는 그 지역의 성직자가 큰 길 가에 맥주 통을 벌여놓고 그것으로 해리스를 공격하도록 폭도들을 미혹하는 미끼로 이용하는 일까지 있었습니다. 여자들도 남자들과 다름없이 극악하여 한 패거리가 그를 진흙 투성이로 만드는 동안 다른 남자 패거리는 그를 주먹과 곤봉으로 때려서 상처를 입혔습니다. 그의 상처로 인해 그가 지났던 길에는 선혈로 얼룩이 질 정도였습니다. 여기에만 그치지 않고 원수들은 막대기와 장대로 그를 내리쳐 기진맥진한 그가 땅에 엎어질 때까지 폭행을 가격했습니다. 그들은 그가 땅에 엎어졌음에도 불구하고 여전히 그에게 욕설을 퍼부었습니다. 해리스는 런던의 '장막' 교회에서 설교하는 중에도 폭력을 만났습니다. 폭도들이 예배 중에 '장막' 교회 건물의 문을 부수고 들어와 사람들을 헤집고 다니며 몽둥이를 휘두른 것이 한두 번이 아니었습니다. 그러나 해리스는 이런 위험 가운데서도 조금도 요동치 않았습니다. 그는 그런 폭력 사태가 일어났던 어떤 날에 대해 이렇게 술회했습니다.

"나를 향해 탄알이 날아왔어도 나는 요동하지 않았을 것입니다. 폭도들은 설교하는 나를 보고 더욱 광분했습니다. 나는 목소리를 더욱 높였고, 내 전도하는 목소리에 너무 힘이 들어갔기 때문에 내 머리는 산산조각이 날 정도로 울렸지만, 일사 각오의 열심으로 나는 계속해서 외쳤습니다. '나는 내가 산산조각이나 쓰러질 때까지 그리스도를 선포할 것이오!'"(162).

1737년 그가 회심 한지 이 년 뒤에 처음으로 랑게이토의 다니엘 로랜드를 만났었습니다. 그 사람은 서부 웨일즈의 다른 지역에 있었습니다. 또한 1739년에는 카디프에서 조지 휫필드를 처음으로 만났습니다. 그는 다양한 접촉으로 모든 연합 집회들을 형성하기에 이르렀습니다. 그래서 그들은 정규적으로 자신들의 활동과 발전 양상을 규제하고 통제할 수 있었습니다. 첫 번째 연합회는 1743년에 카필리(Caerphilly) 근방에서 열렸습니다. 그 때 연합회의 회장으로 지명된 인물은 위대한 전도자 조지 휫필드였습니다. 또한 해리스와 다른 사람들도 연합해서 설교했으며, 또한 그들은 집회를 하면서 여러 가지 많은 핍박과 어려운 고초를 겪었습니다. 더욱이 해리스는 여러 차례 죽을 고비를 맞았었습니다.

영국 국교회와 교구 목사들 사이에서 일어난 적대감은 말로 표현할 수 없을 정도였습니다. 때때로 수많은 대중들의 적의도 전도자들에게 과격했습니다. 그러나 해리스는 목숨을 걸고 전도인의 일을 했기에 지칠 줄 몰랐습니다. 그는 열심히 일한 하나님의 사람이었습니다. 그는 하루에도 여러 차례 설교했습니다. 그리고 나서도 회심자들과 개인적으로 만나는 기회를 여러 번 가졌고 또한 일기까지도 썼습니다. 어떤 경우에는 잠을 전혀 자지 못하고, 다음 날 학교에 돌아가야 할 때도 있었습니다.

어떤 경우에는 몇 차례씩 잠깐 눈을 붙이면서 전도 여행을 하며 설교했습니다. 그는 계속 초인적인 방법으로 일을 수행했습니다. 그의 목소리는 언제나 쉬어 있었는데, 설교 사역을 감당하기 시작할 초기부터 그러했습니다. 그러나 쉬지 않고 계속했습니다. 이러한 사역이 1750년까지 계속되었습니다. 그 때 여러 가지 이유에서 해리스와 다니엘 로랜드와 다른 지도자들 사이에서 논쟁이 일어나고, 다툼과 분리로 인해서 그는 자기 고향 트레베카로 돌아갔습니다. 이 일로 인해서 흥미 있는 일을 했습니다. 그는 독일 경건주의자인 어거스트 프랑케(August Hermann Francke)가 할레에서 조직했던 공동체에 대해서 읽어보았습니다. 그것은 일종의 고아원이면서도 신앙 공동체였습니다. 해리스는 그 일에 크게 감동을 받았습니다. 그는 트레베카에서 한 "신앙 가족"을 시작할 결심했습니다. 그곳에서 그는 거의 백 명에 가까운 사람을 모았습니다. 어떤 사람은 목수였고, 대장장이였고, 농장에서 일하는 사람이었고, 방앗간에서 일하는 사람이었습니다. 그는 믿음으로 그들을 가르쳤고 교훈을 했습니다. 후에 그는 또 다른 특이한 일을 했습니다. 이때 프랑스와 전쟁이 있었는데 해리스는 의용군의 중대장으로서 군인이 되었습니다. 그는 중대장으로서 잉글랜드와 그레트 야머스와 데번과 콘월과 다른 곳에 갈 기회가 있었습니다. 그는 군복을 입고 설교했고, 때때로 특이한 일들이 일어났었습니다.

그러나 그는 1763년에 웨일즈의 메서디스트 공회로 돌아오면서 옛 친구들과 동료들과 함께 사역해 나갔습니다. 그에게 있어서 흥미로운 점은, 1768년 헌팅든 백작 부인과 함께 다른 이들의 도움을 받아 설교자들을 훈련시키는 대학을 건설한 것입니다. 1768년에 그는 트레베카에 설교자 큰 대학 건물이 세워졌습니다. 횟필드는 그 학교가 세워지는 개교 예배 설교를 했습니다. 그 다음 해인 1769년에 횟필드와 존 웨슬리와 로랜드와 다른 사람들이 교대로 와서 설교했습니다. 이러한 교육 사업도 계속되어 갔지만, 해리스는 너무 지치고 피곤해서 1773년 7월 21일에 죽었습니다.

이 모든 것들 가운데서 가장 먼저 칼빈주의 메서디스트 공회가 처음으로 형성되었고, 결국 그것은 하나의 "교파(Connexion)"가 되었습니다. 해리스와 다른 사람들은 칼빈주의 메서디스트 공회 성직자로서 죽었습니다. 그들의 추종자들은 영국 국교회에서 떠나, 1811년 처음으로 그들의 교역자들에게 안수했습니다. 그 무엇보다도 놀라운 사실은 위대한 웨일즈 칼비주의 메서디스트 교회가 형성되었다는 점입니다. 그것은 19 세기 웨일즈 사람들의 삶 속에서 대단한 역할을 했고, 놀라운 역사를 이루었습니다. 그런데 우리는 덧붙여서 말할 수 있는 점은 해리스의 목회 사역으로 인해서 회중 교회나 침례 교회의 신도들이 불어났습니다. 그들은 해리스의 목회 사역을 통해서 영적인 유익을 얻었습니다. 조지 휫필드에게나, 미국에서는 조나단 에드워즈에게도 그와 같은 일이 일어났습니다. 또한 같은 시기에 다른 사람에게도 그러한 일이 일어났습니다. 이것은 무엇이겠습니까? 바로 하나님의 주권입니다. 이는 때와 장소와 인물들을 하나님이 세워 자신의 영광을 위해서 사역하십니다.

호웰 해리스의 사역을 통해서, 부흥의 방법은 언제나 먼저 개혁이 있어야 오는 것은 아님을 보여주는 한 예입니다. 부흥은 때로 개혁 뒤에도 일어납니다. 그러나 부흥이 개혁보다 앞서는 때도 있습니다. 그러기에 개혁이 있어야 부흥이 온다고 전제해 놓는다든지, 교리의 정통성이 부흥의 필수 조건이라고 전제하는 것은 무모한 사실입니다. 마틴 로이드 존즈는 존 웨슬리도 칼빈주의를 가장 위대하게 입증하는 사람이라고 보았습니다. 왜 그렇습니까? 그의 지나친 생각에도 불구하고 복음을 전하고 영혼을 회심시키는 도구로 하나님께 크게 사용되었기 때문입니다! 그것이 바로 칼빈주의의 궁극적인 목적입니다. 하나님의 예정과 선택은 하나님의 구원 사역에 대한 주권적인 사역으로서 이루시는 구원 사역입니다. 이 하나님의 구속

사업이 젊은 하웰 해리스의 사역에서도 분명히 드러납니다. 우리는 진정한 개혁주의 전도자나 사역은 성령의 증거를 받는 사역자들이 되어야 합니다.

우리는 사역에 있어서 사역자들 사이에 협조적인 성격을 생각해 보십시다. 마틴 로이드 존스는 해리스의 연합 집회에서 횟필드나 존 웨슬리나 다른 사역자들과 공동 전도 사역을 "에큐메니칼적인" 성격으로 말하지 않고서도 얼마든지 해리스와 관련시켜 사용해야 하는지에 대하여 의문을 제기했습니다. 해리스의 복음 전도 사역의 협조적 성격은 거창하게 에큐메니칼의 정신이나 신학에 근거하기보다는 예수 그리스도의 사랑을 전하는 전도자들이 연합하여 그리스도의 사랑에 매는 줄로 함께 하나님 나라를 위해서 사역하려는 단순한 동기 밖에는 없었습니다. 해리스의 일기나 그에 대해서 말하려는 횟필드나 또는 웨슬리의 일기를 읽어보면, 반드시 이것을 보고 신선한 충격을 받게 될 것입니다. 이 모든 사람들 가운데 해리스는 참된 그리스도인들 사이의 연합에 대해서 가장 관심이 있었던 사람입니다.

18세기 초 웨일즈의 비 국교도들의 상태는 잉글랜드처럼 교리의 논란을 벌이는 상황이었습니다. 그들은 학식이 있고 유능한 사람들이었으며, 교리에도 해박한 사람들이었습니다. 그러나 그들은 서로 논쟁과 논박을 하는데 시간을 보내고 있었습니다. 더구나 그들 가운데 많은 사람들이 극단적인 칼빈주의자들이었습니다. 제 생각으로 해리스는, 분리주의자 중 일부가 주장하는 극단적인 칼빈주의에 큰 영향을 받아서 선택과 예정 교리를 받아들이는데 꺼려했던 것이 분명합니다. 그래서 이러한 자세는 사람들이 은혜의 교리를 받아들이는 데, 방해하는 경우도 많았습니다. 이 여러 가지 요소들을 생각한 결과, 해리스는 영국 국교회에 남아서 평생을 보냈습니다.

헌팅든 백작 부인이 쓴 그의 장례식에 대한 간단한 기록을 인용하지 않을 수 없습니다.
"해리스 씨의 유해가 장사되는 그 날, 회심한 사람들과 회심을 하지 못한 사람들에게도 미치는 신적 감화를 체험하는 특별한 계기가 되었습니다. 그 날은 결코 잊지 못할 것입니다. 당시 그 자리에 참석했던 모든 사람들은 거룩한 경외심과 감사함으로 그것을 기억함이 마땅하다고 생각합니다. 이만 명이 되는 사람들이 이 엄숙한 순간에 모여들었습니다. 우리는 세 무대를 만들었고, 아홉 차례의 설교를 회중에게 했습니다. 그들 중 수 백 명이 눈물로 뒤범벅이 되었습니다. 이전에 우리가 모였을 때도 하나님의 은혜로운 임재를 많이 체험했었지만, 그 날처럼 은혜로운 임재를 느껴 본 적이 없었습니다.

특별히 장례 성찬식이 집행될 때, 하나님께서는 기이한 방법으로 그의 성령을 우리들에게 부어주셨습니다. 나이가 많은 성도들이 내게 말하기를, '이와 같은 하나님의 영광을 그 전에도 본 적이 없고, 그 은혜의 부요나 복음의 영광을 그 때처럼 느껴본 적이 없습니다.'고 말했습니다."

해리스의 장례식에도 그러한 일이 있었습니다. 이 같은 방법으로 다니엘 로랜드가 랭게이트(Llangeitho)에서 죽던 날에도 영적 부흥이 일어났습니다. 하나님의 놀라운 사역자들의 죽음이 부흥으로 인도될 수 있었습니다. 여기 헌팅든 백작 부인의 마지막 말을 소개하고자 합니다.

"흐느끼는 긴 장례 행렬이 탈가트의 교구 교회에 이르렀을 때, 영국 국교회의 의식에 따라서 예배가 집행되었습니다. 그러나 회중들의 슬픔과 눈물과 곡성으로 장례 집례에 어려움이 있었습니다. 그 예배를 인도하는 목사가 자기 감정을 억제할 수 없어서 더 이상 진행해 나가지 못했을 때, 기도문을 다른 사람에게 넘겨주었습니다. 그런 일은 흔히 있는 일이 아닙니다. 그러나 두 번째로 사회를 맡은 목사도 자제력을 잃고 그 기도문을 세 번째 사람에게 주었습니다. 다시 세 번째 사람도 같은 이유로 계속 집례할 수 없었습니다. 그래서 침묵 속에서 이 위대한 사람의 유해는 탈가트의 교구 교회 안치소에, 몇년 전 아내가 묻힌 무덤에 함께 장사를 지내었습니다."

2. 찰스 웨슬리

찰스는 십 육년 동안 지칠 줄 모르는 열심을 가지고 옥외 설교자로서 수고했습니다. 그는 복음을 선포하는 일에 두려움을 모르는 사람이었습니다. 그의 입에서 나오는 말들은 힘이 있었습니다. 그는 담대함으로 폭도들에게 맞섰고, 사실상 일정한 가정도 꾸리지 못한 채 살았으며, 무엇보다도 수많은 영혼들을 예수 그리스도께 인도하는 일에 하나님의 쓰임을 받았습니다. 그는 감리교 공동체들을 창설하고 유지하는 일에서 줄곧, 그의 친형인 존 웨슬리의 동역자로서 조력했습니다.

1750년 경 찰스는 신학적 사상에서 어떤 변화를 겪었습니다. 그는 죄가 없는 완전한 상태에 이른다에 대한 존 웨슬리의 가르침을 더 이상 완전히 믿지 않고, 그 대신 이제는 예정론을 어느 정도로 받아들였습니다(John Wesley's Journal, V. III, 96).

1752년에 그는 휫필드에게 편지를 써보내, 그와 운명을 함께 할 뜻을 비추었습니다. 하지만 그는 이렇게 대답했습니다.

"당신과 형 사이의 관계는 너무나도 밀접하고 또한 형의 유익을 위해 당신은 반드시 그와 동행해야 합니다. 나는 당신들을 서로 갈라놓을지도 모르는 말이나 행동 따위는 하지 않겠습니다." (Arnold Dallimore, G. W. V. II., 344).

삼년 후 찰스는 휫필드에게 한 '서신'을 보냈는데, 여기서 그는 자신들 사이에 더 이상 아무런 장벽도 없다고 선언했습니다. 시(詩)의 형식을 빌려서 이렇게 고백했습니다.
"오라, 나의 휫필드여! (싸움은 지나갔고 처음에 친구였던 자들이 마침내 다시 친구가 되었으니)...."

찰스는 능력이 있는 복음 전도자인 동시에 힘이 있는 시인으로서 더 잘 기억되고 있습니다. 그는 구 천여 편 정도의 시를 썼으며 그의 시 대부분은 찬송가 가사로써 애송하는 것은 그가 영국에서 가장 위대한 찬송 작사가임에 틀림없습니다. 찰스 웨슬리는 휫필드가 세상을 떠나자, 그는 펜을 들어 휫필드의 일생을 기리는 비가(悲歌)를 썼는데, 536 행에 달하는 시를 썼습니다.

찰스 웨슬리도 전도자로서 사역하는 가운데 폭력 앞에서 담대했습니다. 그런 몇 가지 예들에서 우리는 다음과 같은 상황을 주목하게 됩니다. 성 아이브즈(St. Ives)교회에서 그 날 설교할 말씀의 본문인 이사야 40장 1절을 막 읽어주려고 나자, 일단의 폭도들이 난입했습니다. 그들은 매우 과격한 언동으로, 사람들을 죽이겠다고 위협하기 시작했습니다. 그들은 벽에 달린 촛대를 부수고 유리창들을 박살내고 덧문들과 걸상과 헌금함 등 돌 벽을 제외한 모든 것들을 다 부수었습니다.

"나는 그런 광경을 바라보며 조용히 서 있었지만 내 눈은 주님을 향하고 있었습니다. 그들은 여자들을 두들겨 패고 끌고 다녔으며 특히 나이 많은 노인들에게 그랬고 사정없이 여인들을 짓밟았습니다. 그들은 시간이 흐를수록 점점 더 광포해졌습니다. 그러다가 그 무뢰한들은 자기들끼리 싸움이 붙어 읍사무소 서기(그들의 대장)의 머리에 상처를 입혔고, 서로를 예배당 밖으로 밀쳐냈습니다."

조지 휫필드도 이런 종류의 푯대접을 경험했습니다. 그는 그의 지도 아래 있던 사람들이 햄튼(Hampton)에 지어 놓은 집에 백여 명의 폭도들이 침범했던 일에 대해 이야기했습니다. 그들은 목사인 토마스 아담스를 습격하여 그를 건물에서 나오게 한 후 연못에 빠뜨리는 등 큰 상처를 입혔습니다. 아담스는 휫필드에게 편지를 써서 이 습격 받은 사실을 그에게 알렸습니다. 폭도들은 그가 햄튼에 나타날 경우, 그를 공격의 대상으로 삼겠노라고 엄포를 놓았습니다. 그럼에도 불구하고, 그는 서둘러 아담스에게로 달려갔습니다. 폭도들이 닥쳤을 때가, 바로 그가 설교를 마치고 막 축도를 하려는 참이었습니다. 그래도 그들은 한밤중까지 집 주변에서 계속 소란을 피웠고, 또 집으로 돌아가는 가난한 사람들에게 욕설을 퍼부었으며 그리고 두 군데서 한 젊은 숙녀의 팔을 부러뜨리기까지 했습니다. 그들은 아담스 형제를 두 번째로 연못에 집어던졌습니다. 그 바람에 그는 다리를 크게 다쳤습니다.

제 이의 번연(Bunyan)인 존 크룸은 생명의 위협을 받았습니다. 바퀴가 달린 손수레를 타고 연못까지 간 젊은 W. H. 는 자기 형제를 절름발이로 만들고 다른 몇몇 사람들에게 중상을 입혔습니다.

그렇지만 휫필드는 마을에 있던 두세 명의 성직자들과 마을의 치안 판사에게 만행을 호소하러 갔습니다. 그러나 그들은 사태를 수습하기보다 모든 재난의 원인을 복음 전도자들에게로 돌렸습니다. 그러나 하나님의 도우심으로 휫필드는 변함 없이 설교하며 또 성령의 감동을 받은 사람들을 계속 격려할 수가 있었습니다.

3. 존 케닉

휫필드가 세 번째로 아메리카에 갈 때, 존 케닉을 자신의 공동체들과 '장막' 교회를 관장하는 감독으로 세웠음을 우리는 앞에서 살펴보았습니다. 케닉은 참으로 경건한 사람이었고 매우 유능한 설교자였으나, 그의 업무에 관해 발생하는 모든 문제들을 다 처리하기에는 너무나도 유약한 사람이었습니다. 그는 강력한 동료들의 필요성을 느꼈으며 모라비아 교도들을 사랑했기에, 그는 모라비안 쪽으로 가버렸습니다. 그는 모라비아교 선교사가 되어 아일랜드에 파송되었습니다. 그는 영국에 더블린의 빈 교회를 세(貰)낸 그는 다음과 같은 활동을 펼쳤습니다.

"그는 매일 두 세 번씩 설교했으며, 사람이 너무 많은 탓에 그의 설교를 듣고자 하는 자는 두세 시간 전부터 미리 와 있어야 했습니다. 설교 시간에는 묘지와 그 주변 사람들도 들을 수 있도록 창문을 모두 열어놓았으나, 그래도 많은 사람들이 그의 설교를 듣지 못해 실망한 채 발걸음을 돌려야했습니다. 그의 예배 중에는 일곱 내지 여덟 명의 사제들도 종종 그의 설교를 들으러 함께 왔으며, 국교회 측의 목사들도 많이 왔습니다."(Arnold Dallimore, G. W., V. II., 344).

케닉이 설교할 때 모이는 회중 가운데는 유능하고 젊은 설교자 벤자민 라트로브(Benjamin La Trobe)의 아들인 1819년 워싱턴 시의 국회 의사당 건물을 재건할 당시의 최고 건축가였습니다. 케닉은 라 트로브에게 더블린에서의 사역을 맡겨놓고 자신은 북 아일랜드에서 설교해달라는 요청을 받아들여 그곳으로 떠났습니다. 그는 외양간과 가정집과 들판에서 집회를 열었으며 그렇게 수 개월을 다니는 동안 건달들에게 얻어 맞고, 개들에게 쫓기고 폭도들의 공격을 받으며, 체포되어 벌금을 물기도 했습니다. 그와 그의 아내는 극도로 가난한 상태가 될 때도 많았지만 주님 안에서 그는 풍성한 기쁨을 누렸습니다. 그는 참을성이 많고 친절했으며 사람들은 그에게서 아름답고도 실천적인 그리스도교의 자태를 보았습니다.

"그는 모든 계층과 모든 교파 사람들에게 사랑을 받았습니다. 머니모어(Moneymore)에서는 장로교 교인들이 자신들의 목사가 되어줄 것을 그에게 요청했습니다. 벨리네이혼(Ballynahone)에서는 로마 카톨릭 교도들이 그가 그곳에서 정착해주기만 하면, 다시는 미사에 가지 않겠다고 말하기도 했습니다. 뉴 밀즈(New Mills) 사람들은 오두막 집에서 몰려나와 그의 길을 가로막고 그에게 우유를 권했고, 그를 에워싸고는 "설교 일정 때문에 이곳에서 설교할 수 없다면 잠깐이라도 저희 집에 들어와 기도라도 해주십시오!"라고 간청했습니다(377).

그는 여관 주인들이 무료로 숙식을 제공해줄 정도로 대접을 받았습니다. 밸린더리(Balinderry)의 교구 사제는 케닉의 여행에 동행할 수 있는 특권을 누리고 싶다고 말했습니다. 실은 그는 케닉이 거절하는 돈을 받아 챙기고 케닉이 거절하는 술 따위를 대신 마시고자 했던 것입니다. 칠년 동안 케닉은 사십 여 개의 공동체를 세웠고 거의 열 곳의 교회를 세웠습니다. 그는 시인으로서의 은사를 받은 사람이기도 했습니다. 그는 식전 감사 기도 가운데서 "우리의 식탁에 임하소서, 주여!"와 "예수여, 내 모든 것은 천국!", "천국 왕의 자녀들", "그대는 고귀하신 구속자, 죽어 가는 어린양" 등의 찬송이 바로 그가 작사한 것이며, 많은 찬송 시들을 남겼습니다. 그는 서른 여섯의 나이로 세상을 떠났는데, 그때 그의 주머니 속에서 고별(Nunc Dimittis)이라는 시가 한 편이 발견되었습니다. 이 시에는 하나님의 뜻에 조용히 복종하는 아름다운 정신이 호흡하고 있습니다. 그의 시에는 천국을 확신하는 믿음, 그곳에 가고자 하는 깊은 열망들이 나타나 있습니다. 그가 세상에 좀더 널리 알려졌더라면 그리스도인들의 영적 유익에 크게 기여했을 것입니다.

4. 벤자민 프랭클린

벤자민 프랭클린(Benjamin Franklin)은 가장 통찰력 있는 사람들 중의 하나였습니다. 휫필드가 처음 필라델피아에 갔을 때 프랭클린이 특별히 그를 주시했습니다. 그는 그의 사역의 결과를 목도했으며, 그의 목소리를 약 삼 만여 사람들이 들을 수 있는 그의 웅변력에 찬사를 보냈던 정치가였습니다. 그 다음에 휫필드가 아메리카를 방문했을 때, 그의 건강 상태가 나아졌다는 소식을 들은 프랭클린은 휫필드 씨가 건강을 회복했다는 소식을 들으니 반갑고, 그를 사랑한다고 전한 인물이었습니다. 얼마 후, 그는 영국에서 제임스 이 세(II)의 반란(Jacobite Rebellion)이 진압된 데 대한 기쁨을 표현하는 설교를 했는데, 이에 대해 프랭클린은 회고했습니다.

"그가 우리에게 행한 설교 중에서 그보다 더 전반적인 만족을 준 설교는 없습니다. 그리고 설교자 자신도 건전하고 열심 있는 신교도(Protestant)요 훌륭하고 명인다운 웅변가라는 사실을 증명함으로써 어느 때보다도 더 많은 찬사를 받았습니다."(442).

프랭클린은 휫필드와 자기 자신과의 관계를 말했습니다. 어느 땐가 영국에 갔다가 돌아오면서 휫필드는 프랭클린에게 편지를 쓰기를, 이제 곧 필라델피아에 도착할 텐데 어디에 머물러야할지 모르겠다고 했습니다. 그래서 그는 이렇게 대답했습니다.

"당신은 우리 집을 알지 않소. 불편하시겠지만 그럭저럭 지내주실 수만 있다면 나는 대환영이오." 그는 "그리스도를 위해 그런 친절한 제안을 하시는 것이라면 당연히 그 친절을 받아들여야 할 것이라"고 답변을 보내왔고 그래서 나는 "나로 하여금 실수를 하게 하지 마시오. 이것은 그리스도를 위해서가 아니라 당신을 위해서요"라고 회신을 보냈습니다(443).

1740년에 프랭클린은 필라델피아에 학술원을 하나 세울 생각을 했으며, 휫필드의 설교 장소로 세워진 강당을 그 학술원의 본부로 사용하고자 했습니다. 그는 그 학술원의 커리큘럼과 조직에 관해 자문을 구하기 위해 휫필드에게 편지를 써 보냈는데 그는 이렇게 답장을 보내왔습니다.

"당신의 계획을 몇 번이고 읽어보았으며, 이 계획이 널리 찬동을 받으리라 믿어 의심치 않습니다. 그것은 품위 있는 문학 활동을 진작시키는 데 아주 적합한 계획임에 틀림없습니다. 그러나 제가 생각하기에는 그리스도에 관한 무언가가 빠진 것 같습니다."(445).

그는 계속하여 말하기를, 그리스도교가 예술과 과학의 토대가 되어야 한다고 하면서 적합한 교사들이 필요하다고 조언하는 한편, 이 계획 전반에 진심으로 동의한다는 뜻을 표현했습니다. 1776년에 프랭클린은 영국에 있었으며 아메리카의 식민 주들을 위해 인지 조례(Stamp Act)를 격렬하게 반대하는 운동을 벌였습니다. 프랭클린은 이일에 관해 하원(下院)에서 심문을 받았는데 그때 그 자리에 있던 횟필드는 그때 일을 이렇게 말합니다.

"프랭클린 박사는 하원의 증인석에서 보여준 태도로 인해 불멸의 영광을 얻었습니다. 그는 조금도 위축됨이 없이 당당하게 서서 친구들에게는 즐거움을, 그의 조국에는 영예를 주었습니다."

그러나 어떤 아메리카인은 프랭클린이 조국을 배반했다고 오해하고 있었으므로, 프랭클린의 친구 몇 명은 하원에서 그의 발언을 출판할 계획을 세웠습니다. 펜실바니아의 뛰어난 변호사 조셉 겔로웨이(Joseph Galloway)는 프랭클린의 아들에게 보내는 편지에서, 그를 옹호하는 사람들 중에 횟필드의 이름도 포함되어야 한다고 말하면서 그렇게 하면 "인지 조례에 관한 프랭클린 씨의 행동에 관해 나돌고 있는 악의에 찬 거짓말들을 효과적으로 근절시킬 수 있을 것입니다. 누가 감히 횟필드 씨의 권위를 부인하겠습니까? 교회인가요? 장로교 교인들이요?"라고 주장했습니다.

벤자민 프랭클린(Benjamin Franklin)이 조지 횟필드의 설교를 들으러 온 이야기입니다. 이 사람도 천재였습니다. 벤자민 프랭클린은 과학자로서, 또 문학가로서, 아메리카 혁명의 지도자 중 한 사람으로서, 프랑스 주재 미국 초대 대사로서 유명한 사람입니다. 그는 종종 런던에 왔습니다. 이 유능하고 교양이 있는 사람은 자신을 퀘이커 교도라고 불렀습니다. 그는 그리스도인의 입장에서 볼 때 전혀 아무것도 아닌 사람이었습니다. 벤자민 프랭클린은 필라델피아에서 살았었는데, 휫필드가 그곳을 방문했을 때는 인쇄업자였습니다. 그는 빈틈없는 사업가였고 그의 설교를 인쇄하여 팔았습니다. 그는 휫필드의 설교를 들을 기회를 놓치지 않았습니다. 그가 이러한 기회들 가운데 하나에 대해서 말하는 것을 들어 보십시오. 그는 설교가 끝나면 틀림없이 조지아에 있는 자기 고아원을 위해서 모금을 했다는 것을 말씀드린 바가 있습니다. 프랭클린도 그것을 잘 알고 있었습니다. 그러한 일이 여러 번 있었던 것을 그도 보았습니다. 그도 얼마를 헌금했습니다. 그러나 그는 그러한 일을 하는 데에 아주 진력이 났습니다.

휫필드가 자기 돈을 너무 많이 가지고 간다고 생각했습니다. 그래서 그가 휫필드의 설교를 들으러 가던 그 날은 설교가 끝나 모금할 때 절대 헌금하지 않겠다고 마음에 작정을 했습니다. "내 호주머니에는 금화, 은화 그리고 동전이 있었습니다. 그러나 나는 그 모든 것을 주지 않을 결심이었습니다. 사실 나는 여러 번 헌금했습니다. 설교자가 나오자 나는 풀어져 동전을 내야겠다고 결심했습니다. 이 웅변가도 또 일격을 가하자 나는 은화를 내야겠다고 결심하게 되었습니다. 그리고 멋지게 설교를 마치자 나는 포켓에 있는 것을 몽땅 그 모금 접시에 놓고 말았습니다."

그의 설교는 금화와 같은 영감 된 웅변이었습니다. 그래서 그는 성령으로 영감된 웅변, 하나님 말씀의 메시지는 곧 영광의 복음을 전파하는 웅변이었습니다.

제 7 장
부흥 사역자, 횟필드

1. 고난과 핍박

    초기 감리교의 지도자들은 비록 교리의 신념은 서로 달랐지만, 한 가지 일에서는 서로 같은 입장이었습니다. 그들은 모두 단호한 용기로써 물리적 위협에 맞선 것입니다. 복음을 전하는 일에 바쳐진 횟필드의 전 생애는 그 자체가 그의 담대한 증거였습니다. 그는 웨일즈와 잉글랜드 전역에서 숱하게 그런 대접을 받았는데, 뒤에서 우리는 그가 아일랜드에서도 그런 일을 당하는 것을 보게 될 것입니다. 그런데, 우리는 거의 날마다 그 극악한 무리들의 폭력에 시달렸던 가엾은 감리교 교인들과 그 자녀들에게 연민을 느끼지 않을 수 없습니다. 횟필드는 엑서터(Exeter)에서 점차 활동을 늘여 갔는데 그 활동의 일원이 아닌 어떤 사람이 그곳 사람들이 폭도들에게 공격을 당한 한 사건에 대해 이렇게 보고했습니다.

    "폭도들은 감리교 집회소로 거칠게 밀고 들어와 추잡한 말로 목사의 설교를 방해했으며, 또 거친 태도로 그를 때리고 발로 차 넘어뜨렸습니다. 그들은 손에 잡히는 사람들을 모두 그렇게 때리고 말로 표현할 수 없는 모욕을 가했습니다. 그러나 무엇보다도 참을 수 없는 것은 가엾은 여인들에 대한 그들의 태도였습니다. 어떤 여인들은 완전히 벗기기까지 당했습니다. 또 다른 여인들은 자비를 구하며 떠나갈 듯 비명을 질렀음에도 불구하고 그 거친 불한당들에게 강제로 껴 안겼고, 어떤 여인들은 그들의 머리 쪽으로 페티코트를 들어올린 채, 그대로 서있어야 하기도 했습니다. 그 가엾은 여인들은 나중에 하수구를 통해 질질 끌려나갔습니다.

저녁 무렵에는 폭도 중 하나가 한 여자를 강제로 회랑으로 끌고 올라가 세 차례나 욕을 보이려고 했습니다. 오랜 몸부림 끝에 그에게서 풀려난 그 여인은 회랑에서 뛰어내려 도망갔습니다. 난동이 몇 시간이나 계속되었습니다. 폭도들은 사방을 휘젓고 다녔으며, 사실 살해된 사람은 하나도 없었습니다. 그러나 그 공동체 전체가 큰 위험에 처하였고 생명의 위협을 받은 것 또한 사실입니다."(Arnold A. Dallimore, II., 142-3).

신앙 부흥이 일어나고 있던 기간 내내 어느 곳을 가든지 사역자들은 위와 같은 일을 당했습니다. 해리스의 인도 아래 있던 사람들, 휫필드 사람들, 웨슬리 사람들, 그리고 모라비아 교도들도 모두 폭도들의 손에 수난을 당했으며, 이에 1743년 그는 폭도들은 법정에 세울 때가 왔다고 생각했습니다. 먼저 그는 휘하 설교자들을 모두 런던에 모여서 의논하고 기도하는 시간을 가졌습니다. 또한 그는 자신의 인도 아래 있는 모든 공동체들에게 공문을 보내어 이 일에 관해 많은 기도를 해줄 것을 사람들에게 요청했습니다. 그리고 나서 그는 토마스 아담스와 그의 공동체를 상대로 한 난동에 적극적으로 개입한 사람들을 고소하는 일에 착수했습니다. 그런데 피 고소인은 변호사 두 사람과 몇 명의 증인들을 동원하여 변론하였습니다.
(1) 감리교 교인들은 어디에서나 광신자로 알려져 있습니다. (2) 피 고소인은 그 광신자들에 대항하여 마을 공동체의 안녕을 위해 행동했습니다. (3) 감리교 교도들이 피 고소인을 공격함으로써, 먼저 소요를 일으켰고 피 고소인은 단순히 방어만 했을 뿐이라고 주장을 폈습니다. 검찰 당국은 다섯 명의 증인을 출석시켰는데, 그중 세 사람은 감리교 교도가 아니었습니다. 배심원들은 심리 결과로 피 고소인들의 공소 사실을 모두 인정하는 판결을 내렸습니다. 감리교 교도 측의 완전한 승리였던 것입니다.

이제 횟필드는 난동자들에게 손해 배상을 요구할 권리를 갖게 되었습니다. 그러나 그것만으로도 그들이 영국의 법원의 지배를 받고 있다는 사실을 충분히 보여주었으므로, 횟필드는 그들을 용서해 주고 모든 일을 잊기로 했습니다. 그 폭동이 아무런 제지도 받지 않고 계속되었다면 감리교의 사역이 크게 위축되었을 것입니다. 그러나 이제 그 무도한 자들은 그들이 생각했던 것처럼 처벌을 완전히 피해갈 수 없다는 것을 알게 되었고, 또 비록 폭력 사태가 완전히 그치지는 않았지만 이후로 그런 일은 현저하게 줄어들었습니다.

그러나 1744년, 횟필드는 곧 아메리카로 돌아가야 한다는 사실을 깨닫게 되었습니다. 그는 잘못 알려졌지만, 대각성 기간 중에 발생한 광신주의(fanaticism)로 인해 비난을 받았었기에, 그는 아메리카로 가서도 직접 그 문제를 해명했었습니다. 그러나 그는 영국을 떠나면서 그는 자신이 영국에 없는 동안 사역을 인도할 자로 누구를 세워야 하는 문제에 봉착했습니다. 물론 그는 호웰 해리스를 생각했지만 그도 웨일즈에서 그 나름대로의 사역에 바빴습니다.

휫필드가 차선책으로 선택한 사람은 존 케닉이었습니다. 케닉은 설교자로서 뛰어난 능력을 소유한 데다가 사람들을 대하는 태도가 늘 자애로웠습니다. 그러나 휫필드는 케닉이 과연 여러 권면자들 사이에서 발생할지도 모르는 문제들을 잘 조정할 수 있을지, 그리고 그 방대한 운동권을 잘 인도할 만큼 강한 지도력을 발휘할 수 있을지 자문했었습니다. 휫필드는 이 문제에 대하여 회의를 품었으나, 그는 자신이 돌아올 때까지 '장막' 교회의 일을 돌보고, 또한 휫필드 측의 감리교 교도를 감독하도록 케닉에게 부탁했습니다.

그리고 휫필드는 아내를 동반하고 플리머스(Plymouth) 항을 출발하여 아메리카로 향할 예정이었습니다. 그러나 플리머스 항에 도착한 그들은 프랑스와의 전쟁이 발발한 관계로 해군 호위함이 도착하기 전에는 배가 떠날 수 없다는 것을 알았습니다. 이런 상황으로 인해서 그들은 호위함이 도착하는데 여섯 주간이나 기다렸습니다. 그는 기다리는 동안에도, 한 무도한 습격으로 인해서 휫필드는 살해당할 뻔했습니다. 어느 날 밤 전쟁에 관계하고 있는 한 인물이 보낸 사관이 그의 숙소로 찾아와 그에게 면담을 요청했습니다. 휫필드는 이미 잠자리에 들어있었지만 여관의 여주인에게 일러 그를 자기 방으로 올라오게 했습니다. 그들은 곧 대화를 시작했으나 그 사관이 이상한 태도를 보였습니다. 휫필드는 이때 일을 이렇게 말합니다.

"그는 갑자기 벌떡 일어나 상스러운 욕을 해대며, 나를 향하여 "개, 깡패, 불량배" 등등으로 부르면서 손잡이 부분이 금으로 된 그의 지팡이로 사정없이 나를 때리기 시작했습니다. 그러자 내가 "살인이다!"라고 외치는 소리를 듣고 여관 주인과 주인의 딸이 내 방으로 달려와 그의 멱살을 쥐었으나, 그는 그들을 밀쳐버리고는 다시 나를 내려치기 시작했습니다."(118).

그리고 나서 휫필드는 두 번째로 습격을 받았지만, 이번에는 2인조가 되어, 그에게 위해를 가하려던 그들은 미처 행동을 개시하기도 전에, 이상한 소리들을 듣고 몰려든 주위 사람들에게 겁을 집어먹고 달아나 버렸습니다. 그 사람들은 휫필드를 살해할 생각이었음이 분명했습니다. 그의 생애에 대해 잘 모르는 어떤 작가들은 그가 여자 두 사람에 의해 이 위험에서 구조되었다고 말하면서 이 일로 인해 그는 겁먹게 되었다고 비난했습니다. 그들이 그렇게 생각하게 된 것은 휫필드가 평소에 편지 교환을 하던 한 나이 많은 여성도에게 이 사건을 편지로 알리면서 그 여관 여주인과 딸을 칭찬했습니다. 그러나 그가 그렇게 그 두 여인을 치켜세우고 자기 자신을 낮춘 것은 성품상 너무도 자연스러운 일이었습니다. 그는 변함 없이 용기가 그의 사역 전반을 지배했었다는 것은 자명한 사실입니다. 그는 배가 출항하기를 기다리는 동안에도 매일 세 차례씩 설교했습니다. 그는 한 편지에서 자신의 사역을 소개했습니다.

"나는 수천 명의 회중들에게 설교했습니다. 사람들을 부르고 초대하며 설득하는 은사가 내게 내렸다....나는 설교하는 일과 많은 사람들, 아주 많은 각성된 영혼들에게 개인적으로 이야기하는 일에 계속 매진했습니다."(같은 글).

그는 플리머스에 한번도 온 적이 없음에도 불구하고 여섯 주가 다 지났을 무렵, 사역의 결과로 인해서 아주 강력한 신앙 공동체를 뒤에 남겨놓았으며 또 그곳에서 3 km 떨어진 '선착장(Dock)'에도 또 다른 공동체를 결성했습니다. 그는 선박을 기다리는 동안, 생산적인 시간을 가졌습니다.

8월 7일, 배는 떠날 준비가 완료되었고, 휫필드와 엘리자벳은 동반하여 승선했습니다. 엘리자벳은 이제 처음으로 해상 여행을 경험하려는 순간이었고, 휫필드는 매우 어려운 상황으로 뛰어들어 아메리카에서 대각성 운동이 진행되는 동안 생겨난 상처들을 치유하기 위해 노력해야 할 순간이었습니다.

2. 섬기는 전도자

그는 비록 새 공동체들을 결성하지는 않았지만, 기존의 공동체들과 그의 사이에는 사랑이 넘치는 교류가 계속 유지되었습니다. 하지만 그는 한 운동으로서의 그들을 직접 지도하지는 않았으며, 그들의 일은 그들 스스로 알아서 했습니다. 그렇지만 자신의 일을 계속해 나가는 중에 휫필드는 교파들의 복음주의 노력에 조력을 아끼지 않았습니다. 그는 여전히 영국 교회에 대한 충성심을 유지했습니다. 그는 그리스도교의 복음주의 원리들을 설파했을 뿐만 아니라, 다른 성직자들에게도 영향을 끼쳐 그 원리들을 믿도록 설교하였습니다. 휫필드는 주교로 안수를 받은 자라 할지라도 거듭나지 않고서는 그리스도의 참 사역자가 될 수 없다고 말했습니다. 또한 그는 모든 목회자들에게 촉구하기를 주일 날 하루 설교하는 것에 만족하지 말고, 일 주일 내내 설교하라고 강조했습니다.

그는 옥외에서도 설교할 것이며 자기 교구에만 머물러 있지 말고, 잃어버린바 된 영혼이 있는 곳이면 어디라도 가서 하나님의 은혜를 그들에게 선포하라고 말했습니다. 그런 그의 행동들은 당국의 반대도 받았고 세상의 미움을 사기도 하겠지만, 그는 하나님의 복음을 증거 하는데 그들에게 확신을 시켰습니다. 이로 인해서 영국 국교회 내에서도 새로운 복음 전도자들이 양성되었습니다. 1755년 다섯 번째로 아메리카를 방문하고 돌아온 그가 말했습니다.

"최근 많은 사람들이 십자가에 달리신 구세주를 전파할 수 있도록 각성되었다는 소식을 들으니 참으로 반갑습니다. 이것은 '허다한 제사장의 무리도 이 도시에 복종하니라.'고 하신 성경 말씀이 성취된 것임이 분명합니다(참조, 행전 6:7)."

또한 평신도들 중에도 건전한 신앙을 갖고 사역한 뛰어난 인물들이 있었습니다. 이 복음주의적 성직자들과 평신도들은 사실상 모든 칼빈주의자였습니다. 우리는 웨일즈의 다니엘 로랜드와 호웰 데이비즈, 콘웰의 조지 톰슨과 사무엘 워커, 런던의 윌리엄 로매인과 마틴 머덴, 미들랜즈의 존 베리지와 토마스 호위즈, 요크셔의 윌리엄 그림 쇼우와 헨리 벤 등의 이름에 주목합니다.

평신도 중에는 아메리카에 그의 이름을 따서 세워진 대학에서 기념되고 있는 인물인 다트머스(Dartmouth) 경, 수출업으로 큰 재산을 축적한 존 손튼, 크게 성공한 양모(羊毛)상인 제임스 아일랜드 등이 있습니다. 모두가 '은혜의 교리'를 믿고 있었기에, 휫필드, 헌팅든 부인 사이에는 따뜻한 교제가 이루어졌습니다. 또한 이 사람들은 웨슬리도 존경했지만 대체로 휫필드와 교제에 비해 친숙하지 못했습니다. 그는 칼빈주의 감리교를 지도하는 일을 포기하였지만, 이제 영국 국교회 내에서 복음주의가 발전하였고, 그가 보여준 모범은 이 복음주의가 형성되는데 중요한 요인이 되었습니다. 그리스도교의 모든 분파는 영국 국교회의 복음주의에 빚진 바가 큰데, 그것은 복음주의가 신학적인 면에서나 찬송이나 선교에서 많이 기여했습니다. 휫필드는 웨슬리 형제에게도 이바지를 했습니다. 그의 뚜렷한 공헌 중 한 가지는 그 형제가 서로 갈라서는 것을 막아주었습니다(336).

1749년에 찰스 웨슬리는 결혼했습니다. 그의 신부는 마마두크 그윈(Marmaduke Gwynne)의 딸인 사라 그윈이었으며, 그는 상당한 재산과 권세를 가진 사람으로서 남 웨일즈의 저택 가쓰 하우스(Garth House)에 살았습니다. 그는 호웰 해리스의 영향으로 회심했으며, 해리스와의 친분 덕택에 웨슬리 형제를 알게 되었습니다. 사라는 우아하고 재능 많은 아내 역할을 했고 찰스는 아주 행복한 결혼 생활을 했습니다. 몇 달 후 존 웨슬리도 결혼을 결심했습니다.

　존은 뉴캐슬(Newcaste)의 요크셔에 학교와 고아원을 창설했는데, 그곳에서 일하는 직원 중에 그레이스 머리(Grace Murray)라는 젊고 매력적인 과부가 한 사람 있었습니다. 머리 부인은 열심이 있는 기도하는 여인이었으며 또 많은 감리교 교도들이 자신들이 어려울 때, 그녀가 자신들에게 따뜻한 사랑과 도움을 베풀었다고 증언했습니다.

　1748년, 웨슬리 휘하의 유능하고 젊은 설교자, 존 베넷(John Bennet)이 병이 나서 머리 부인의 간호를 받았습니다. 베넷은 유복한 가정의 출신이고, 또 변호사 교육까지 받은 사람으로서 평신도 설교자로서 웨슬리에게 인정받는 설교자였습니다. 그는 하나님의 기름 부음 받은 자로서 자질을 유감 없이 발휘하였고, 몇 군데의 공동체를 창설하기도 했습니다. 베넷은 다섯 달 동안 머리 부인의 간호를 받았습니다. 당시 두 사람은 각각 서른 세 살 정도였으며, 그들 사이에는 생기 있는 우정이 싹트기 시작했고, 그가 그곳을 떠나기 전 두 사람은 결혼하기로 약속했습니다.

　그런데 그 후 얼마 안되어 존 웨슬리도 병이 났고, 그 역시 머리 부인의 간호를 받게 되었습니다. 그녀는 자신이 베넷을 사랑하고 있다고 생각했으나 웨슬리가 가까이 있게 되자, 이제는 웨슬리를 사랑하고 있다고 느꼈습니다. 더욱이 웨슬리도 똑같이 그녀를 좋아했으며, 건강이 좋아지자 그는 전도 여행에 그녀를 데리고 갔습니다. 아일랜드에 머무는 동안 그들은 사실혼(事實婚) 관계를 의미하는 관계에 들어가되, 첫 날밤은 결혼식 후에 갖기로 했습니다.

그러나 브리스톨로 돌아온 머리 부인은 웨슬리가 다른 여인에게 애정을 보이고 있다는 이야기를 듣게 되었습니다. 그리하여 다시 그녀는 베넷에게 돌아서 버렸습니다. 그러나 그녀는 웨슬리를 다시 만났을 때, "그와 함께 살다가 죽기를 원한다."고 말했습니다. 이에 존 웨슬리는 찰스 웨슬리와 감리교 교도 측 사람들에게 이 사실을 알리고, 가능한 한 빨리 결혼 문제를 종결지을 계획을 세웠습니다. 그러나 찰스 웨슬리는 그레이스 머리가 비록 훌륭한 여인이지만 웨슬리와 결혼할 입장은 못된다고 생각했습니다. 또한 그는 존 웨슬리가 자기 지위를 이용하여 베넷으로부터 그녀를 빼앗는 것이라고 생각했기에, 그런 일을 막기로 결심했습니다. 그는 성급한 성격인지라 급히 말을 타고 그레이스가 머물고 있는 북부 영국으로 달려갔습니다. 그녀를 자기 뒤에 태우고는 베넷을 찾으러 갔습니다. 그리고 찰스는 다음 날 아침 두 사람이 결혼하는 광경을 지켜보았습니다.

존 웨슬리는 얼마 후 리즈(Leeds)에 도착했으나, 자기 생애에서 유일한 애인, 그레이스 머리를 잃은 것을 알고서 크게 상심했습니다. 그때 일을 그는 이렇게 술회했습니다.

"휫필드 씨는 나를 위해 울면서 기도해주었습니다. 그는 나를 위로해주려고 안간힘을 썼으나 모두 소용없었습니다. 내 동생이 왔습니다. 난 분노를 느끼지 않았으나 그를 만나고 싶은 마음도 없었습니다. 그러나 휫필드 씨는 그를 만나보라고 했습니다. 몇 마디가 오고간 후에 그(찰스)는 '나는 형과는 모든 관계를 끊겠으나 이방인과 세리와는 관계를 갖겠습니다.'"(439).

　가엾은 휫필드 씨와 존 넬슨(웨슬리 휘하의 설교자)은 울음을 터뜨렸습니다. 그들은 격정이 가라앉을 때까지 기도하고 울고 탄원했습니다. 마침내 찰스 웨슬리의 극심한 적대감은 극복되었고, 그 두 형제의 결별은 방지되었습니다. 웨슬리의 감리교는 치명적인 분열일 수도 있는 일을 면케 되었고, 커녹이 말한 것처럼 그것은 "휫필드와 넬슨의 재치와 온유함" 덕분이었습니다. 또한 휫필드는 웨슬리 형제를 위하여 그들의 공동체 몇 곳에서 설교를 하기도 했습니다. 뉴캐슬에 있는 그들의 홀에서 설교를 했을 때, 존 웨슬리는 말했습니다.

　"나는 하나님께서 휫필드 씨를 적시(適時)에 이곳으로 보내주신 데 대해 아주 만족합니다. 전에는 하나님을 한번도 생각해 본적이 없던 자들이 지금도 그에게서 받은 인상을 간직하고 있습니다."

　런던의 '파운더리'에서 처음으로 찰스 웨슬리가 설교했을 때에 대해 이렇게 말했습니다. "나는 매우 많은 청중들에게 설교했고 그들은 모두 은혜를 받았습니다. 웨슬리 씨가 기도문을 읽었습니다. 주일 날에는 내가 기도문을 읽고 그가 설교했습니다. 약 천 이백 명의 사람들에게 성찬을 베풀었습니다."

　아일랜드에 있는 웨슬리의 교인들은 엄청난 폭력 때문에 고통을 당하고 있었는데, 휫필드는 귀족들과의 교분을 이용하여 왕에게 이 일을 고함으로써 그들을 그 고통에서 구하고자 하였습니다. 그는 또한 아일랜드에 직접 찾아갔는데, 1751년에 방문했을 때 웨슬리의 사역은 고투 중이었지만, 그가 떠날 때 즈음은 훨씬 생기를 되찾은 상태가 되었습니다. 1753년, 런던에 있던 존 웨슬리는 병이 났습니다. 그는 중증 폐병을 앓고 있는 것으로 판명되었는데, 병세는 그가 자기 묘비명을 써둘 정도로 심각했습니다. 찰스는 그와 함께 있기 위해 서둘러 런던으로 갔습니다. 휫필드 역시 런던으로 출발하는 한편 존 웨슬리에게 문병 편지를 써보내었습니다. 존은 회복되었고, 그 후로도 사십년이나 주님을 위해 사역했었습니다. 1756년에 찰스 웨슬리는 고백했습니다.

"위대하고 선한 휫필드 씨가 우리들의 공동체에서 이룬 일들에 대해 들으니 참으로 기쁘다. 그는 우리의 손을 강하게 만들기 위해 최선을 다했으며, 그 풍성한 사랑의 수고로 인해 모든 교회들의 감사를 받을 만합니다."(352).

휫필드는 아메리카에서 사역할 때도 주일 아침 예배는 영국 국교회에 참석하려고 노력했습니다. 그러나 주교 대리 가든(Garden)에게 모진 대접을 받고, 남부에서는 그 습관을 포기할 수밖에 없었지만 북부에 갔을 때는 다시 그 노력을 계속했습니다. 휫필드의 조력(助力)은 건전한 신앙을 가진 다양한 교파 사람들에게 환영을 받았습니다. 그는 뉴잉글랜드의 독립 교회(회중 교회) 사람들과도 함께 일했고 로드아일랜드와 그 밖의 곳에 있는 침례교 교도들과 식민 대륙 중부의 장로교 교도들과도 함께 일했습니다. 이 모든 노력을 통해 그는 단순히 그 교회의 목사들이 이미 믿고 있는 복음을 설교했습니다. 그는 자신에게 충성하려는 그 수많은 사람들을 구속(拘束)시키려는 시도는 전혀 하지 않았습니다. 그는 다만 복음을 전하는 사역자라면 누구든 돕기 위해 그들 가운데로 들어갔으며, 그들과 지속적이고도 조직화된 관계를 맺을 수 있는 좋은 기회들이 많이 있었음에도 불구하고 결코 그렇게 하지 않았습니다. 아메리카를 몇 차례 방문하는 중에도 그는 그런 태도를 견지하였습니다.

그럼에도 불구하고 말년에 이르러 그는 자신의 사역에 감화를 받았으면서도 현재 어떤 교회와도 연관을 맺고 있지 않은 사람들이 많다는 것을 알게 되었습니다. 그 사람들 중에는 모든 종교 조직이 밀접해있는 곳에서 멀리 떨어진 신개발 지역 사람들이 많았습니다. 존 웨슬리에게 보내는 한 편지에서 그는 이 현상을 두고 이렇게 말했습니다.

"아시다시피 복음은 새로 사역을 시작할 곳이 없을 정도로 널리 퍼져있습니다. 그런데 여기 백여 명의 순회 전도자들이 활동할 수 있을 만한 여지가 있습니다. 주 예수여, 당신께서 보내실 자를 보내소서!"

그가 마지막으로 대서양을 횡단하는 항해를 하고 있을 때, 웨슬리가 최초로 파견한 두 명의 해외 순회 전도자인 리차드 보드맨(Richard Boardman)과 조셉 필무어(Joseph Pilmoor)도 웨슬리의 감리교 공동체를 세우기 위해 그 바다 위를 여행하고 있었으나, 그들은 후에 그 광활한 신세계에 수없이 많이 모여들게 될 순회 전도자들의 효시였습니다. 이십여년 간을 영국과 웨일즈와 스코틀랜드와 아일랜드에서, 그리고 식민 대륙 아메리카 전역에서 건전한 신앙을 가진 자들을 도우며 보낸 횟필드는 그가 언명한 다음의 원칙이 실제로 효과를 발하게 만들었습니다. 그는 나는 다만 모든 사람의 종이 되기를 원합니다라고 고백했습니다.

3. 영적 대각성 운동

횟필드가 실제로 회심한 것은 1735년이고, 찰스 웨슬리는 1738년에야 회심했습니다. 물론 그 사람의 말뜻은 횟필드가 옥스퍼드 대학에 들어갔을 때, 이미 찰스 웨슬리와 다른 몇몇의 사람들이 이미 홀리 클럽(Holy Club)을 시작한 뒤였으며, 그는 그 모임에 초청되었습니다. 그러나 제가 설명 드리겠습니다. 그것이 그의 회심을 뜻하는 것은 아니었습니다. 잉글랜드 내에서 그들 중 첫 번째로 회심한 사람은 조지 휫필드로 이 해가 1735년이었습니다. 같은 해에 호웰 해리스(Howell Harris)와 다니엘 로랜드가 웨일즈에서 회심하였습니다. 그래서 이 경우에도 휫필드가 가장 먼저였습니다.

부흥이 무엇입니까? 부흥은 하나님 성령의 부으심입니다. 그것은 일종의 오순절의 반복입니다. 또한 성령께서 사람들에게 임하시는 것입니다. 이러한 일들은 오늘도 강조될 필요가 있습니다. 왜냐하면 최근에 어떤 사람들은 모든 사람은 중생 할 때, 성령 세례를 받으며, 중생 한 뒤에 사람이 해야할 일은 이미 자기가 가진 것에 복종하는 것이라고 말하기 때문입니다. 그러한 것을 우리는 너무 자주 듣습니다. 그러나 부흥이라는 것은 이미 자기가 가진 것에 복종한 결과로 오는 것이 아닙니다. 그것은 성령께서 사람에게 부어지고 강림하는 것입니다. 오순절 날에 일어났던 것과 같은 식으로 말입니다.

5월 성령 강림 주일에 일어났던 바로 그 일을 더 생각할 수 있었습니다. 예를 들어서 1739년 6월 18일 일기에서 그는 이렇게 쓰고 있습니다. "하나님의 사랑이 사년 전 내 마음에 부어져 나 자신을 하나님께 드리게 되었습니다."

1746년은 "내게 기념할 만한 날입니다. 십일년 전 이날 나는 구속의 날까지 인 침을 받았습니다." 다시 "요한계시록 21장 7절을 읽는 동안 인 침이 있었습니다. 오, 달콤한 날이여! 나는 전에 랭가 스티 교회 안에서 그러한 일을 체험했습니다. 그러나 내가 죄에 굴복하고 무분별하며 내가 만나는 그리스도인들에게 제어 당하고, 그것이 성경의 약속을 통해서 주어진 것이 아니기 때문에 나는 다시 의심에 빠졌습니다."

다른 말로 해서 1735년 성령 강림 주일에 그에게 일어났던 일과, 같은 해 6월 18일에 일어났던 일 사이에는 차이가 있습니다. 다른 말로 해서 그의 머리와 마음 사이에 갈등이 있었다는 것입니다. 그는 이어서 말합니다.

"비록 체험을 통해, 나는 내게 주어진 것 외에는 아무것도 할 수 없다는 것을 언제나 배우고 있었지만, 나는 강한 아르미니안이었습니다. 웨르노스(Wernos)에서 대단한 열심을 가지고 예정론을 주장하는 사람들과 논쟁을 벌였습니다. 나는 한동안 그 교리를 반대했습니다. 모든 사람들과 이 세상에 있는 모든 이성들이 있는 힘을 다해도 나의 거만하게 굳어진 마음을 인도하여 그것을 받아들이게 할 수는 없었습니다. 나는 천천히 단계적으로 선택의 교리를 가르침 받았습니다. 내가 하나님의 불변성을 확신하게 되었을 때 그것에 대한 믿음의 씨앗이 뿌려졌습니다. 그리고 나서도 나는 한동안 그 교리가 금방 이해되지 않았습니다. 그래서 나는 무지 때문에 그것을 부인했으며 반대했습니다. 결국 하나님께서 나를 더 가르쳐 주시기를 기뻐하셨기에 조금씩 내 눈이 열려져서 복음의 비밀을 알기에 이르렀습니다. 주께서는 성경 문자를 단순히 읽는 것으로부터 나를 건져주시고 단순히 머리로만 아는데서 건져주셨습니다. 그러나 나는 내적인 성장에 따라서 점점 이 구절 저 구절을 이해하게 되었습니다. 나는 사람이나 책으로부터 복음을 받지 아니하고 하나님께로부터 받았습니다. 나는 생명의 말씀을 체험했고, 검토했고, 느꼈고, 보았고, 들었던 것을 선포했습니다."

그는 계속해서 교리에 대한 그의 태도와 변화 그리고 이해의 변화가 1736년 말 경에 일어났다고 말합니다. 위대한 체험이 1735년 6월에 있었던 것을 기억하십시오. 그는 부흥 방법으로 참된 복음을 설교하기 시작한 사람은 휫필드였습니다. 그는 1736년에 처음 이러한 일을 하기 시작했으며, 그의 사역 중에서 가장 위대한 해 가운데 하나가 1737년이었습니다. 반면에 우리 모두가 아는 바대로 웨슬리 형제들이 복음 설교를 시작한 것은 1738년 5월이었습니다. 그래서 그는 그러한 면에서도 그들 중에서 가장 선두에 선 사람이었습니다. 1737년에 그는 런던에서도 큰 군중을 모아 놓고 설교를 했으며 그 결과 엄청난 열매가 따라왔습니다.

그 때 일어난 부흥의 특징 중 하나가 옥외 설교였다는 것은 누구나 알 것입니다. 이 사람들은 옥외에서 수많은 사람들을 대상으로 설교했는데, 그 수가 종종 이천 명이 넘었습니다. 옥외 설교의 효시가 누구인지 아십니까? 휫필드입니다. 그는 옥외 설교의 선두 주자였으며 존과 찰스 웨슬리를 설득시켜 그렇게 하려고 많은 노력을 했습니다. 그들 두 형제는 휫필드보다 훨씬 보수적이었습니다. 그는 이들보다 몇 개월 먼저 이 일을 시작하고 그들도 따르게 하려고 많은 힘을 썼습니다. 따라서 그는 이 모든 영역에서 지도자요, 개척자요, 선두였습니다. 그는 웨일즈의 신앙 부흥을 일으킨 장본인입니다. 그는 현재 웨일즈 장로 교회로 알려진 단체의 초대 회장이었습니다. 이것은 흔히 웨일즈 칼빈주의 감리교 교회(Welsh Calvinistic Methodist Church)로 알려져 있습니다. 그는 1743년 이 교회의 초대 회장이 되었습니다. 저는 그가 회장이 된 것이 이 때를 위한 것이었다고 믿습니다. 웨일즈는 위대한 설교자인 다니엘 로랜드와 호웰 해리스이었습니다. 영국 사람들은 여러 가지로 관례를 가지고 있었지만 이 경우만은 한 사람을 택하는 것이 훨씬 유익했습니다. 그래서 그들은 이 두 웨일즈 인을 아무도 택하지 않고 잉글랜드 사람을 초대 회장으로 앉힘으로써 해결책을 찾았습니다. 그리하여 이 두 웨일즈 인은 이 사람을 장로교 협회 초대 회장으로 여겨 기꺼이 굴복했습니다.

그는 스코틀랜드에서도 큰 영향을 미쳤습니다. 글래스고우 한 지역인 캠버스랑에서 열리는 그 교제의 시즌에 대한 이야기를 읽어본 사람이면 정확히 알 것입니다. 또한 미국에서의 그의 영향력은 정말 묘사할 수 없을 정도입니다. 조나단 에드워즈의 글들과 저작들을 재 출판하는 사람들을 포함한 모든 저자들은 1740년 이후 미국에서 휫필드가 끼친 영향은 정말 압도적이었다고 말할 정도로 면밀하고 정직합니다. 그곳에는 1735년에 처음 일어났던 것보다 더 큰 제 2 차 "대각성"이 있었습니다.

제 8 장
설교자 휫필드

1. 설교자로서의 변화

그는 1714년 12월 16일 글로세스터에서 태어났습니다. 그의 조상들 중 많은 사람들이 영국 국교회의 성직자였습니다. 그러나 그의 아버지는 그렇지 않았습니다. 그의 아버지는 글로세스터에 있는 벨 여관을 지키고 있었습니다. 거기서 그는 소년 시절을 보냈습니다. 그가 매우 어렸을 때 아버지가 죽었고, 그래서 휫필드는 자기 일기에서 말하기를, 자기는 젊은 사람들이 빠지기 쉬운 거의 모든 죄를 저질렀다고 밝히고 있습니다. 그러나 그는 결코 행복하지 못했습니다. 그는 언제나 예민한 양심을 갖고 있었습니다. 잠시 동안 학교를 떠났으나 그렇게 하는 것이 잘못이라는 것을 느끼기 시작했습니다. 그는 학교를 떠나 있는 동안 글로세스터의 술집에 나가서 일했습니다. 그러나 그의 양심은 여전히 편하지 못했습니다. 그래서 학교로 돌아가 끝내는 옥스퍼드에 있는 한 대학에 입학할 허락을 얻었습니다. 그는 찰스 웨슬리와 다른 사람들이 만든 그 홀리 클럽의 영향 하에 들어가게 되었습니다. 그 클럽에 존 웨슬리도 후에 가담했습니다.

그는 옥스퍼드에서 과정을 마친 다음 1736년 6월 20일에 그 당시 글로세스터의 감독이었던 벤슨 감독으로부터 안수를 받게 되었는데, 그때 나이가 스물 하나였습니다. 벤슨(Benson) 감독은 스물 세 살 이전에는 어느 누구도 안수하지 않는다는 것을 규칙으로 삼고 있었습니다. 그러나 이 뛰어난 젊은 사람에 대한 이야기를 듣고, 스스로 그를 만나본 후에는 자기가 정한 원칙을 깨뜨려야겠다는 결심을 하고, 비록 그가 스물 한 살이었지만 안수를 해주었습니다.

그는 6월 27일에, 안수 후 일 주일 만에 그는 글로세스터의 성 마리아 크립트(St. Mary le Crypt) 교회에서 처음으로 설교했습니다. 그것은 그가 유아 세례를 받았고 처음으로 성찬에 참여한 곳이었습니다. 자연히 이 일을 많은 사람들로부터 큰 관심을 얻게 되었고 어느 정도 흥분하게까지 했습니다. 그의 어머니는 여관 주인으로 잘 알려져 있고 해서 그의 모든 친척들과 친구들과 다른 사람들이 그 예배에 참석했었습니다. 그 결과 그 교회가 가득 찼습니다. 그의 첫 번째 설교를 통해서 그는 즉각적으로 그에게 비상한 무엇이 있는 것을 암시했었습니다. 그가 회중에게 끼친 영향은 엄청났습니다. 후에 그 감독에게 보고된 내용을 보면 열 다섯 명의 사람들이 이 설교를 통해서 미쳐버렸다고 했습니다.

벤슨 감독은 매우 현명한 사람이라서 보도된 그의 논평은 이러했습니다. "간절히 바라고 소망하는 오직 한 가지는 그 미친 것이 다음 주일까지 망각되지 않으면 하는 것입니다."

그는 지혜로운 사람이었습니다. 휫필드가 정말 비상한 설교자로 그는 인식한 것입니다. 그가 한 최초의 설교는 그가 위대한 설교자로 예감했었습니다.

그는 1736년 8월에 런던에 처음 왔습니다. 런던에서 행한 첫 번째 설교는 비숍게이트(Bishopsgate)에서 이루어졌습니다. 그러한 다음 런던 타워 예배당에서 대리 목회를 했습니다. 그러나 그는 다른 곳에서도 설교할 기회를 얻었습니다. 그가 다시 설교하기 시작하는 순간 관심을 끌어 많은 청중들을 이끌었습니다. 사람들은 이와 같은 설교를 들어본 적이 없었습니다. 흔히 설교의 전형으로 여겨지던 산문형 논문을 읽는 대신, 그는 자기의 존재 전체를 들여서 권위와 능력과 확신을 가지고 설교했습니다. 그래서 그가 설교할 때마다 항상 교회가 가득 찼습니다.

그는 런던에서 두 달을 보낸 뒤 햄프셔(Hampshire)에서 교구 부목사로 있는 한 친구를 대신하여 일하기 위해 내려갔습니다. 더욱이 그의 친구 존 웨슬리와 찰스 웨슬리의 영향을 받아서 미국 조지아(Georgia)로 가라는 소명을 느꼈습니다. 그래서 그는 자기 어머니와 친척들과 친구들과 작별하기 위해 글로세스터로 돌아갈 수 있었습니다. 그는 다시 거기서 설교를 했는데 그때에도 놀라운 메시지를 전했습니다. 어떤 의미에서 그는 이 설교를 통해서, 진정한 전환점이 되었습니다. 그는 이웃한 브리스톨(Bristol) 시에 몇 사람의 친척이 있었습니다. 그래서 조지아로 떠나기 앞서 작별을 하고자 방문했습니다. 그는 어느 날이든, 교회에서 설교나 강연이 있다는 소식을 들으면 언제나 참석했습니다. 그래서 그는 어떤 브리스톨 교회를 갔다가, 설교의 부탁을 받았습니다. 그는 이렇게 말했습니다. "마침 제 주머니에 한 편의 설교를 할 수 있는 간단한 메모가 준비되어 있습니다. 그러면 설교하겠습니다."

어떤 의미에서 조지 휫필드이라는 비범한 인물의 시작이었습니다. 온 회중이 전율했습니다. 그는 다른 교회들에서도 설교를 했고 그때 역시 많은 사람들이 모여들었습니다. 곳곳에서 사람들이 왔습니다. 교회들마다 등불을 켜 놓아야 했습니다. 이 층 좌석이나 이 층 화랑 같은 곳에서도 등을 켜 두어야 했습니다. 그 건물 내에서 그의 설교를 들을 수 있는 곳이라면 어느 곳이나 말입니다. 그가 브리스톨에서 첫 설교한 것은 1737년 1월이었습니다. 지연 사태가 일어나 아직도 조지아로 갈 수 없었습니다. 그는 1737년 5월 23일에 다시 브리스톨에 도착했습니다. 휫필드이 얼마나 비범한 인물인가를 인식해주는 기록을 참고하기를 바랍니다. 그는 불과 스물 세살의 젊은 교구 부교역자였습니다. 그런데 그가 브리스톨에 설교를 했을 때 놀라운 역사가 일어났습니다.

"수많은 군중들이 나를 만나기 위해서 걸어왔고, 그 도시 밖에서 2 km나 떨어진 곳에서 탈 것들을 이용하여 많은 사람들이 왔고, 거의 모든 사람들이 내가 거리를 따라 걸어갈 때 인사하고 칭송했습니다."

그 모습을 그려볼 수 있습니까? 스물 두 살 먹은 젊은 사람을 말입니다. 사람들은 2 km 밖에서 걸어왔고 그를 만나기 위해서 탈 것들을 이용하여 왔습니다. 그것은 일종의 "왕의 행렬"이었습니다. 그것은 모두다 그의 기이하고 놀라운 설교 때문이었습니다. 그와 같은 일이 계속되었습니다. 다시 글로세스터로, 다음에 옥스퍼드로, 그러한 다음에 런던으로 왔습니다. 1737년 8월부터 12월 크리스마스 때까지 그는 100 회나 설교했다고 합니다. 그는 언제나 수많은 청중들을 향해서 설교했습니다. 그는 런던 전체에서 가장 유명한 사람이 되었습니다. 아니 이 나라 전체에서 말입니다.

그 당시 「신사 매거진(The Gentleman's Magazine)」이라고

불리는 매우 인기 있는 잡지가 있었습니다. 그 잡지에 이름이 오르면 아주 성공한 것으로 여겨지는 그러한 잡지입니다. 그런데 1737년 11월에 이 잡지에 조지 휫필드에 대한 칭송 시가 실렸습니다. 그는 여전히 스물 두 살 밖에 되지 않았습니다. 1737년에는 그의 아홉 편의 설교가 출판되었고 대단히 많이 팔렸습니다.

그러한 다음에 드디어 미국으로 건너 갈 수가 있었고, 1738년을 거의 미국에서 보냈습니다. 이 해 1738년 5월은 웨슬리 두 형제가 회심했던 해였습니다. 그러나 그는 1738년 말에 영국으로 다시 돌아왔는데 거기에는 여러 가지 이유가 있었습니다. 드디어 1739년이라는 이 위대한 해를 맞게 됩니다. 그는 옛 본거지인 글로세스터와 브리스톨에 다시 돌아옵니다. 그는 브리스톨의 외각 지역에 있던 킹스우드 마을에 살고 있던 광부들의 비참한 참상에 대해서 듣기 시작했습니다. 그들은 가장 부패한 유의 삶을 영위하고 있었습니다. 휫필드는 그들에 대해서 관심을 가지기 시작했습니다. 그들은 근처에 예배드릴 곳이 있어도 가지 않았습니다.

그래서 그는 자신이 그들에게 가야겠다고 느끼기 시작했고, 어느 날 가서 백 명쯤 되는 사람들에게 설교했습니다. 그러나 그 효력은 너무나도 엄청나서 그곳으로부터 설교하기 시작하여 결국 어떤 때는 오천 명이나 놓고 설교하기도 했습니다. 이 사람들은 갱에서 올라와서 씻을 여유가 없었습니다. 그는 거기 서 있는 사람들에게 설교했습니다. 그의 설교를 듣는 청중이 이 만 명으로 불어나고, 그들 모두가 옥외에 서서 그의 설교를 들었다고 합니다. 그 후 이미 말씀드린 것처럼 웨슬리 형제가 그에게 영향 받아 같은 일을 했습니다.

휫필드가 미국에서 돌아왔을 때, 그는 런던에 있는 교구 목사들과 교역자들이 자신에 대한 태도에 대단한 변화가 일어났다는 것을 알았습니다. 그가 떠날 때는 인기가 대단했었는데 돌아와 보니 많은 문들이 자기를 향해서 닫혀져 있었습니다. 왜 그랬을까요? 이에 대해서는 많은 이유가 있습니다. 그로부터 복음을 듣고 회심한 일부 사람들은 정말 지혜롭지 못했습니다. 그래서 그들은 복음에 합당치 못한 행동을 해고, 자기들의 교구 목사와 교역자들에게 대들었습니다. 더구나 교구 목사 가운데 일부는 거듭남의 절대적인 필요성에 대한 그의 설교를 실제로 좋아하지 않았습니다. 무엇보다도 그가 쓰기 시작했던 일기의 일부가 출판되었는데, 그것을 보고 사람들은 이것이야말로 자기 과시라고 생각하며 말해서는 안 되는 것들을 말하고 있다고 비난했습니다. 이러한 일들에 대단한 질투심이 가세하여 많은 교회들이 그에게 문을 열어주지 않게 된 것입니다. 그 점은 의심할 여지가 없습니다. 그래서 그는 더욱더 옥외 설교에 몰두했습니다.

　　그는 아이스링턴(Islington)에 있는 성 마리아 교회에서 설교하려다가 거부당했습니다. 강단에 올라가려는 순간 사람들이 그를 막았습니다. 그러나 그는 그 예배를 조용히 끝내야겠다고 결심했습니다. 그래서 그는 사람들을 밖으로 데리고 나가 교회 마당에서 설교했습니다. 이 모든 일이 상황을 악화 시켰습니다. 그를 향한 공격들이 정말 너무나 거셌습니다. 그의 도덕적인 성품을 의심하는 비난이 일었습니다. 심지어 그의 개인적인 외모에 대해서 중상하기까지 했습니다. 휫필드는 불행히도 눈 하나가 사팔뜨기였습니다. 그래서 군중들 사이에서, 특히 런던에 있던 군중은 "사팔뜨기 박사"로 통했습니다. 어쨌든 그것은 전혀 문제가 되지 않았습니다. 그가 유명한 설교자였다는 것과 그의 삶이 그러한 식으로 진행되어 갔습니다.

그는 무어필드(Moorfields) 광장에서 설교했고, 메릴레븐(Marylebone) 경기장에서 설교하곤 했습니다. 그곳은 현재 메릴레븐 바로 북쪽에 위치합니다. 그 당시 그는 메이페어(May Fair)와 케닝턴(Kennington) 광장과 블랙히드(Blackheath)에서 설교하곤 했습니다. 그는 넓은 장소가 있는 곳이라면 어디서든지 일어나 그의 설교를 듣기 위해 몰려든 수천 사람들에게 설교했습니다. 그가 설교할 때 평균 숫자는 이 만 명에 가까웠습니다. 그들이 모두 서서 그의 설교를 들었다는 것을 기억하십시오. 그러나 그들은 기꺼이 서 있었습니다.

그는 여생 동안 이러한 일을 계속해 나갔습니다. 영국 전역에서 그렇게 하였고 이미 말씀드렸듯이 웨일즈에서도 그렇게 하였고 스코틀랜드에서도, 미국에서도 그랬습니다. 그래서 이러한 현상은 계속되었습니다. 그가 가까운 곳에서 설교한다는 소문이 들리면 가게 주인들은 대번에 가게문을 닫았습니다. 그들도 그의 설교를 들어야 했기 때문이었습니다. 또 장사하는 사람들은 장사를 잊었고 농부들은 자기들의 연장을 놓았습니다. 그는 밤이든 낮이든 수천 명의 회중을 모았습니다. 또 눈이 내리는데도 회중은 꼼짝없이 서서 듣게 했고, 또한 서릿발이 서고 비가 오는 날씨도 문제가 되지 않았습니다.

미국에서도 아주 추운 겨울에 이 사람이 복음을 설교하는 것을 듣기 위해 천 여명이 서 있었습니다. 그들은 이 대단한 기회와 특권을 얻기 위해서 아주 멀리서부터 여행해 왔습니다. 그는 1739년 그러한 방법으로 노천에서 설교하기 시작한 이후 계속 모든 나라들에서 사역을 하다가 1770년 9월 30일 이른 아침에 마지막 숨을 거두었습니다. 젊은 설교자로 사역하던 초기부터 그처럼 갈망하던 주님과 함께 있기 위해서 갔습니다. 그의 마지막은 그답게 매우 인상적이었습니다. 그는 그때 건강하지를 못했습니다. 기이한 일은 그가 할 수 있는 최선을 다하고 죽었다는 것입니다. 왜냐하면 이 사람은 대개 하루에 5-6 회 설교를 했기 때문입니다. 늘 그러했습니다. 그래서 언제나 그의 몸은 엄청난 과로를 하고 있었습니다. 이 사람은 모든 계층의 사람들에게 그러한 방법으로 설교할 수 있었습니다.

     그는 여기 런던의 귀족들 가운데서도 대단히 많은 사람들의 추종을 받았습니다. 헌팅든(Huntigdon) 백작 부인은 설교자로서 그와 같은 사람이 없었다고 생각했습니다. 그녀는 자신의 큰집에 있는 여러 방들을 개방시켜 놓고 모든 지도적인 귀족들을 초대하여 그의 설교를 듣게 했습니다. 그들은 휫필드의 설교를 좋아했습니다. 그는 귀족들에게 있어서 가장 위대한 설교자들 가운데 가장 위대한 사람이었습니다. 그렇지만 그는 역시 광부들에게도 가장 위대한 설교자였습니다. 또한 무어필드나 케닝턴 광장 또는 어느 곳이든지 몰려든 수많은 사람들에게 가장 위대한 설교자였습니다. 그는 고아원에 있는 자녀들에게도 똑같이 잘 설교할 수 있었습니다. 그가 얼마나 뛰어나고 얼마나 기이한 사람입니까? 그는 돈을 모으는 일에 있어서도 탁월했습니다. 그는 조지아에 고아원을 설립해서 그것을 유지하는데 대단히 많은 돈이 필요했습니다. 그래서 설교를 하고 나서는 마지막에 돈을 모금하는 것이 그의 습관이 되었습니다. 그는 대단히 많은 돈을 모았습니다. 이 돈을 가지고 그는 궁핍한 사람이나 난관에 처한 어느 사람이든지 도와 주었습니다. 잉글랜드 전체가 그에 대해서 이야기를 했습니다. 그가 런던에 있을 때면 모든 사람이 그 때를 알고 있었습니다. 그는 모든 계층, 사회의 모든 부류의 사람들을 끌 수 있었습니다.

이 특이한 인물을 어떻게 설명하겠습니까? 그것을 생각하기조차 우리는 매우 어렵지 않습니까? 우리는 매우 안타까운 시대에 살고 있습니다. 18 세기가 얼마나 놀라운 시기였습니까! 이 현상을 어떻게 서명해야겠습니까? 먼저 횟필드 자신부터 생각해 보십시다. 본래부터 그는 매우 흥미로운 사람이었습니다. 소년으로부터 그는 빈틈이 없었고 매우 사랑스러웠다고 합니다. 그러나 그에게 가장 뛰어난 것은 언어 구사 능력이었습니다. 그는 아주 어릴 때 그것을 보여 주었습니다. 그는 여관에서 설교자들을 흉내냈습니다. 그는 타고난 배우였습니다. 그는 대단한 웅변술을 갖고 있었습니다. 웅변가가 만들어질 수는 없습니다. 웅변가는 태어납니다. 이 사람은 웅변가로 태어났습니다. 그는 그것을 어쩔 수가 없었습니다.

그는 언제나 셰익스피어(Shakespear)의 희극 일부를 낭송하는 것을 좋아했습니다. 학교에서도 어느 한 역할을 도맡았습니다. 또는 만일 글로세스터에 있는 저명인사들에게 어떤 연설을 해야 된다면 그 소년이 뽑혔습니다. 그것은 그의 기이한 웅변술과 그가 쉽고 은혜롭게 그 모든 것을 해내는 수단 때문이었습니다. 그는 타고난 웅변가였습니다. 다른 모든 웅변가처럼 그는 몸짓에 있어서 대단히 자유로웠고 아주 적절한 설교이었습니다. 이에 반하여 학자처럼 행사하는 존 웨슬리는 위대한 웅변가가 아니었습니다. 그는 때로 이러한 방면에 대해 조지 횟필드를 비평하는 경향이 있었습니다.

웨슬리의 일기(Journal)에서 보면, 한 번은 그들이 같은 시간에 더블린(Dublin)에 동행했었습니다. 존 웨슬리가 그곳에서 횟필드의 설교를 들었습니다. 웨슬리는 그의 예배를 이야기하면서 그의 몸짓이 마치 상자 속에 들어 있는 프랑스 사람과 흡사하다고 말했습니다. 이 말은 횟필드의 설교하는 모습이 입으로 뿐만 아니라 손과 온 몸으로 설교했습니다. 역사 상에 가장 위대한 웅변가 데모스테네스(Demosthenes)가 있습니다. 어떤 사람이 어느 날 데모스테네스에게 이렇게 물었습니다. "웅변의 제일 가는 원리가 무엇입니까?" 그는 질문자에게 대답했습니다. "웅변은 첫째도 동작입니다. 둘째도 동작입니다. 셋째도 동작입니다."

진정한 웅변가는 단순히 혀로만 전하는 것이 아니라 온몸을 다 동원하여 의사를 전달하는 사람입니다. "동작!" 우리는 불행한 시대에 살고 있습니다. 우리 시대는 너무 설교자가 웅변에 대해서 전혀 알려고 하지 않기 때문입니다. 조지 휫필드는 타고 난 웅변가였습니다. 데이비드 개릭(David Garrick)이 한 말을 들어본 적이 있습니까? 데이비드 개릭은 그 당시 런던의 일류 배우였습니다. 그는 기회만 있으면 언제나 휫필드의 설교를 들으러 갔습니다. 그가 그렇게 한 것은 복음보다는 그의 말과 몸짓에 관심이 있어서였습니다. 개릭은 자기가 만일 조지 휫필드처럼 "오!"라는 말을 할 수만 있다면 일백 기니(guinea)를 내겠다고 했다는 것입니다. 또 어떤 사람은 자기가 휫필드처럼 "메소포타미아"라는 어휘를 발음할 수만 있다면 정말 행복하겠다고 말했습니다.

그러나 이것이 조지 휫필드의 기이함을 전부 설명해주지는 못합니다. 이제 영적인 부분을 봅시다. 여기에 해답이 있습니다. 있는 그대로 거의 우스꽝스럽게 표현을 해보겠습니다. 하나님께서는 자신이 하시는 일을 아십니다. 그래서 이 사람 조지 휫필드를 선택하시고 그에게 이러한 천부적인 재능을 부여하실 때 자기가 무엇을 하고 계신지를 아셨습니다. 조지 휫필드는 획기적인 회심을 했습니다. 그 회심은 길고 고통스러운 과정이었습니다. 그 회심에는 많은 단계가 있었습니다. 이미 상기시켜드린 바와 같이 그의 양심은 소년 때부터 그를 괴롭혔습니다. 또 청년 때에도 그랬습니다. 그가 옥스퍼드에 들어갔을 때 자기가 초대받은 여러 파티에도 가지 않았습니다. 그는 그렇게 하고 싶지 않았습니다. 그는 너무 진지했습니다. 그러다가 그는 "홀리 클럽(Holy Club)"에 나갔습니다. 그 모임이 그로 하여금 더 진지한 사람이 되게 했습니다. 그들은 선한 일과 금식을 했으며 감옥도 방문했습니다.

그런데 그가 헨리 스코갈(Henry Scougal)이라는 스코틀랜드 사람이 쓴 한 유명한 책을 읽게 되었습니다. 그 사람은 17세기 말엽에 산 사람입니다. 그 책의 제목은 「사람의 영혼 속에 있는 하나님의 생명(The Life of God in the Soul of Man)」이었습니다. 이것은 그에게 지대한 영향을 미쳤습니다. 그것은 그로 하여금 자기가 거듭날 필요가 있으며, 그리스도인이 된다는 것은 선한 삶을 살거나 이것저것을 하는 것이 아니라 영혼 속에 하나님의 생명의 의미를 의식했습니다. 그래서 그는 자신의 생명이 없다는 것을 알았습니다. 그래서 그는 깊은 절망에 빠져서, 괴로워했습니다. 그는 땅바닥에 엎드리어 기도하곤 했습니다. 또한 밖으로 나가 야외에서 기도하곤 했습니다. 그는 안 해 본 일이 없었습니다. 그는 죄를 자각하는 그 무서운 과정을 겪었습니다. 그러나 드디어 하나님께서 은혜롭게 그에게 미소를 던지셨습니다.

다시 말해서 조지 휫필드의 회심은 "결심"의 문제가 아니었습니다. 또한 회심은 갑작스러운 것도 아니었습니다. 아니, 그는 엄청나게 고통스러운 죄에 대한 자각 과정을 통과했습니다. 그러한 다음에야 빛이 그에게 비쳤습니다. 이외에 그는 하나님께서 자기 죄를 용서하셨다는 사실을 "성령으로 인침"을 받게 되었습니다. 성령이 그것을 인치셨습니다. 이 사람이 "성령 세례"를 받았다는 것은 의문의 여지가 없습니다. 그것이 바로 처음부터 그의 설교가 그처럼 특이했던 이유를 설명해 줍니다.

그러나 우리는 이 점을 기억합시다. 비록 그렇게 시작되었지만, 그는 그의 삶을 살아가면서 정말 놀라운 경건한 삶을 보였습니다. 이 사람의 기도 생활은 우리 모두로 하여금 부끄럽게 합니다. 때로는 저로 하여금 이러한 문제들에 대해서 나는 아무것도 알지 못한다고 느끼게 합니다. 저는 이미 이 사람의 겸손과 성자다운 면모를 언급했습니다. 그가 설교를 두렵게 생각한 것만큼 그 점을 잘 보여주는 것이 없습니다. 그가 목회 사역을 위해서 훈련을 받았고 안수를 받을 때가 왔지만 그는 설교하기를 아주 두려워했습니다. 설교가 너무나 거룩한 임무라고 느꼈기 때문입니다. 자기가 설교하지 않기 위해서 천리라도 도망가고 싶다는 느낌을 가졌습니다. 그것이 설교에 대한 그의 관점이었습니다. 그 자신과 그 자신의 무가치함에 대한 그의 관점도 그러했습니다. 그렇기 때문에 조지 휫필드로 하여금 강단에 올라가 설교하도록 설득하는데 애를 먹었습니다.

스코틀랜드에서 있었던 일인데, 어스킨의 두 형제 랄프(Ralph)와 에베네젤(Ebenezer)이 스코틀랜드 국교에서 분리한 장로교에서 탈퇴했는데, 그들은 그렇게 할 만한 충분한 증거가 있었습니다. 그 사람들은 휫필드로 하여금 스코틀랜드에서 자기만을 위해서 설교하도록 설득했습니다. 그러나 그는 그렇게 하지 않았습니다. 그는 복음을 믿는 사람들이 스코틀랜드 교회에 있다면, 그 한 사람이라도 복음 설교를 하겠다고 말했습니다. 그는 어스킨 형제들에게 매일 사람이 아니었습니다. 그는 스코틀랜드 국교회의 사역자들을 위해서 설교했습니다. 제가 지적한 바와 같이 글래스고우와 캠버스랑과 에딘버러와 다른 여러 지역에서 그렇게 했습니다. 이제 이것은 그 안에 계신 하나님의 성령의 결과였습니다. 사랑과 형제애와 넓은 마음과 진정으로 복음적인 설교를 행하는 모든 사람들은 하나가 되어야 하며, 함께 일해야 한다는 그의 간절한 소원이 바로 그러한 결과였습니다.

그가 바로 그러한 사람입니다. 저는 이제 그의 메시지에 대하여 한 마디만 하겠습니다. 그는 그것을 "정직한" 것으로 묘사했고 또 "명백한" 것으로 묘사했습니다. 그는 언제나 직설적이었습니다. 그가 무엇에 관해서 설교했습니까? 그의 위대한 제목들 가운데 하나는 원죄였습니다. 조지 휫필드만큼 강력하게 자연인의 중생치 않은 마음 상태를 잘 파헤친 사람은 없습니다. 그 다음으로 중요한 주제는 중생이었습니다. 그는 스스로 "그리스도 안의 신생의 본질과 필요성"에 대한 설교가 런던과 브리스톨과 글로세스터에서 각성을 일으키기 시작했다고 말한 바 있습니다. 또한 대각성을 일으킨 것도 이 주제에 대한 그의 유명한 설교였다고 스스로도 확신하고 있습니다. 이것이 바로 그의 주요한 주제였습니다.

조지 휫필드가 오늘날 우리에게 가르치는 교훈들을 제가 몇 가지로 제시할 수 있을는지 모르겠습니다. 저는 그들을 상세히 설명할 시간을 갖고 싶었습니다. 그가 우리에게 가르쳐주는 첫 번째 교훈은 "상황은 절대로 절망적이지 않다"는 것입니다. 그가 1736-37년까지 사태가 악화되었을 때는 없었습니다. 그 때는 그가 정말 절대적인 절망의 상황 같았습니다. 바로 그 때에 하나님께서는 글로스터의 벨 여관에서 태어난 이 무명의 소년 조지 휫필드에게 손을 얹으신 것입니다. 하나님의 주권입니다! 그리스도교의 장래를 걱정하느라고 시간을 너무 많이 보내지 마십시오. 단순히 우리 앞에 직면한 상황을 묘사하거나 분석하는 데만 너무 많은 시간을 쓰지 마십시오.

상황은 결코 절망적이지 않습니다. 그 일은 하나님께서 이제까지 행하신 가장 놀라운 일들 중 하나였습니다.

둘째로, 칼빈주의는 복음 전도의 사역과는 서로 양립할 수 없다고 하는 오해에 영원한 종식을 고합시다. 저는 이러한 말을 좋아하지 않습니다. 그러나 그러한 말들이 사용되기 때문에 그 말들을 사용하는 것입니다. 영국이 낳은 가장 위대한 복음 전도자가 바로 이 사람인데 조지 휫필드는 진정한 청교도 칼빈주의 복음주의자였습니다. 더욱이 19 세기에 영국에서 가장 위대한 복음 전도자이며 목양자였던 찰스 스펄젼(Charles Haddon Spurgeon)은 자신도 어느 누구를 본받았다고 한다면, 그는 조지 휫필드라고 고백합니다. 그도 역시 청교도 칼빈주의 복음주의자였습니다. 현대 복음주의는 진정한 청교도 칼빈주의와 관련이 맺어집니다. 존 웨슬리도 청교도 칼빈주의 영향을 입은 복음 전도자입니다. 칼빈은 구원관이나 전도관을 하나님의 주권적인 신관에서 주장했다면, 아르미니우스나 존 웨슬리는 자발적인 성령관에서 신학을 강조점을 두었습니다. 칼빈주의이나 웨슬리주의가 복음의 영광이나 하나님의 영광을 파괴하려는 신앙과 신학의 기초가 아닙니다. 하나님께서 죄인들에게 주시는 하나님의 은혜인 '믿음' 을 어떻게 수용하는 가에 대한 시각과 관점 차이로 인해서 신학적인 일부의 차이를 가지고 갈등하거나 또 종파적인 신학이나 목회자가 되어서는 안됩니다. 하나님의 영광과 인간의 사악한 행위와 그리스도 안에 있는 하나님의 영원한 구속의 계획을 강조하는 교리는, 언제나 그것을 참되게 설교하는 사람들로 하여금 복음 전도를 하도록 강권하고 종용했습니다. 조지 휫필드는 한 사람 만으로도 충분히 입증됩니다.

세 번째 교훈은 정통 신학의 절대적인 필요성입니다. 이 사람은 사도들이나 종교 개혁자들이나 청교도들이 전했던 대로 복음을 전했습니다. 그는 청교도들과 그들의 저작들을 연구하면서 살았습니다. 그는 그때 어쩔 수 없을 때는 청교도들의 설교를 전하기도 했습니다. 존 웨슬리는 증언하기를 휫필드가 분명히 매튜 헨리(Matthew Henry)의 설교에서 인용하는 것을 알았습니다. 정말 그렇습니다. 그의 메시지는 서로 같았습니다. 그도 매튜 헨리가 이미 준비한 동일한 메시지를 전한 것입니다. 그러나 제가 강조하고 싶은 것은 정통 신앙과 진리를 믿는 믿음의 절대적 필요성입니다. 그 시대에도 정통적인 사람들이 있었습니다. 그러나 그들은 비교적 쓸모가 없었습니다. 그들이 죽은 정통을 사수했기 때문입니다. 정통은 반드시 있어야 합니다.

그러나 우리는 정통으로 부흥을 일으키지 못합니다. 칼빈과 휫필드에 대해서 말하는 것은 어떤 의미에서 존 칼빈은 언제나 조지 휫필드를 필요로 합니다. 칼빈의 가르침을 따르는 것은 아주 잘하는 일입니다. 그러나 우리가 우려하는 위험은 너무 이지적이거나 아니면 "경화(硬化)된 정통"으로 빠지는 성향입니다. 우리는 성령의 능력이 필요합니다. 진리를 진술하는 것만으로는 충분하지 못합니다. "성령의 나타남과 능력으로" 그 진리가 증거합니다. 이 사람, 바로 휫필드입니다. 그는 정통적인 사람이었습니다. 그러면서도 그는 성령의 능력이 있었습니다. 그는 자기가 안수 받을 때에도 무엇인가를 느꼈다고 말합니다. 마치 자기가 성령께로부터 친히 사명을 받는 것 같았다는 것입니다. 그는 언제나 성령이 물결치듯 임하는 것을 의식했습니다.

이 사람보다 그리스도의 사랑을 더 잘 안 사람은 일찍이 없었습니다. 그것이 때로는 그를 압박했고 육체적으로 그를 거의 부셔버릴 것 같았습니다. 그는 그것 때문에 눈물로 목욕을 하곤 했습니다.

이 성령의 능력은 필수적인 것입니다. 우리는 휫필드가 받았던 성령의 능력을 구합시다. 그것이 우리로 영혼을 불쌍히 여기고 영혼에 관심을 가지게 하고 모든 계층과 모든 부류의 사람들에게 능력과 확신으로 설교할 수 있도록 만듭니다.

그가 1736년 6월 27일 주일에 글로세스터에서 처음으로 설교한 것도 사실상 "신앙 단체의 가치"에 대한 것이었습니다. 복음적인 사람들이 소그룹을 통해서 모이는 것을 격려하려고 이 말씀을 드립니다. 저는 그 사람들로 인하여 하나님께 감사를 드립니다. 제가 알기로는 오늘날 영국의 여러 지역에서 그렇게들 함께 모이고 있는 줄 압니다. 그들 중 어떤 소그룹은 매주, 어떤 그룹들은 매 월마다 모여서 성경을 연구하고 하나님의 일들에 대해서 서로 함께 이야기를 나눕니다. 휫필드는 그러한 신앙 공동체에 대해 말로 할 수 없는 큰 가치를 믿었습니다. 성령 하나님께서 쓰여진 설교를 사용할 수 있음을 감사를 드립니다. 그러나 사람을 통해서 직접 전해지는 설교와 비교할 수 없습니다. 오늘날 독서만으로 설교를 대체할 수 있다고 생각하는 위험이 존재하고 있습니다. 또는 라디오나 텔레비전에서 나오는 간단한 설교를 듣는 것만으로 모든 것이 해결될 것이라고 생각하는 위험이 존재합니다. 성령께서 자유케 하심이 필요합니다. 책들을 통해서는 그것들을 얻을 수 없습니다. 또는 이 현대적인 매체들을 통해서 제공되는 시간 제한을 받는 프로그램에 의지해서 그러한 것들을 얻을 수 없습니다. 성령께서 임하시면 프로그램이 잊혀집니다. 영광 중에 계신 하나님과 내 영혼과 이 복되신 구세주 외에는 모든 것을 잊습니다.

휫필드가 전한 설교의 주제는 무엇입니까? 그 주제는 "너희가 그 은혜를 인하여 믿음으로 말미암아 구원을 얻었나니 이것이 너희에게서 난 것이 아니요 하나님의 선물이라"는 것이었습니다(엡 2:8). 그것이 18 세기 설교의 영광스러운 메시지였습니다. 하나님께서 우리로 하여금 그 설교로 돌아가게 하시옵소서! 단순히 정확한 신조들을 기계적으로 진술하는 것이 아니라, 하나님께서 성령을 우리에게 허락해 주시기를 기도합시다. 우리가 조지 휫필드와 같은 설교자가 될 수는 없다 해도 "성령의 나타남과 능력으로" 설교하도록 기도합시다.

2. 설교자로서 휫필드

한 때 휫필드는 모든 사람은 고유한 은사를 갖는다고 말했었습니다. 그는 자신이 생각하고 또 사역하는 방법들을 사용했습니다. 그는 신학자도 아니었고 혹은 행정가도 아니었지만, 그는 기교적인 의미에서 설교꾼도 아닙니다. 오히려 그는 자신이 진정한 설교자라는 점을 잘 인식했었습니다. 그는 바울 사도처럼 변함 없는 복음 전파라는 한 가지의 목적에 삼십 육년 동안 증거를 했습니다. 그는 비전을 보고 하나님의 소리를 듣고서 순종하는데 주저하지 않았습니다. 그는 특별한 성량(聲量)을 가졌기에, 가정집에서 열두 명에게 설교를 하며, 곧바로 옥외 집회 설교 시에는 만 여 명에게 설교할 수 있는 음성의 소유자였습니다. 그는 성량이 풍성했기에 이것을 잘 활용할 줄 알았습니다. 그는 한번은 나는 천둥처럼 설교하는 것을 좋아합니다. 그리스도인의 세계가 죽어 있는 잠에 빠져 있기 때문입니다. 저는 그들을 큰 목소리로 그 잠에서 깨워내야 하기 때문입니다고 말했었습니다.

그가 필라델피아 강둑에서 설교할 때 수면 거리로 3 km 떨어져 있는 글로세스터(Gloucester) 지점에서 설교하는 소리를 들었는데, 한 사람이 1.5 km 떨어져 있는 자가 메시지를 듣고서 회심했었습니다. 더욱이 그는 성량만이 뛰어난 것이 아니라 음질(音質)에도 뛰어났었습니다. 그의 발성법(發聲法)도 나무랄 것이 없었으며, 매 단어마다 맑고 깨끗했었습니다. 그는 발성은 온화했기에, 어투로 인해서 청중들을 사로잡았었습니다. 그의 목소리는 항상 완벽하게 절제되었습니다. 그는 음량이 풍성해서 전체적인 화성(和聲)을 낼 수 있기에, 새 소리로부터 나이아가라의 폭포 소리 같은 음색을 드러냈습니다. 이런 음질은 타고난 것이었고, 인위적인 음질의 연습에서 얻어진 것이 아니었습니다.

그가 설교하는 그의 얼굴에 대해서 말하고자 합니다. 그의 얼굴은 웅변의 필름을 감는 틀이었습니다. 설교를 듣던 청중이 매료했던 것은 그의 말들만 아니라 그의 눈에서나 모든 행동에서 영혼으로부터 우러나오는 열정적인 연기가 표출되었습니다. 그가 말할 수 없는 장애자라고 했더라도 언제든지 설교할 수 있었을 것입니다. 그는 타고난 배우였습니다. 그는 소년 시절에 이미 연극적인 활동에도 즐겨 했습니다. 많은 사람들은 그가 각광을 받기 전에 곧 그의 인기가 사라질 것으로 명배우였던 개릭 자신도 그렇게 예상했었습니다. 그렇지만 놀라운 사실은 설교자로서도 당대 견줄 자가 없었으며, 더욱이 그 당시에 연기자도 그도 비견할 인물이 없었습니다.

그는 청중을 사로잡는 적절한 설교 전달에 있어서 말할 수 없는 가치를 알았었습니다. 그래서 그는 많은 영국 교회들이 비어 있었던 것을 이상스럽게 생각지 않았습니다. 설교자들이 그릇된 설교 전달로 인해서 설교를 통해서 하나님의 소리를 제대로 내지 못했었습니다. 그는 옥스퍼드 대학에서 전달에 대한 주제를 전혀 가르치지 않는 것을 회상하면서 울고 싶은 심정이었습니다. 또한 그는 미국 대학들에서 연설에 대한 연구를 촉구했습니다. 그 자신은 오랫동안 공적인 설교에 대하여 배우는 학생으로서 활동했습니다. 그는 천성적으로 연설에 뛰어난 점이 있었지만 그것만으로는 충분할 수 없었습니다. 그래서 그는 설교자로서 목소리, 몸짓과 설교자로서 취할 모든 태도에 대하여 끊임없이 완벽한 설교의 전달을 위해서 노력했습니다. 그는 순회하면서 전도 설교를 하면서 같은 설교를 반복할 수 있는 재능을 지녔습니다. 개릭(Garrick)과 푸트(Foote)가 동의한 바는 한 설교를 적어도 사십 번을 설교를 하지 않는 한 그의 설교 전달은 최상에 이를 수 없다는 점이었습니다. 베냐민 프랭크린도 우리들에게 말해주었습니다.

"내가 자주 그의 설교를 들으면서 최근에 만들어진 설교와 그가 부흥 집회를 하면서 설교를 했었던 설교와는 쉽게 구별이 생겼습니다. 이미 집회 때마다 사용했었던 설교는 자주 반복된 설교로 인해서 모든 발음이나 강조나 음성의 조절이 너무나 완벽하고 또 잘 배치되었기에, 설교 주제를 명확하게 청중들에게 잘 전달했습니다."

휫필드가 인위적인 설교 방식이나 연기자처럼 설교를 했더라면 오히려 설교자로서 그의 신실성과 영적인 열정이 더욱 훼손되었을 것입니다. 그가 설교할 때 청중이 그의 설교에 경청하는 이유는 설교자로서 자연스러움을 견지했기 때문이었습니다. 그는 좋은 전달법을 수행하기 위해서, 절대로 자신의 영적이고 인격적인 자유를 희생시키지 않았습니다. 그는 항상 그 자신이었지만, 말이나 태도에서 그가 설교할 때에 성령께서 친히 그의 입술에 임재했습니다. 그는 성령의 감동에 따른 말씀 충만과 성령의 인도에 따르는 은혜 충만함을 입어 전하는 성령 충만한 전도자이며 또 성령의 설교자였습니다. 이로 인해서 그의 설교는 최상적인 비약으로 인해서 즉석에서 나오는 설교이었습니다. 바로 원고 없는 설교였습니다. 칼빈주의 설교나 청교도 설교에서 설교의 전달 방식은 원고 없는 성령에 인도함을 받는 즉석 설교였습니다. 그가 설교를 시작할 때면 그나 혹은 그의 청중들조차도 설교자인 횟필드를 감싸고 있는 성령의 역사를 인지할 수 없었지만 그의 열정적인 설교는 심령에서 우러나오는 살아 있는 성령의 음성으로 전달되었습니다.

그는 최상의 설교하는 법을 가치가 있는 일로 인정했지만, 더 나은 메시지를 전달하기 위한 목적을 위한 수단으로 보았습니다. 그는 웅변적인 설교자이었지만 그보다 훨씬 더 그가 취한 것은 하나님 말씀의 종인 선지자로서 서려고 증거했습니다. 이것은 그의 좌우명이었습니다. "불후의 설교를 영원히 설교할 것이다." 그는 설교자로서 바울의 말씀을 자주 인용하면서 자신을 늘 경계했습니다. "그러나 우리나 너희에게 전한 복음 외에 다른 복음을 전하면 저주를 받을찌어다."(갈 1:8).

그는 잘 전달되거나 "합리적인 논증"이 유효하게 배합되거나 "수사학적"인 사용되는 설교를 칭송합니다. 그렇지만 교회 공동묘지에 묻히기 전에 죽은 영혼들이 주께로 '나가도록' 하늘의 권세를 힘입어 구원에 이르는 설교에 대한 중요성을 역설했습니다. 횟필드의 설교 목소리는 내주 하는 성령의 기름 부으심이 없었다면 '시끄러운 울리는 꽹과리'가 되고 말았을 것입니다. 그의 설교를 들었던 청중들이 그의 설교가 성령의 감동을 주는 설교로 알았습니다. 횟필드가 설교할 때에 어린 소년에 불과했던 스맬리(Smalley) 박사는 당시를 술회했습니다.

"저는 그에게서 눈을 뗄 수가 없었습니다. 저는 그가 기도할 때나, 눈을 부릅뜰 때에 높이 서서 설교할 때 그를 쳐다보았을 때 나는 확실히 하나님이 그 분과 함께 계셔서 대화하시고 또 간절하게 호소하는 모습을 볼 수가 있었습니다. 또한 그가 청중들 앞에 섰을 때 하나님과 함께 했었던 인물로 보였는데 마치 '수호 천사' 처럼 보여졌습니다."

청년 때 코네리우스 윈터(Cornelius Winter)는 휫필드 사역 후반에 회심했는데, 런던에 있던 그의 자택에서 십팔 개월 동안 그 위대한 설교자의 습관들을 가까이에서 접할 수 있었습니다. 그는 우리들에게 이런 사실을 제가 가까이 그를 대하고 난 후로 설교 준비할 시간이 전혀 없었기에, 그는 다른 직무들과 구별되게 설교 준비하는 것을 보지 못했습니다. 그는 여느 날처럼 토요일에도 여가를 지낼 수 없을 정도로 지냈기에 자신의 일상생활이 전체적으로 헌신적인 삶의 연속이었습니다. 저는 그가 종이쪽에다가 설교 준비의 메모라도 적어두는 것조차 볼 수 없었습니다. 제가 생각하기로는 설교 준비를 위한 어떤 종류의 연습하는 흔적조차도 볼 수 없었습니다. 그는 항상 설교를 하기 전에 한 두 시간 정도 조용히 묵상하고 기도했습니다. 특히, 주일 아침에는 클락 성경(Clarke's Bible), 매튜 헨리(Matthew Henry)의 주석과 크루덴(Cruden)의 성구 사전을 늘 가까이 두고 활용했습니다. 그의 설교 체계는 그 당시에 어느 설교보다 대개 헌신적이었습니다고 밝혀줍니다.

3. 조나단 에드워즈

그의 설교에 있어서 뚜렷한 주제는 성령의 직접적이고 또 즉각적이고 또한 내적인 역사를 믿었습니다. 이 설교 사역에는 선배 조나단 에드워즈 목사가 이 일을 조언해주었습니다. 그는 에드워즈와 다른 사람들이 이 점에 대해서 조나단 에드워즈의 회고록에 나와 있습니다. 그는 성령의 직접적인 인도하심을 크게 강조했습니다. 그는 성령께서 자기에게 직접 말씀하신다고 믿었습니다. 그는 그것에 따라서 행동했습니다. 그런데 조나단 에드워즈는 지적인 의미에서 훨씬 더 유능한 사람이었고 또한 훨씬 더 위대한 영적인 천재였습니다. 에드워즈가 처음 휫필드에게 권면했을 때는 실제로 듣지 않았지만 동역을 통해서 보완하기에 이르렀습니다. 그러나 그는 그것을 설교했고 그것을 대단히 강조했습니다.

물론 그 다음으로 중요한 주제는 믿음으로 의롭다 함을 입는 것(이신 칭의)이었습니다. 어떤 사람들은 제가 어째서 중생을 믿음으로 의롭다함을 받는 것보다 앞에 두는지 의문을 가질 것입니다. 다음과 같은 이유 때문입니다. 휫필드는 믿음으로 의롭다 함을 받는 교리를 설교하기 전에 중생을 설교했습니다. 그가 이 면에 변화를 겪었다는 것을 알면 아주 흥미롭습니다. 처음의 그의 설교는 거의 중생치 못한 자연인의 마음의 부패성과 신생의 필연성에 대한 것이었습니다. 이것은 의심할 여지없이 스코갈의 교훈의 영향이었습니다. 1737년 출판된 그의 아홉 편의 설교 가운데는 믿음으로 의롭다 함을 받는 것이 전혀 언급되어 있지 않습니다. 그는 1737년까지 믿음으로 의롭다함을 얻는 교리에 대해서 명백하지 못했다는 것을 인정했습니다. 그의 일기에 바로 그 진리에 있어서 그를 바로 잡아준 것이 웨슬리 두 형제였음을 발견할 것입니다(George Whitefield's Journals., 193-4).

그들은 처음부터 믿음으로 의롭다함을 얻는 교리를 전파했습니다. 휫필드는 그렇지 않았습니다. 그들은 휫필드가 이 면에서 더 균형을 갖추도록 그를 도와 주었습니다. 휫필드가 편당적인 사람이 아니었습니다. 설교자의 메시지에서 휫필드로 하여금 믿음으로 의롭다함을 얻는 교리가 얼마나 중요한 위치를 알도록 도와준 것은 두 형제 웨슬리였습니다. 저는 이미 그의 설교에 칼빈주의 설교이었습니다. 그의 설교를 특징 가운데 회심하지 않은 설교자들에 대한 혹독한 질책이 따랐습니다. 그는 처음부터 그렇게 설교했습니다.

그래서 조나단 에드워즈는 그러한 휫필드를 제지하려고 애를 썼습니다. 그러나 그는 그의 말을 듣지 않았습니다. 휫필드는 수많은 사역자들이 회심하지 않은 채 목회를 하는 것을 비난했습니다. 그가 지적할 때 사용했던 말은 "느끼지도 않는 그리스도"를 설교한다는 것이 가장 두려운 일이라고 탄식했었습니다. 설교자 안에 계시는 그리스도를 느끼지도 않고 그리스도를 전하는 것이 바로 그러한 경우라고 지적했습니다. 그는 그러한 잘못을 저지르는 설교자들을 한없이 비난했습니다.

이제까지는 그의 사람됨과 메시지에 대해서 말씀드렸습니다. 이제, 끝으로 그 사람에게 있어서 가장 특징적인 것, 즉 그의 설교에 대해서 말씀드리겠습니다. 여러분은 구별과 분열의 차이를 아십니까? 제가 이 질문을 던지는 데는 이유가 있습니다. 메시지와 설교하는 것 사이를 사람들이 구별하지 못하는 것을 볼 때처럼 저를 낙심시키는 것이 없습니다. 제가 진리를 말하는 것과 설교하는 것 사이에는 엄청난 차이가 있습니다. 바르고 정통적인 메시지를 가질 수는 있지만 그렇다고 반드시 그것이 설교하는 것이라고 말할 수는 없습니다. 그 말이 무엇을 뜻합니까? 휫필드는 멋진 문학적인 설교 원고를 쓰지 않았습니다. 그는 완전하게 문장이 끝나고 매끄럽게 구성된 설교를 쓰지 않았습니다.

그는 설교 문을 작성할 시간도 없었습니다. 그는 원고 없는 설교자였습니다. 이 사람이 '고상한 자유의 영'이 그의 설교 속에 들어 있었습니다. 우리가 그의 설교를 유의할 것은 이 타락한 세대에서 그의 설교가 특징이 되는 것은 열심이요, 불이요, 열정이요, 불꽃입니다. 고는 가장 확신 있고 또 가장 위력적인 설교자였습니다. 그가 처음 글로세스터에서 설교할 때, 그는 자연인의 마음의 어둠과 죄악성을 얼마나 들춰내던지 사람들은 겁을 먹고 놀랐으며, 그 설교를 들으면서 영혼의 고뇌를 느꼈습니다. 그러나 그 설교에는 정념(pathos), 사랑, 항거할 수 없이 녹이는 성질이 있었습니다.

어느 날 그는 자기에게 설교 원고를 부탁을 받은 적이 있었습니다. 그것을 출판하려고 하니 원고 설교를 달라는 청탁이었습니다. 이에 대하여 그의 대답은 이러했습니다. "당신이 그 설교와 함께 빛과 우뢰와 무지개를 인쇄할 수 있다면 거절하지 않겠습니다."

그의 설교를 차가운 활자로 옮길 수가 없었습니다. 그것은 불가능하였습니다. 그 설교의 내용들을 옮길 수는 있습니다. 그러나 설교 자체를 옮길 수는 없습니다. 설교 집으로는 그의 설교의 "빛"을 인쇄할 수도 없고 또한 "우뢰"나 빛의 번쩍임과 천둥소리를 인쇄하거나 "무지개"를 포착할 수는 더욱 없습니다. 그 모든 것이 설교자가 한말, 행동, 설교자의 모든 것 속에 들어 있습니다. 그래서 그것을 활자로 옮길 수 없습니다.

사람들이 휫필드의 설교 집을 읽을 때, 흔히 "저는 이해할 수 없습니다. 이와 같은 설교를 한 사람이 그처럼 놀라운 인물이나 놀라운 설교자가 될 수 있었는지에 대하여 의문이 갑니다."고 의구심을 피력합니다. 여러분이 그렇게 말한다면 여러분은 설교하는 것이 무엇인지 전혀 모르고 있음을 드러냅니다. 진정한 설교는 종이에다가 옮길 수는 없습니다.

　　19세기 중엽이나 그전부터 우리의 큰 문제는 바로 그러한 견해라고 저는 주장합니다. 설교를 인쇄하고, 말한 모든 것을 인쇄하는 것은 그러한 설교에 엄청난 피해를 줍니다. 사람들은 그 당시 설교를 듣고 있던 사람들보다는 설교를 읽으려는 사람들에게 신선한 충격을 줍니다. 그 문제에 대한 휫필드의 말을 기억해 둡시다. 그렇지만 그의 설교의 효과는 정말 엄청났습니다. 그는 과거 킹스우드의 가난한 채탄 광부들의 모습 속에서 관찰한 것을 술회합니다. 이 가난한 사람들은 갱에서 곧바로 올라왔기 때문에 그들의 얼굴은 석탄 먼지로 검게 칠해져 있었는데 그대로 휫필드의 설교를 들었습니다. 그는 이렇게 말했습니다.

　　"내가 그들에게 설교할 때 갑자기 그들의 검은 얼굴에 흰 골이 생기는 것을 보기 시작했습니다." 그것이 무엇이겠습니까? 눈물이 얼굴로 흘러내리자 석탄 먼지와 검댕 묻은 얼굴에 흰 줄기가 생겨났습니다. 그들은 교리에 대해서 아무것도 알지 못하며, 죄밖에는 알지 못하는 사람들이었으며, 술 취함과 방탕 속에서만 살던 사람들이 하나님의 말씀을 듣고서 눈물이 뒤범벅이 되어 울고 있었습니다. 사무엘 데이비스(Samuel Davies) 자신이 뛰어난 설교자였고 매우 지성적인 사람이었습니다. 그는 그 당시 미국의 부흥에 참여했습니다. 그는 한 대학의 학장이었습니다. 사무엘 데이비스와 길버트 테넌트(Gilbert Tennent)는 그 대학을 위해서 모금을 하기 위해 영국으로 파송 되었습니다. 그들은 아주 힘든 항해 끝에 영국에 도착했는데 그 항해 기간에 여러 번 배가 파손될 위험에 처했었습니다.

　　그들은 어느 토요일 아침 런던에 도착했습니다. 그들이 도착한 후 첫 번째 질문은 "횃필드 씨가 이곳에 있습니까?"였습니다. 그가 있다는 소리를 듣고 그들은 기뻐했습니다. 그리고 그가 내일 아침에 설교한다는 것을 알았습니다. 그래서 그들은 그의 설교를 들을 매우 좋은 기회가 왔다고 생각했습니다. 사무엘 데이비스는 그 예배 상황을 말하기를 내가 예배에 참석하자마자, 그가 정말 바쁜 주간을 보내고 있다는 것을 알았습니다. 그는 그 설교를 준비할 시간적인 여유가 없었습니다. 그런데도 그의 설교를 듣고 보니 그 사고의 구성과 배열에 있어서 그의 설교는 매우 빈약해 보였습니다. 그러나 그의 설교에는 성령의 기름 부음은 너무나 놀라와서 은혜로운 감화를 받을 정도로 대서양의 그 무서운 파선의 위험을 여러 차례 감수했을 생각이 들었습니다.

그의 설교(Preaching)는 간단한 설교 형식을 취했지만 그러나 엄청난 설교이었습니다! 그의 설교는 성령의 설교이었습니다! 그래서 하나님 아래서 엄청난 부흥을 산출했습니다.

먼저, 조나단 에드워즈와 그의 사모가 횃필드의 설교를 듣고 느꼈던 점에 대하여 동감하는 바를 체스터필드(Chestefield) 경이 말한 것을 증언하고자 합니다. 체스터필드는 18세기의 전형적인 휴머니스트로 그의 아들에게 주는 충고 형식의 유명한 책을 쓴 멋쟁이였습니다. 그는 본래 횃필드의 설교를 듣기 좋아했습니다. 그는 다른 사람처럼 그의 설교를 듣고서 압도당했습니다.

그의 설교 중에 죄인의 위험에 대한 유명한 이야기가 있습니다. 그것은 죄인이 깨닫지도 못한 채 지옥을 향해 가고 있는 모습이었습니다. 그는 죄인을 개를 따라서 인도를 받습니다. 그런데 불행히도 개가 줄을 끊고 도망쳤습니다. 그 사람은 자기 혼자 지팡이로 더듬거리면서 애써야 했습니다. 횟필드는 말했습니다. 알지 못하는 사이에 그 가련한 사람은 절벽 끝까지 더듬거리며 갔습니다. 그만 그 지팡이가 계곡으로 떨어졌고 그 떨어지는 소리가 계곡에 메아리쳐 들려 왔습니다. 그 소경은 조심해서 그 지팡이를 다시 잡으려고 앞으로 손을 더듬었습니다. 순간적으로, 그 소경이 허공을 향하여 내디딜 순간이 왔습니다. 그 순간 체스터필드 경이 자리에서 벌떡 일어나더니 "아, 안 됩니다! 그를 붙잡으십시오!"라고 소리치면서 그 소경이 벼랑으로 떨어지지 않게 하기 위해서 앞으로 뛰쳐나갔습니다. 그것은 웅변일 뿐만 아니라 설교이기도 합니다. 그 설교는 체스터필드 경과 같은 사람에게도 특별한 방법으로 효과적이었습니다.

4. 아더 피어선

노방 전도자와 노방 설교가로서 조지 횟필드를 지나칠 수가 없습니다. 이 면에서 본다면 웨슬리까지도 횟필드의 지도를 받았던 그의 제자이며 또 동역자입니다. 매세츄세츠의 뉴버리포트에 있는 옛 남부 교회 안에 횟필드의 비석 위에는 영혼 불멸을 상징하는 것으로 열린 납골 단지에서 타오르는 불꽃이 얹혀져 있습니다. 그 비문에는 "영국 글로세스터에서 1714년 12월 16일에 태어났으며 옥스퍼드 대학에서 공부했고, 1736년에 목사가 되어, 그 후 선교사로 13 번에 걸쳐 대서양을 횡단하면서 일만 팔천 회의 설교를 했다."고 기록했습니다.

이 위대한 설교자는 천사의 지성과 마음을 갖고 있으며, 어떤 사람도 갖지 못한 목소리를 갖고 있었습니다. 그러나 그를 복음 전도자로 만든 것은 어떤 천성적인 재능이 아니라 뜨겁고 열렬한 신앙심이었습니다. 그는 열심과 이타적 사랑과 영혼에 대한 열심을 갖고 있었고, 거기다 훤칠한 용모, 언변, 풍채, 비길 데 없는 정열을 소유하고 있었습니다. 아마 영감을 받지 않은 사람이라면 그와 같은 많은 군중 앞에서 설교를 하지 못했을 것이며, 그리고 복음의 단순한 진리로 그렇게 설득력 있게 감동을 일으키지 못했을 것이며, 또한 청중들의 가슴에 힘있는 영향력을 끼치지 못했을 것입니다. 그의 생애는 죄로 물든 사람들을 회개시켜 그들의 여생을 하나님과 이웃에 대한 봉사의 삶을 살도록 고무시키는 삶이었습니다.

그는 성경에만 몰두하였고, 하나님과 사귐의 시간을 즐겼으며 가난한 자와 옥에 갇힌 자를 방문하기 시작했습니다. 그는 성직에의 소명을 의식하게 되었습니다. 그는 삼십년 동안 매일 평균 한번 반의 설교를 하며 또 뉴잉글랜드의 도시들과 오십 개 이상의 도시를 방문했으며, 뉴욕에서 조지아까지 이보다 더 많은 곳을 전도했습니다. 그는 영국에서도 적어도 칠십 개의 지역을 찾아다녔습니다. 그의 청중들은 평균 이 천 명이었으며, 영국 킹스우드와 콘웰에서는 만 명까지 모였고, 필라델피아에서는 이 만 명, 보스톤에서는 삼 만 명과 무어필드에서는 육 만 명까지도 모였습니다.

그는 편협 된 배타주의와 그 당시 교회의 과도한 위엄에 찬 의식적인 신앙과 신학 가운데서 복음을 전하는 것이 중단될 수 없다는 의식의 사슬을 끊고서 기도서와 원고를 던져 버리게 한 "목숨을 건 열정"으로 전례 없는 강력한 원고 없는 설교를 시행했습니다. 그의 설교는 킹스우드의 탄갱부들, 콘웰의 광부들 그리고 무어필드의 폭도들뿐만 아니라, 영국의 신사들과 귀족들 그리고 미국의 칭호 없는 귀족들도 그의 설교의 위대한 능력을 인정했습니다. 그의 설교에서 배울 수 있는 점을 살펴봅시다.

먼저 그는 그의 목소리를 적절하게 사용하는 법을 연구했습니다. 그는 완전한 발음과 크고 명확한 음성으로 이야기했습니다. 그의 목소리도 큰 은사였지만, 그것을 다루는 그의 솜씨가 인간의 말하는 능력을 완전하게 했습니다. 그의 음성은 윤택하고 부드럽습니다. 그러나 그 음악적인 억양과 설득력 있는 힘의 배후에는 깊은 사랑의 심령이 깔려 있었습니다. 그는 웅변의 천재성이 있었지만, 그것은 노력의 힘이 더욱더 컸음을 알 수 있습니다. 그는 자연적인 재질을 의지하지 않고, 끊임없이 그리고 조심스럽게 그의 언어 구사력을 개발했습니다. 그는 설교의 준비를 철저히 했습니다. 그의 타고난 능변은 게으름을 피울 수 있지만, 설교에는 게으름을 피울 도리가 없습니다. 그의 설교 기술은 너무 정교하게 드러나지 않았습니다. 그는 한번 설교한 주제 설교를 사십 번이나 반복된 매번 설교에서 설교의 주제와 설교자의 태도, 그의 음성과 몸짓은 끊임없는 발전을 보여주었습니다. 그의 설교는 단순성도 연구되어졌습니다. 그는 다른 사람들처럼 대중의 마음을 감동시키기 위해서, 그는 사람들의 방언을 사용하고 천박스런 말도 서슴지 않았습니다. 그러나 그의 평범한 말이 어떤 아름다운 말로도 움직일 수 없는 사람들에게 진리를 전해주었습니다.

횟필드의 설교의 호소력은 직선적이며 날카로웠습니다. 그는 위, 앞과 주의를 보지 않고, 오직 그의 청중들을 보며 설교했습니다. 그의 설교는 매끄럽게 다듬어진 연설이나 에세이 또는 헛된 선언이 아니라, 인간에게 경고를 주며 양심에 화살을 꽂는 인간을 향한 하나님의 메시지였습니다. 그의 열정의 비결은 진지함에 있습니다. 그는 겨울의 눈 밑에서 생명은 잠자지만, 여름의 햇볕 아래에서는 생명이 꽃을 피웁니다.

그는 자신의 일을 좋아했기 때문에 모든 수고도 힘들게 여기지 않았습니다. 그는 또한 결코 자신을 아끼지 않았고 또 뜨거운 열정을 갖고 일을 했습니다. 그는 건강이 허락되지 않을 경우라도, 하루에 한 번, 주일 날에는 세 번씩 설교를 했습니다. 그는 자신의 생명에 애착을 갖지 않았습니다. 그래서 "우리는 우리의 생명을 다할 때까지 죽지 않는다."라는 금언을 남길 수 있었습니다.

제 9 장
복음 전도자의 생활

1. 헌팅든 백작 부인

어느 계층에서나 마찬가지로 이 명성이 있는 엘리트들이 있었습니다. 그 가운데 두드러진 인물로서 헌팅든 백작 부인이었습니다. 그 부인은 어릴 때부터 동년배들이 즐기는 추잡한 쾌락과는 거리가 먼 생활을 했으며, 자기 의(self-righteousness)가 자신에게 구원을 가져다 줄 것이라 믿고 살아왔습니다. 그러나 이런 확신은 그녀가 병상에 누워있을 때 떠나버렸습니다. 그녀는 병상에 누워 자신의 곤고를 절실하게 느끼고, 하나님을 부르며 "주님! 믿습니다! 제 믿음 없음을 도와주십시오!"라고 외쳤습니다. 그리하여 그녀는 예수 그리스도께 자신을 맡겼고 구원을 완전히 확신하였습니다. 헌팅든 경과 그의 부인은 휫필드가 사역을 시작할 때부터 그의 집회에 참석했습니다. 그러나 헌팅든 경은 그 후 곧 세상을 떠났으며, 그가 죽자 헌팅든 부인은 하나님의 일에 더욱 새롭고도 깊게 헌신하였습니다. 그녀는 진실하게 성경을 공부하는 자요, 믿음으로 기도하는 여인이 되었습니다.

그는 비록 칼빈주의 감리교의 지도자의 직분을 포기했으나, 이제 그에게는 또 다른 문이 열렸습니다. 먼저 헌팅든 부인이 그를 자신의 예배당 목사로 지명함으로써, 그의 사역과 칼빈 교리의 입장을 수용한다는 뜻을 표명했습니다. 그 후 그녀는 자신의 집에 휫필드를 초청해서 귀족들에게 설교를 부탁했습니다. 그는 자신의 사역에도 바쁜 중이었지만 헌팅든 백작 부인의 간청을 인해서 이를 승낙하였고, 그의 설교를 거듭할수록 귀족들은 그에게 호응을 보내왔습니다. 이에 부응하여 그녀는 그가 일주일에 두 번씩 자택에서 설교하는 자리를 마련하였습니다. 그리하여 그녀의 거실은 호화로운 보석으로 치장하고 짙은 향수 냄새를 풍기며 우아하게 차려입은 이 귀족들로 계속 차고 넘쳤습니다.

이 청중들은 영국 귀족 사회에 휫필드가 주는 영향과 전도 사역이 영국 사회에 크게 영양을 끼쳤습니다. 이 모임에 참석했던 귀족들을 일부만 살펴보기로 하겠습니다. 조지 1세의 궁정에서 오랫동안 손꼽히는 미모를 자랑했던 화니 셰리 부인, 아질 공작 부인, 베티 컴벨 부인, 페러스 부인, 소피아 토마스 부인, 말보로 대공의 딸 몬테규 공작 부인, 카디건 부인, 링컨 부인, 보스커웰 부인, 피트 부인, 리치 양, 피츠월터 부인, 케롤라인 피터쉠 부인, 클래런든 백작의 딸로서 뛰어난 미모와 위트 그리고 교황과 조나단 스위프트와 대수도원장이 칭찬한 그녀의 쾌활함으로 유명한 퀸즈베리 공작 부인, 맨체스터 공작 부인, 할리 팩스 후작의 딸인 타네트 부인, 세인트 존 부인, 시인 센스톤의 친구인 럭스보로 부인, 몬슨 부인, 위대한 정치가의 아내로 위트가 많고 쾌활한 록킹햄 부인, 거부 존 저메인 경의 베티 저메인 부인, 앵카스터 공작 미망인 엘리노어 버티 부인, 미망인 힌드포드 부인, 서머셋 공작 부인, 체스터필드 부인의 자매인 델리츠 백작 부인, 몬테규 공작의 소녀인 힌친브로크 부인, 샤우브스 부인, '지체 높은 여인들' 외에 남자들도 많았습니다.

위대한 건축물에 많은 지원하기로 유명한 버빙턴 백작, 웨일즈 공의 친구이자 그가 가장 좋아하는 사람으로서 후에 멜콤브 경이 된 조지버브 더딩튼, 괴벽스런 기지에 넘쳤던 조지 어거스터스 셀륀, 홀더니스 백작, 자기 할아버지 조지 1세의 이름을 따서 조지라 불렸던 뛰어난 육군 원수가 된 타운센드 경(후에 후작), 찰스 타운센드, 볼링브로크 경의 이복 형제 세인트 존 경, 에버딘 백작, 로더데일 백작, 프러시아 왕에게 파견됐던 특사 힌포드 백작, 스코틀랜드의 국무대신 트위즈데일 후작, 웨일즈 공 프레더릭의 대신리틀톤 경, 초대 체이텀 백작인 뛰어난 인물 윌리엄 피트, 국가 재정 위원회 위원장 노오스 경, 킹스턴 공작인 에블린, 트레덤 자작, 마아치 백작, 해딩튼 백작, 보리유 백작, 흄 남작, 해군 대신이며 국무대신인 샌드위치 백작, 체스터필드 백작, 정치가이며 철학자인 불신자 볼링브로크 경이 집회에 참석했었습니다."(Whitefield: Life and Times, V. II., 255-6).

영국 역사에서 일개 복음 전도자가 이렇게 유명하고 까다롭고 비판적인 청중들 앞에 선 경우는 드물었습니다. 휫필드는 "위대한 인물에게 복음을 전하여 그들을 예수 그리스도께로 인도한다는 것이 얼마나 어려운 일인지 알고 있기에, 나는 두렵고 떨리는 마음으로 그들 앞에 섰습니다. 그러나 하나님의 은혜는 나에게 충분하게 임했습니다."고 증거했습니다. 그는 자기 자신은 약하지만, 하나님께로부터 보냄을 받은 자로서, 그분의 대사로서 선다는 확신을 갖고 강하고 담대하게 그 무리들 앞으로 나서는 그의 모습이 눈에 보이는 듯합니다. 그는 그 무리들이 영적으로는 매우 궁핍한 자들임을, 즉 물질적으로는 부자이지만 그들 중에는 죄의 습관에 묶여있는 자들이 많고 또 노쇠한 탓에 세상의 시간의 구속을 떠나 영원으로 들어갈 사람들도 있다는 것을 잘 알고 있었습니다. 그가 "큰 기쁨의 좋은 소식", 곧 예수 그리스도의 복음을 선포할 때 그의 입에서는 사람의 마음을 감동시키는 사랑과 긍휼의 말들이 쏟아져 나왔습니다.

그는 먼저 이 지적(知的)인 사람들의 마음에 와 닿는 메시지를 전하여 준 후, 그 단계에서 기본적 진리 몇 가지를 알려주어서 정서적인 감동을 일으키고 또한 그 다음에 그들의 의지를 움직이고자 하는 계획을 세웠습니다. 볼링브로크 경은 처음 그의 설교를 듣고 나서 그에게 다가와서는 인간에게 있는 거룩한 속성을 아주 올바르게 다루었다고 말했습니다. 그리고 그는 헌팅든 부인에게 보내는 편지에서 이렇게 말했습니다.

"휫필드 씨는 이 시대의 가장 특별한 사람이오. 그는 내가 아는 그 어느 누구보다도 더 위풍당당한 웅변술을 가졌소. 그의 능력은 정말 상당하오. 그 누구도 억제시키지 못할 그의 열심과 그의 경건, 그리고 순전한 그 탁월성이라니..."(269).

당대 유망한 의원인 배스(Bath) 백작은 그의 설교를 처음 듣고 나서 크게 감동을 받아 그에게로 그를 한번 방문하겠노라고 언질했습니다. 그의 약속대로 그를 만난 후, 백작은 헌팅든 부인의 집에서 정기적으로 열리는 집회의 한 구성원이 되었습니다. 비슷한 경우로, 세인트 존 경도 휫필드의 설교를 듣고 신자가 되었습니다. 그러나 그는 그 후 곧 세상을 떠났으며 그가 승리하는 죽음을 맞은 후 헌팅든 부인은 휫필드에게 보내는 편지에서 이렇게 말했습니다.

"좋으신 분, 이 사람은 위대하신 추수꾼이 우리 나라의 귀족들 중에서 거두어들일 그 풍성한 수확의 첫 열매일 것이라고 저는 믿습니다."(270).

그의 설교를 듣고 체스터필드 부인도 심령의 변화를 체험하여 삶이 변화되었습니다. 그녀는 '공식적 활동을 하지 않는 당대의 가장 훌륭한 음악가'로서 헨델과 지르디니(Giardini)를 친구로 두었습니다. 하지만 그녀는 상류 사회와의 교분을 기꺼이 끊었으며 그리스도를 증거한 탓에 세상 사람들이 자신에게 가하는 비난을 기꺼이 감당하였습니다. 언젠가 왕궁에 나갔을 때, 그녀는 체스터필드 경이 외국에서 가져다 준 드레스를 입고 나갔습니다. 그런데 왕이 그녀에게 다가와 말하기를, "나는 그 옷을 누가 골라주었는지 알지. 휫필드 씨 아니오? 그대가 일년 반이나 그를 돌봐주고 있다는 것을 들어서 알고 있소!"라고 말했습니다. 그러자 그녀는 "네, 그렇습니다. 그리고 저는 그분을 매우 좋아합니다"라고 대답했습니다. 왕이 그 말을 듣고 그냥 걸어나가 버렸지만 그녀는 더 이상 아무 말도 하려 하지 않았고 그녀의 왕궁 출입은 그것이 마지막이었습니다.

휫필드의 영향력은 왕가(王家)에까지 미쳤는데, 특히 웨일즈 공 프레더릭이 그의 영향을 많이 받았습니다. 그러나 프레더릭은 복음의 영향 아래 있게 된 지 약 이년 만에 갑자기 세상을 떠나고 말았습니다. 오늘날 그의 불가지론(不可知論)으로 잘 알려져 있던 철학자 데이빗 흄도 휫필드의 청중 가운데 한 사람이었습니다. 그는 설교자 휫필드를 높이 평가했습니다.

"휫필드 씨는 이제까지 내가 접해 본 설교자 중에서 가장 재능 있는 설교자입니다. 그의 설교는 정말 30 km를 걸어서라도 들을 만한 가치가 있습니다."(271).

헌팅든 부인은 이 귀족 작위를 가진 친지들 중에서 꾸준하게 그리스도를 증거하는 일을 해나갔습니다. 그녀는 지도자 자질을 타고난 사람이었고 때로는 융통성 없는 모습을 보이기도 했으나, 그러면서도 여전히 자애롭고 겸손한 그리스도인이었습니다. 더욱이 그녀는 횟필드와 같은 칼빈주의를 포용하면서 더욱 분명한 교리적인 확신을 갖기에 이르렀습니다. 한번은 어떤 귀부인 두 사람이 한 예배당에서 그의 설교를 들은 후 헌팅든 부인에게 와서 말하기를, 그는 죄인들을 향한 그리스도의 사랑이 너무 강하여서 "그분은 마귀에게서 버림받은 자까지도 받아들이실 것"이라고 확실하게 증언했습니다. 그 두 부인은 그 말이 정말 옳은지에 대해 의문을 표시했고 이에 헌팅든 부인은 그들을 횟필드에게 데리고 가서 이 일에 대해 물었습니다. 그는 그 말은 사실이라고 답변한 후 계속하여 말하기를, 설교 시간에 그 말을 하고 난 후 한 노인이 자신을 찾아와 예배당 문 앞을 지나면서 그가 "그리스도께서는 마귀에게서 버림받은 자도 받아들이실 것이라."고 하는 말을 들었다고 하면서, "내가 바로 그런 사람인데 그분께서 나도 받아들여 주시겠느냐?"고 물었습니다. 횟필드는 "당신이 기꺼이 그분께로 나오기만 하면 그렇게 하실 것"이라고 대답했습니다. 그 노부인과 횟필드의 대담은 노부인의 철저한 회심으로 끝이 났는데, 헌팅든 부인은 그 후 그 가엾은 여인이 놀라울 정도로 정결한 삶을 살았으며 떠날 때에는 그리스도께서 죄의 어둠을 씻어주셨다는 분명한 확증이 되었습니다. 그의 설교 사역은 킹스우드의 광부들로부터 흑인 노예들이나 베자민 프랭클린 박사나 벨쳐(Belcher), 영국 귀족 볼링브로크나 체스터필드에게도 골고루 영향력을 끼쳤습니다.

2. 스코틀랜드

횟필드는 1741년 7월 29일 에딘버러(Edinburgh)에 도착했습니다. 여전히 그는 완전히 성숙하지 않았음을 알려 주는 몇 가지 특징을 지니고 있었습니다. 그는 아직도 스물 여섯 살밖에 안되었던 것입니다. 그는 몇몇 사람들의 초청으로 스코틀랜드에 왔는데 특히 그 중에는 두 사람의 유명한 장로교 목사 랄프 어스킨(Ralph Erskine)과 에벤에셀 어스킨(Ebenezer Erskine) 형제가 있었습니다. 그는 그들과 서신 교환을 하고 있었습니다. 그러나 어스킨은 국교회와 갈등하는 중이었습니다. 스코틀랜드 교회에서는 수년 동안 교리와 행실에서 좀 느슨한 것을 허용하는 경향이 있어 왔는데, 이런 상황을 지지하는 사람들은 '온건주의자(Moderates)'로 알려져 있었습니다.

그러나 그들은 '복음주의자(Evangelicals)'라 칭해지던 일부 사람들과 대치 상태에 있었는데, 이 복음주의자들은 그리스도교의 근본 교리를 견지하고 기도의 효력을 믿으며 세상과 분리되어 사는 사람들이었습니다. 그중 온건주의자들이 교회 정치에서는 다수파로서 중요한 위치를 차지하고 있었습니다. 랄프와 에벤에셀 어스킨은 온건주의자들을 반대하는 측의 지도자들이었습니다. 그들은 깊은 학식과 눈에 띄는 외모, 그리고 굽힐 줄 모르는 확신을 지닌 사람들로서, 그들의 핏줄에는 양친 모두로부터 물려받은 귀족의 피가 흐르고 있었습니다.

1730년대에 그 두 사람과 또 그들과 뜻을 같이하는 여덟 명의 목사가 그들의 항변 때문에 목사직을 정지 당했습니다. 이에 그들은 '분리 교회(The Secession Church)'라는 그들만의 교단을 따로 만들었습니다. 그들의 교회는 사람들로 차고 넘쳤고 그들은 스코틀랜드 거의 전역을 상대로 국교회 관리들을 논박하는 항변들을 펼쳤습니다. 어스킨 형제는 휫필드와 제휴를 환영했습니다. 휫필드를 스코틀랜드에 초청한 사람들이 또 있었습니다. 국교회의 영적 쇠퇴를 개탄해하기는 하면서도 이를 선뜻 떠날 마음이 없었던 복음주의파 측의 몇몇 사람이 어스킨 형제와 마찬가지로 휫필드에게 스코틀랜드로 올 것을 촉구한 것입니다. 사실 휫필드가 에딘버러에 도착했을 때 그를 영접한 사람들은 어스킨 형제가 아니라 일단의 이 복음주의자 들이었습니다. 저명한 사람들이 아주 반갑게 그를 영접하여 즉시 에딘버러에서 설교를 부탁했습니다.

교회에서 예배를 마친 후 어스킨 형제는 휫필드와 충분한 대화를 나눠 교회 정치와 엄숙한 연맹 및 언약(Solemn League and Covenant)에 관해 그의 생각을 정립해주고 싶다는 뜻을 밝혔습니다. 그는 오늘 저녁 에딘버러에서 설교하게 되었으므로 설교를 마치고 와서 수일 내에 연합 장로 교회를 만나보겠다고 답변했습니다. 휫필드는 계획된 대로 연합 장로 교회와 만났습니다. 그는 그들을 일컬어 '위엄 있고 또 덕망 있는 사람들의 모임'이라고 했습니다. 그들은 즉시 '교회 정치와 엄숙한 연맹 및 언약'에 대해 자신들이 생각하고 있는 원칙을 제시하기 시작했으나, 그는 그 문제에 관하여 망설임이나 거리낌을 느끼지 않았으므로 굳이 그것을 설명하느라 애쓸 필요가 없다고 말한 후, 자신에게 어떤 일을 시키려하는지를 그들에게 물었습니다. 그들의 답변은 앞으로 계속 그들 편에서만 서서 설교해달라는 것이었습니다. 휫필드는 왜 당신들 편에서만 설교해야 하느냐고 물었습니다. 이 물음에 랄프 어스킨은 "그들은 하나님의 백성들이오."라는 말로 답변했습니다. 그는 말하기를, 자신은 길과 산골짜기로 나가기로 작정했으며 설령, 교황이 직접 자신의 강단을 빌려준다 해도 그 강단에서 기쁘게 그리스도의 의를 선포할 것이라고 했습니다.

이 일 후 얼마 안되어 그 모임은 해체되었습니다. 그렇게 되지 않았더라면 여전히 덕망 있는 분들이었을 그 모임 사람 중의 하나가 즉각 집회소로 와서, "파수꾼이여 밤이 어떻게 되었느뇨?"라는 말씀을 가지고 설교했습니다. 그러나 그 훌륭한 사람은 감독 제도와 공동 기도서와 추기경 모자에 그려진 장미 등 외적인 것을 공박하는데 시간을 보낸지라, 불쌍한 죄인들을 예수 그리스도께로 인도할 때에는 목소리가 작아 거의 들리지도 않았습니다. 이 모든 것의 결과는 공개적인 결별이었으며, 나는 물러났고 또 울었으며 더욱 기도했습니다. 그리고 들판에서 설교한 후에는 주저앉아 그들과 함께 먹었으며, 그리고는 작별을 고하였습니다.

연합 장로 교회와 결별한 데 뒤이어 그는 국교회의 복음주의파와 활발한 협력 관계에 들어갔습니다. 스코틀랜드에서의 휫필드의 활동은 그가 얼마나 주도면밀한 계획 아래서 사역하는지를 다시 한번 증거 해줍니다. 그는 에딘버러에서 세 주간을 지낸 후 그곳을 근거지로 하여 각각 다른 방향으로 한 주간에 걸친 선교 여행을 떠났는데, 이때 그가 간 곳은 북서쪽으로 폴커크(Falkirk)와 스털링(Stiling), 북쪽으로 퍼스(Perth)와 크리에프(Crieff), 더 북쪽으로 쿠파(Cupar)와 던디(Dundee) 지역이었습니다. 넷째 주는 서부의 글래스고우(Glasgow)와 그 주변에서 보냈고, 다섯째 주는 남쪽의 갤쉴즈(Galshiels)와 인접 소읍에서 보냈습니다.

그는 에딘버러에서 또 한 주를 보낸 후, 북동쪽의 에버딘(Aberdeen)으로 향하는 세 주간의 순회 사역 길에 올랐습니다. 그의 사역은 몇몇 전기 작가들이 말대로 충동적으로 행한 것이 아니라 세심한 계획에 따라 이루어 졌습니다. 그래서 그는 스코틀랜드에서 도시와 마을들에서 많이 전도 여행을 다닐 수 있었습니다. 휫필드는 스코틀랜드에서 약 삼 개월 간 머물렀습니다. 그가 떠날 차비를 할 무렵, 하나님 아래서 그의 사역이 맺은 열매들이 널리 나타나기 시작했습니다. 예를 들어, 거리를 배회하는 아동들을 수용하는 한 아동 구제소의 보모는 그에게 저는 이제 기도와 찬송 소리에 일깨움 받았다고 말했습니다.

처음에 휫필드에 대해 좀 비판적이었던 존 윌리슨(John Willison)은 그의 사역을 목격하고 서 그를 이렇게 말했습니다.
"이 귀한 청년은 복음 전도자로 일하는데 유례 없이 적합한 청년입니다. 주님께서 그를 분발케 하사, 자기 생명과 명성과 자기의 모든 것을 그리스도를 위해 과감히 내맡기게 하시고 또 자기 조국에서 누릴 수 있는 모든 혜택들을 거부하고 또한 바다와 육지에서 온갖 위험을 무릅쓰게 하시는 것을 보고 있노라면....나는 우리가 정말 그를 귀히 여기고 그의 사역을 인해 정말 사랑으로써 그를 존경해야 한다고 생각하지 않을 수가 없습니다."(97-8).

휫필드는 이렇게 자기 뒤에 영적 불이 타오르게 해놓고 스코틀랜드를 떠났습니다. 그는 레브 경이 그에게 준 멋진 말을 타고 갔지만 말머리를 영국이 아닌 웨일즈로 향하게 했습니다. 그는 곧 결혼할 작정이었습니다. 자기보다 열 살이나 연상인 한 과부와 말입니다.

3. 캠버슬랭의 신앙 부흥

휫필드는 1742년 6월 3일에 에딘버러에 왔습니다. 스코틀랜드를 처음 방문한 이후 일곱 달 만이었으며, 이 두 번째 방문기간 동안 글래스고우 근처의 두 교구, 즉 킬싯(Kilsyth)과 캠버슬랭에서는 놀라운 일들이 일어났습니다. 이 교구들에서의 하나님의 일은 한 동안 퇴조를 맞고 있었습니다. 캠버슬랭의 윌리엄 맥컬록 목사와 킬싯의 제임스로브(James Robe) 목사는 우리의 상황은 아주 악화되어, 그리스도 안에 있는 신자들이 죽어가고 있는 것을 보면서 우리 목사들이 위로를 해줄 수 있는 사람들은 거의 없다고 말했습니다.

맥컬록과 로브는 뛰어난 설교 능력을 소유한 사람들이 아니었으나, 자신들의 영적 책임을 의식하고서 1741년 더욱 증대되는 열심히 자신들의 일을 하기 시작했습니다. 그들은 새로운 열정으로 하나님의 거룩하심과 인간의 죄악 됨과 그리스도의 대속(代贖)과 거듭남의 필요성을 선포했습니다. 바로 그 즈음에 휫필드가 처음으로 스코틀랜드를 방문했었습니다. 그는 글래스고우에서 한 주간 동안 설교했고 그가 떠난 후 캠버슬랭과 킬싯 사람들 사이에서는 성경의 중요 진리에 대한 인식이 좀더 깊어졌고 기도에 대한 관심도 새로워졌습니다. 이러한 상태는 계속 지속되어 1742년 2월 18일 맥컬록은 보고하기를 성경 강좌가 끝날 무렵 '상당한 우울' 상태에 빠져있던 오십여 명의 사람들이 자신의 거실로 들어왔고 자신은 "밤새도록 그들을 권면했다."고 했습니다(122).

그로부터 두 달이 채 되기도 전 그는 이렇게 해서 각성된 사람들의 수가 삼백 명을 헤아린다고 말했습니다. 이때 킬싯에서도 비슷한 일이 일어나고 있었습니다. 로브는 1742년 5월 16일 주일날의 일을 이렇게 기록했습니다.

"설교 말씀에 성령의 특별한 능력이 함께 했습니다. 회중들은 크게 애통했습니다. 많은 사람들이 큰 소리로 울었으며 그 우는 사람들 중에는 여자들뿐만 아니라 강하고 담대한 남자들도 있었습니다. 우는 사람들의 숫자가 너무 많아서 나는 그들을 교회 안으로 불러 모을 수밖에 없었습니다. 맥컬록과 마찬가지로 로브도 그들 중 많은 사람들이 '그리스도와의 구원에 이르는 연합'을 경험하게 되어 삶이 변화되는 것을 보았습니다. 그는 기쁨에 넘친 이렇게 외쳤습니다. 오! 하나님을 찬양하라. 우리를 향하신 그분의 인자를 인하여 그분을 찬양하라고 모두에게 말하라. 그러면 그분은 이후로도 오랫동안 우리와 함께 머무시리니. 오 이것이 정말 귀중한 권고(眷顧)라. 그분은 상처를 입히셨으나 치료하시리. 오 하늘과 땅으로 하여금 그분을 찬양케 하라!"(122-3).

이 사건에 대한 소식은 여러 경험 많은 목사들로 하여금 캠버슬랭과 킬싯을 찾아와 이 일이 단순한 감정의 폭발인지 아니면 참으로 하나님의 역사인지를 살펴보게 만들었습니다. 이곳을 시찰한 목사 중의 한사람이 글래스고우의 존 해밀톤(John Hamilton) 박사였는데, 그는 "징벌에 대한 두려움에서가 아니라 하나님의 영광을 가렸다는 의식에서 비롯된 뉘우침"을 목격했다고 보고했습니다. 또한 존 윌리슨(John Willson) 박사는 "나는 여자와 남자, 노인과 청년 등 많은 사람과 대화를 나눴으나, 그들에게서 열광적인 것은 전혀 발견할 수가 없었습니다. 전반적으로 볼 때 나는 캠버슬랭에서 일어난 일이 성령의 독특하고도 놀랍도록 부어짐으로 말미암은 것이라고 생각됩니다."(124).

이렇게 캠버슬랭과 킬싯을 필두로 하여 남부 스코틀랜드의 도시들이 휫필드의 사역을 위해 준비되었습니다. 이번에는 휫필드 부인이 그와 동행하였습니다. 그들은 연안을 운항하는 배를 타고 여행했는데, 이 때 일을 그는 이렇게 썼습니다.

"나는 배 안에서 전적으로 은밀히 기도하며 보냈다....나 자신이 아주 낮고, 내 귀하신 주님의 영광을 조금이라도 빼앗는 일이 없도록 기도했습니다."(124).

그는 즉각 사역에 착수하여 에딘버러의 고아원 공원에서 하루에 두 번씩 설교하고 매일 저녁마다 성경을 강해했습니다. 또한 그는 글래스고우를 방문하여 '이 만 명의 이름으로' 환영을 받았으며 그곳과 몇몇 마을에서 결과들을 목격했습니다. 휫필드는 에벤에셀 어스킨에게 편지를 써보내기도 했습니다.

"나는 당신을 지극히 존중하고 존경하며 또한 하나님을 향한 당신의 열정에 찬사를 보내는 바입니다. 그리고 어떤 면에서 나를 향한 비난이라 생각되는 것들도 있으나, 나는 결코 분개를 느끼지 않으며 즐거운 마음으로 앉아서 당신과 당신의 형제들의 설교를 들을 수 있습니다. 나는 당신을 위해 간절히 기도합니다. 나는 눈물을 흘릴 수도 있습니다. 오, 파수꾼들이 눈과 눈을 맞대고 볼 수 있는 날은 언제 올까요?"(125).

휫필드가 캠버슬랭에 도착하자 사람들 사이에 더욱 열기가 고조되었습니다. 천연의 대형 야외 경기장에서 예배를 드렸는데 첫날 하루 동안 그는 세 차례나 설교를 했습니다. 이 날의 일을 그는 이렇게 말했습니다.

"그런 소동, 더욱이 밤 열한 시의 그런 소동은 정말 전례가 없는 것이었습니다. 약 한 시간 반 동안 예배가 진행되는 사이 많은 사람들이 눈물을 흘렸고 많은 사람들이 깊은 영적 슬픔에 빠져 다양한 방법으로 그것을 표현했습니다."(125).

맥컬록 씨는 내가 설교를 마친 후 새벽 한 시가 지날 때까지 설교했으나, 시간이 그렇게 되었는데도 그들에게 돌아가라고 설득할 수가 없었습니다. 그 날 밤, 그 들판에서는 밤새도록 기도와 찬양 소리를 들을 수 있었습니다. 새벽에 한 귀부인은 젊은 숙녀들이 찬양을 하고 있는 것을 보고 그들과 어울려 찬양하기도 했습니다. 그 다음 주일에는 성찬식이 거행되었습니다. 최근에 회심을 한 수많은 사람들이 강렬한 열심히 이 예식에 참여하려는 것을 볼 수 있었는데, 맥컬록의 표현을 빌리자면, "그리스도께서 그들을 사랑하시고 또 그들의 사랑 받는 주님으로서 그들 안에서 다스리셨고, 그들 위에서 다스리셨으며, 그들을 위해 다스리셨다."(125).

목사들도 몇 명 내방하여 두개의 설교단이 설치되기도 했습니다. 성찬에 참여할 의도로 온 사람들은 목사들이 심사하여, 거듭났다는 증거를 갖고 있는 사람에게만 성찬에 참여해도 좋다는 금속제 증표를 주었습니다. 예배는 토요일 내내 진행되었고 주일에는 설교와 더불어 성찬이 시행되었으며 월요일에는 마지막 대예배로써 모든 순서를 마감했습니다. 존 케닉에게 보낸 편지에서 휫필드는 이렇게 말했습니다.

"안식일 날 그곳에는 틀림없이 이만 명 이상의 사람들이 모였소. 성찬식도 야외에서 가졌소. 내가 만찬 상에서 떡을 떼어주기 시작하자 사람들이 너무 많이 밀려와 그 일을 중지하고 설교를 할 수밖에 없었고, 그 동안 다른 목사들이 다른 성찬에서 떼어 주었소. 목사들이 한사람 한사람씩 하루 종일 설교했고 저녁 때 성찬이 끝난 후에는 목사들의 요청에 따라 내가 온 회중에게 설교했소. 월요일 아침, 다시 내가 설교했는데 그렇게 많은 사람들이 동시에 감동에 빠지는 광경은 전에 본 적이 없소. 당신이 여기 있었더라면 창에 찔린 구세주를 애도하며 눈물로 온 몸을 적신 수천 명의 사람들을 볼 수 있었을 것이오."(126).

그 후 휫필드는 스코틀랜드의 다른 지역에서 계속 설교했고, 한 달이 지나자 또 한 차례의 성찬 예배를 위해 캠버슬랭으로 돌아왔습니다. 스코틀랜드 방방곡곡에서 사람들이 몰려왔고, 그 중에는 먼 거리를 걸어서 온 사람들도 많았습니다. 모인 사람들의 총 수는 삼 만여 명으로 추산되었습니다. 예배는 주일 아침 여덟 시 삼십 분에 시작되었는데 맨 마지막 성찬에 놓인 떡은 해가 질 무렵에야 떼어 줄 수 있었습니다. 이번에는 설교단이 세 개나 설치되었고 설교는 하루종일 행해졌습니다. 그때 이 예배에 참석한 목사들 중에는 존 보나르(John Bonar) 원로 목사도 있었는데, 그는 우리가 잘 알고 있는 호레이셔스 보나르(Horatius Bonar)와 앤드류 보나르(Andrew Bonar)의 고조부입니다. 그는 매우 허약한 사람이어서, 토픽(Torphichen)에 있는 그의 집에서 30km 거리를 말을 타고 오는데 사흘이 걸렸습니다. 그리고 그는 부축을 받으며 설교단에 올라서면 생기 있는 모습으로 변해서 설교를 연속으로 세 번이나 설교했습니다(129).

캠버슬랭에서의 뜨거운 감격의 열기는 또 다시 여러 목사들로 하여금 그 감격을 체험한 사람들을 심사해보게 만들었습니다. 그러나 그는 이렇게 하나님의 복을 체험하고 있는 동안에도 여전히 반대에 부딪혔습니다. 연합 장로회 측 사람들이 반(反) 교황주의, 반 루터교, 반 감독제, 반 휫필드주의, 반 에라스무스주의, 반 분파주의를 위해 고난받는 남은 자들인 스코틀랜드 참 그리스도의 장로 교회의 선언, 항의, 증거라는 서른 두 쪽에 달하는 팜플렛을 발행한 것입니다. 그들은 '그의 부정하고 감독 제도적인 손'이 장로교의 성찬을 집행하였다고 주장했으며, 그는 우상 숭배 교인 영국 국교회의 일원인 추잡한 우상 숭배자입니다. 그는 적 그리스도의 앞잡이이며, 숫돼지이고 야수라고 주장했습니다. 또한 그들은 횟필드가 고아원을 위해 모으고 있다고 주장한 돈이 대량으로 그의 주머니 속으로 들어갔다고 주장했습니다. 그는 이 사람에게 아무런 대꾸도 하지 않았으나 한 친구에게 보내는 편지에서 이렇게 말했습니다.

"친애하는 어스킨 형제는 나에게 아주 검은 색 옷을 입혀놓았소. 아, 가엾은 사람들."(131).

이와 비슷한 팜플렛이 스코틀랜드에서는 일곱 가지가 더 등장하였는데, 한결같이 횟필드를 풍자하는 것들이었습니다. 그런데 그 때 아메리카에서 씌어진 팜플렛 두 종류도 스코틀랜드에 유포되고 있었습니다. 그 팜플렛들은 횟필드가 사역한 결과 식민 대륙에서 해로운 광신적 습속이 일어나고 있다고 주장했으며 몇몇 청년들이 자칭 그 습속의 전파자라 하면서 청중들을 끌어 모으고, 그들을 광신 상태로 이끌어들이고 있다고 했습니다. 캠버슬랭에서 극단적인 감정의 격돌이 일어나는 것을 본 스코틀랜드 사람들 중에는 그러한 비난들을 사실로 믿으려고 하는 사람들이 많았습니다. 하지만 그러한 주장에도 불구하고, 캠버슬랭에서 일어난 신앙 부흥의 크고 신령한 가치는 도처에서 분명하게 나타났습니다. 그것은 선정주의나, 쇼맨쉽이나 흥행 사업의 결실이 아니었습니다.

그보다 맥컬록이 표현한 것처럼 "....이 일은 그리스도교의 위대하고도 본질적인 교리의 영향 아래서 시작되고 수행이 되었습니다."(131).

그것이 바로 맥컬록과 로브, 그리고 캠버슬랭에서의 역사에 참여했던 다양한 사람들, 그리고 누구보다도 횟필드가 설파한 진리였습니다. 구년 후 맥컬록은 자신이 목격한 그 운동을 재차 평가하면서 이렇게 말했습니다.

"이 일은 모든 계층, 모든 연령, 그리고 어떤 도덕적 상황에 처해있는 사람이든 상관없이 모두를 포용했습니다. 그 일의 위력 아래 들어온 사람들은 저주와 욕설과 술 취함을 포기했습니다. 그 일은 불의(不義)한 행동을 뉘우치게 했고 복수심에 가득 찬 사람으로 하여금 용서를 베풀게 했습니다. 그 일은 목회자와 성도들을 좀더 강한 긍휼의 끈으로 한데 묶어주었습니다. 그 일은 가정 제단을 쌓게 만들었습니다. 그 일은 사람들을 하나님 말씀을 배우는 학생들로 만들었고, 그들로 하여금 천국에서 그들의 아버지와 교제하려는 생각과 목적을 갖고 그것을 위해서 만들었습니다. 알곡 중에 쭉정이가 있었던 것도 사실이지만 목사들이 세심하게 이를 간파해내어 즉시 뽑아 없애 버렸습니다. 그 후로도 오랫동안, 캠버슬랭에서의 역사 때 회심했다고 믿는 겸손한 남녀들이 흠이 없는 그리스도인의 이름으로 이웃들 가운데로 걸어 들어갔으며, 그 부흥의 시절 주님이요 구주로 부르게 되었던 분의 품에 안겨 화평하게 죽어갔습니다." (136-7).

4. 미국 선교

폭풍우가 쉴새없이 몰아닥치는 대서양을 천신만고 끝에 건넌, 휫필드는 뉴햄프셔(New Hampshire)의 요크(York)에 상륙했습니다. 1744년 10월 26일, 그의 나이 스물 아홉 때의 일이었습니다.

지난 번 아메리카에 다녀간 후로 사년의 세월이 경과했고 그동안 대각성 운동에는 여러 가지 중요한 변화들이 있었습니다. 그가 아메리카를 떠날 당시 영광스러운 영적 사역이 이행되고 있었고, 그가 떠난 후에도 그 일은 계속되었습니다. 길버트 테넨트는 보스톤에서 수고했으며, 올드 사우스 교회(Old South Church)의 토마스 프린스(Thomas Prince)는 증언했습니다. 석 달이 채 못되어, 우리 교회의 성찬 참여자는 육십 명이나 늘어났습니다. 그들 대다수는 성령께서 그들 영혼에 이뤄주신 일을 더욱 증거합니다. 프린스 씨는 횟필드 씨가 떠난 후로 일년 반 이상, 이 거룩한 일을 이 마을에서나 이 지역에서 분열을 알리는 잡음 하나 없이 성공적으로 진척되었고 증언했습니다.

코네티컷(Connecticut)주 라임(Lyme)에서 사역하던 조나단 파슨즈(Jonathan Parsons)도 이렇게 말했습니다.

"사람들은 성경을 아는 지식에서나, 죄를 깨닫게 하시고 또 거듭나게 하시며 또한 거룩하게 만드시는 성령의 역사를 교리로만 이해하는 데에서 여섯 달 만에 놀라운 진전을 보였습니다. 내가 구년 동안 사역하면서 이룬 것보다 더 많은 변화들이 이 여섯 달 동안 일어난 것입니다. 그 외 다른 목사들도 자기 자신의 마음, 자신의 교회, 그리고 자신의 마음들에서 진행된 영적 역사에 대해 비슷한 말들을 했습니다."

토마스 프린스 목사는 이러한 증언들을 폭넓게 보고해주는 매체의 필요성을 인식하고 「그리스도인 역사(The Christian History)」라는 주간 신문을 발행하기 시작했습니다. 앞에서 말했다시피, 이 운동은 "횟필드가 아메리카로 떠난 후 일년 반 이상"이나 힘있게 지속되었습니다. 그렇지만 이 일에도 또 다른 요소들도 개입되었습니다. 예를 들어, 교회 예배 때 시끄러운 소리를 내거나 혼란 상태를 야기시키는 관습이 생각난 것입니다. 이런 관습은 성령께서 많은 사람들의 심령에 죄에 대한 자각을 주사 자신의 죄를 깨우친 죄인들로 하여금 어찌할 수 없는 회한에 겨워 크게 소리치며 울게 만드신 일에서 비롯된 것이었습니다. 그런데 어떤 사람들은 이런 극단적인 체험들이 신앙 부흥에 반드시 필요한 요소라고 생각하여 예배 중에 큰 소리를 치거나 예배당 바닥에 엎드러지거나 하면서 이를 흉내내려고도 했습니다.

게다가 이른 바 '권면자들'로 알려진 다수의 청년들의 활동에도 위험 요소가 있었습니다. 그들 대부분은 근본적으로 열심 있는 자들이긴 했으나, 대개가 교육을 별로 받지 못한 사람들이었고 언사가 상스러운 사람들도 있었습니다. 그들은 허가도 없이 권면자들로 행세했을 뿐만 아니라 그들 중에는 여러 목사들을 공공연히 비난하는 것을 주된 임무로 삼는 자들도 있었습니다. 물론 그 권면자들의 노고가 대각성 운동의 진전에 기여를 하는 경우도 있긴 했지만, 영적 지도자들로서의 훈련도 되어있지 않았습니다. 제멋대로 행동하는 자들이 대부분인 그들의 활동은 전반적으로 그 운동에 심히 유해한 것이었습니다.

예배 때와 권면자들의 활동 때나 빈번하게 발생하는 혼란 사태는 대각성 운동의 평판을 떨어뜨리기 시작했습니다. 그러나 무엇보다도 큰 어려움은 제임스 데븐포트(James Davenport) 목사라는 인물의 행동에서 비롯되었습니다. 데븐포트는 한 때 병을 앓은, 육신과 정신이 모두 쇠약해진 사람이었습니다. 그러나 목회의 길로 들어선 그는 참으로 큰 열심을 보여, 다른 목사들과 성도들은 그를 '지극히 천상적인 마음을 가진 사람'으로 널리 인정할 정도였습니다. 그러던 차에 대각성 운동을 접하게 된 그는 큰 열심을 가지고 그 운동에 뛰어들었습니다. 하지만 그의 정신적 육신적 상태는 그런 새로운 감격에 잘 대처할 수 없는 상태라는 것이 곧 분명해졌습니다. 데븐포트의 병적인 상태는 자신이 하나님의 직접 계시에 의해 인도 받고 있다는 그의 고백에서 제일 먼저 드러났습니다. 그는 자기 자신을 위대한 개혁자요 또 하나님의 특별한 은총을 받은 자로 자처하면서, 하나님께서 자신에게 꿈과 이상(異象)으로 말씀하신다고 말했습니다.

그가 설교할 때마다 사람들이 경련을 일으키거나 기절하는 일이 자주 일어났는데 그는 그런 현상들을 신적(的)인 힘이 역사하는 것으로 간주했습니다. 그는 오랫동안 일종의 열병을 앓았는데 그의 건강 상태는 온밤을 기도로 새운다거나 때때로 스물 한 시간씩 설교를 하는 등의 기괴한 행동 때문에 더욱 악화되었습니다. 여행을 할 때면 그는 그 지역의 목사를 불러다놓고 그들의 영적 체험을 이야기해보라고 하고서는 자신이 생각하는 어떤 수준에 체험을 하지 못한 목사들에 대해서는 모두 회심하지 않은 자라고 공공연히 비난했습니다. 그는 자신의 추종자들에게 그런 종류의 일을 계속해나갈 것을 촉구했으며 설령 그것이 그 식민 대륙의 법률을 무시하는 것을 의미한다고 할지라도 그는 아랑곳하지 않았습니다. 한때 그는 체포되기도 했으며, 심문하는 사람들을 보호하기 위해 의용군이 소집되기도 했습니다. 그는 "세상적인 것들을 사랑하는 사람들을 치료"한다는 명목으로 사람들에게 가발, 외투, 총개머리, 두건, 가운, 반지와 보석류' 등을 가져오게 한 후 다량의 복음주의 서적들과 함께 그것들을 불태워버렸습니다.

후에 데븐포트는 자신의 그 어리석은 행동들을 사과하기는 했지만, 그가 끼친 해악은 쉽사리 제거되지 않았습니다. 그에게는 상당수의 추종자들이 있었는데, 그들 중에도 하나님께서 자신에게 직접 말씀하시며 또 자신은 자신의 행동에 그 이상 어느 누구의 허가도 필요로 하지 않았다고 주장하는 자들이 많았습니다. 일부는 데븐포트 편이었지만 그를 반대하는 사람이 더 많았고, 그래서 가정과 교회와 마을에 분열이 발생하기 시작했으며 회중 교회와 장로교 교회, 침례교 교회도 각각 두 파로 나누어졌습니다. 그런데 횟필드가 바로 그런 극단적인 행동들과 분열을 야기시킨 자로 비난을 받고 있었으니, 그를 그렇게 비난하는 자들이 아무 근거도 없이 그런 주장을 하는 것은 사실이 아니었습니다. 지난 번 아메리카를 방문하여 머무는 동안 횟필드는 자기 마음에 어떤 인상들이 주어진 것에 대해 이야기했는데, 바로 그것이 직접 계시를 주장하는 근거로 인용되었던 것입니다.

또한 그는 모든 그리스도인은 복음을 널리 알리는데 바빠야 한다고 말했고 또 사역자들에게는 일주일 내내 매일 설교를 하도록 영향을 끼쳤는데, 이것이 바로 앞서 말한 소위 권면자들이 그들 활동의 허가장으로 내세우는 사실이었습니다. 횟필드는 죄인들이 죄를 깊이 깨우치는 것을 보면서 기뻐했고 또 사역자들 중에 회심하지 않은 자들이 있다고 비난하기도 했는데 그의 대적자들이 이를 이용하여 혼란과 분열을 일으킵니다. 자신에게 가해진 이런 비난들에 관해 횟필드는 이렇게 말했습니다.

"성직자들과 평신도들 중의 많은 훌륭한 사람들이 한 동안 환상을 믿음으로, 상상을 계시로 착각하여 아주 몰염치하게 행동하는 죄를 지었습니다. 그런데 내가 지난 번 영국으로 떠날 당시에는 이런 성질의 일들이 나타나기조차 하지 않았는데, 이제 내가 그 모든 사태의 제일 원인을 제공한 자로 모든 책임이 나에게 전가되고 있습니다."

이제 휫필드는 바로 이런 상황을 바로잡으려는 순간이었습니다. 건강 상태가 매우 안 좋았음에도 불구하고, 그는 여러 곳에서 설교 요청을 즉각 받아들였습니다. 그러나 곧 그는 자리에 눕고 말았습니다. 그는 병상에 누워서도, "하나님께서 나를 지극히 관대하게 대하셨기 때문에 나는 나의 동물적 삶과 구별되는 나의 거룩한 삶이 나로 하여금 고통을 비웃게 만든다고 느껴진다...."고 술회했습니다. 그는 자리에서 일어나 설교하러 갔다가는 곧 죽을 사람처럼 보이는 모습으로 집에 돌아왔습니다. 그는 혼수상태에 빠졌는데, 이때 한 흑인 여인이 찾아와 그의 얼굴을 간절한 시선으로 쳐다보면서 말하기를 "주인님, 당신이 이제 막 천국 문으로 가십니다. 그러나 예수께서 '내려가거라! 너는 아직 여기 와서는 안 된다. 먼저 가서 불쌍한 검둥이들을 더 많이 부르거라!'고 말씀하셨습니다"고 하셨습니다. 그 여인의 말대로 그는 점차 의식을 회복했으나 그의 앞에 놓여있는 중요한 일을 시작할 때 그의 육신은 여전히 병약한 상태였습니다.

보스톤으로 간 휫필드는 자신이 광신주의를 발생시킨 자로 비난받는 소문 때문에 전에 자신을 후원했던 사람들이 자신에 대해 의혹을 갖고 있다는 것을 알게 되었습니다. 슈얼(Sewall)박사, 콜맨 박사, 토마스 팍스크로프트(Thomas Foxcroft), 토마스 프린스 등의 네 훌륭한 목사들이 휫필드에게 이 일의 진상을 밝힐 것을 요구했는데, 이때 일을 휫필드는 이렇게 말했습니다.

"그들의 말을 듣고, 나는 내가 떠난 후 근 이년 동안 하나님의 일이 가장 영광스러운 방식으로 진척되었음을 알게 되었습니다. 그들은 내가 분열을 조장한 것으로 알고 있었으며, 또 내가 설교자들 대다수가 미지(未知)의 그리스도를 전파하고 있으며 대학들은 몽매에 빠져있다고 말한 것, 그리고 회심하지 않은 자가 사역할 때 따르는 위험을 이야기하면서 "죽은 사람이 어떻게 살아있는 아이를 낳을 수 있느냐? 고 말한 것이 일부 사람들에게 분열을 부추겼던 것으로 알고 있었습니다. 나는 나 자신이 결코 사람들을 분열시키는 원리를 소유한 사람이 아닙니다. 다만 평화의 복음을 전파하고 모든 사람들 중에 사랑을 증진시키려 뉴잉글랜드에 온 것인데, 만에 하나 내가 말한 것이 분열을 장려하는 수단으로 이용되었다면 참으로 유감이라고 말했습니다. 우리는 몇 가지 사항에 대해 거리낌없이 화기애애하게 이야기했고 또 그 덕분에 그들의 경계심이 상당히 사그라지는 듯했으며, 콜맨 박사는 자기 집회소에서 설교해줄 것을 요청하기까지 했습니다."

이 토론이 있고 난 후, 그의 설교를 듣고 난 후, 보스톤의 이 목사들은 그에 대한 신뢰를 회복했습니다. 그들은 휫필드가 지난번 아메리카를 방문할 당시 겨우 스물네 살의 청년이었다는 사실을 새삼 깨달았고, 이제 그는 더 성숙했고 또 지혜도 소유했으므로 지나치게 과격한 표현 따위는 삼가리라고 생각했습니다. 이러한 사실들이 인정되어 휫필드는 뉴잉글랜드에서 지난번과 다름없이 광범위한 사역을 전개할 수 있었습니다. 그는 보스톤의 여러 교회에서 계속해서 설교했으며, 어느 곳을 가든 교회당 건물은 사람들로 가득 찼습니다. 사람들의 요구에 부응하여 그는 아침 여섯 시에 한 차례 예배를 드리고 나서 일곱 시에 또 한번의 예배를 집례했습니다.

"여덟 시나 아홉 시까지 침대에 누워 있던 사람들이 추운 겨울철 동틀 무렵부터 말씀을 들으러 달려오는 것을 보는 일"이 얼마나 즐거운 일인지 이야기했습니다.

휫필드가 이런 식으로 사역을 전개해나가자, 사람들은 그가 데븐포트와 같은 관습들을 영속시킬 의사가 전혀 없다는 것을 점차 깨닫게 되었고, 따라서 그에 대한 편견도 눈에 띄게 줄어들었습니다. 그는 자신의 행동과 설교는 사랑 외에는 호흡하지 않았다고 말했습니다. 그가 보스톤에 돌아오자 그를 공박하는 인쇄물들이 쏟아져 나오기 시작했습니다. 그런데 그 중에는 아주 유명한 곳에서 발행한 것도 있었으니, 그 팜플렛의 제목은 하버드 대학의 총장, 교수, 강사, 그리고 히브리어 전임 강사가 조지 횟필드 목사를 논박하는 증언이었습니다. 이 증언은 횟필드가 "광신자, 비판적이고 무자비한 사람, 대중을 기만하는 자"라고 주장했으며, 이에 대한 증거로서 그 저자들은 그가 꿈과 인상(印象)에 의지하고 있다고 말했고, 또 그가 하버드와 예일 대학교가 '영적 몽매'에 빠져 있다고 주장한 말을 인용했습니다. 그들은 또한 그가 자신이 운영하는 고아원의 불충분한 재정에 관해 말함으로써 대중들을 기만하고 있다고 주장했습니다.

횟필드는 몸이 계속 아팠음에도 불구하고, 이에 오해에 대한 답변을 썼습니다. 이 글에서 그는 과거 자신의 행동에 어떤 미숙한 요소가 있었음을 시인하고, 이에 대해 사과했습니다. 그러나 또한 그는 하버드 대학교 총장인 에드워드 홀리오크(Edward Holyoke) 박사의 설교를 인용했는데, 그 설교에는 증언자가 횟필드를 비난하는 근거로 삼았던 그의 발언과 똑같은 발언이 담겨 있었습니다. 요컨대 그도 자신과 똑같은 오류를 범했다는 것이었습니다. 그는 결코 타협적인 자세를 취하지 않았습니다. 그의 태도는 단호했습니다. 하지만 그의 어투는 침착하고 화해 지향적이었습니다. 주목할만한 사실은, 증언을 쓴 사람들이 횟필드를 향한 자기 자신들의 태도야말로 '비판적이고 무정하다'는 것을 깨닫지 못했다는 점입니다.

"하버드가 그를 논박하는 글을 발행했다."는 사실은 지금까지 수도 없이 사람들의 입에 오르내리고 있지만, 그가 하버드에 끼친 유익에 감사를 표하기 위해 후에 그 대학이 발행한 기록 문서는 거의 알려지지 않고 있습니다. 그가 보스톤에 머무는 동안 사람들은 계속 그곳에 남아 달라고 아우성을 쳤습니다. 그를 설득하기 위해 그들은 아메리카 내의 어느 곳에든 당시로서는 가장 큰 교회를 지어 주겠다고 제의했습니다.

휫필드는 뉴잉글랜드에 아홉 달 간 머물렀으며, 그 기간 동안 그는 광신적 관습을 조장시키려 했다는 비난을 자신의 삶으로써 불식시켜 나갔습니다. 그는 끊임없는 노력으로 특징지어지는 한편 신중한 자제력의 지배를 받는 사역의 본을 보였습니다. 뉴잉글랜드를 떠나면서 휫필드는 한 여행길에 올랐습니다. 목적지는 조지아에 있는 고아원이었고, 가는 길에 들려서 설교를 할 작정이었습니다. 그가 뉴욕에 도착했을 때 신문들은 그에 대하여 긍정적으로 말하기도 하고 또 부정적으로 말하기도 했지만, 그의 설교 때에는 여느 곳에서나 다름없이 많은 사람들이 몰려들었습니다. 필라델피아 사람들은 일년 중 여섯 달만이라도 자신들을 위해서 설교를 해주면 연봉 팔백 파운드를 주겠다고 제의도 받기도 했습니다. 그러나 그는 보스톤에서 그랬듯이 이 제의도 정중하게 거절했습니다.

그는 버지니아(Virginia)에서 활자로 인쇄된 자신의 설교가 아주 효율적으로 이용될 수 있다는 주목할 만한 증거를 얻었습니다. 벽돌을 쌓는 자였던 사무엘 모리스(Samuel Morris) 씨가 자기 집에 모인 사람들에게 휫필드의 설교를 읽어주는 일을 시작했습니다. 그런데 얼마 지나지 않아 그의 집은 사람들로 붐비기 시작했고, 그래서 그는 이 일을 위해 새 건물을 지었습니다. 그런데 이 건물 역시 사람들이 차고 넘쳐 두 번째, 세 번째, 네 번째의 그런 '낭독의 집

(Reading House)'이 계속 건축되었습니다. 그리고 새 건물이 완공될 때마다 그곳은 즉각 사람들로 가득 찼습니다. 그곳에서 휫필드의 설교가 낭독되는 것을 들으며, 또 어떤 사람들은 섧게 울기도 했으며, 또한 많은 사람들이 확실하게 회심을 했습니다. 휫필드는 모리스와 그의 집에 모인 사람들을 방문하여 닷새 동안 함께 머물렀습니다. 이것이 버지니아에서 장로교가 생겨나게 된 시초였습니다. 활자로 인쇄된 휫필드의 설교가 어떤 가치를 지니고 있었는지 따져보려면 반드시 사무엘 모리스와 그의 '낭독의 집' 이야기를 살펴보아야 합니다.

이런 상황 가운데서 휫필드는 영국에서 아주 고민스런 일이 일어났다는 통지를 받았습니다. 존 케닉이 휫필드와 그의 일을 버리고 떠났다는 소식이었습니다. 그는 케닉을 '장막'의 목사이자 전(全) 영국에 '휫필드의 감리교'의 감독으로 세워두고, 아메리카로 왔는데, 케닉은 그 엄청난 직무를 감당할 수가 없었습니다. 물론, 그는 설교자로서 비범한 능력을 소유한 데다가 거룩한 삶, 불굴의 용기, 지칠 줄 모르는 열심이 있는 사람이었지만, 휫필드가 그에게 맡긴 책임들은 그가 혼자서 감당하기에 너무 벅찼었습니다. 그는 힘이 있는 동반자가 필요하다고 생각했지만 휫필드가 언제 돌아올 지는 알 수 없었습니다. 그래서 그는 오래 전부터 모라비아 형제단과의 교제에 친밀하던 그가 결국 그 운동에 투신하기로 했습니다. 존 케닉을 잃은 탓에 휫필드는 '장막'의 직분자들과 호웰 해리스로부터 거듭 영국으로 돌아와 달라는 촉구를 받았습니다. 그러나 그는 아메리카의 영적 필요를 고려할 때 아직 영국으로 떠날 수가 없다고 결정했습니다. 그 이유 중 하나는 사랑의 사역으로써, 펼친 베데스다의 고아원 건립을 인해서 재정적 곤란이 그에게 큰 부담이 되었습니다. 그래서 어떤 친구들은 틀림없이 도움이 될 것이라 확신되는 한 계획을 실천에 옮기기 시작했는데, 이에 대해 그는 이렇게 말했습니다.

"하나님께서 사우스 캐롤라이나의 내 친구들로 하여금 이 지방의 식민 농장과 노예들을 구매하는데 후하게 돈을 기부하려는 마음을 갖게 하셨습니다. 나는 그 농장과 노예들을 베데스다를 후원하는 이에 바치자고 제안합니다. 그리고 이 농장은 '프로비던스(Providence)'라 부르기로 합니다."

그래서 휫필드는 노예 소유주가 되었습니다. 우리는 노예 제도에 대해서는 깊이 한탄하는 바이나, 최소한 그와 동일한 관점에서 그 제도를 이해하려고 듭니다. 사실 그때까지만 해도 노예 제도를 공공연히 반대하는 사람들은 몇몇 유력한 퀘이커 교도들 밖에 없었습니다. 역사상의 대제국들은 다 노예 제도 위에 세워졌었고, 당시까지도 노예 제도는 사실상 지상의 모든 나라에서 시행되고 있던 관습이었습니다. 그리스도인들도 대체적으로 그 제도에 찬성하였고, 아메리카의 거의 모든 목회자들의 가정에서도 대부분의 허드렛일은 다 노예가 했습니다. 존 뉴튼(John Newton)은 회심한 이후에도 몇 년 동안이나 아프리카에서 노예들을 강제로 실어 오는 배의 선장 노릇을 했습니다. '프로비던스'의 흑인 노예들은 분명 친절하게 대접 받았습니다. 따라서 이웃 농장에서 이곳으로 옮겨지게 되는 노예들은 그 사실을 알고 크게 기뻐하였습니다.

하지만 우리는 휫필드가 노예 제도를 강력하게 반대하지는 않았다는 서글픈 사실을 그의 인생 경력에 분명한 오점으로 보는 자들도 있지만 사실은 그는 노예제도 폐지론자입니다. 그는 노예제도 폐지보다 복음 사역을 더 중시 여기는 영혼의 구원에 주력하다가 보니 비판적인 오해를 받았습니다. 휫필드는 특히 식민 대륙의 남부와 중부에서 쉴새없이 사역을 계속했습니다. 그의 몸은 늘 고단했지만 그는 복음을 선포하는 일에서 인생의 가장 깊은 기쁨을 느꼈습니다. 그가 전하는 복음의 발걸음이 더디다는 친구들의 항의에 직면해서는 다시 스스로를 재촉하면서 전도 사역에 매진했습니다. 그 당시에 그가 쓴 편지 중에서 발췌한 다음 구절들을 살펴보겠습니다.

"나는 모든 주인들 중에서도 가장 좋은 주인을 섬기는 섬김의 숲을 헤매고 있으며, 그분은 자신의 일이 날마다 나에게 즐겁게 느껴지게 하십니다. 그의 모든 곳마다 설교할 수 있는 문이 열려있습니다. 수많은 사람들의 설교를 들으러 모여들며, 승천하신 구세주의 능력을 늘 말씀과 함께 합니다. 주님께서 어떻게 편견을 완화시키자, 과거에 나를 지독히 미워했던 사람들로 하여금 나와 화평케 하시는지 정말 놀라지 않을 수 없습니다. 나의 설교는 가엾은 영혼들에게 축복을 줍니다. 놀라운 사랑! 메릴랜드 주에서 많은 회심자들이 복되신 예수께로 돌아왔습니다. 누가 내게 엄청난 액수의 생활비를 주겠다고 합니다....내가 받아들이기만 한다면 받을 수 있습니다. 그러나 영광 안에 안식하기까지 나는 결코 안주할 생각이 없습니다. 더위가 나를 시험합니다....그러나 주 예수께서....나로 하여금 몇 km나 떨어진 곳에 말을 타고 가서 하루에 두 번씩 설교할 수 있게 하십니다. 오, 그분을 위해 더 많은 일을 할 수 있었으면! 오, 내가 순결하고 거룩하게 타오르는 불꽃이었으면. 수많은 사람들로 하여금 귀하신 구속(救贖)자를 섬기는 삶을 살게 했으면....그 수많은 영혼들이 멸망해 가는 광경은 내 마음을 깊이 움직이고, 가능하면 남극에서 북극까지라도 가서 구속의 사랑을 전파하기를 열망하게 만듭니다."

그러나 휫필드는 아메리카의 최고 의사로서 신실한 그의 친구인 에드워드 쉬펜(Edward Shippen) 박사로부터 일정 기간 휴식을 취해야 한다는 주의를 들었습니다. 이 경고의 말에 그는 "쓰러질 때까지 계속하겠습니다."고 대답했지만, 며칠 동안 침대에서 일어날 수 없는 상황이 되자 그는 한동안 쉬는 시간을 갖기로 했습니다. 조시아 스미스(Josiah Smith)는 버뮤다(Bermuda)에 가면 가장 요양할 수 있을 것이라고 제안했고, 이에 그는 그 섬에서 얼마간을 보내기로 했습니다. 휫필드 부인은 선박 여행을 특별히 즐거워하지 않았기 때문에 그냥 필라델피아에 남기로 했습니다. 그는 곧 아내에게로 돌아와 함께 영국으로 돌아갈 작정이었습니다. 아메리카에서 지낸 이 기간 내내 그는 참으로 힘든 길을 걸었습니다. 그의 사역은 열심과 신중함이 결합된 것이었고 불필요한 갈등을 없애느라 애쓰긴 했지만, 교리 확신과 타협하는 일은 조금도 없었습니다. 그는 열심을 발휘하되 지혜로웠고, 그런 그의 본보기 아래서 전에 아메리카의 대각성 운동을 손상시켰던 광신주의는 대부분 흩어져 없어졌습니다.

 1748년 삼 월 초, 지치고 병약해진 몸으로 그는 버뮤다 행 배에 올랐습니다. 다음과 같은 벤자민 프랭클린의 말에 수천 명의 아메리카인들이 공감했을 것이 틀림없습니다. 휫필드 씨는 결코 우리들 모든 계층의 사람들에게 보편적으로 존경받지도 못했고, 어딘 가로 떠날 때 그가 행복한 여행을 하고 안전하게 이곳으로 돌아오기를 많은 사람들이 간절히 비는 가운데 떠난 적도 결코 없습니다.

제 10 장
휫필드 정통 칼빈주의 신학 사상

1. 성경관

1. 성경의 확신

휫필드의 성경관은 성경이 하나님의 말씀이며 인간의 삶의 원리와 법칙으로서 받아 드렸습니다. 그는 성경의 권위를 하나님의 말씀이 진리성에 근거로 해서 믿었습니다. 하나님 말씀의 진리가 되심은 성경에 대한 성령의 영감으로 기록되어진 성경 영감설에 기초했습니다. 그는 성경을 상고할 것을 거듭 강조했습니다. 그도 영적인 변화와 성장과 삶의 방향에 대한 제시와 약속은 성경의 말씀에서 찾았기 때문입니다.

2. 성경 연구의 필요
① 모든 인류가 어떻게 아담 안에서 죄로 인하여 죽었는지를 잘 증언해줍니다.
② 모든 인간들에게 그리스도 안에서 사는 방법을 제시해줍니다.

3. 성경 연구하는 태도
① 성경의 중요한 목적을 상기하십시오. 중요한 목적은 예수 그리스도로 말미암은 구원을 방법을 보여줍시다.
② 겸손하게 성경을 연구하시오.
③ 성경에 진심으로 순종하는 마음으로 연구하시오.
④ 성경을 당신 자신에게 적용하시오.
⑤ 성령의 지시를 받도록 합시다.
⑥ 성경을 상고하기 전에 먼저 기도하도록 하십시다.
⑦ 끊임없이 성경을 연구하시기를 바랍니다.

성경을 읽음으로써 영혼의 활력과 풍성함을 채워집니다(조지 휫필드, 셀든 B. 퀸서 편집, 조지 휫필드 요약 설교(선한 목자이신 그리스도), "성경을 상고하라", 지상우 역, 서울: 도서 출판 여수룬, 1992, 134-7).

2. 인간의 타락성

1. 아담의 타락

아담이 한번 범죄로 인해서 하나님의 경고를 철저하게 불신한 죄가 되었습니다. 자신들을 지으시고 낙원에 살게 하신 영광스런 삶의 현장을 주신 창조주의 은혜를 배심함으로써 자신의 행위로 인해서 후손들이 어떻게 되리라고는 전혀 생각하지 않은 행실이었습니다. 그것은 자신이 교만한 마음을 품고 하나님과 같아지기를 원했습니다. 사단의 말을 경청하는 아담의 모습은 하나님의 경고와 법을 철저하게 경멸하는 모습입니다. 그래서 아담 부부는 하나님의 말보다 사단의 말을 더 신용하고 그쪽에다가 경청했습니다. 이 범죄 행위는 그 누구도 흉내낼 수 없는 것입니다. 오직 사단의 변절과 반역만이 가능한 일입니다.

2. 타락의 결과

① 그들이 눈이 열림으로써 자신이 벌거벗은 줄을 알았습니다. 이 말은 하나님도 없고 거룩하거나 선한 것도 하나도 없는, 그래서 그들이 이전에 가지고 있던 하나님의 형상도 잃어버린 상태가 되고 말았습니다. 이러한 상태를 이가봇(Ichabod: 영광이 떠남)이라고 말할 수 있습니다.

② 그들은 하나님 보시기에 죽은 자들과 다름이 없었습니다. 곧 그들은 세상적이요, 감각적이요, 포학무도한 상태로 빠지고 말았습니다. 그들은 하나님께 자지를 구하는 대신 오히려 무화과 나뭇잎으로 엮어 수치를 숨겨보려고 했습니다. 이것은 인간이 자기의 의로 하나님 앞에서 서 보려는 부끄러운 죄인이 죄를 숨기려는 태도입니다.

③ 타락한 몸이 되자 하나님을 증오하는 마음이 생겼습니다. 그렇지만 하나님은 죄인의 모습을 깨닫도록 불러주십니다. 그러나 인간은 자신의 죄를 자백하고 회개하지 않고 오히려 남에게 죄를 전가했습니다. 그리고 여전히 하나님 앞에서 변명했습니다. 죄는 거룩한 사귐에는 해독과도 같습니다. 죽을 때까지 회개하지 않고 죄와 벗하여 살아온 사람들은 계속해서 서로를 비난하고 증오하며 살아갈 것입니다. 저주받은 영혼들은 자신들의 형제들을 비난하는 자들입니다.

3. 인간의 회복

그리스도께서 당하신 것에 대한 보상으로 선택받은 자들이 영원한 생명을 얻으려면 믿음을 갖고 회개해야 합니다. 인간의 영원한 생명과 행복은 하나님의 약속이 말씀에 있습니다. 주 예수는 두 번째 아담으로서 성부 하나님께서 타락한 인간들을 위하여 그 분과 이미 계약을 맺으셨으므로 자신들을 위해서는 아무런 행위가 필요가 없습니다. 오직 죄인은 그리스도의 의를 힘입는 조건이 믿음입니다.

우리 구세주 예수 그리스도께서 친히 은혜의 언약으로 베푸시고 이루십니다(J. C. Ryle., Select Sermons of George Whitefield, "The Seed of the Woman and The Seed of the Serpent, (Gen. 3:15), Edinburgh: The Banner of Truth Trust, 1997, 146-55).

3. 예수 그리스도의 양성

1. 그리스도 신성의 중요성
① 그리스도의 신성은 교회의 반석입니다.
② 그리스도의 신성은 구원에 필수적입니다.

2. 그리스도의 신성의 증거
① 영감을 받은 사도들의 증거: 그리스도 안에 "모든 신성의 충만이 육체로 거하셨다."(골 2:9).
② 그리스도 자신의 증거: 그리스도는 "아브라함이 나기 전부터 내가 있느니라."(요 8:58).

3. 그리스도의 인성
① 성육신의 이유
　㉠ 사람의 현재 상태는 그의 본래 상태가 아닙니다(창 1:27).
　㉡ 사람의 현재 상태는 죄의 결과에 의한 것입니다.
② 성육신의 목적
　㉠ 영원한 예비: 하나님의 독생자이신 주 예수께서 사람의 타락에 대한 보상을 하기 위하여 죽음을 당하셨으며 그의 대속으로 모든 의를 이루셨습니다.
　㉡ 영원한 예비의 실행: 그리스도께서 영원한 하나님이 사

람이 되심은 율법을 성취하시고 하나님과 우리의 연합을 이루기 위함이었습니다("예수 그리스도에 대해 어떻게 생각하는가?"(마 22:42), 85-8).

4. 칭의관

1. 칭의의 정의

그리스도의 전 인격적인 의로움이 우리들에게 양도되어 우리의 것이 되게 하셨습니다. 우리는 믿음으로 그리스도를 붙잡으며, 하나님께서는 우리들의 모든 죄를 씻기십니다. 그는 이제 우리의 죄와 허물을 기억하지 않습니다. 우리는 "모든 믿는 자에게 의를 이루기 위하여 율법의 마침이 되신" 예수 그리스도 안에서 우리가 하나님의 의로움을 입었습니다. 그래서 전체적인 구속 언약을 우리들 안에서 성취되었습니다. 우리는 실제로 의롭게 되었고 속죄를 받았으며 하나님 보시기에 의롭다는 인정을 얻었습니다. 우리는 사랑하시는 자 안에서 완전히 영접을 받았습니다. 우리는 그 안에서 온전합니다. 하나님의 진노의 불 칼은 전에 사방으로 움직였으나 이제는 옮겨갔고 생명 나무가 개방되었습니다. 이제는 우리가 믿음의 팔을 펼쳐 생명과를 따먹고 영원히 살게 되었습니다.

2. 칭의의 근원

그리스도는 우리의 구세주이며 우리의 죄를 위한 대언자이십니다. 그리스도의 의가 그리스도를 믿은 자에게 전가됨으로써 율법에 대한 행위에 대하여 한 언약으로서 율법에 대하여 죽었습니다. 그리스도께서 우리들을 위하여, 그리고 우리를 대신하여 그 언약을 이루었습니다. 이제 우리는 예수 그리스도 안에서 그들을 두려워할 필요가 전혀 없습니다. 사망을 쏘는 것은 죄요 죄의 강력(强力)은 율법입니다. 그러나, 하나님이 주 예수 그리스도의 의를 우리들에게 입혀 주심으로써 죄와 사망에서 승리케 하셨습니다. 주가 우리 죄인들에게 의가 되었기 때문입니다. 우리는 그리스도의 피를 통하여 하나님과 화목하였으니 결코 정죄는 없습니다. 하나님께로서 나와서 의로움이 되셨으니, 그리스도 안에서 우리에게 하나님의 의가 입혀졌습니다(롬 8:35-39). 그리스도는 하나님께로서 나와서 우리의 의가 되셨습니다. 이것이 바로 신자의 영광스러운 특권입니다. 그렇지만 이 약속을 믿는 자들에게는 행복의 시작에 불과합니다("Christ The Believer's Wisdom Righteousness, Sanctification and Redemption(I. Cor 1:30)", 96-7).

3. 칭의의 설명
① 도덕적인 정직을 나타내는 의
② 거룩함을 나타내는 의
③ 전가된 의

4. 그리스도의 의가 영원한 의로 여기는 이유
① 영원 전부터 인류에게 확장되고 있기 때문입니다.
② 모든 성도들은 그리스도의 의로 구원되기 때문입니다.
③ 그 효과는 인류의 역사가 끝나는 날까지 계속될 것이기 때문이다.
④ 그 유익은 영원토록 지속할 것이기 때문입니다.

5. 칭의의 의미
① 세상 사람들에게 그의 의로움을 공포하고 선언합니다.
② 우리 주님께서 십자가 위에서 그의 의를 이루신 것을 말함

니다.
③ 성령이 그리스도의 의를 사람의 영혼에 넣어 주었음을 말합니다.

6. 칭의에 대한 잘못된 관점
① 그리스도와 분리된 칭의
② 보편적인 의
③ 부분적인 의

7. 칭의에 대한 바른 관점
① 믿음을 통해서 의롭게 됩니다.
② 은혜로 말미암아 의롭게 됩니다(셀든 B. 퀸서., "그리스도의 영원한 의" (단 9:24), 67-71).

5. 회개관

1. 회개의 본질
① 회개란 죄를 슬퍼하는 것입니다.
② 회개란 죄를 미워합니다.
③ 회개란 죄를 버립니다.

2. 회개케 하는 요인
① 하나님
② 하나님의 은혜
③ 회개는 성도들의 도움으로 이루어집니다.

3. 회개의 필요성
① 인간들은 죄인이기 때문입니다.
② 하나님과 죄인 사이에는 어떠한 대화도 이루어질 수 없기 때문입니다.
③ 죄인은 천국에 들어갈 수 없게 때문입니다("회개하는 마음", (눅 3:3), 97-101).

6. 회심관

1. 회심에 대한 사람들의 잘못된 견해
① 한 종교에서 다른 종교로 옮기는 것입니다.
② 교리적인 태도의 변화입니다.
③ 단지 개선이라고 봅니다.

2. 회심에 대한 성경적인 견해
① 회심의 의미: 인간은 새로운 피조물이 되어 자기 자신의 의로부터 주 예수 그리스도의 의로 회심되어져야 합니다. 어린아이가 태어날 때 어른이 되어갈 모습을 갖추고 있듯이, 사람이 하나님께로 회심할 때에도 새로운 피조물로서 은혜 가운데 영화롭게 될 때까지의 성장의 모든 특색들이 나타납니다. 이것이 결핍되어 있는 것은 실체가 아니라 그림자에 지나지 않습니다. 회심은 인간이 지옥에서 하늘로, 세상에서 하나님께로 돌아선 것을 말합니다.
② 회심의 증거
예수님께 진실로 회심하여 믿음으로 말미암아 의롭게 된 사람들은 영혼의 모든 기능에 그 회심의 영향을 미치게 되며 자신 안에 광범위한 변화를 이룹니다. "그리스도 안에 있으면 새로운 피조물이

라 이전 것은 지나(갈 것이 아니라)갔으니 보라 새것이(될 뿐만 아니라 이미)되었도다."(고후 5:17).

③ 회심을 이루시는 분

이 회심을 이루시는 분은 바로 성령이시다. 그것은 인간의 자유의지나 도덕적 확신에 의한 것이 아닙니다. 살아 계신 하나님의 성령의 영향을 받지 않고서는 우리 삶에 이 같은 변화가 이루어질 수 없습니다. 우리는 성령으로 거듭나야 합니다(요 3:5). "육으로 난 것은 육이요 성령으로 난 것은 영이니"(요 3:6).

3. 회심의 필요성
① 회심은 영혼의 안식을 위해 필요합니다.
② 회심은 영원한 행복을 위해 필요합니다.
③ 회심은 정죄로부터 구원되기 위해 필요합니다.

4. 회심에 반대하는 이들에 대한 답변
① 회심할 시간이 아직 충분히 남아 있습니다.
② 사람들이 비웃을 것입니다.
③ 지금은 그때가 아닙니다. 우리가 피하는 유일한 방법은 "지금은 은혜 받을 만한 때요 보라 지금은 구원의 날이로다"(고후 6:2)("회심"(행전 3:19), 164-67).

7. 신앙관

1. 믿음의 장애들

성경 전체에 걸쳐서 구원은 우리 주 예수를 통한 하나님의 값 없는 은혜를 믿음으로 말미암아 구원을 받습니다. 이것이 인간에게 자비를 허락하사 은혜로 구원하는 가장 사랑스러운 믿음의 길이기 때문입니다(눅 19: 1-10).

그렇지만 믿음으로 구원에 이르는데 많은 장애가 따릅니다.
① 직업적인 타락
② 경제의 타락
③ 정치적 타락
④ 시대적인 민족적인 양심의 타락
⑤ 강자의 타락
⑥ 개인적인 콤플렉스
⑦ 대중이나 사람들에 대한 시선
⑧ 자신의 죄악

2. 믿음의 수용
① 주께서 자신의 삶에 자리에 들어오심을 영접했습니다.
② 자신이 죄인임을 고백했습니다.
③ 회개하는 역사가 일어났습니다.
④ 회개의 합당한 열매를 맺는 삶을 추구했습니다.
⑤ 자신보다 가난한 자를 착취하기보다는 구제하는 신앙의 열매를 맺고자 노력했습니다.
⑥ 그는 자신의 부끄러움보다 구주 예수를 인해서 인생에 있어서 최고의 자랑과 영광과 찬송이 되었습니다.
⑦ 그는 청지기 직분과 자세로 바뀌었습니다.
⑧ 주의 말씀에 굴복하고 경청하며 순종했습니다.

3. 믿음의 결과
① 그리스도께서 선포하는 구원의 복음을 믿고 받아들였습니다.

② 하나님의 택하심을 받은 아브라함의 자손으로 인칭을 받는 택한 자녀의 은혜를 받았습니다.
③ 잃어버린 생명을 되찾는 구원의 역사가 일어났습니다(눅 19:10).
④ 그리스도의 제자가 되었습니다.
⑤ 그리스도의 나라에 동참하는 하나님 나라의 백성이 되었습니다.
⑥ 칭찬을 받은 그리스도인의 삶으로 전적으로 변화를 입었습니다("삭개오의 회심"(눅 19:9-10), 121-26)

8. 중생관

1. 그리스도 안에 있는 자

① 중생은 물로만 세례를 받았다고 하지만 성령 세례를 받지 아니한 외적인 신앙 고백에 끝나는 것이 아니라, 성령에 의해서 내적인 변화가 일어나 마음의 정결과 성령과 동행이 따릅니다. 그리스도 안에서 참되고 살아있는 믿음으로 신비하게 연합됩니다. 그래서 그로부터 영적인 덕을 힘입어서 머리와 몸이 연결되듯이, 혹은 포도나무가 가지에 연결되듯이 연합합니다. 그래서 사도가 말하는 것처럼 "자신이 그리스도 안에 있는 사람으로" 참된 그리스도인이 되는데 있습니다.

② 진정한 그리스도인은 외적인 육신에 따르지 않고 성령 세례로 인해 내적인 심령의 변화를 수반합니다. 모든 찬송을 인간에서 나는 것이 아니라 하나님께로 납니다.

2. 그리스도 안에 새로운 피조물

① 육신의 부모로부터 태어나는 죄악과 타락의 씨앗에서 나는 것이 아니라, 성령의 역사로 인해서 심령이 영화롭게 변화가 되게 합니다. 성령의 보이지 않는 놀라운 역사는 중생인 예수 안에서 새 생명을 얻음으로써 성령으로 다시 출생하는 일입니다.

3. 사도의 확증
① 하나님의 거룩한 말씀을 인해서 성령의 변화를 수반하여 영적인 새 사람이 입니다.
② 현재 타락한 인간과 타락한 상태에서 하나님께서 깨끗케 하심을 입습니다.
③ 인간의 본성을 아시는 하나님께서는 순전한 사랑을 입혀주심으로써 하나님의 행복을 기뻐하고 또 즐거워하게 합니다.
④ 우리가 새 피조물이 되지 않는 한 그리스도의 구속은 완전해질 수 없습니다.

4. 중생에 대한 권면
① 그리스도 안에 새로운 피조물은 진정한 마음의 내적인 변화를 인식함이 없이 외적인 신앙의 의무들을 수행하는 것은 바른 중생관이 아닙니다.
② 그리스도의 중생은 영성 만이 아니라 도덕성을 포괄합니다.
③ 중생은 진정한 내적인 마음의 변화를 입지 않는 공정한 변화라고 볼 수 없습니다.
④ 믿음의 역사로 그리스도 안에서 하나님의 약속들과 소망과 행복 가운데서 그리스도의 사람으로 변화를 입어 하나님의 자녀가 되며, 그리스도와 함께 한 유업자이며 하나님 나라의 상속자가 되는 것입니다(George Whitefield's Sermon., "On Regeneration(2 Cor. 5: 17), 1-10)"

9. 구속관

1. 구속의 정의

그는 의롭다하신 자들을 친히 영화롭게 하셨습니다. 하나님은 사람의 가치에 따라 그리스도의 의를 주시는 원인이 아닌 것처럼, 사람의 무가치가 그리스도의 의를 빼는 원인이 되지 않습니다. 하나님의 은사와 부르심에는 회개를 넘어섭니다. 진정한 그리스도의 의는 인간에게 지난 죄의 용서만 아니라 다가올 모든 좋은 것들의 연합적인 권리를 포함합니다. 그리스도의 대속적인 순종을 믿는 자들에게 전가된 이 놀라운 구속의 은혜는 그의 순종을 통한 유종(有終)의 은혜로 우리들에게 전가됩니다.

이 은혜의 사실을 반박하는 자들이 은혜와 구속에 대한 언약에 무지하다는 것을 반증합니다. "구속함"은, 모든 악으로부터 완전히 구원을 받기에, 몸과 영혼도 모든 선을 온전히 누리게 합니다. 그는 '몸과 영혼이 함께'라고 말합니다. 주는 우리 몸의 주이십니다. 이 세상에서 성도들의 몸은 성령이 거하시는 성전입니다. 하나님은 믿는 자들의 티끌인 흙, 곧 육신과 언약 하셨습니다. 인간이 죽은 뒤 비록 벌레가 그들의 육신을 파괴하더라도 그 육신으로 그들을 하나님을 볼 것입니다(고전 15: 20-23).

2. 구속의 완성

그는 신자에게 임할 육체의 구속을 말하고 있습니다. 이 썩을 육신이 썩지 않을 것을 입어야겠고, 이 죽을 것이 죽지 않을 것을 입는 일이기 때문입니다. 우리의 육신과 영혼까지 하나님 아버지께서 예수 그리스도께 주셨습니다. 육신은 깨어서 금식하며 기도해 왔습니다. 그러므로 우리 육신과 영혼까지 예수그리스도께서 마지막날 일으킵니다. 그러므로 신자들은 죽음을 두려워하지 맙시다. 무덤은 육신이 부활의 아침까지 고요히 잠자는 성별된 기숙사입니다. 천사장의 음성이 들리고 하나님 심판의 나팔이 울리면서, 우리 육신과 영혼이 온전해져서 항상 주와 함께 살 것입니다. 저는 부활을 전혀 의심하지 않습니다."("Christ The Believer's Wisdom Righteousness, Sanctification and Redemption(I.Cor 1:30)", Edinburgh: The Banner of Truth Trust, 1997, 106-9).

10. 성화관

1. 성화에 대한 정의

예수 그리스도는 우리들에게 의로움과 성화도 되셨습니다. 보통 그리스도인들이 생각하는 신앙적인 의무나 규정에 충실하는 외적인 태도에 대한 문제이기보다는 성화는 마음은 그대로 있고 겉만 회개한 것을 뜻하는 것이 아닙니다. 또한 저는 보기 드물게 나타나는 급격한 뉘우침이나 하찮고 형식적인 슬픔으로도 보지 않습니다. 이런 모든 양상들은 성화가 되지 않은 자가 가지고 있는 속성들일 수 있기 때문입니다. 휫필드는 '성화란 전인(全人)의 총체적인 혁신(renovation)으로' 보았습니다.

그리스도의 의로움은, 성화에 의해서 신자들은 합법적으로 영적인 존재가 됩니다. 그리스도의 의로 인해서 우리는 구원을 얻어 사는 그리스도인이 되며 또한 그리스도의 성화에 힘입어서 영광을 입습니다. 그러므로 우리는 영혼과 마음과 몸이 모두 성화를 입습니다. 인간의 본성은 이제 밝아졌고 더러운 신체가 이제는 불의에서 벗어버리고 새로운 피조물이 되었습니다. "이전 것은 지나갔으니 보라 새것이 되었도다."(고후 5:17).

2. 성화의 과정

우리들의 심령에서 죄가 왕 노릇할 수 없습니다. 우리는 죄가 내재하는 것은 아니지만, 죄의 권능으로부터 해방되었습니다. 그래서 우리들은 마음과 삶과 언어에서도 다 거룩합니다. 우리는 하나님의 신성에 참예하는 자가 되었으며, 예수 그리스도로 말미암아 동일한 은혜를 받았습니다. 그리스도 안에 있는 모든 은혜가 신자의 영혼에 그대로 옮겨지고 씌워짐으로 인해서 우리는 주의 형상을 입게 되었습니다. 그가 우리 안에서 자신의 인격을 형성하셨습니다. 우리는 그 안에 거하고, 그는 우리 안에서 내주 하십니다. 우리는 성령의 인도를 받고 그로 말미암아 성령의 열매를 맺게 되었습니다. 이 열매는 성화의 열매입니다. 우리는 그리스도께서 임마누엘이시기에, 하나님이 친히 우리 안에 동거하심을 압니다. 우리는 성령이 거하시는 살아있는 성전입니다. 그러므로 주의 거룩한 처소가 된 우리 안에서 삼위일체 온전하신 하나님이 사시고 행하십니다.

썩은 옛 사람을 벗어버리고 하나님의 형상을 따라 의와 참된 거룩함을 따라 새 사람을 입는 것은 이 얼마나 지극한 축복인지 그것을 생각만 해도 놀랄 뿐입니다. 사도 바울이 믿는 자들에게 주안에서 기뻐하라고 권고할 만 합니다. 그리스도인은 언제나 기뻐할 이유가 있습니다. 우리는 죽는 순간까지 기뻐할 만합니다. 하나님 나라가 우리 가운데 있기 때문입니다. 우리는 주의 성령으로 인해서 영광 중의 영광스러운 변화를 입습니다. 이것은 본성적으로도 신비인 것처럼 하늘이 허락하심 신비인 것입니다. 왜냐하면 그것은 영적인 존재인 자신에게도 헤아릴 수 없는 비밀이기 때문입니다.

3. 칭의와 성화의 관계

일반적으로 신자들은 진정으로 대하고자 하지만 흔히 피상적으로 말합니다. 성화와 내적인 깨끗함을 대개 칭의의 원인으로 생각하거나 대개는 칭의의 결과로 보는 경우가 있습니다. "너희는 하나님께로부터 나서 그리스도 예수 안에 있고 예수는 하나님께로 나와서 우리에게 지혜와 의로움과 거룩함과 구속함이 되셨으니."에서 보건대 그리스도의 의는 우리 밖에서, 그리스도가 대신하여 행하신 의가 하나님 보시기에 우리에게 합당한 존재가 되게 하는 유일한 원인이며, 그리고 우리 안에 역사 하신 모든 거룩함의 유일한 원인입니다.

이것을 칭의의 원인으로 알아야 하며, 그 안에 있는 빛이나 그로 인해서 이루어진 어느 것이나 하나님 보시기에 의로운 것입니다. 여기서는 우리는 근원을 구하지 말고, 오직 하나님께서 그리스도의 의를 우리에게 호의를 베푸시는 것이지 우리가 행한 어떤 행위 때문도 전혀 아닙니다. 우리의 성화는 아무리 온전해져도 이 세상에서는 완성되는 것이 아닙니다. 우리는 비록 지옥 권세로부터 구원을 받았으나, 죄의 개재로부터 해방이 된 것은 아닙니다. 그러나 하나님의 완전한 율법에 의하면 죄의 지배는 물론하고 그 개입까지도 금합니다. 따라서, 너희는 탐욕에 양보하지 말라고 하시지 않고 '탐내지 말라' 고 하십니다. 그래서 우리 마음에 조금이라도 탐욕의 뿌리가 남아 있는 동안, 우리는 하나님의 영접을 할 길이 없습니다.

그래서 우리는 먼저 우리 밖에 있는 의인 예수 그리스도의 의를 바라봅시다. 이로 인해서 바울이 그리스도인의 의는 예수 안에서 받는 칭의의 진리입니다. 그러므로, 진실로 그리스도 안에 있는 자가 새로운 피조물이 됩니다. 새 피조물이 되는 것은 행위 언약에 되돌아가는 것이 아닙니다. 우리의 심령이 변화하여 온전한 상태가 된 것은 오직 그리스도의 의에 힘입는 성화에 둡니다. 반면에, 우리 안에 이루어진 내재하는 의로움이나 거룩함에 너무 의존하는 나머지 우리 밖에서 역사 하신 예수 그리스도의 의로움을 배제시켜서도 안 됩니다(Ibid., 102-3).

11. 성령관

1. 성령의 인격성
① 그는 거룩한 영이십니다.
② 그는 하나님이십니다(행전 5:3).

2. 성령의 내주성
① 성경의 약속대로 성령께서 모든 신자들의 공통적인 특권이 되십니다. 우리가 전심으로 주 예수를 믿는다면 우리 역시 성령을 받는 것을 믿어야 합니다.
② 성령의 내주 하심에 대한 중요성
주께서 십자가에 못 박혀 죽으시기 전에 그리스도와 아버지 사이에 존재하였던 것처럼 실제적이고도 생명력이 넘치는 신비한 연합을 이루기를 기도하셨습니다(요 17:21-3). 우리는 참된 그리스도의 제자로서 말씀이나 직무를 통하여 성령과 함께 하는 자들이 됨으로써 그리스도와 연합해야 합니다.
③ 성령의 내주 하심에 대한 합리성
㉠ 성령의 내주 하심은 자연인에게는 어리석어 보이지만 생명의 선한 말씀을 이미 맛보고 내세의 능력을 느끼는 자들에게 매우 고귀한 근거에 세워져 있습니다.
㉡ 하나님과 함께 거하고 그와의 교제를 즐기기 위해서 인간에게 필요로 합니다(요 3:5)("성령의 내주"(요 7:37),

146-8).
④ 성령의 사역
  ㉠ 성령은 세상으로 하여금 죄를 깨닫게 합니다.
    ㉮ 삶 속에서의 죄를 깨닫게 합니다.
    ㉯ 본성에 깃들인 죄에 대하여 깨닫게 합니다.
    ㉰ 율법적인 의에 대해 깨닫게 합니다.
    ㉱ 죄인으로 하여금 불신의 죄에 대하여 깨닫게 합니다.
  ㉡ 성령은 세상으로 하여금 의에 대하여 깨닫게 합니다.
    ㉮ 의의 의미: 주님께 대한 능동적이거나 수동적인 순종을 가르칩니다. 그것은 완전하고, 개인적이며 모든 것이 충분한 의, 곧 그가 세상을 위해 이루어 주신 의, 그리고 성령께서 그것에 대하여 세상에 확신을 주셔야 할 의입니다.
    ㉯ 그리스도의 의에 대한 증거: 성령께서 그리스도를 통한 하나님의 구원을 성취하심에 대한 증거하는 의입니다.
    ㉰ 성령께서 의에 대한 깨달음: 그리스도가 주시는 개별적인 의를 수용하도록 확증하십니다.
    ㉱ 성령께서 의에 대하여 깨닫게 하심: 구원에 이르는 진리에 대한 영적이고 체험적인 확신을 부여합니다.
⑤ 성령은 세상의 심판을 깨닫게 합니다.
  ㉮ 심판의 설명
  ㉯ 심판의 중요성에 대한 깨달음
  ㉰ 심판에 대한 확신을 줍니다("성령의 확신케 하는 사역"(요 16:8), 157-61).

12. 중보 기도

1. 중보 기도의 책임
① 기도의 보편성
  ㉠ 기도라는 현상은 모든 종족 가운데서 볼 수 있습니다.
  ㉡ 기도는 그리스도교의 중요한 신앙입니다.
② 기도할 필요성
  ㉠ 개인적으로 신자가 자신의 연약함과 그리스도의 충만함을 자각한다면, 하루도 쉬지 않고 주야로 그들의 전능하신 구세주께 기도할 것입니다. 그리하여 진정한 그리스도인들은 기도에 열심을 보입니다.
  ㉡ 중보는 그리스도께서 우리를 사랑하시듯 다른 사람들을 위해서도 영 육간 축복을 위해 기도합니다.
  ㉢ 성경의 증거들
  ㉣ 경건한 성도들의 증거

3. 기도의 본질
① 기도는 마음에서 우러나옵니다.
② 기도는 하나님의 사랑에서 나옵니다.

4. 기도의 결과
① 은혜를 받기 위한 노력입니다.
② 은혜를 전하는 사람을 사랑합니다("영혼이 잘 됨"(요삼 2), 211-13).

5. 중보 기도의 대상들
① 모든 사람들 "그러므로 내가 첫째로 권하노니 모든 사람을 위

하여 간구와 기도와 도고와 감사를"하라고 말한다(딤전 2:1). "모든 사람들이 구원을 받으며 진리를 아는데 이르기를" 기도합시다(딤전 2:4).
　② 나라의 통치자들
　③ 복음의 사역자들: "형제들아, 우리를 위하여 기도하라"고 했으며, 에베소서에서는 "또 나를 위하여 구할 것은 내게 말씀을 주사 나로 입을 벌려 복음의 비밀을 담대히 알리게 하옵소서 할 것이니,"(엡 6:19).
　④ 친구들
　⑤ 원수들: "나는 너희에게 이르노니 너희 원수를 사랑하며 너희를 핍박하는 자를 위하여 기도하라"(마 5:44). "아버지여 저희를 사하여 주옵소서. 자기의 하는 것을 알지 못함이니이다"(눅 23:24).
　⑥ 고통을 당하는 사람들

6. 중보 기도를 장려하는 이유
① 서로 간의 사랑을 증진시키기 위해서 입니다.
② 좋은 결실을 맺기 위해서 입니다
③ 영화 된 성도들에 의해서도 중보 기도가 행하기 때문입니다.
④ 영광을 받으신 그리스도께서 끊임없이 중보 기도를 행하기 때문입니다(셀든 B. 퀸서, "중보 기도"(살전 5:25), 199-203).

13. 사랑관

1. 성경적인 사랑
① 주님의 사랑을 입는 자들은 성경에서 일관되게 하나님을 사랑하는 자들입니다. 말하자면 하나님의 백성들 모두에게 해당합니다. 하나님이 세상을 사랑하시는 것과 그 분 자신이 자녀들을 사랑

하시는 것과 분명히 다릅니다.

2. 하나님의 사랑을 입은 증거들
① 독선적인 것을 싫어하고 거부함
② 하나님의 자녀들에 대한 사랑(눅 15:7).
③ 세상에서 미움을 받음(요 15:19).
④ 세상에 대해 승리하는 삶을 살음.
⑤ 하나님을 노하게 하는 일에 대하여 두려움.
⑥ 주님을 가까이 섬김
⑦ 주님을 만나고자 열망

3. 하나님의 사랑을 입은 자들에 대한 시험
① 시험의 본질: 하나님에 대한 사랑에 대한 의문과 의심입니다.
② 시험을 받은 자: 시험을 받아 징계를 받을지라도 하나님의 사랑을 확신하는 자가 진정한 하나님의 자녀이고 하나님의 사랑을 알고 그를 진정 사랑하는 자입니다(히 12:6;마 27:46;마 26:39; 눅 22:44).

4. 하나님의 사랑을 입은 자의 축복
① 이 땅 위에서 하나님의 보호를 받습니다.
② 천국을 상속할 것입니다("하나님의 사랑을 입은 자"(신 33:12), 28-32).

14. 예배관

1. 예배의 본질

하나님의 영이시니 예배하는 자는 진정과 신령으로 나아가는 것이며 하나님은 예배하는 자를 진정 찾으십니다(요 4;23-24).

2. 예배의 자세
하나님께 드릴 영적인 예배를 강조했습니다(롬 12:1).

3. 공 예배의 중요성
① 공적 예배 이행의 증거: 구약이나 신약에서도 우리 주님과 사도들도 예배를 드렸습니다(116).
② 공 예배의 중요성: 하나님의 자녀들은 성전을 걸어 올라가 그곳에서 야곱의 전능하신 하나님 앞에 기도하며 경배와 예물과 예배를 드렸습니다.

4. 공 예배의 중요한 구성 요소인 기도
① 외적인 기도는
　㉠ 회개가 없습니다.
　㉡ 자신의 삶이나 공로를 열거하는 기도
　㉢ 자기 자신의 의를 들어내는 기도
　㉣ 남과 비교하여 하나님 앞에 인정함을 얻으려는 기도
　㉤ 남이 듣는데서 기도하는 외식하는 기도
　㉥ 은밀히 기도하지 않고 칭찬을 받으려는 기도
　㉦ 성령의 인도함이 없이 인위적인 육신의 기도
　㉧ 중언부언하는 기도
② 진정한 기도는
　㉠ 회개가 따릅니다.
　㉡ 자복하는 삶을 드리는 기도

ⓒ 오직 그리스도의 의만을 들어내는 기도
ⓔ 겸손한 상한 심령의 기도
ⓜ 은밀한 중심의 기도
ⓗ 성령의 기도
ⓢ 하나님께 열납을 받는 기도
ⓞ 은혜로운 기도

공 예배는 하나님의 백성이 그리스도 안에서 이루어진 구원과 하나님 나라의 언약 가운데서 이루어진 공동체적이면서도 개별적인 영적인 교제를 통해서 그리스도의 몸을 이루어 가는 가장 살아있는 하나님과의 연합적인 교제입니다("바리새인과 세리의 신앙"(눅 18:14), 115-19).

15. 목자론

휫필드는 그의 고별 설교가 '선한 목자, 그리스도'라는 설교에서 이미 선한 목자로서 사역자나 그리스도인들에게 '목자론'을 제언합니다. 이미 리차드 백스터는 「개혁주의 목사」에서 '참 목자상'을 제고해주었습니다.

1. 선한 목자의 양
① 그들은 함께 있기를 좋아합니다.
② 그들은 작고 아무 해도 끼치지 않고 조용합니다.
③ 그들은 쉽게 길을 벗어나 잃어버릴 수가 있습니다.
④ 그들은 유익한 동물입니다.

2. 그들의 소유권
① 그들은 목자에게 주어집니다.
② 목자가 값을 주고 그들을 샀습니다.
③ 그들은 목자에게 자발적으로 순종합니다.
④ 목자가 주는 꼴과 물을 마시며 인도하는 대로 살아갑니다.

3. 선한 목자가 자기 양에게 주는 확신
① 목자는 자기 양을 지킵니다.
  ㉠ 목자는 양의 수와 그 이름을 각자 아십니다.
  ㉡ 그들의 모든 필요를 아십니다.
  ㉢ 양 무리보다 앞서 모범적인 삶을 보여줍니다.
  ㉣ 목자는 양과 하나가 됩니다.
② 목자는 자기 양을 지킵니다.
  ㉠ 삯꾼이 아닙니다.
  ㉡ 양을 위해서 목숨을 바칩니다.
  ㉢ 대적자들과 훼방자들과 마귀들로부터 양들을 진리와 성령 안에서 지킵니다.
  ㉣ 양들을 위해서 생명의 꼴인 말씀과 신령한 음료인 성령으로 충만케 하사 갈한 심령을 채워주십니다.
  ㉤ 목자는 자기 손에 맡긴 영혼을 버리거나 빼앗기거나 방임하지 않습니다(선한 목자,그리스도"(요 10:27), 151-5).

휫필드는 목자가 화가 날 경우에도, 묵묵히 나쁜 대접을 받아들이고, 잊어버리며 용서할 수 있는 겸손함을 제안했습니다. 그리고 목자가 손해를 보았을지라도 악에 넘어가지 말고 악을 선으로 극복하도록 오직 은혜를 입히는 것입니다. 그는 은혜로운 목자 상을 보여주었습니다. 그는 모세는 이 세상에서 진정한 목자로서 가장 온유한 자였다고 보았습니다. 그 온전한 온유함은 모든 지도자들에게 필요함을 강조했습니다. 그는 열정적이고 격정적인 사람은 목자로서 위험하다고 보았습니다. 그러기에 통치자는 모두가 양순한 기질을 가져야 한다고 주장했습니다. 그는 하나님의 어린양을 위하여 사람 앞에서 고난을 당하겠다는 것 이외의 다른 선택을 하지 않았고 이런 희생과 고난의 정신으로 목자로서 목사 생활을 감당했습니다. 그는 야곱처럼 친구 한 사람 없이 런던에 올라와 옥스퍼드에 입학하였습니다. 그는 하인도 없었고 자기를 소개할 사람도 없었습니다. 그러나 하나님이 그의 성령의 옷을 입혀 주시고 위대한 주의 이름으로 설교하도록 세우셨습니다. 또 그는 성령을 힘입어 오늘까지 계속하여 우리가 21세기를 맞이하여 전도하기를 기도합니다. 그는 자신의 목자로서 준비를 그의 고별 설교에서 회고합니다.

"하나님은 목회와 설교의 직분을 맡는다는 것이 저에게 얼마나 중대한 관심사였던가를 아십니다. 저는 수천 번 기도했습니다. 땀이 얼굴에서 비가 오듯이 쏟아져 내렸고 하나님께서 그의 무한하신 은혜로 저를 부르시어 교회에 세워 주의 일을 하게 하시기까지 그렇게 기도하였습니다. 그리고 살아 계신 하나님의 일과 백성을 향한 저의 애정은 항상 강렬하기만 합니다. 하나님은 이 교회를 세우고 다른 곳에도 교회를 세울 수 있는 영예로운 은혜를 허락하셨습니다. 그리고 그가 처음으로 저를 조지아에 부르셨을 때, 저는 하나님의 복되신 이름에 런던의 모든 염려를 맡기고 떠날 수 있었습니다."(198).

그는 성령의 힘입는 목자이며 기도의 목자였습니다. 그는 양 무리를 위해서라면 목숨을 바쳐서 영혼을 사랑했던 열정적인 그리스도의 사랑 심정을 가졌습니다. 그는 전적으로 은혜의 목자로서 하나님의 은혜에 전적으로 맡겨진 목자이며 목회자였습니다. 그는 영혼을 구원하기 위해서 마지막 고별 설교에서도 구령의 열정이 넘치는 전도자로서 목자의 음성을 들을 수 있습니다. 그는 자기에게 맡겨진 주의 양을 위해서만 전력투구하는 참 목자 상이었습니다.

16. 자기 부인

1. 자기 부인의 본질

① 우리의 이해를 초월합니다. 신앙의 비밀은 우리의 자연적 본성을 거스르는 것이 아니라 그것을 초월하는데 있습니다.

② 우리의 뜻을 초월합니다. 우리의 뜻이 자신의 행위의 원칙이 아니라 아버지 하나님의 뜻대로 행하는 것입니다.

③ 우리가 애착을 가지는 것들을 초월하는 것입니다. 우리는 하나님의 선물들을 관리하는 관리자이지 그것의 주인이 아닙니다. 우리의 무절제함은 해를 끼치는 결과를 낳는 것을 유념해야 합니다.

④ 우리 자신의 의까지도 초월하는 것입니다.

2. 보편적인 의무인 자기 부인

① 자기 부인의 잘못된 개념: 그리스도의 멍에를 마지못해서 지면서, 자기 부인에 대한 명령들과 자아와 세상을 버리라는 명령들이 자신들에게 해당되는 것이 아니라 사도들에게만 해당된다고 주장합니다. 그런 사람들은 그리스도인의 삶을 이해하지 못하는 불경건한 자들입니다.

② 자기 부인의 올바른 개념: 그리스도의 가르침은 우리 자신들을 온전케 하며, 우리가 애착을 두고 있는 것들에서 초월하여 살며, 이 세상에 짝하지 않도록 주의 명령대로 살도록 인도하십니다.

3. 자기 부인의 합당성

① 구약에서도 많은 하나님의 사람이나 하나님의 영광을 보았던 사건 가운데 자기 부인하는 자들에게 하나님께서 큰 은혜와 기사를 베풀었습니다. 오히려 하나님은 교만한 자를 꺾으시고 겸손하게 자기를 부인하는 자를 높이셨습니다.

② 신약에서도 자기 부인하는 그리스도의 십자가를 지는 바람직한 영적인 삶을 바로 제시해주고 있습니다. 베드로나 바울이나 야고보나 빌립 집사는 그의 생애를 통해서 오직 자기를 죽이고 오직 그리스도를 통해서 하나님 만 존귀하게 되기를 사모했습니다.

4. 자기 부인하는 일에 대한 실천적인 제안

① 그리스도의 삶: 그리스도만이 우리의 신앙과 영생의 주이며 모든 가르침과 삶의 형상이십니다.

② 경건한 성도들의 삶: 순교자의 신앙을 따라 이 복음을 전했던 모든 하나님 종들의 발자취였습니다.

③ 지옥의 고통: 이 형벌과 심판의 자리에 이르기 전에 순전한 심령으로 하나님을 기쁘게 섬기는 자의 받을 영광과 상급을 바라보자.

④ 천상의 기쁨: 이 세상의 즐거움은 분토이지만 하나님이 주시는 영광의 즐거움은 영원합니다("자기 부인에 대한 성경의 가르침"(눅 9:23), 103-108).

횟필드의 자기 부인이라는 십자가 신학은 칼빈주의 신학과 신앙에 배경을 두었습니다. 존 칼빈도 그리스도인의 생활 총체를 먼저 자기 자신의 부인이 따라야 한다고 보았습니다. 그 첫째 이유로서 우리 자신이 주인이 아니라 하나님께 속한 존재임을 인정했다는 점입니다. 하나님의 주권 사상에서 비롯됩니다. 그리고 칼빈은 하나님께 헌신을 통한 자기 부인을 위해서 근신과 의로움과 경건의 필요성을 강조했습니다(박세환, 존 칼빈의 신학 사상과 설교, 서울: 도서출판 영문, 2001, 97).

그는 하나님과 사람들 사이에서 청지기로서 십자가 신학을 제시했습니다. 휫필드도 칼빈의 십자가 신학과 일치합니다.

17. 승리관

모든 그리스도인들의 중요한 큰 의무는 모든 악에 대항하여 주의하고 마음 속에서 악이 생겨나는 최초의 순간을 조심하며 죄가 되지 않는다 하더라도 그렇게 보이는 일이면 무엇이든지 피해야 합니다. 마귀는 끊임없이 우리들을 유혹하고, 우리 자신의 악한 마음이 유혹에 넘어가며 죄를 짓고 싶어하며 결국, 우리가 마귀의 노예로 전락합니다. 주께서 제자들에게 시험에 들지 않도록 기도하라고 권했습니다.

1. 유혹하는 자
① 유혹하는 자는 사단입니다(엡 2:12; 창 3:4).
② 유혹하는 자의 특성: 유혹하는 자는 악의와 질투와 복수심으로 가득 차 있습니다. 사단은 거짓말하는 것이 그 특성입니다. 우리가 근신하는 중에 사단의 시험을 잘 관찰하면 많은 시험을 피할 수 있습니다.

2. 유혹자가 유혹하는 이유들
① 사단은 시기심이 많기 때문입니다.
② 사단은 교만한 영입니다

③ 타락한 영입니다.
④ 그리스도에게서 사람들을 떼어놓습니다. 그리스도에 대해 부주의하고 무관심하도록 이끕니다.

3. 유혹하는 자의 수단
① 아첨 ② 의심과 갈등 ③ 박해 ④ 시험 ⑤ 위협 ⑥ 위선 ⑦ 타협 ⑧ 이기심 ⑨ 탐욕 ⑩ 영혼의 낙망: ㉠ 죄의 자각 ㉡ 하나님께 신실하지 못함 ㉢ 시험 ㉣ 시련 ㉤ 두려움 ㉥ 낙심 ㉦ 불안 ㉧ 절망 ㉨ 자포 자기

4. 시험을 승리하는 비밀
① 믿음의 재확인
② 신앙고백
③ 기도
④ 위임("유혹받는 자들의 지주이신 그리스도"(마 6:13), 79-83).
⑤ 진리의 무장
⑥ 하나님의 은혜 보좌로 나아갑니다.
⑦ 하나님께 대한 신뢰와 소망을 품습니다.
⑧ 하나님을 찬양하는 삶입니다("영혼의 낙망"(시 42:5), 39-44).

18. 설교관

휫필드의 설교 신학은 칼빈주의 청교도 설교 신학이었습니다. 하나님의 말씀인 계약을 통해서 하나님의 창조 목적을 이루시는 것입니다. 이 창조의 약속을 성취하시는 하나님의 계약 수행으로써 설교의 중보자적인 설교 신학을 제시합니다. 이 하나님의 계약을 성취

시키는 일군들로서 목사인 설교자로 부르셨다고 보았습니다.

청교도 칼빈주의 설교관은 첫째, 말씀의 절대적 권위를 인정합니다. 성경 중심의 설교입니다. 그러기에 성경 본문 설교나 강해나 주해 설교를 중요시 여깁니다.

둘째, 하나님의 말씀에 근거한 권위 아래서 하나님을 향한 경배와 예배를 통하여 하나님을 영화롭게 하는 성도의 삶과의 관계를 강조합니다. 그러기에 하나님께 영화롭게 하는 설교로써 성도의 신생인 거듭남과 회개와 회개에 합당한 복음적인 삶과 성도의 견인과 실천적인 설교에 주력합니다.

셋째, 하나님의 말씀으로 인하여 하나님과 인간 사이에 순종과 복종 관계를 맺음으로써 하나님의 창조 목적을 성취하도록 합니다. 칼빈주의 설교는 창조적인 문화, 정치, 모든 삶의 영역에서 하나님의 창조하신 뜻을 실현시키는 개혁주의 설교를 취하게 합니다.

넷째, 하나님의 말씀은 온 인류와 온 세상을 통칭하는 수단과 방법인 사실을 보여줍니다. 칼빈주의 설교 신학은 하나님께서 교회를 통해서 세상 가운데 있는 우리들을 통해서 하나님의 언약 아래서 살게 하려고 초청하고 결단케 하고 순종케 함으로써 하나님의 섭리와 구원과 천국으로 나아가게 하는 하나님의 말씀 신학입니다. 우리는 칼빈 설교 신학을 언약적인 설교라고 말할 수 있습니다. 네덜란드에서 구속사적인 설교에 대한 각성이 일어났었습니다(박 세환, 존 칼빈의 신학 사상과 설교, 서울: 도서 출판 영문, 2001, 126-7).

다섯째, 칼빈은 말씀은 성령 안에서 우리 마음에 믿음을 줍니다. 칼빈은 말씀과 성령과 믿음을 분리시키지 않습니다. 따라서 성령의 조명이 없이는 말씀은 아무 유익을 줄 수 없습니다. 우리의 심령에 성령께서 친히 강하게 붙잡아 주지 않는다면 하나님의 말씀을 이해할 수 없습니다. 더욱이 성령의 조명 가운데 하나님의 말씀이 우리에게 주시는 하나님의 은사는 믿음인데 두 가지 방법으로 역사하십니다. ㉮ 하나님의 말씀을 맛볼 수 있도록 정화(淨化)하는 은혜, ㉯ 우리 심령을 진리 안에서 굳게 세웁니다(112-3).

칼빈도 성령의 설교를 강조했습니다. 이것이 칼빈주의 설교관에서 중점입니다. 성령을 떠난 설교란 존재할 수 없습니다. 성령의 감동이 없는 설교는 진정한 설교가 아닙니다. 더욱이 성령의 역사로 감화 감동을 통해서 죽은 영혼들을 살리는 새 생명의 운동인 신생인 거듭남이 없는 설교라면 성령의 설교라고 할 수 없습니다. 휫필드의 설교 신학도 바로 칼빈의 성령 설교에 기초합니다. 휫필드의 설교 신학은 칼빈주의 설교 신학에 기초합니다. 그러면서도 그의 설교가 칼빈의 설교관에서 칼빈은 목사가 목회자로서 교사와 설교자의 역할을 강조합니다.

휫필드는 목사가 목회자가 설교자나 교사로서 역할을 강조하면서도 목사를 전도자로서 설교자를 더욱 강조하고 있습니다. 더욱이 그는 전도자로서 목사는 '온 세상을 교구로 삼는' 선교사로서 전도 목사와 전도를 위한 부흥 전도자로서 역할에 이르기까지 설교자인 목사의 기능이 확대되어집니다. 그는 칼빈주의 청교도 설교자로서 그의 설교는 청교도 설교 신학이 흐르고 있습니다. 그의 선배였던 존 번연(John Bunyan 1628-1688) 청교도 설교의 특색과 일치합니다.

청교도 설교 신학은 첫째, 복음 전도 설교 신학, 둘째, 구원의 설교 신학입니다. 셋째, 말씀 사역 신학입니다. 넷째, 목양 설교 신학, 다섯째, 청지기 설교 신학 여섯째, 변증적인 대화체 설교이였습니다(박 세환, 존 번연의 신학 사상과 설교, 서울: 도서 출판 영문,

76-9).

휫필드의 설교는 존 번연의 청교도 신학을 겸했습니다. 그의 설교 신학에 있어서 청교도 설교 신학에 있어서 복음 전도 설교 신학이 부흥 설교 신학과 선교 설교 신학으로 확장되어진다는 특색을 보여줍니다. 또한 그는 복음 전도를 위한 변증적인 설교도 수용하지만 이론적인 논쟁을 위한 변증적인 설교는 전혀 하지 않았습니다. 이는 영혼을 구원하는데 논쟁을 피하고 복음의 진리로써 오직 예수가 그리스도이심을 확증하며 증거하고자 했습니다. 그는 청교도 설교 신학 가운데 청지기 설교 신학에 근거하여 실제로 고아를 위한 모금이나 구제를 위한 설교도 아낌없이 증거했습니다.

또한 휫필드는 존 번연처럼 천로역정의 순례자 청교도 삶의 신학을 정립해주었고, 실제로 실천했습니다. 설교자는 말로나 혀로만 그리스도나 영혼을 사랑하는 것이 아니라 진실과 영 육을 다 바쳐서 그리스도 예수처럼 자기를 부인하는 십자가의 신학과 삶 가운데 어떤 고난과 난관에도 불구하고 하나님 나라를 향하는 천국 시민으로서 승리하는 그리스도인의 견인을 실천하는 정상적인 그리스도를 보여 줍니다.

세례 요한이 그랬듯이 말입니다. 그는 항상 말이나 태도에서 설교할 때에 성령께서 친히 그의 입술에 임재했습니다. 그는 성령의 감동에 따른 말씀 충만과 성령의 인도에 따르는 은혜 충만함을 입어 전하는 성령 충만한 전도자이며 또 성령의 설교자였습니다. 이로 인해서 그의 설교는 최상적인 비약으로 인해서 즉석에서 나오는 원고 없고 없는 설교이었습니다. 바로 원고 없는 설교였습니다. 칼빈의 설교나 번연의 청교도 전달 방식은 원고 없는 성령에 인도함을 받는 즉석 설교였습니다. 그가 설교를 시작할 때면 그나 혹은 그의 청중들조차도 설교자인 휫필드를 감싸고 있는 성령의 역사를 인지할 수 없었지만 그의 열정적인 설교는 심령에서 우러나오는 살아있는 성령의 음성으로 전달되었습니다.

19. 전도관

휫필드의 전도관은 인간의 타락이 원죄에 기인하는 것으로 보고서 하나님의 영원한 무조건적인 선택에서 비롯하는 성령의 거듭남과 그리스도를 믿음으로 의롭다 하심을 받는 의인(義認)으로 인정함을 받아 성도들이 최종적으로 구원에 이르는 은혜를 강조하는 구원의 복음을 선포하는 전도관을 취하였습니다. 그는 전도는 인위적인 역사가 아니라 성령의 거듭남을 통해서 이루어진다고 보았습니다. 그래서 사람은 자신의 힘으로 회개할 수 없고 자신의 의지로도 할 수 없고 오직 하나님의 성령의 역사로 보았습니다. 더욱이 그는 죄인의 회심은 하나님의 불가항력적인 은혜로 이루어진다고 전도했습니다.

그리고 죄인이 의롭다하심을 믿는 길은 그리스도를 믿음으로써 이루어진다고 보았는데, 그는 세 가지로 설명했습니다. ① 그리스도의 보혈의 공로로, ② 그리스도의 믿음으로, ③ 우리의 선행의 선포로 이루어진다고 선포했습니다. 그는 언제나 죄인이 고침을 받아 의롭게 되는 유일한 길은 그리스도의 피와 의를 가르쳤습니다. 그는 전도할 때마다 오직 그리스도의 의로움 때문에 하나님께서 우리를 의롭게 여기시는 것이 우리의 행위로 인해서 은혜를 베푸시는 것이 아니다고 주장했습니다. 오직 주 예수 그리스도의 의를 추구하며 또 그의 의를 가르치지 않는 자는 그리스도 안에 있는 진리를 전하지 않는다고 못박았습니다. 그리스도를 믿음으로 인해서 칭의를 받는 것과 그리스도의 성령에 의해서 본성이 깨끗해지고 새롭게 되는 성화(聖化)가 있습니다. 전자는 그리스도께서 십자가를 대신 지심으로 의를 전가되고, 후자는 성령이 믿는 자에게 하나님의 은혜를 값없이 주십니다.

이로 인해서 휫필드는 믿음의 복음을 통해서 구원의 복음을 증거했습니다. 특히, 그는 중생과 성령의 복음을 증거했습니다. 그래서 그는 죄인의 영혼을 구원하시는 전도자로서 남다른 사명을 감당했습니다. 그는 영국 국교회가 전도 사역에 대하여 나태하고 게으름으로 인해서 잠자고 있는 교회와 죽어 가는 영혼에 대한 뜨거운 열정과 사랑과 눈물과 피를 통하는 전도자로서 생애를 베드로처럼 바쳤습니다. 그는 특히, 옥외 전도를 통해서 교회 밖에서 죽어 가는 현장 전도와 사역을 통해서 국 교회로부터 비난과 공격을 받았습니다. 그러나 그의 옥외 전도는 세상에 지쳐 죽어 가는 영혼에게 직접 그리스도의 복음을 접할 수 있는 기회를 주었습니다. 이로 인해서 수많은 다양한 계층들이 복음 전도를 통해서 구원의 역사가 일어났습니다.

이로 인해서 대각성 운동이 일어나고 부흥의 운동이 일어나는 구령 운동이 일어나는 기폭제가 되었습니다. 더욱이 그는 전도관이 미국 조지아 선교를 통해서 전도가 선교로서 발전과 방향을 제시해 주었습니다. 그동안 국내 전도에도 무관심했던 영국 교회에 국내 전도뿐만 아니라 해외 전도인 선교에 대한 영적인 각성뿐만 아니라 전도 대각성을 당시 교회에 영향을 끼쳤습니다. 그는 전도자이자 또 선교사였습니다. 그는 전도자로서 복음으로만 아니라, 사랑의 행실로써 고아를 위한 구제 사역과 흑인들에 대한 교육을 위한 사랑의 전도자로서 사회적인 영향을 끼치는 전도 사역에 총체적으로 매진했습니다.

그는 전도자로서 미국 조나단 에드워즈와 대각성 운동과 부흥 운동의 주축으로서 동역하였습니다. 전도는 전도로 끝나는 하나님의 뜻이 아닙니다. 그는 하나님의 뜻을 이루는 구원의 사역을 강력하게 추진하기 위해서 지속적인 구원의 역사가 성령으로 강력하게 일어나 지역 사회나 민족과 세계의 구령화를 위해서 전적인 성령의 역사를 추구하는 부흥 전도자로서 생애를 매진했습니다. 그는 전도자로서 "세상을 자신의 교구로 삼는" 선교사이며 또 부흥사이며 사랑의 전도자로서 선한 사업을 꾸준히 추진한 사랑의 복음의 증인이었습니다. 우리는 전도가 목회적인 전도에만 주력하지 말고 선교와 사랑의 실천 전도가 겸비하는 종합적인 전도 신학이 실천되어져야 합니다.

20. 부흥관

휫필드의 부흥 개념은 성령의 사역이며 또 영광스러운 복음 전도 원리로써 수용했습니다. 그는 복음 증거를 통한 성령으로 말미암는 구원 사역에는 교파적인 차이들과 파당심이나 조직화하려는 의도를 극복할 수 있는 믿음과 성령 안에서 하나될 수 있는 계기를 부흥을 통해서 이룰 수 있다고 보았습니다. 진정한 부흥은 그리스도 예수 복음과 그에 대한 신앙고백을 통해서 그리스도 안에 하나됨을 인식하고 고백하는 진정한 그리스도의 몸으로써 공동체인 교회를 세움에 있다고 보았습니다. 그는 하나님께서 자신의 사역에서 주요한 부흥 사역에 대한 인식하고 미국에까지 나아가서 복음을 전파하기를 갈구했었습니다.

"나는 말씀을 번개처럼 외치는 전도자들을 사랑합니다. 그리스도인들이 너무나 깊은 잠에 빠져있습니다! 이런 영적인 잠에서 깨우는 길은 큰 소리로 외치는 길입니다(Works, V. I., 73).
　모든 종파들 가운데서 진정한 부흥과 순전한 신앙 운동이 일어나야 합니다!... 하나님께서 나를 부흥 사역을 위한 도구로 삼았습니다! 내가 하는 사역에 어떤 고난이 닥칠지라도 전혀 개의치 않습니다. 이로 인해서 나의 주님의 나라가 권능 가운데 임하는 것을 보기 때문입니다(66).

"전 세계는 지금 내 교구입니다(The whole world is now my parish). 나의 주님께서 나를 부르시는 곳이라면 어디든지 가서 주의 영원한 복음을 전파합니다. 나에게 슬픔이 있다면, 그리스도를 위해서 더 사역하지 못한다는 것입니다."(105;Arnold. A. Dallimore., George Whitefield, vol. I., 400).

그가 첫 번째 미국 해외 집회를 다녀오면서 그의 심령을 피력했습니다.
　"심령을 살피는 자는 신대륙인 미국에 다녀오면서 내 가련한 영혼이 내면적인 고통이 있었습니다. 나는 매일 신음합니다...사랑하는 구세주여, 지치고 무거운 짐을 지고 나옵니다. 주께서 나를 물리치시고 사단을 보내심으로 육신에 가시를 주셨나이다. 나의 구세주가 살아 계시지만 그를 몰랐더라면 틀림없이 절망의 수렁에서 벗어나지 못했을 것입니다. 때때로 엘리야처럼, 죽기를 간구 함은 승리를 구가하기보다는 특별한 영적인 상태에 있었습니다."

그의 신대륙인 미국에서 놀라운 활동은 갑작스런 도전과 변화를 가져옴으로써 영적인 부담에 대한 반동과 함께 존 웨슬리(John Wesley)의 처신으로 오는 안타까움과 그의 첫 번째 구혼을 청했던 엘리자베스 델라모트(Elizabeth Delamotte)에 대한 거부로 오는 실망감도 있었습니다. 이보다 더욱 그를 중압케 했던 심적인 문제는 영적인 문제였습니다.

"나는 하나님께 간절히 간구 함은 내게 은혜를 베풀어 현재 곤고한 자리에서 그의 영광과 그의 교회의 유익과 자신의 영혼이 온전케 함을 입기 위함이었습니다."(Journals, 331).

이 역사를 이루기 위해서 그는 '하나님의 말씀과 기도로 한 주일 대부분을 바쳤습니다.' (334). 또한 그는 '하나님과의 밀접한 교제를 나누기 위해서 시간을 투자했으며 또 나의 공역(公役)의 결점들에 용서를 간구하며 미래적인 사역과 시험들 가운데서 강건케 하심과 보호하심을 기도했습니다.' (331).

이 같은 철저한 자기 성찰하는 기도는 형식적인 기도가 아니라 강력한 울부짖음과 눈물이 하나님 말씀의 조명 아래서 자신의 자아를 살피는 진정한 기도였습니다. 이로 인해서 그는 '하나님께서 자기 자신을 알게 하셨다.'는 고백적인 기도를 피력했습니다(Arnold. A. Dallimore., G. W, vol. I., 401).

그는 심령의 부흥에 대하여 정리를 해봅시다. 첫째로, 영혼에 대한 사랑에서 출발합니다. 하나님께서 인간의 영혼을 사랑하사 구원하시는 구원의 사랑에서 기인합니다. 그러므로, 진정한 부흥은 그리스도 예수 안에 있는 사랑과 복음의 약속 가운데 죄인이 구원을 받아 하나님의 자녀가 되는 구령의 전도 사역과 설교 사역과 기도 사역에다가 그는 두었습니다. 그는 전도 사역은 구원의 복음을 전파함으로써 중생인 신생의 복음을 전했습니다. 이로 인해서 성령의 거듭남을 통한 하나님의 구원 사역을 통해서 새 사람으로 변화하는 영적인 변화를 추구했습니다.

또한 그는 설교 사역을 통해서 예수 그리스도의 복음을 증거하여 오직 그리스도의 고난과 죽음과 부활을 통해서 십자가의 도인 구원의 메시지를 선포하고 또 재확인하려는 말씀의 사역에서 생명을 걸고서 외쳤습니다. 또한 부흥의 역사를 위해서 자신의 성찰과 사역에 대한 검증과 함께 수많은 영혼들을 긍휼히 여기는 기도와 구원의 역사를 사모하는 성령의 도우심을 간구하는 성령의 기도는 심령에 불을 붙여주는 전도의 능력이 되었습니다.

조나단 에드워즈(Jonathan Edwards)가 1834-5년 겨울에 부흥 운동에 영국에서 온 조지 휫필드가 가세함으로써 장로교인이며 회중 교회 목사였던 찰스 피니(Chalres G. Finney)는 미국 부흥주의로 발전했습니다. 칼빈주의자들 부흥은 성령의 역사로 오는 초자연적인 역사로 보았습니다. 이 견해는 18 세기와 19 세기 초엽을 통해서 미국 복음주의 신학이 아르미니안주의로서 점차적으로 침식했습니다(박 세환, 디 엘 무디의 신학 사상과 설교, 서울: 도서 출판 영문, 2001, 197).

알 에이 토레이(R. A. Torrey Sr.) 박사는 영국 스펄젼 전도자와 미국에서는 무디 전도자와 사역을 하면서 1928년에 하나님의 부르심을 입을 때까지 성령의 사역인 성령 세례와 부흥 전도 사역에 대한 철저한 성경적인 확신과 사역을 통해서 칼빈주의 부흥 신학을 지켜왔습니다(박 세환, 알 에이 토레이 신학 사상과 설교, 서울: 도서 출판 영문, 2002, 252-58).

이 사역은 클라렌스 매카트니(Clarance Edward Macartney 1879-1957)는 원고 없는 설교를 통해서 칼빈주의 설교 모형과 부흥 전도자, 목회자, 정치가로서 성령의 성경적인 조명 아래서 설교를 강조하는 성령의 설교였습니다. 칼빈주의 부흥은 그리스도 예수 안에서 성령의 권능으로 하나님께 영광을 돌리는 구원의 사역을 이루는 성령이 강권하심에 개인과 교회와 세상을 그리스도의 나라를 이루는데 두었습니다(박 세환, 클라렌스 매카트니의 신학 사상과 설교, 서울: 도서 출판 영문, 2001, 20).

21. 신자 생활

1. 하나님과의 동행이라는 의미
① 적의가 사라집니다.
② 화해가 이루어집니다.
③ 친교를 경험합니다.
④ 전진하는 그리스도인의 삶(시 84:7).
⑤ 하나님과 연합된 삶입니다.
⑥ 믿음으로 하나님을 기쁘게 하는 신앙생활입니다.
⑦ 그리스도의 부름과 사명에 동역자가 됩니다.

2. 하나님과 동행하는 신자 생활
① 성경 읽기(요 5: 39; 딤후 3:16-7).
② 기도(마 26:41).
③ 묵상
④ 하나님의 섭리로 나아감(마 10:29-30).
⑤ 삶 속에 성령의 인도를 받음.

⑥ 하나님께 신실함(눅 1:6).
⑦ 경건한 자들과의 교제

3. 하나님과 동행하는 삶의 동기들
① 하나님을 모시는 삶은 영광스러운 생활입니다(시 25:14; 요 15:15).
② 주를 모시는 삶은 즐거운 삶입니다(잠 3: 17).
③ 천국으로 가는 천로 역정입니다.
④ 하나님의 목적대로 주를 영화롭게 하는 삶입니다.
⑤ 주를 기쁘게 하는 신령한 영적인 삶입니다("하나님과의 동행"(창 5:24), 15-20).

22. 조지 휫필드와 존 웨슬리 신학

1. 칼빈주의 청교도 신학
조지 휫필드와 존 웨슬리는 18 세기 영국 국교회에서 전도자이며 또 영적인 각성을 일으킨 전도 부흥 사역자들이며 또한 동역자이었습니다. 두 전도자이며 목사들은 본래 영국 국교회의 목사들입니다. 그들은 영국 국교회에서 목사 안수를 받았기에, 영국 국교회의 신학을 근본으로 합니다. 엘리자베스의 통치 기간에 영국 국 교회의 형성에 결정적인 영향을 준 「39개 조항 신앙고백(Thirty-Nine Articles of Religion)」의 선포였습니다.

이 신앙고백은 에드워드 6 세 때에 발표한 42개 조항을 근본으로 해서 약간 수정하였습니다. 42개 조항 신앙 신조는 크랜머가 로마교와 재세례파를 배제하면서 칼빈주의와 루터주의를 균형 있게 정립시키려는 의도에서 작성되었습니다(후스토 L. 곤잘레스, 이 형기, 차 종순 공역, 기독교 사상사 (III) 현대 편, 서울: 대한 예수교 장로회 총회 출판국, 1988, 247).

그러므로, 로마교에서 개혁을 추구했던 영국 교회의 39 개항 신조는 1571년에 선포되었는데, 대요를 검토한다면 대체로 온건한 칼빈주의 개혁파 신학을 기초로 하여, 성경의 권위와 예수를 믿음으로 의를 얻는다는 칭의의 도리와 인간의 원죄설과 전적인 타락을 인정하였습니다. 영국 국교회 신학은 성경의 권위를 먼저 강조하면서도 교회의 권위도 강조하여 두 권위를 조화와 균형을 이루려는 신학의 특색을 두 사람이 수용했습니다. 횟필드는 비 국교도인 청교도 독립 교회 출신이었기에 존 번연이나 매튜 헨리 주석을 통해서 칼빈주의 청교도 사상들을 이해했습니다.

이에 반하여 웨슬리는 그의 부모들도 비 국교도인 청교도들이었지만 웨슬리가 태어났을 때는 영국 국교회로 전향하여 영국 국 고교회(High)의 신앙 노선을 추구하여 웨슬리는 그의 사상이 영국 국 고교회의 신학 사상에 영향을 받았습니다. 그의 아버지 사무엘 웨슬리보다 그 어머니 수산나는 전도와 설교자로도 활동했는데, 어머니의 영향을 더 받았습니다. 특히 부모들은 칼빈의 예정론에 부정적인 시각을 갖고 만인 구원설을 믿었습니다. 그렇지만 그는 청교도 목사들의 저서를 많이 탐독하여 그들의 신학적, 사상적 감화를 받았습니다(송흥국, 웨슬리 신학, 서울: 대한 기독교 서회, 1997, 30).

특히, 그는 옥스퍼드 대학 시절에 세 권의 명저를 통해서 그의 신앙과 사상과 인격과 사역자로서 영향을 주었습니다. 그가 처음 읽은 책은 제레미 테일러 감독(Jeremy Taylor 1613-1667)의 「거룩한 삶과 죽음(Rules and Exercises of Holy Living and Holy Dying)」을 통해서 의지의 순수성이 필요와 하나님께 헌신을 다짐했습니다. 이 책을 통해서 구원론에서 자유 의지에 대한 신뢰가 더욱 아르미안주의 구원론에 더욱 견고케 했습니다.

두 번째 책은 그가 1726년에 읽었던 중세기 독일의 수도사 토마스 아 켐퍼스(Thoomas a Kempis 1380-1471)의 「그리스도를 본받아(A Treatise of the Imitation of Jesus Christ)」를 읽고서 내적인 종교의 중요성과 경건성에 대한 깊은 이해가 생겼습니다. 그는 경건주의 신학을 바탕으로 하는 영적인 깊이를 더욱 추구하였습니다.

"1738년 9월 16일 토요일에 존 웨슬리는 독일에서 런던으로 돌아오면서 경건주의 복음 전도 사역에 주력했습니다. 다음 날로 그는 세 번에 걸친 설교를 하였고 신앙회의 주요 그룹들 중 한 곳에서 저녁을 시간에 친교를 나누었습니다. 그는 먼저 성경 본문을 해석하고 나서 헤른후트(Hernhut)에서 겪었던 경험을 연결시켰습니다. 그는 월요일에 뉴게이트 가올(Newgate Gaol)의 죄수들을 방문하여 그들에게 죄인들을 위한 하나님의 값없이 은혜의 복음을 설교하였습니다. 그 날과 그 다음 날 저녁은 예외 없이 그 신앙회에서 보냈습니다. 그들과 함께 하는 가운데 그는 자신에게 있어서 가장 중요한 경험들을 하였고 그의 활동의 길잡이를 찾았습니다."(마르틴 슈미트(M. Schmit), 존 웨슬리(중): 신학적 전기 및 복음주의 운동의 과정과 반대, 김덕순, 김영선 공역, 서울: 도서 출판 은성, 1998, 13).

존 웨슬리는 구원의 확신과 구원의 복음과 구원의 전도 사역과 구원 신학에 대한 이해를 추구하였습니다. 그는 이년 후에, 윌리암 로우(William Law 1686-1761)의 「그리스도인의 완전론(Christian Perfection)」과 「중대한 부름(Serious Call to a Devout and Holy life)」을 읽고서 영적인 재 헌신과 구원을 받은 성도에 있어서 구원의 완전론를 추구하였습니다. 그는 성도의 구원과 완전 곧 칭의와 구원의 완전인 성결 혹은 성화에 대한 강조를 통해서 성도의 거룩한 삶에 대한 깊은 통찰케 했습니다. 동시에 그들의 저서를 간추려 그가 발간한 그리스도교 문고(文庫)에 넣었습니다. 그럼으로 해서 웨슬리는 칼빈주의 청교도 신앙을 수용하면서도 아르미안주의 구원관을 성결론인 완전한 성화로 발전시키는 아르미안 경건주의 신학으로 발전시켰습니다.

이에 반하여 조지 휫필드도 존 웨슬리처럼 칼빈주의 청교도 신학의 영향을 받았지만 칼빈주의 예정론을 수용했던 것이 아니었습니다. 그가 회심하는 역사를 통해서 그는 철저하게 하나님 중심의 은혜와 긍휼과 구원에 대한 인간의 무능력과 타락성에 대한 재확인을 통해서 오직 하나님의 은혜와 예수 그리스도의 은혜와 성령의 은혜로 중생한다는 사실을 발견하고서 하나님께서 구원도 예정된 중요한 하나님의 섭리와 구원의 계획인 선택 가운데서 이루어지는 사실을 자각함으로써 인해서 철저한 칼빈주의 구원관을 수용하였습니다. 후스토 곤잘레스(Justo L. Gonzalez)는 진정한 칼빈주의자들을 이렇게 평했습니다.

"진정한 칼빈주의자로서 청교도들은 예정론자들이었습니다. 그들에게 있어서- 최소한 운동의 초기 단계에서- 예정론은 하나님의 본성으로부터 결론적으로 이끌어 낼 수 있는 어떤 것으로 보지 않고 은총의 경험을 나타내는 표현이라고 생각하였습니다. 예정은 신자가 불신자를 막론하고 동일하게 이해할 수 있는 어떤 교리가 아니라 신앙의 맥락 안에서 이해되는 교훈입니다. 이런 선택론은 예정을 왜곡시키는 수많은 사람들이 필연적인 결과라고 주장하는 것처럼 행위 없는 정적주의(靜寂主義)나 혹은 자기 만족에 결코 빠지지 않았습니다.

이와 반대로 청교도들은 하나님이 자신들을 선택하셔서 영원한 구원만 아니라 하나님이 자신들을 선택하셔서 영원한 구원만 아니라 하나님이 인류를 위해서 하시고자 하는 계획에 함께 참여해서 일하게 하심을 확신하였습니다. 그러므로 구원을 받은 모든 성도의 전체적인 삶까지도 선택의 징표가 되었습니다. 모든 청교도들은 교회의 질서가 성경적 그리스도교에 일치해야 한다고 동감했습니다. 그러나 그리스도교의 정확한 내용이 무엇인가에 대하여 여러 의견으로 나누어졌지만 대부분이 장로교적인 견해를 충실히 지켰습니다."(385).

비록 웨슬리는 칼빈주의 청교도 신학에 기초로 하지만 장로교적인 신학이 아니라 아르미안적인 경건 복음주의 신학으로 나아갔습니다. 우리는 두 전도자들은 친구이며 동역자이며 선의의 경쟁자이었습니다. 두 전도자는 본래 신학자들이 아닙니다. 그들의 신학은 전도자로 전했던 설교를 통해서 교리 적이고, 실천 신학이 드러납니다. 특별히, 웨슬리는 설교 가운데 구원을 받은 성도로서 자신의 자유 의지에 대한 중요성에 대한 의사를 피력합니다.

"나 자신의 본성이 부패되었기 때문에 나 자신의 마음을 내가 절대적으로 지배할 수 있는 능력을 가지고 있지 못하나 나를 도우시는 하나님의 은혜를 통해서 나는 악뿐만 아니라 선을 택하고 행할 수 있는 능력을 가지고 있습니다. 나는 내가 섬길 자를 선택하는 데 자유로우며, 만일 내가 보다 나은 편을 선택한다면 죽을 때까지 머무르는 데에도 자유합니다."(Sermons: "What is Man" VII.,

229).

이에 반하여 조지 휫필드는 설교를 통해서 구원을 받은 성도에게 자유 의지보다는 하나님의 선택인 예정의 중요성을 피력합니다.

"신실한 하나님 사람들이 구속의 가르침을 더욱 탐구한다면, 성부 하나님과 성자 예수 그리스도 사이에 맺은 구속의 언약에 더욱 붙잡아야 합니다. 우리는 선택론이나 아무리 선한 자들이라도 악마론을 더 이상 비난할 수가 없을 것입니다. 저의 신앙적인 입장에서 보건대, 이 성경적인 선택론을 모른다면 진정한 겸손을 성도는 찾을 수가 없습니다. 또한 저는 선택을 부인하는 사람들을 다 나쁘다고 말하지 않겠지만 선택을 부인하는 유혹적인 가수 트레일(Trail) 씨에 동조하는 것은 아주 나쁜 징조입니다. 이런 부류의 사람이라면 자기 자신을 바로 알 수 없다고 저는 생각합니다.

그러기 때문에, 우리가 선택을 부인한다면 적어도 부분적이라도 자기 자신에서 영광을 찾습니다. 그렇지만 구속은 하나님의 계획 가운데 이루어져서 누구도 하나님 면전에서 자기 영광을 드러내는 육체는 없습니다. 그런고로, 사람의 자랑은 선택론을 부정합니다.... 선택이란 아주 눈부신 빛을 발하는 신비입니다. 선택이라는 용어는 하나님이 인간을 선택하신 사랑은 하나님이 사랑하는 자녀에게는 눈이 부실 정도로 영적인 빛을 발합니다. 하나님의 자녀들이 선택된 사랑을 받아도, 자신들이 받는 모든 복으로 인해서 앞으로 누릴 모든 특권이 예수 그리스도를 통하여 하나님 아버지의 영원한 사랑으로 나옵니다."(J. C. Ryle., Select Sermons of George Whitefield, "Christ The Believer's Wisdom Righteousness, Sanctification and Redemption(I. Cor.1:30)", Edinburgh:

The Banner of Truth Trust, 1997, 97-8).

두 전도 목사들은 구원을 받는 회심의 체험에 대한 이해가 서로 다르게 해석하고 있습니다. 휫필드는 전적인 하나님의 주권과 하나님의 전적인 은혜를 강조하지만 웨슬리는 하나님의 섭리를 인정하고 하나님의 은혜도 인정하지만 구원의 역사에 대한 해석이 다릅니다. 휫필드는 하나님의 섭리를 인간의 회심 과거와 현재를 강조하지만 휫필드는 회심의 현재에 강조가 성경을 이해하거나 성경 해석에 있어서 신학적인 차이를 들어냅니다. 그러면 두 사람들이 구원을 받지 못했던 전도자이며 목사입니까? 결코 그렇지 않습니다. 두 사람은 철저하게 그리스도 안에서 중생의 체험을 한 위대한 전도자입니다. 우리는 올바른 성경적인 구원관이 무엇인가에 대한 바른 이해와 개혁주의 구원관인 루터나 칼빈의 이해를 보건대 휫필드는 칼빈주의 청교도 구원관이라면 웨슬리는 칼빈주의 청교도 구원관을 기초로 하면서 아르미안적인 경건 실존 구원관에 기초합니다.

2. 휫필드와 웨슬리 신학의 일치점

① 앞서 살펴본 대로 영국 국교회의 39 조항 신조에 근거로 하는 영국 개혁 신학에 기초합니다. 영국 개혁 신학은 바로 칼빈주의 청교도 신학에 기초로 합니다. 물론 루터 개혁주의와 복음주의가 내포하고 있습니다.

② 구원의 복음을 증거하여 중생의 역사를 증거하는 청교도적인 개혁주의와 복음주의에 충실했습니다. 그들은 회개, 신앙, 칭의, 천국, 중생, 구원, 성령의 역사를 중점에 둔 개혁적이고 또 복음적인 설교이었습니다.

③ 성경에 기초를 두는 성경적인 신학에 기초로 하여 전도 설교에 주력했었습니다.

④ 영적인 체험을 기초로 하는 적용 신학이었습니다. 한 마디로 90% 신자가 아니라 철저하게 거듭난 하나님의 자녀가 되는 영적인 변화를 추구하는 성령 신학이었습니다.

⑤ 신학을 위한 신앙이 아니라 인간의 영혼 구령을 위한 전도 신학과 부흥 신학을 제공했습니다.

⑥ 성도들의 영적인 성장과 성숙을 위한 영적 성장 신학에 중점을 두었습니다.

⑦ 옥외 전도와 설교를 통해서 현장 전도 실천 신학을 마련했습니다.

⑧ 평신도 사역자와 전도자와 설교자들을 활용하는 평신도 신학에 영향을 미쳤습니다.

⑨ 아메리카라는 해외 선교사이었고 또 선교 신학의 영향을 미쳤습니다.

⑩ 고아나 가난한 자나 환난 당하는 자들을 위한 구제 활동과 선한 사업과 선행을 강조함으로써 사랑의 실천 신학을 실천했습니다.

⑪ 사회적으로 정치나 노예 제도에 대한 폐지나 발언을 통해서 영적인 지도자로서 시대적인 예언자적인 사명관을 감당하고자 했습니다.

⑫ 대각성 영적 운동과 부흥 운동을 통해서 민족과 인류의 구원 사역을 위해서 부흥 운동을 통해서 조나단 에드워즈 같은 부흥 전도자을 통해서 더욱 부흥의 사역에 힘입어서 부흥 신학을 정립해서 18-19 세기 부흥 운동에 크게 유익을 끼쳤습니다. 이로 인해서 세계 선교의 불씨를 던졌습니다.

⑬ 전도자로서 성령의 거듭남과 성령의 변화로 오는 거룩함인 성화를 강조했으며 성령의 강력한 임재로 인한 성령의 부흥 역사에 대한 성령의 신학에 대한 확신을 갖고 전도 사역을 추진했습니다.

⑭ 당시 옥스퍼드 대학교 석사 학위를 취득한 전도자, 선교사,

설교자, 목사, 부흥사로서 전도 신학, 선교 신학, 설교 신학, 목회 신학과 부흥 신학을 실제로 사역을 통해서 종합적인 실천 신학의 기초과 정립에 공헌한 놀라운 사역이며 또 위대한 하나님의 종들이었습니다. 특히, 그들의 삶을 통해서 청교도의 사역자에게 있어서 가장 중요한 "청지기 신학"을 보여주었습니다. 두 사역자는 신앙과 생활을 일치시키려는 메소디스트(Methodist)로서 살아있는 영적인 실천적인 삶인 메소디즘의 실천신학을 제시하여 주심을 진심으로 감사를 드립니다.

3. 휫필드와 웨슬리 신학의 상이점

① 칼빈주의 청교도 신학이지만 휫필드는 장로교적인 신학이었지만 웨슬리는 아르미안적인 신학이었습니다. 웨슬리는 아르미니우스의 통찰에 성령의 역사라는 본질적인 요소를 더했습니다. 그리고 오늘날 복음적 신학에서 새롭게 널리 퍼진 요소가 되는 것이 바로 이 역동성입니다(밀드레드 와인콥, 칼빈주의와 웨슬리 신학, 한영태 역, 서울: 생명의 말씀사, 2000, 69).

② 그들은 메소디스트로서 휫필드는 청교도의 순례자 신학을 따라 영국에 머물지 않고 아메리카에 있는 청교도 후예들의 영적인 각성과 부흥을 위해서 미지 나라에서 끝까지 전도와 선교하다가 생명을 받쳤습니다. 이에 반하여 개척자로서 웨슬리는 여든 여덟 살까지 장수하면서 영국 안에서 메소디스트자로서 영국 감리 교단을 세우는 영적 정치 지도자로서 개척자의 삶을 살았습니다.

③ 휫필드는 옥외 전도자로서 미국에서 선교사로서 일생을 마치지만 웨슬리는 전도자와 목회자로서 일생을 마쳤습니다.

④ 그들이 구령의 목적이나 열정은 같았지만 일부 교리적인 차이로 갈등도 있었지만 휫필드는 자신의 유언으로 웨슬리를 통해서 자신의 장례 예배에 그가 설교함으로써 여전히 하나님의 나라에 동

역자라는 사실을 끝까지 보여주었습니다. 그러나 웨슬리는 자신이 자원해서 장례 예배를 드릴려고 하거나 휫필드가 사망한 후에 추도 예배를 계속해서 드리지 못한 것이 아쉬운 대목입니다. 사실 휫필드는 요한 웨슬리나 조나단 에드워즈보다 열 한 살이나 연하이었기에, 그는 옥스퍼드에 어린 나이에 신학을 할 때 연배인 웨슬리를 만남을 통해서 인생의 선배로 그를 존중했습니다. 그는 일생 동안 변치 않았으며 또 죽음 후에도 변치 않는 표시로 자신의 장례 예배를 부탁했었습니다. 이는 칼빈주의 사역자와 아르미안주의 사역자 사이에 에큐니칼적인 사후 관계가 중요하다는 사실을 보여줍니다.

⑤ 두 하나님의 사역자는 복음을 통해서 영혼과 교회와 하나님을 섬기는 청지기였습니다. 휫필드는 종으로서 청지기 신학을 삶과 죽음을 통해서 증거했습니다. 웨슬리는 지도자로서 청지기 신학을 삶을 통해서 증거했습니다.

⑥ 설교자로서 원고 없는 설교자로서 두 사람이 옥외 전도 집회를 통해서 즉석 설교자이었습니다. 설교자로서 휫필드는 열정과 능력과 감정이 폭발하는 불타는 설교이었고 성경 본문 주제 및 주해 설교자였다면 웨슬리는 열정과 능력과 이성이 빛이 나는 설교이었고 성경 본문 주제 설교자로 볼 수 있습니다.

⑦ 성령의 사역자들로서 성령의 중생 사역에 대하여 동감했으나, 휫필드는 성화에 성령의 점진적인 변화 사역을 주장해서 성도 견인(堅忍)을 주장했지만 웨슬리는 성화인 거룩함의 완전에 대한 즉각적 성령의 사역에 대한 확고한 신념이 있었습니다.

웨슬리는 청교도의 실천신학과 윤리와 목회 방법론과 교회론에서 깊은 영향을 받았습니다. 특히, 그는 라챠드 백스터(Richard Baxter)와 리챠드 알레인(Richard Allein)에게 빚을 지고 있으며, 찰스 웨슬리는 매튜 헨리에게 빚지고 있습니다. 존 웨슬리는 청교도

주의로부터 착용했던 대표적인 예로써 기도문이 없는 즉흥 기도와 원고 없는 설교인 즉석 설교과 청교도 예배의 장점인 자발성 (spontaneity), 신실성(sincerity), 단순성(simplicity), 자유 (freedom)를 배웠습니다.

그는 모라비안의 영향을 받아 단순한 신앙의 신실성, 그리스도인 생활의 기쁨, 친밀한 사랑의 친교, 소그룹 공동체 중심의 경건 훈련과 생활에 깊은 감명을 받은 후 그런 요소를 메소드의 예배와 영성 생활을 활용했습니다. 이로 인해서 청교도주의와 경건주의가 종합된 메소드 실천신학을 형성하였습니다. 그는 모라비안의 영향으로 애찬회(Love Feast)와 철야 기도회(Watch Night Service)를 통한 경건주의 예배와 청교도 예배가 종합해서 "뜨거운 예배(warm-hearted worship)를 드렸습니다(김진두, 웨슬리의 실천신학, 서울: 도서 출판 진흥, 2000, 131-2).

저는 장로교 목사의 아들이며 장로교 목사로 사역을 해왔습니다. 그러나 성장 과정에 초등학교 시절 삼년 간은 가까운 감리교회를 다녔으며 또 고등학교 삼년 동안은 하숙을 하면서 하숙방에서 가장 가까운 감리교 교회에 출석했습니다. 저는 목사 된지 이십년이나 지나서 두 분을 연구하면서 신학적인 해석과 교리 문제가 더 성경적인 것이 무엇이며 또 더욱 개혁주의적인 것이 무엇이며 또 시대적인 사명을 따라 하나님의 구원 사역을 실천할 수 있는 메소드(Method) 신학의 목적에 부합되는 것이 더 중요하다는 것을 인식하게 됩니다. 우리는 21 세기를 맞이하여 휫필드나 웨슬리가 죽음에 이르기까지 형제 우애를 지켜 나갔던 변함 없는 형제의 메소드 실천 신학이 정립되어야 합니다.

제 11 장
선지자의 안식

1. 마지막 사역

 휫필드는 평생 건강이 좋은 편은 아니었지만, 1748년 초에는 그의 신체에 이상 징후가 분명히 나타났습니다. 그때 그는 스코틀랜드에서 설교하고 있었는데, 날씨는 사납고 바람은 거센데도 그는 "수많은 회중이 모두 들을 수 있도록 무리하여 큰 소리를 설교하느라고 목이 쉬어버렸고 감기까지도 들었습니다." 그는 런던으로 돌아오면서 "나는 내적으로 무리했다고 생각합니다. 나는 평상시에 호흡할 때도 가끔씩 통증을 느낍니다."고 술회했습니다. 그리고 이런 몸이 불편한 상태에서 계속해서 설교 사역을 했습니다. 그 이후부터 그는 눈에 띄게 병약해지기 시작했습니다. 이 같은 상태는 유달리 많이 모인 사람들이 다 들을 수 있도록 큰 소리를 내느라 애쓴 후에 '엄청난 양의 각혈'을 토한 것과 관련합니다. 그 이후 여러 달 동안 그의 건강은 계속 나빠졌고, 1757년경에는 그의 첫 번째 전기(傳記) 작가가 말하다시피, "겨울철에 새 예배당과 '장막'에 오가느라 건강을 크게 해쳤습니다. 그는 계속되는 각혈 때문에 괴로움을 겪었고 잠도 잘 자지 못했으며 식욕도 없었습니다. 그래도 그는 할 수 있는 한 일을 계속했습니다."(Gillies, Memoirs of Whitefield, 226).

이 즈음에 한가지 사건이 발생했는데, 이 사건은 그가 자신을 위해 물질을 얻고자 하는 사람이 아니었다는 것을 다른 어떤 일보다도 분명히 증명해준 사건이었습니다. 그 사건이란, 상당한 재산을 가진 스코틀랜드 여인 헌터(Hunter) 양이 그에게 전 재산을 희사하겠다고 의사를 피력했었습니다. 그렇지만 그는 그 제안을 거절했습니다. 그러자 그녀는 고아원을 위해 그 재산을 희사하겠다고 했습니다. 그럼에도 불구하고 그는 그녀의 제안도 역시 받아들이지 않았습니다. 그가 고사한 이유는 알려져 있지 않지만, 이 사건은 그의 첫 번째 전기 작가인 스코틀랜드 사람 존 길리스 박사에 의해서 전해집니다.

1756년부터 영국은 프랑스와의 칠년 전쟁에 접어들었으며, 이 때문에 휫필드는 더 이상 아메리카를 방문할 수 없게 되었습니다. 그는 대양(大洋)을 건너는 해상 여행은 그에게 별로 위안을 준 일은 없지만 그래도 몸과 마음의 긴장을 풀고 쉴 수 있는 시간을 제공해 주었습니다. 그는 다시 항해할 수 있기를 갈망했지만 어쩔 수 없이 영국에 머물면서 수고를 계속했으며 겨우내 예배당과 '장막' 교회를 오가며 설교했습니다. 그리고 그 해의 나머지 기간에는 여전히 그 두 곳에서의 사역을 책임지면서 강단에서 빈번히 설교도 하는 한편 영국 전역의 섬들을 순회하며 보냈습니다.

그러나 1760년 초, 휫필드는 몸이 너무 약해져서 설교를 할 수 없을 정도가 되었습니다. 사실상 그는 환자가 되어버린 것이었으며, 그래서 그는 브리스톨로 가서 건강에 좋다는 물까지도 마셔 보양하고자 했습니다. 그러나 모든 것이 소용이 없었습니다. 한 의사는 그에게 "끊임없이 발포(發泡)고를 발라 보라"고 충고했지만 그는 "내게 끊임없는 설교를 달라!"고 응답했습니다. 그런데 그가 그런 상태였음에도 불구하고 세상의 어떤 사람들은 그를 특별한 비난의 대상으로 삼았습니다.

유명한 배우인 사무엘 푸트(Samuel Foote)는 단조(The Minor)라는 제목의 희곡을 써서 드루리 레인(Drury Lane) 극장에서 그것을 공연했습니다. 이 연극은 횟필드를 추잡한 웃음거리로 만들었습니다. 그는 횟필드의 눈 생김새를 조롱하여 그를 '사팔눈 박사'라고 불렀으며, 그 외에도 '뺀들이(Shirk)', '꾀장이(Shift)', '코울 부인(Mrs. Cole)' 등의 인물을 등장시켰습니다. 코울 부인은 늙은 포주로서 어느 대사에서 "횟필드 씨가 '장막'에서 나를 가루비누로 북북 문질러 닦아 깨끗하게 해주었지요."라고 비아냥거렸습니다(Anorld A. Dallimore, G. W., V. II., 1980, 407-9).

그녀는 큰 목소리로 자신의 회심을 고백하나, 과거와 다름없이 지저분한 생활을 계속했습니다. 이 연극에 대해 티어맨(Tyerman)은 연극 전체가 외설에 푹 젖어 있었다고 평했습니다. 런던에서 발간되는 한 잡지는 감리교 교도들의 위대한 지도자들에게 퍼부어지는 그 풍자는 횟필드 씨에게 부당할 뿐만 아니라, 터무니없기까지 하였다고 논평했습니다.

그러나, 횟필드는 푸트에 대해 아무런 분명한 언급을 하지 않았습니다. 그러나 언젠가 천국에 대해, 그리고 자신이 얼마나 그곳에 가고 싶어하는 지에 대해 설교할 때 그는 "거기서, 거기서는 불경한 발(foot)이 더 이상 성도를 짓밟지 못할 것입니다!"라고 말했습니다. 단조는 흥행에 성공하여 재공연을 거듭했고 그것을 모방한 작품까지 나왔습니다. 푸트는 세 곳의 주요 극장에서 그것을 공연했고, 다른 극작가들도 비슷한 작품들을 써서 그것을 무대에 올렸습니다.

게다가 휫필드에게 일어난 가상적인 사건을 소재로 음탕한 내용의 담시(譚詩)까지 씌어졌으며, 그에 관한 수많은 외설적 이야기들이 세간에 오르내렸습니다. 그가 거리에 나설 때마다 어린 아이들이 그 음탕한 담시들을 노래하고 어른들은 근거 없는 소문들로 그를 힐난하는 말들을 했었습니다. 그러나 이런 부당한 비방의 결과로 인해서 장막 교회와 예배당에 몰려드는 사람들은 오히려 더 많아졌습니다. 오히려 옥외 설교 때 모이는 회중의 수보다 오히려 장막 교회 예배당에 모이는 자들이 더 많아졌습니다. 그가 오랫동안 감내해 왔던 사람들의 반대가 사실상 바로 이때 상당히 많이 잠잠해졌습니다. 휫필드는 사람들이 자신을 그렇게 비열하게 대하고 거짓 소문을 퍼뜨리는 것 때문에 마음 속으로 많은 고통을 겪으면서도 변함 없이 전력투구하여 사역을 감당했습니다.

이 당시 그는 유럽에 있는 여러 그리스도인들을 돕고 있었습니다. 그 때 러시아가 독일과 전쟁 중이었는데, 독일의 목사들은 자신의 교인들이 잔인한 코사크(Cossack) 병사들에게 고통 당하고 있다고 알려왔습니다. 그는 이 일을 교인들에게 알린 후, 그는 독일인들을 돕기 위해 사백 오십 파운드 헌금을 모아서 보냈습니다. 이 일로 인해 프러시아 왕은 편지 한 통을 그에게 보내서, 자신과 자신의 백성들을 위한 선한 행실에 감사의 편지를 받았습니다. 그러나 그의 건강은 점점 악화되었으며, 그는 1761년에 죽음의 문턱에까지 갔었습니다. 그러나 다시 그가 병상에서 일어나자마자 그는 런던을 벗어나 브리스톨과 플리머스에서 사역을 했습니다. 그렇지만 그가 곧 런던으로 돌아가야 한다는 사실을 깨닫고서, 런던에 돌아가자마자 장막 교회와 사역이 그를 짓누르기 시작했습니다.

그는 해상 여행을 하면 도움이 될 것이라 생각했지만, 전쟁이 여전히 대서양 항해를 금지(禁止)되었기에, 그는 네덜란드로부터의 초청을 받아 들여, 배를 타고 갔습니다. 그는 언어가 다른 탓에 많은 회중을 끌어 모으지는 못했지만, 그럼에도 불구하고 그는 동역자를 대동하고 다니면서 여러 도시들에서 설교를 했습니다(Anorld A. Dallimore, G. W., V. II., 419).

네덜란드에서 한 달간 지내는 동안 건강이 훨씬 좋아지자, 그는 영국으로 돌아와서 즉시 일에 착수했습니다. 그가 놀위치(Norwich)에서 설교하는 동안, '예언자의 방에서 지냈는데 불결하고 냄새나는 이부자리에 누워서 벼룩에게 물어 뜯겼다고 술회했습니다(420).

그는 유달리 단정하고 청결한 사람이었으며 또 그의 집은 당시 영국의 모든 집들에 들끓던 이나 해충이 없는 것으로 유명했었습니다. 그는 청결한 생활의 자세를 견지했었습니다. 1762년 말 전쟁이 끝나자 그는 즉각 아메리카로 항해 할 계획을 세웠습니다. 그는 예배당과 장막 교회에 세 명의 유능하고 경건한 지도자의 손에 맡겼는데, 그 인물은 킨(Keen), 하디(Hardy)와 벡맨(Beckman)이었습니다. 또한 그는 스코틀랜드를 열세 번째로 또 한번 방문하였습니다. 그가 그곳에 있는 동안 "내 연약한 육신의 장막은 나로 하여금, 하루에 한 번씩 내 복음의 보좌에 올라갈 수 있게 할 정도로 많이 회복되었습니다."고 술회했습니다.

존 웨슬리도 그때 스코틀랜드에 있었는데 휫필드를 찾아가 보고서 그는 말했습니다. "인간적으로 말해서 그는 이제 고물이 되었습니다. 그의 몸은 회복될 수 없을 정도로 나빠졌습니다."

1763년 8월 드디어 휫필드는 아메리카에 도착했었습니다. 이것이 여섯 번째 방문이었습니다. 지난번 방문 이후 팔년 세월이 흘렀고 그도 많이 변했었습니다. 그의 안색에도 지친 흔적이 역력히 나타났고 몸도 어느 정도 비대해져 있었습니다. 그러나 미국 사람들은 뛸 듯이 기뻐하며 그를 환영했고 항구를 벗어나 베데스다로 가면서 그는 말했습니다. "여행 중에라도 만나는 모든 사람에게 한결같이 '그리스도를 설교해 달라!' 고 하는 외치는 소리를 들었습니다."

그의 친구들이 고아원 유지를 위해 마련해준 농장에서 얻어지는 수입으로, 그는 이제 베데스다 건축으로 인해서 체불된 빚을 모두 갚을 수 있었습니다. 그는 사택과 학교가 아주 질서 있게 운영되고 있으며 마당도 아름답게 가꾸어져 있는 것을 보았을 때, 그에게 큰 기쁨과 만족을 주었습니다.

휫필드는 다시 광범위한 순회 전도 설교 여행에 올랐습니다. 그가 코네티컷에 머무는 동안 엘레자르 휠록(Eleazar Wheelock) 목사가 운영하는 인디언 소년들을 위한 학교를 방문했습니다. 그는 재능 있는 젊은 인디언 설교자 샘슨 오컴(Samson Occum)이 이 학교를 지원하기 위하여 영국을 방문하면 좋을 것이라고 휠록에게 제안했습니다. 삼년 후 이 계획은 실행에 옮겨졌으며, 이때 오컴은 이 학교를 위해 12,500 파운드의 기부금을 받았습니다(459).

그 당시 인디언 학교의 후원에 점잖으신 다트머스 경이 진정한 후원 기부자가 되어주었다고 휫필드가 증언했습니다. 본래 다트머스 경은 칼빈주의자로서 휫필드 교인들의 특별한 친구였습니다. 그가 후원했던 휠록의 학교는 후에 다트머스 대학교가 되었습니다. 그러나 휫필드는 이번 아메리카 여행에서 특별한 목적이 있었습니다. 그는 베데스다를 창설할 때부터 부속 대학을 세울 계획이 있었는데, 이제 그는 그 계획을 결실시키고자 하였습니다. 그가 조지아에 머무는 동안 베데스다의 역사를 밝히는 연대기(Memorial)를 썼습니다.

여기서 그는 이 식민지에 대학교가 필요하다는 사실과 자신의 구상대로 학교를 세워 운영하면 그 필요가 충족될 것이라고 말했습니다. 조지아 주의 총독은 그의 계획에 전적으로 찬동했고 그래서 그는 학교 설립을 위한 채비를 완료하고 설립 허가장을 얻기 위해 영국으로 돌아갔습니다. 1765년 7월 5일에 그는 영국에 도착했습니다. 그러나 휫필드의 학교 설립 허가 신청은 신앙과 관계되는 일이었기 때문에, 영국 정부 관리는 이일을 캔터베리 대주교에게 회부했습니다. 대주교는 조지아에 대학을 세운다는 생각에는 의견을 같이 했으나, 이 학교를 영국 국교회 소속 기관으로서 운영해줄 것을 요구했습니다. 그는 비 국교도들이 고아원과 이 대학을 설립하기 위해서 많은 돈을 기부해야 하며 또한 그 대학교는 초 교파적 기반 위에 세워져야 한다고 말하면서 대주교의 요청에 동의하지 않았습니다 (456-7).

그렇지만 뉴저지(New Jersey) 대학교는 후에는 프린스턴 대학교가 되었습니다. 그는 조지아에서 이와 똑같은 계획을 추진하고자 했습니다. 그는 영국에서 거주하는 기간에도 그는 사실상 환자나 다름이 없는 상태임에도 불구하고 사역을 계속했습니다. 그런데 그에게 한가지 불행한 일이 발생했습니다. 그의 설교를 들으러 오던 성도인 조셉 거메이(Joseph Gumey)가 휫필드의 수요일 저녁 담화 열 여덟 편을 속기(速記)로 받아 적어서 '휫필드의 설교'로 출판하기에 이르렀습니다. 본래 그것은 휫필드의 설교이기보다는 성도들과 신앙의 대화를 나눈 것에 불과했습니다(Rev. George Whitefield, "Eighteen Sermons" Recorded and Transposed by Joseph Gumey, (London, 1770).

조셉 거메이가 휫필드의 담화를 옮겨 쓸 때도 잘못 옮겨 쓴 부분도 많았습니다. 휫필드는 그 책의 사본을 읽고서 크게 충격을 받았고, 그는 이로 인해서 책으로 출판되어서는 절대로 안 된다고 선언했습니다. 그럼에도 불구하고 거메이는 휫필드의 열 여덟 편의 담화를 설교 집(Eighteen Sermons)처럼 싼 값으로 출간되었습니다. 그 후 한 세기 동안 계속해서 재판을 거듭했고, 많은 사람들로 하여금 그의 설교를 이해하는데 유일한 자료가 되었습니다. 그의 설교들은 후에 「조지 휫필드 목사의 설교(Seventy Five Sermons by the Rev. George Whitefield)」이라는 널리 유통되던 책에 포함되었습니다. 그래서 그런 설교들로 인해서 더 많은 사람들로 하여금 휫필드의 설교에 대해 그릇된 이미지를 갖게 했었습니다.

1768년에 그는 헌팅든 부인의 예배당 세 곳을 개척했으며 또한 그녀가 웨일즈의 트레베카에 젊은 사역자들을 위해 세운 대학의 문을 열었습니다. 그는 또 다시 그녀의 응접실에 모임 귀족들에게 자주 설교했으며, "구세주의 발 앞에 좀더 많은 면류관들이 놓일 것 같습니다."고 말했습니다. 이 귀족들은 다양한 작위를 가진 귀족들이며 또 전문 직업들을 가진 사람들과 더불어 토튼햄 코트 로드 예배당의 예배에 정기적으로 출석했습니다. 그리고 휫필드가 병이 나서 사실상 설교를 할 수 없을 정도로 노고의 결실이었습니다!

1769년에 휫필드는 일곱 번 째이자 마지막으로 아메리카를 방문했습니다. 그는 대서양은 열세 번째로 건너는 셈이었습니다. 아메리카 항해는 길고도 험난했으나 그가 육신으로 새 힘을 충전할 수 있는 기회를 제공했습니다. 그는 스코틀랜드에는 열 네 번이나 갔습니다. 그는 설교자로서 삼십 사년 사역하는 동안 18,000 회의 설교를 했습니다. 그는 서둘러서 베데스다로 갔으며 모든 일이 아주 잘 진행되는 것을 보았습니다. 당시 총독은 식민지 의회 하원법(Act of Assembly)에 따라 '조지아 대학'을 설립할 준비하였으며, 휫필드는 건축자에게 고아원의 좌우 편에 마치 날개처럼 두 동(棟)의 건물을 짓게 했습니다. 그는 베데스다 고아원에서 말할 수 없는 행복하게 남은 여생을 그곳에서 보내고자 했었습니다. 그런 소원에도 불구하고 그는 다시 복음을 선포하는 일에 쉬지 않았습니다.

그는 실제로 어느 곳에 가든지 존경과 사랑을 받았기에 모든 계층의 사람들이 여느 때처럼 많이 모여들어 그의 설교를 들었습니다. 그는 필라델피아와 그 주변에서 다섯 주 동안 설교한 후 그는 뉴욕으로 가서 이렇게 썼습니다.

"이번 달에 나는 900 km이상 순회했고 더운 날씨를 뚫고 설교하며 여행할 수 있었습니다. 아주 많은 사람들이 모였습니다. 또한 목회자와 일반인들로부터 초청이 쇄도했습니다."

그는 순회하는 기간 중에도 뉴잉글랜드의 전역을 다녔고 심지어 캐나다에까지 가서 복음을 전하고자 했습니다. 그러나 그는 뉴햄프셔(New Hampshire)에서 전도를 하는 동안, 그의 몸이 너무 안 좋아서 여행을 계속할 수 없게 되자, 어쩔 수 없이 남쪽으로 전도 여행의 방향을 돌렸습니다. 그는 지상에서 그리스도를 섬기는 일을 종결을 질 시점이 점점 다가오고 있었습니다.

1770년 9월 29일에 그가 보스톤으로 가는 길에, 엑서터(Exeter) 마을에 도착했습니다. 그는 그곳을 그냥 통과할 생각이었으나 수많은 사람들이 그를 알아보고 몰려들어서는 그곳에서 설교를 해달라고 막무가내로 요청했습니다. 그러자 그는 들판에다가 강단이 마련되었고, 그가 그 강으로 다가가자 한 노 신사가 "선생님, 설교를 하기보다는 침대로 가시는 것이 더 낫겠습니다."고 안타깝게 걱정하는 투로 말했습니다. 그러자 휫필드는 이렇게 대답했습니다. "맞습니다, 노인 양반!" 그의 얼굴 돌려서 하늘을 바라보았습니다. 그러면서 그는 하나님께 혼자서 기도했습니다.

"주 예수여! 저는 주님의 일에 지쳐 있지만 그 일에 싫증을 느끼지는 않습니다. 제가 아직 갈 길을 다 가지 못했다면, 저로 하여금 다시 한번 들판에 가서 당신을 위해 말하게 하시고 당신의 진리를 인(印)치게 하신 뒤 죽어 본향으로 가게 하옵소서!"(Memoirs of Whitefield, 270).

이 멋진 설교를 마친 후 그는 뉴베리포트(Newburyport)에 있는 올드 사우스(Old South) 장로교 교회의 조나단 파슨즈 목사의 집으로 갔습니다. 그의 집 식구들과 그가 저녁 식사를 하는 동안, 그는 피곤해서 잠자리에 들어야겠다고 말했습니다. 그러나 일단의 사람들이 집 밖에 모여 설교를 해줄 것을 간절히 요청하자 그는 계단의 층계에 서서 그들을 향해 문을 열었습니다. 그는 손에 촛불을 들고 잠시 그대로 서 있다가 그 초가 다 타서 꺼질 때까지 그리스도를 설교했습니다. 그 촛불은 그의 일생을 상징하는 것이었습니다. 그 역시 다 타서 순식간에 죽어 갔기 때문입니다. 그와 함께 여행했던 청년 리차드 스미스(Richard Smith)는 휫필드가 새벽 두 시에 깨어나서 숨을 거칠게 몰아 쉬는 것 같았다고 말했습니다.

"오늘 애써서 좋은 설교를 하면 고통이 좀 줄어들 거야. 설교하고 나면 좋아질 거야!"

스미스 그렇게 자주 설교하지 않았으면 좋겠다고 건의했지만, 그는 녹이 슬어 없어지기보다는 닳아서 없어지는 것이 더 낫다고 하면서 마지막 순간까지 설교에 전념했습니다. 그는 새벽 네 시에 다시 깨었습니다. 그는 침대에서 일어나 창문을 열고는 말했습니다. "숨이 막히는 것 같아 숨을 쉴 수가 없어!"

이 때 파슨즈 씨가 그의 침실에 들어오고 스미스가 의사를 부르러 간 사이에, "그의 눈동자는 고정되어 있었고 그가 숨을 몰아쉴 때마다 아래 입술이 안쪽으로 말려 들어갔습니다."고 스미스는 전했습니다.

이러한 상황에서, 그는 1770년 9월 30일 주일 뉴잉글랜드의 뉴베리 포트(Newbury Port)에서 설교하기로 예약되어 있었습니다. 그래서 그는 그곳을 향하여 여행하고 있었습니다. 그는 엑서터(Exeter)라는 곳을 통과해서 가야 했습니다. 그곳 사람들이 그가 거기에 온다는 소식을 듣고 밖으로 몰려나왔습니다. 그는 그들에게 설교해야 했습니다. 결국 사람들은 그로 하여금 설교하도록 설득했던 것입니다. 처음에는 그는 말할 기력조차 없었습니다. 또한 그가 육체적으로 얼마나 연약한 상태에 있었든지 발음을 정확히 할 수 없었습니다. 그는 천천히 점차 생기를 되찾기 시작했습니다. 그러자 두 시간 동안이나 그들에게 설교를 했습니다. 조지 휫필드는 그러한 사람이었습니다. 그는 능력과 힘이 충만하게 되었고 회중들은 늘 그렇듯이 깊은 감명을 받았습니다.

그리고 그는 토요일 밤에 머물기로 한 뉴베리 포트에 도착해서 잠을 자야겠다고 말했습니다. 그들은 그렇게 촛불을 건네 주었습니다. 그러나 그곳에 또 수많은 사람들이 운집해 있었습니다. 그가 가는 곳마다 사람들이 그를 둘러싸고 질문을 던지고 그로부터 한 마디를 듣고 싶어했던 것입니다. 그의 마지막 모습은 너무 아름답고 정말 목가적인 모습이었습니다. 그는 그들을 비집고 지나가려고 애를 썼고, 자기 손에 불이 밝혀져 있는 촛불을 들고 계단을 오르기 시작했습니다. 그러다가 뒤를 둘러보면 그들에게 다시 말했습니다. 그들에게 또 다른 권면했습니다. 촛불의 촛대에서 다 타서 그만 손에 촛대만 들고 있을 때까지 계속 그렇게 했습니다.

마침내 그는 침실에 들어가 침대에 누었습니다. 그는 우리가 지금 심장성 천식이라 부르는 병으로 대단히 심각한 위협을 받고 있었고, 결국 그는 그 병으로 죽었습니다. 그는 그처럼 사랑하던 주님과 함께 있기 위해서 간 것입니다. 그의 놀라운 일기를 읽게 되면, 주님과 함께 있고 싶어하는 갈망 어린 그의 태도를 눈여겨 보십시오. 그것은 단순한 말치레가 아니었습니다. 정말 그것을 원했습니다. 그는 때때로 그러한 말을 했다고 해서 비난을 받기까지 했습니다. 그러나 그의 가장 큰 소원이 그것이었습니다. 결국 그 소원이 허락된 것입니다. 조지 휫필드라는 이름으로 알려진 그 기인을 우리가 상기하는 것이 좋은 이유가 그래서입니다.

1770년 9월 30일 주일, 그 날 아침 일곱 시에, 조지 휫필드는 지상에서의 모든 싸움을 그쳤고 그의 영혼을 하나님의 존전(尊前)으로 날아갔습니다. 그는 거룩한 은혜로 예비 된 땅, 오랫동안 열망해 왔던 새 하늘과 새 땅으로 입성했습니다. 그는 자신이 헤아릴 수 없이 많은 사람들에게 구원의 방향을 가르쳐 주었던 천국으로 들어갔습니다. 그는 많은 사람들에게 슬픔을 남기고 실제로 육신은 떠나갔지만, 그는 하늘의 천군 천사들로부터 기쁨의 영접을 받으며 그리스도와 함께 안식하였습니다. 이 보다 더 나은 좋은 일이 또 무엇이 있겠습니까! 우리는 존 번연(John Bunyan)이 말했던 말 한마다가 그의 일생을 잘 나타내줍니다. "그리고 모든 나팔이 세상 저편에서 그를 위해 울렸습니다."

2. 장례식

1770년 10월 2일 화요일, 진정한 청교도 칼빈주의 복음 전도자의 장례 예배가 매사추세츠의 뉴베리포트 제일 장로교 교회에서 거행될 때 많은 사람들은 흐르는 눈물을 주체할 수 없었습니다. 장례 예배는 어쩔 수 없는 슬픔 가운데 진행되었지만, 그래도 신자들은 조지 휫필드가 '주님과 함께 있음'을 다시 한번 확신했기에, 그리스도인의 승리감이 넘치는 예배이었습니다. 그는 자신이 외국에서 죽거든 영국에서 공식적으로 예배를 갖되, 그 집례는 존 웨슬리가 해주었으면 좋겠다고 킨(Keen)에게 당부했었습니다. 그의 유지에 따라서 웨슬리는 먼저 토튼햄 코트 로드 예배당에서, 동역자 휫필드 목사 장례식 설교에서 그의 뛰어난 자질과 그가 이룬 업적들에 애정 어린 찬사를 보냈습니다. 그는 특별히 휫필드에 대한 몇 가지 특성을 기렸습니다. 첫째, 뛰어난 온화한 말과 헌신, 둘째, 공평무사한 경건한 신앙, 셋째, 공의로운 자세, 넷째, 지칠 줄 모르는 활동력, 다섯째, 예의바른 태도와 꾸밈없는 겸양, 여섯째, 다정다감한 솔직성과 열린 대화, 일곱째, 인간이 감당할 수 있는 모든 수고나 고통을 두려워하지 않는 담대함, 여덟째, 신실성과 용기와 인내를 위에다가 사랑스러움, 아홉째, 그의 중심은 오직 충실한 하나님의 종으로서 하나님께 영광을 돌리는데 두었습니다.

그리고 존 웨슬리는 휫필드의 장례식 설교에서 어떤 가르침을 전해주었는데 대해서 몇 가지를 설명했습니다. 첫째, 위대한 성경 교리들을 전했습니다. 둘째, 인간에게 주어지는 모든 선한 것이라면 모두 하나님께 영광을 돌리는 삶을 가르쳤습니다. 셋째, 죄의식에 대한 문제에 대하여 전적인 인간 타락과 함께 하나님의 주권적인 은혜의 교리를 전했습니다. 넷째, 중생의 교리를 통해서 하나님 나라에 들어가는 구원의 도리를 가르쳤습니다. 다섯째, 성령으로 말미암는 중생과 믿음으로 말미암는 칭의를 가르쳤습니다. 여섯째, 성령의 온전케 하시는 성화인 성결에 대하여 가르쳤습니다. 일곱째, 은혜의 열매인 보편적인 그리스도의 사랑을 가르쳤습니다. 여덟째, 하나님을 경외하는 신앙의 삶과 태도를 가르쳤습니다. 아홉째, 성령의 사랑 안에서 하나가 되게 하는 평안의 줄인 화목을 가르쳤습니다. 열째, 그리스도의 이름으로 용서하는 주의 종의 심령으로 살면서 가르쳤다고 증언했습니다(Preached at the Chapel in Tottenham-Court Road and at the Tabernacle, near Moorfields, on Sunday, November 18, 1770, 5-10).

그리고 존 웨슬리는 위대한 전도자로서 조지 휫필드를 마지막으로 평하셨습니다. "과연 어떤 사람이 그 수천 여 명의 사람들을, 그렇게 수많은 죄인들을 회개에로 이끈 적이 있었습니까?"(같은 글).

존 웨슬리의 일기에 조지 휫필드 장례 예배에 대한 기록을 참고하고자 합니다.

"1770년 11월 10일 토요일, 런던으로 돌아와 휫필드가 사망했다는 소식을 들었다. 장례 위원들이 찾아와 18일에 있을 장례식의 설교를 부탁했다. 장례 설교문을 쓰기 위해서 월요일에 루이스햄(Lewisham)으로 내려갔다. 휫필드 장례식이 거행되는 토텐햄(Tottenham) 광장에서 있는 교회에서 주일인 18일에 장례식 설교를 하러 갔다. 곳곳에 상당히 많은 조문객들이 몰려들었다. 처음에는 이렇게 많은 군중들에게 설교할 수 있을까 염려가 되었다. 그러나 하나님께서 내 목소리에 힘을 주시어 창가에 있는 사람들에게도 똑똑히 들을 수 있는 설교를 했다. 음산한 날씨에 한 밤 중 같이 조용한 예배였다. 많은 조문객들이 깊은 감명을 받은 듯 했다. 장로 교회에서 설교하기로 한 시간은 다섯 시 반이었다. 그러나 세 시가 되자 이미 가득 찼기에 네 시에 장례 예배를 드렸다.

처음에는 군중들로 인해서 소란했지만 설교가 시작되자 조용해졌다. 내 목소리는 우렁차게 울려 퍼졌고 몇 차례 우연한 소란으로 방해받는 외에는 모두 잘 들을 수 있었다. 삶과 죽음의 주인이 되시는 하나님의 음성을 들으며 이처럼 예기치 못하던 순간에 강한 목소리로 자기의 백성들을 불러모아 서로 사랑하는 말씀을 듣는 사람은 복이 있도다!."(존 웨슬리, 존 웨슬리의 일기, 김 영운 역, 서울: 크리스챤 다이제스트, 1999, 303-4).

존 웨슬리는 조지 휫필드의 사역에 영향력을 장례 설교를 통해서 또 다시 재인식하였습니다.

"1770년 11월 23일 금요일, 그리니치(Greenwich)에 있는 장로교 교회 교인들이 자기 교회에서 휫필드 장례식 설교를 다시 해줄 것을 부탁해서 승낙했지만, 예배당이 좁아서 모여드는 사람들을 수용할 수 없었다. 예배당에 들어오지 못하는 사람들이 처음에는 소란이 일었지만 얼마 안 있어 조용해졌다. 하나님께서도 여기에서도 수년 간 이들을 지배했던 불신앙의 고집을 물리쳤다는 것을 믿게 되었다."(304).

존 웨슬리는 한 해가 바뀌었는데도 1771년 1월 2일 수요일 저녁 예배 때에 뎁포오드(Deptford)에서도 휫필드 목사 장례식 설교를 하였습니다. 그는 그의 일기에 기록했습니다.

"어느 곳에 가든 그와 같은 위대하고 훌륭한 사람을 기억하는데 최대의 경의를 표하고자 하였다."(307).

이외에도 세상의 여러 사람들이 휫필드 목사의 능력, 그의 열심, 그의 탁월한 구령(救靈)활동에 대해 말이나 글로써 찬사를 보냈습니다. 그를 가장 잘 알았던 친구이며 동역자였던 찰스 웨슬리는 536 행에 달하는 고 조지 휫필드 목사에게 바치는 비가(悲歌)를 지어 그의 영전에 바쳤습니다. 찰스는 그와 헤어져 있는 동안에도 휫필드의 도량과 친밀한 우애의 영향을 받았으며 그가 시의 형식을 빌어 그에게 보낸 찬사에서 상술하고 있는 것은 바로 그런 자질들, 그리고 자신을 돌보지 않는 수고와 탁월한 설교였습니다. 그 시의 일부들을 우리는 살펴보겠습니다.

> 그는 자신의 삶을 모든 인류를 위해서 사랑을 바쳤는데,
> 그리스도를 높이고 귀한 영혼들을 구원하는 일에 바쳤네.
> 나이도 질병도, 양떼를 먹이고 주의 뜻을 섬기려는 열망을 불태웠네.
> 고통과 수고의 나날을 보냈지만 묵묵히 사역에 매진하였네.
> 하나님의 말씀을 통해서 감사함으로 날마다 죽기까지 주를 사모하며,
> 하나님의 놀라운 은혜 수단을 통해서 죽도록 충성하였네.
> 그는 마지막 생명까지 그리스도만을 위해 바치며 죽기를 바랬네.

헨리 벤 목사는 휫필드가 얼마나 엄청난 수고를 했는지에 관해 다음과 같은 말을 남겼습니다.

"인간은 몸으로 삼십년의 세월 동안 그가 얼마나 많은 일들을 감당했는지 알게 되면 경악하지 않을 수 없습니다. 한사람이 일 주

일 동안 보통 사십 시간씩 이야기를 하며 때로는 몇 주간 동안 주 당 육십 시간씩 수 천여 사람들에게 이야기를 한다는 것, 그리고 이일이 끝나면 휴식을 취하는 것이 아니라, 기도를 하며 자신이 초청 받아간 어느 집에서건 찬양과 신령한 노래, 중보 기도를 잊지 않는다는 것이 과연 가능하다고 생각되는가?"

제임스 스티븐(James Stephen) 경은 술회했습니다.
"이곳 저곳으로 옮겨다니는 데 걸린 시간과 중간 중간에 잠깐씩 휴식을 취하거나, 그 다음 일정을 준비하는데 걸린 시간을 제한다면, 그의 전 생애는 계속 이어지는 쉬지 않는 설교로 소진(消盡)된 삶이라고 말할 수 있습니다."

그리고 개별적인 집회 때 모인 수로 보거나 그의 생애 통산으로 따져 보아도 휫필드의 설교 때 모인 회중은 가장 많이 모였습니다. 또한 우리는 폭넓은 그의 활동을 주목하게 됩니다. 그는 킹스우드의 광부들과 아메리카 노예들에게도 설교했을 때, 그들은 그의 메시지를 이해했습니다.

존 포스터(John Foster)는 그의 설교에 대하여 평했습니다.

"....그의 생각을 분명하고도 비길 데 없이 생생한 발음으로 전달해주는 효력을 지녔습니다. 그의 청중 중에는 무식하고 야만적인 사람들도 있었지만, 그의 설교는 한번만 들으면 그리스도의 진리를 금방 이해할 수 있었습니다."

그의 설교는 성인들뿐만 아니라 어린 아이들도 듣고 이해할 수 있었습니다. 동역자였던 호웰 해리스는 휫필드 형제가 수백 명의 어린이들에게 어린 아이들이 쓰는 말로 설교하는 것을 들으러 간다고 말했습니다. 그러나 그는 영국의 학식 높고 까다로운 귀족들에게도 인정받는 설교를 했습니다. 그리고 벤자민 프랭클린, 벨처 총독, 조나단 에드워즈 같은 사람들도 아메리카에서 그의 설교를 통해서 큰 은혜를 받았습니다. 그는 처음부터 끝까지 치우치는 일없이 특별할 정도로 꾸준하게 걸었습니다. 라일(Ryle) 감독은 횟필드의 교리의 확신에 대해 평했습니다.

"횟필드는 금욕주의, 율법주의, 신비주의, 또는 그리스도인의 완전함이라는 치우치는 일이 없습니다. 소그룹의 모든 옥스퍼드 감리교 교도들 중에서 그리스도의 복음에 대해 그처럼 빨리 명쾌한 견해를 갖게 된 사람, 그리고 그 견해를 끝까지 흔들림 없이 견지한 사람은 없습니다."

이는 그의 인생의 목적에도 해당됩니다. 자기 생각을 표현하는 데 극도로 신중했던 작가 아이작 테일러(Isaac Taylor)는 말했었습니다.

"한 사람이 세상에 그 모습을 드러내는 순간부터 그의 일생의 마지막 순간까지 행동과 의도가 철저하게 일관되었다는 점에서 횟필드를 능가할 자가 없습니다."

그가 이십 대 초반에 성경의 명백한 진술보다는 즉각적 인상을 너무 많이 강조했습니다. 또한 그는 몇몇 사역자들이 받았던 비판을 너무 가볍게 받아들임으로써, 비판을 다시 받았었습니다. 그렇지만 그는 이런 경향들은 극복되었습니다. 그의 주된 결점이라면 노예제도의 관행을 너그럽게 보아주었다는 점에 그의 경력은 오점이 되었습니다. 횟필드는 거룩한 사람이었습니다. 우리는 거룩한 삶으로 유명한 인물을 천거한다면, 데이드 브레네드, 로버트 맥체인(Robert

Murray McCheyne), 헨리 마틴(Henry Martin) 등을 꼽습니다. 휫필드도 하나님의 사람으로서 손색이 없습니다. 그는 '사랑, 희락, 화평, 오래 참음, 자비, 양선, 충성, 온유, 절제'인 성령의 열매를 맺었습니다. 그는 새벽 네 시부터 다섯 시까지를 기도했으며, 하루 종일을 기도하는 마음으로 살았으니, 기도는 그에게서 호흡하는 '영적인 공기'였습니다.

이제 우리는 그의 업적이 무엇인가를 물어야 합니다. 그는 전 생애에 걸쳐, 그리고 죽은 후 몇년 동안까지도 '감리교의 지도자이자 창설자'로 알려졌습니다. 우리가 알다시피, 그는 감리교도 운동의 칼빈주의 지도자의 직을 기꺼이 포기하고 그 뒤로 '단순히 모든 사람의 종'으로서 봉사했습니다. 또한 휫필드는 새로운 설교 방식으로 복음의 세계를 가르쳤습니다. 사역자들이 설교의 열정도 없이, 전반적으로 변호하는 설교를 하던 시대였습니다. 그러나, 그는 진취적인 열심과 불굴의 용기를 갖고 복음을 설파했습니다. 그는 가는 곳마다 사람들의 영혼에 불을 놓았고, 또 많은 설교자들이 그에게서 본을 받아 똑같은 방식으로 설교하기 시작했습니다. 그가 설교하면서 말씀을 직접적으로 적용하는 설교 스타일은 개혁 교회의 설교자들에 의해서 지금까지 계속 실행되었습니다.

그는 신앙의 기본 요소들을 강하게 견지했습니다. 그는 성경의 무오성, 예수의 신성과 동정녀 탄생, 대속의 죽음, 문자 그대로의 부활을 믿었습니다. 그리고 그는 구원은 행위에 의해서가 아니라 믿음에 의해서라고 믿었습니다. 그가 이 진리들을 시종일관 선포했기에 이 진리들은 점차 엄청나게 많은 사람들의 양심에 파급되었습니다. 그가 세상을 떠난 후 한 세기 동안, 영국의 찰스 스펄전과 미국의 조나단 에드워즈와 디와이트 무디와 알 토레이, 아더 피어선, 빌리 선

데이에게 이 진리의 영향을 미쳤습니다. 물론, 존 웨슬리와 찰스 웨슬리, 헌팅든 부인, 호웰 해리스, 존 케닉, 이외에도 많은 사람들이 신앙 부흥 운동에 전력을 기울였습니다.

그 역사에 대해 제 그린(J. R. Green)은 이렇게 증언했습니다.
"종교 부흥 운동이 폭발하여 전 영국 사회의 체질을 몇년 안에 바꿔놓았습니다. 교회가 소생하여 활동력을 되찾았습니다. 신앙은 사람들의 마음에 도덕적인 열심이라는 신선함을 불어주었습니다. 한편, 신앙은 문학과 생활 자세를 정화(淨化)시켜주었습니다. 더욱이 새로운 박애주의가 감옥들을 개량시켰고, 법 집행에 관대함과 지혜를 주입시켰고, 노예 무역을 폐지시켰으며, 대중 교육을 시작하는 계기가 되었습니다."

그러나 라일 감독이 말하는 것처럼 휫필드는 18 세기 영국 신앙 개혁자들 중에서 전적으로 최초이자 가장 주요한 인물이었습니다. 그가 시작한 것들 중에는 즉, 옥외 설교, 평신도 설교자를 기용하는 것, 잡지 발행, 연합회를 조직하는 것, 협의회를 개최하는 것 등은 다 그가 맨 처음 시도했습니다. 그리고 그는 대서양을 열세 번이나 횡단함으로써, 전도 운동의 영역을 국제 무대로 확대시켰습니다. 수많은 남녀들은 예수께로 인도한 것과 대서양을 사이에 두고 양 대륙에서 일어난 이 위대한 부흥의 역사에서 그가 이행한 역할도 그의 업적입니다.

제 2 부

휫필드의 설교

서 론
횟필드 설교 분석과 존 웨슬리 설교

1. 횟필드 설교 분석

그는 옥외 설교자로서 원고 없는 본문 주제 및 주해 설교자이며 또 복음 전도 설교자이었습니다. 그러면서도 그의 설교를 분석해 보면 먼저, 횟필드 설교의 도입부인 서론은 설교 제목에 대한 제시하는 기초를 제안하였습니다. 그러면서 그는 서론 전개에 있어서 본문 접근법을 사용했습니다. 그의 설교 주제는 설교 본체를 포함하고 있는 하나의 서술문으로써 설교를 압축하는데 간결하고 명확했습니다. 그는 성경 본문 가운데서 명확하고 간결한 주제를 택하였습니다. 본론에서 논리적이고 또 변증적인 교리에 대한 설명과 반증을 제시했습니다. 그는 변론적이고 또 실천적인 사항을 주해로 제시하면서 성도에게 교훈과 각성과 확신과 결단을 촉구했습니다. 그의 설교 구성은 통일성, 배열, 균형, 진행 네 가지 가운데서 통일성과 진행과 배열은 뛰어나나 균형은 일반적이었습니다. 그는 결론 부분에서 이미 본론에서 설교했던 내용에 대한 최종적인 마무리와 결단을 촉구하며 설교를 듣는 청중들에게 결심의 설교를 마쳤습니다.

그의 설교는 다른 인물들의 예화를 이따금 사용하였습니다. 그가 사용한 예화는 성경 기사나 내용을 사용하거나 훌륭한 인물들의 명언과 교훈이 성도에게 유익이 되는 예화를 인용했습니다. 그는 본론에서 설교 계획의 다양화에서 한 가지 사상만을 전달하는 설교로써 대지 수의 사용법에서 설교하는 동안 대지 수를 사용하지만 어떤 경우에는 성경 본문 강해 설교이었습니다. 그는 원고 없는 본문 강해 설교를 취했습니다.

그의 설교 문체(style)으로써 명료성은 뛰어났습니다. 그래서 그의 설교를 듣는 회중 가운데 하나도 오해가 없는 설교였습니다. 그러나 그의 설교에 나타난 흥미성은 적절하다고 봅니다. 그의 문체에 있어서 균형성도 보통입니다. 그의 설교의 강력성은 처음부터 마지막까지 활력 있는 설교 문체입니다. 그는 설교 전달에 있어서 칼빈주의 청교도 설교 형식으로써 원고 없는 설교이었습니다.

그의 설교를 통해서 전도하는 곳이면 어디에서나 많은 사람들이 기뻐하였고, 또 감동을 받았고, 또한 사로잡혔을 뿐 아니라 적극적으로 죄에서 벗어나 그리스도의 참 제자가 되었습니다. 그의 설교 사역은 결코 그를 보거나 들은 적도 없을 무수한 사람들에게도 축복이 되었습니다. 휫필드는 개혁을 낳았던 옛 진리들에 대한 관심을 되살렸던 18세기 복음주의 사상가 중 최초의 인물이었습니다. 그가 개혁 사상가들이 가르친 교의를 꾸준히 주장했습니다. 그는 교회 장전과 설교 범례를 되풀이해서 언급한 사실과 영국의 가장 훌륭한 신학자들의 신성함은 많은 사람을 생각하게 하였으며 또 그들 자신의 원리들을 검토하게 하였습니다.

우리는 휫필드 설교의 특성을 생각하겠습니다. 사람들은 당연히 그가 비할 바 없는 성공을 거둔 비결이 무엇인지 알고자 합니다. 일찍이 영국에서 휫필드가 런던 주변에서 잇달아 집회했던 때와 같이 많은 무리의 관심을 집중시킬 수 있었던 설교자가 없었던 것은 사실입니다. 잉글랜드와 스코틀랜드 그리고 미국에서 가는 곳마다 그처럼 전폭적인 인기를 누린 설교자는 일찍이 없었습니다.

그가 삼십 사년 동안 청중을 사로잡았던 것처럼 자기의 영향력을 유지한 설교자는 일찍이 없었습니다. 그의 인기는 수그러드는 법이 없었으며, 그가 설교를 시작했던 날과 그가 죽는 날이 같았습니다. 휫필드의 설교가 어떤 계층의 사람들에게나 강한 영향을 미쳤던 것은 다른 사실입니다. 그는 귀족과 평민, 부자와 빈자, 배운 자와 못 배운 자의 존경을 한 몸에 받았습니다. 만일 그의 설교가 못 배운 자와 가난한 자들에게만 인기가 있었다면 그의 설교는 열변이요 소음일 뿐 전혀 알맹이가 없었다고 생각할 수도 있었을 것입니다. 그러나 사실은 이와 전혀 달라서 그는 많은 시사와 귀족들의 호감을 사고 있었던 것으로 보입니다.

이제 휫필드의 설교가 지닌 두드러진 특징이 무엇이었는가를 지적해 보겠습니다.

첫째, 휫필드는 한결같이 순수한 복음을 전했습니다. 아마 자기 설교를 듣는 무리에게 그처럼 알곡을 많이 주고 그처럼 쭉정이를 적게 준 사람은 많지 않을 것입니다. 그는 자기 동료나, 자기 뜻이나 자기의 관심사나, 자기의 직분에 대하여 말하지 않았습니다. 그는 변함 없이 죄, 마음, 예수 그리스도, 성령, 회개의 절대적 필요성, 믿음 그리고 거룩함과 같은 주요한 주제들을 성경이 보여주는 방식으로 말하고 있었습니다.

그는 곧잘 "아, 예수 그리스도의 의로우심이여!"라고 말하곤 하였습니다. "내가 설교할 때마다 거의 언제나 이 말을 하더라도 용서를 바랍니다." 이러한 종류의 설교는 하나님이 기뻐하시며 영예롭게 하시는 설교입니다. 그러한 그의 설교는 뛰어나게 진리의 현현이었습니다.

둘째, 휫필드의 설교는 한결같이 명료하고 간결했습니다. 그의 청중은 그의 교의에 대하여 어떤 생각을 가졌건, 그가 뜻하는 바를 이해하지 못한 적은 결코 없었습니다. 그의 말하는 방법은 쉽고 간결하며 대화를 하는 것과 같았습니다. 그는 길고 복잡한 문장을 싫어했던 것 같았습니다. 그는 언제나 자기가 주장한 요점을 이해하였고 곧 그 요점을 말했습니다. 그는 난해한 논증과 번잡한 사유로 청중을 괴롭힌 적이 없었습니다. 간결한 성구, 적절한 설명, 타당한 예화 등이 그가 즐겨 쓰던 무기였습니다. 그 결과 그의 청중은 언제나 그의 설교를 이해하였습니다. 그는 청중들의 수준에 너무 어려운 말을 한 적이 없었습니다. 여기에 다시 설교자로서 성공할 수 있었던 한가지 큰 요인이 있는 것입니다. 그는 자기 설교가 이해되도록 모든 방법을 짜내어야 했습니다.

셋째, 휫필드는 한결같이 담대하고 솔직한 설교자였습니다. 그는 '우리'라는 불명확한 표현을 사용한 적이 없었습니다. 영국 강단의 설교는 '우리'라는 표현을 특히 자주 사용하였습니다. '우리'라는 표현은 청중의 정신을 애매 모호한 상태에 머물게 할 따름입니다. 그는 하나님으로부터 '나는 너희 영혼에 대하여 말하려고, 여기에 왔다'는 메시지를 받은 사람처럼 사람들과 터놓고 마주 대하였습니다. 그 결과 그의 설교를 들은 많은 사람들이 그의 설교가 특히 자기들에게 의미가 있었다는 생각을 하게 되곤 했습니다. 그는 많은 사람이 긴 설교를 마무리지을 무렵 중요하지도 않은 꼬투리를 가지고 머뭇거리는 것을 좋아하지 않았습니다. 그와 반대로 그의 설교들을 보면 모두가 끈질긴 적용하는 기질이 드러나고 있습니다. "이것은 당신에게 드리는 말이요. 그리고 이것은 당신에게 드리는 말이요." 그의 청중은 결코 듣고만 있는 고독한 존재로 버림을 받지 않았습니다.

넷째, 휫필드는 한결같은 묘사적인 표현력이 뛰어났습니다. 아라비아 사람들에게는 '눈으로 보듯이 이해할 수 있게, 말할 수 있는 사람이 가장 훌륭한 웅변가다' 라는 격언이 있습니다. 그는 이런 능력을 가진 설교자였던 것으로 생각됩니다. 그는 자기의 주제를 완벽하게 극적으로 표현하였기 때문에, 그의 청중은 그것을 생생한 사실로 받아 들였습니다. 그는 곧잘 자기가 다루는 것들을 살아있는 그림처럼 묘사했기 때문에 그의 청중들은 그것들을 실제로 보고 들었다고 믿을 정도였습니다.

다섯째, 그의 무서운 진지함에 있습니다. 어느 가난하고 교육을 받지 못한 사람이 그에 대하여 '그는 사자처럼 설교를 했다.' 고 말했습니다. 그는 자기의 설교를 듣는 사람들에게 적어도 자기가 말하고 있는 것은 다 믿고 있었음을 보여 주었으며, 자기의 마음과 영혼과 정성과 힘을 다하여 그들이 믿도록 노력했다는 것도 보여 주는데 성공을 했습니다. 그의 설교는 포츠마우드에서 아침저녁마다 공식적으로 쏘아대는 그래서 당연히 아무도 놀라지 않고 방해받지도 않는 대포 소리와는 달랐습니다. 그의 설교는 모두가 생명이요 불이었습니다. 아무도 그의 설교를 피하지 않았습니다.

그의 설교를 들으며 잠을 잔다는 것은 불가능했습니다. 그의 설교는 어떤 청중이든지 좋던지 싫던지 들었습니다. 그의 설교는 거룩한 격렬함이 감싸져 있어서, 폭풍처럼 청중의 마음을 사로잡았습니다. 그들은 자신이 무엇을 한다고 생각해 보기 전에 그의 힘에 이끌려 꼼짝할 수가 없었습니다. 이것이 그의 성공의 한 가지 비밀이었으리라고 생각됩니다. 사람은 자기 자신이 진지하고 난 뒤라야 남에게 신뢰를 받을 수 있을 것입니다. 설교자들에게 차이가 나는 것은 그들의 말이 아니라 그들이 말한 것을 행하는 자세입니다.

여섯째, 엄청난 열정과 연민을 항상 내포하였습니다. 그는 강단에서 거침없이 우는 일이 드물지 않았습니다. 그의 말년의 전도여행에 자주 동참했던 코넬리우스 윈터(Cornlius Winter)는 그가 눈물을 흘리지 않고 끝낸 설교를 거의 본적이 없었을 정도라고 말하기까지 했습니다. 그가 짐짓 꾸며서 눈물을 보인 흔적은 전혀 없었던 것으로 보입니다. 그는 자기 앞에 모인 사람들의 심령 상태를 지극히 동정하였고 그의 그런 감정이 눈물로 분출되었습니다. 그의 설교가 성공할 수 있었던 모든 요인 중에서도 이보다 더 강력한 요인은 없었을 것으로 짐작됩니다. 그의 이러한 눈물은 사람의 마음을 감동시켰고 감춰 진 성령의 샘을 건드렸습니다. 그것은 많은 논증과 사변으로는 움직일 수가 없는 영역인 것이었습니다. 그의 이 같은 다정다감한 자세는 많은 사람이 그에 대하여 쌓았던 편견의 벽을 허물어 내렸습니다.

그가 웅변가가 된 사람에게 합당한 몇 가지 보기 드문 재능을 본디 타고났다는 사실을 보태기 바랍니다. 그의 동작은 완전했습니다. 유명한 배우 개릭(Garrick)도 혀를 내두를 정도로 완벽했습니다. 그의 음성도 그의 동작만큼 놀라웠습니다. 동시에 삼천 명이 그의 음성을 들을 수 있을 만큼 우렁찼습니다. 그리고 너무 음악적이며 음의 높낮이까지 조절을 잘했기 때문에 그가 '메소포타미아'라는 낱말을 내뱉기만 해도 듣는 이들이 눈물을 흘릴 정도였다고 말하는 사람도 있었습니다.

그가 강단에서 취하는 태도는 너무나 우아하고 매혹적이었으므로, 설교하는 동안 사람들은 그가 곁눈질하는 것까지도 놓치지 않았다고 합니다. 그의 유려한 표현력과 적절한 언어의 구사 능력은 최고의 수준이어서 필요한 낱말을 필요한 곳에 언제나 적절히 사용했습니다. 그는 설교자로서 타고난 재능들로 인해서, 설교의 능력과 인기를 뛰어났습니다. 영국의 설교자로서 일찍이 휫필드처럼 훌륭한 자질을 골고루 갖추었던 사람은 없었습니다. 어떤 재능은 그 보다 앞서는 사람도 있고 또 그와 버금가는 사람도 있습니다. 그러나 그는 설교자로서 갖출 최상의 재능들인 타의 추종을 불허하는 웅장하고 빼어난 음성과 태도와 효과적인 의사전달 능력, 그리고 동작과 어휘의 구사력까지를 겸비한 사람이었습니다. 그는 보기 드물게 솔직하고 탁 트인 사람이었습니다. 그에게는 변명하거나 설명할 것이 전혀 없었습니다. 그의 단점과 장점이 모두 한낮과 같이 명백하였습니다. 그러므로 그의 서신과 그와 당대의 사람들이 기록한 증언들을 토대로 하여 설교자로서 인격을 살피고자 합니다.

첫째, 그는 신앙심이 깊고 거짓없이 겸손한 사람이었습니다. 길리스(Gillies) 박사가 출판한 그의 1,400편의 서신들을 읽으면 이 사실을 확실히 압니다. 그는 아무리 인기가 있어도 자기 자신과 자신의 일을 가장 낮추어 말하는 것을 봅니다. 그는 1753년 9월 11일 다음과 같이 쓰고 있습니다.

"하나님이 나와 같은 죄인에게 자비를 베푸시고, 그의 무한한 은혜로 겸손한 마음, 감사하는 마음, 양보하는 마음을 허락하시기를! 진정 나는 죄인 중에 죄인입니다. 그러므로 나같이 가련한 것을 불러 쓰시는 그에게 놀랄 따름입니다."

1753년 12월 27일 그는 또 다음과 같이 쓰고 있습니다.

"나의 친구들은 아무도 나와 같이 게으르고 미지근하며 아무 쓸모 없는 벌레에게 수고를 아끼라고 말하지 말라. 오히려 나를 질책하여 일깨우며 이 잠꾸러기야, 네 하나님을 위하여 무슨 일이나 시작하라고 윽박 질러 주기를 바랍니다."

이와 같은 말은 분명히 어리석게 보이고 또 가장하는 것으로 받아들이기 쉽습니다. 그러나 마음이 열려져 있는 성경의 독자들은 영적인 자각과 확신 가운데서 고백하는 말인 것을 발견할 것입니다. 그것은 리차드 백스터(Richard Baxter, 1615-1691), 데비드 브레네드(David Brainered, 1717-1747)와 맥케인(M'Cheyne) 같은 인물들의 고백입니다. 이는 성령의 감동을 받은 사도 바울과 같은 고백입니다. 하나님의 드높은 빛과 풍성한 은혜 속에 산 사람들은 언제나 가장 겸손한 자들입니다.

둘째, 휫필드는 주 예수 그리스도를 불같이 사랑한 사람이었습니다. '모든 사람의 위에' 있는 그 이름이 그의 모든 통신문에 빠지지 않고 나옵니다. 그 이름은 유향처럼 그의 모든 서신에 향기를 발합니다. 그는 예수에 관하여 무엇인가를 말하지 않고서는 못 견디었습니다.

세째, 그는 주의 일에 대하여 지칠 줄 모르는 근면한 사람이었습니다. 그가 사역했던 교회들의 연표(年表)에서 그리스도를 위하여 자신을 완전히 바쳐 그처럼 열심히 일한 사람을 찾기는 어렵습니다. 헨리 벤(Henry venn)은 바드(Bath)에서 행한, 영결 설교에서 다음과 같이 증언했습니다.

"하나님이 보내신 이 사람의 우대한 노고야말로 뚜렷한 표적이요 놀라운 기적이 아니겠습니까! 그가 삼십년 동안 조금도 쉬지 않고 그 무거운 짐을 지고 버티어 낼 수 있었던 사실 앞에 누구나 놀랄 뿐입니다. 폐(肺)의 과로를, 특히 젊은 시절에 오랫동안 자주, 무리하게 계속하였으니 그 육신이 얼마나 피로하겠습니까? 인간의 폐의 구조를 아는 사람으로서 누가, 성년이 조금 지난 사람이 한 주간에, 그리고 여러 해를 계속해서 보통 사십 시간씩, 그리고 곧잘 한 주간에 육십 시간씩, 그것도 수천 명의 청중들에게 설교를 했습니다. 그리고 그는 조금도 쉬지 않고, 그가 늘 그랬듯이, 초대 받아간 집집에서 찬송가와 영가를 부르며 기도회를 인도할 수 있었으리라고 생각하겠습니까? 사실은 이렇습니다. 주의 일을 전력투구하는 데, 이 보기 드문 하나님의 종은 불과 몇 주 안에 대다수 사역자들이 일년 동안 애써서 할 수 있는 일을 수행했습니다."

넷째, 그는 끝까지 빼어난 극기의 사람이었습니다. 그의 생활방식은 지극히 단순했습니다. 그는 먹고 마시고 하는데 검소하기로 소문났었습니다. 그는 일생 동안 아침 일찍 일어났습니다. 그는 여름이나 겨울이나 언제나 대개 새벽 네 시에 일어났습니다. 그리고 그는 어김없이 저녁 열 시면 잠자리에 들었습니다.

다섯째, 기도의 사람인 그는 독서와 명상으로 밤을 밝히는 때도 드물지 않았습니다. 코넬리우스 윈터는 가끔 그와 같은 방에서 잠을 잤던 사람인데, 휫필드는 때때로 한 밤 중에 일어나 책을 읽고 기도를 했다고 합니다. 그는 그리스도를 위한 구제 기금을 제외하고 돈에 무관심했습니다. 그래서 그에게 구제금으로 사용하라고, 7,000 파운드를 강권했을 때 그는 돈을 거절했습니다. 그는 장래를 대비해서 저축하지 않았고 또한 풍족한 가정을 꾸미지도 않았습니다. 그가 죽을 때 남긴 얼마 안 되는 돈도 모두가 친구들의 유증(遺贈)으로 모아졌습니다. 교황이 루터에 대하여 '이 독일 짐승은 금을 사랑하지 않는다'고 했던 상스런 말이 휫필드에게 똑같이 적용이 되어도 좋을 것입니다.

여섯째, 그는 놀랍게도 공평하고 바른 눈을 지닌 사람이었습니다. 그는 두 가지 목표, 곧 하나님의 영광과 인간의 구원만을 위해 사는 것 같았습니다. 그는 부수적이고 은밀한 목표를 전혀 몰랐습니다. 그는 그를 따르는 자들과 자기 이름을 내세워 파당을 만들지 않았습니다. 그는 결코 종파를 일으키지 않았습니다. 이 사실은 그 자신의 글이 가장 기본적인 자료가 됩니다. 그가 늘 표현하던 어귀가 그가 어떤 사람이었음을 가장 잘 지적하고 있습니다. 그는 자신의 이름과 명예보다는 예수 그리스도의 이름이 존귀케 하는 삶을 살았기에, '그리스도가 높임을 받는 한, 조지 휫필드의 이름은 사라져라.'고 증언하는 생애로 마쳤습니다.

일곱째, 그는 한결같이 기쁘고 명랑한 심령의 사람이었습니다. 그를 만나본 사람이면 그가 자기 신앙을 기뻐하고 있었다는 사실을 의심할 수가 없었습니다. 그는 그의 목회 활동을 통해 지쳐 있었을 때, 어떤 때는 그는 비방을 당하며, 또 멸시를 당하기도 하며, 또한 거짓 형제들에게 이용을 당하였습니다. 그는 당대의 무지한 성직자들에게 훼방을 당하고 끊임없는 논쟁으로 시달림을 당했으나, 그의 유연성은 사라지지 않았습니다. 그는 보기 드물게 항상 기뻐하며 살았던 그리스도인이었습니다. 바로 그러한 그의 자세 때문에 자기 자신을 그리스도를 섬기는 일에 내맡기었습니다. 그가 죽은 뒤 뉴욕의 한 덕망 있는 부인이, 성령이 그녀의 마음을 사로잡아 감동시킨 사건을 이야기할 때, 다음과 같이 주목할만한 말을 하였습니다. '휫필드의 지극히 명랑한 모습에 이끌려 나는 그리스도인이 되었습니다.'

여덟째, 그는 보기 드물게 자애롭고 보편적이며 너그러운 신앙의 사람이었습니다. 그는 모든 것이 자기 교단을 떠나면 삭막하고 자기 교단만이 진리와 천국을 독점하고 있는 것으로 착각하는 편협한 마음을 전혀 몰랐습니다. 그는 주 예수 그리스도를 성실하게 사랑하는 모든 사람을 사랑했습니다. 그는 광부나 귀족이나 흑인이나 노예나 지도자나 서민이나 개척민을 예수 그리스도의 사랑을 가지고 사랑의 보편적인 삶으로써 항상 나누는 주의 길을 걸었습니다.

아홉째, 그는 그의 동역자들이나 존 웨슬리나 찰스 웨슬리나 모든 성도들 사이에서 화평과 화목과 화해를 좇는 하나님의 자녀로서 중재자의 삶을 살았습니다. 그는 1770년에 사망하기 전에 자신의 동역자들에게 자신의 장례 예배를 존 웨슬리에게 부탁함으로써 형제 우애와 형제의 동거가 얼마나 아름다운 그리스도인의 삶인가를 잘 보여준 유언이었습니다. 우리는 살아가면서 동업이나 동역하고 나서도 서로 헤어지거나 혹은 다투어서 제 길로 나아가면서 죽을 때까지 마음에 맺은 것을 풀지 않고 하나님 앞에 서려는 용서하거나 혹은 용서를 받을 수 없는 좁은 심령들이 있습니다. 우리는 그리스도의 화평케 하는 긍휼과 자비와 때에 따라 돕는 은혜의 세계를 펼쳐 나가야 합니다.

열 번째, 그는 청교도의 순례자 신앙을 따라서 믿음의 선한 싸움을 다하여 싸우는 그리스도의 좋은 군사로서, 천로역정의 행군을 마친 믿음의 용사, 전사, 투사, 승리자였습니다. 그는 자신의 건강이나 휴식보다는 죽어 가는 영혼들을 마귀와 복음의 검을 들고서 주의 면류관을 얻기까지 끝까지 전도인의 직무를 위해서 하나님의 능력으로 복음과 함께 고난을 받은 증인이었습니다.

뉴톤(John Newton)은 빈틈없는 사람인 동시에 뛰어난 목사였습니다. 그의 증언은 이렇습니다.

"휫필드의 인격을 빛나게 한 요인, 그리고 이제 그의 기쁨의 면류관이 되고 있는 요인은 주께서 그에게 사람의 영혼을 구하는 일에 한결같은 성공을 허락해 주셨던 사실입니다. 그는 전도할 때마다 결코 실패한 적이 없었습니다. 아마 그가 애써 일했던 모든 곳에서 아직도 그를 그들의 영적인 아버지로 감사하면서 인정하지 않는 곳은 거의 없었습니다."

존 웨슬리는 신학적으로 중요한 몇 가지 문제에 있어서 휫필드와 이견이 있었습니다. 그러나 웨슬리는 휫필드의 영결 예배 설교를 통해 이렇게 말했습니다.

"어느 누가 그처럼 수많은 사람을 그리스도께로 불렀으며, 그처럼 엄청나게 많은 죄인들을 회개시켰다는 말을 읽거나 들은 적이 있는가? 무엇보다도 어느 누가 그처럼 많은 사람을 어두움에서 빛으로 인도하고 사단의 세력으로부터 하나님께 인도하는 복된 도구가 되었다는 사실을 듣거나 읽은 적이 있었겠습니까?"

2. 존 웨슬리 설교

휫필드나 웨슬리는 옥외 설교자로서 전도 집회를 통해서 원고 없는 즉석 설교자이었습니다. 휫필드는 설교자로서 열정과 능력과 감정이 폭발하는 불타는 설교이었고, 또 성경 본문 주제 및 주해 설교자였다면, 이에 반하여 웨슬리는 열정과 능력과 이성이 빛이 나는 설교이었고 또한 성경 본문 주제 설교자로 볼 수 있습니다. 웨슬리 설교는 성경적이고 또 복음 인 전도의 목적에 집중된 것이고, 또 방법에 있어서는 설득하고 또 교육적인 성격을 띤 인간 영혼의 구원과 삶의 실제적인 변화에 진지하게 초점을 맞추었습니다. 그는 모든 아름답고 철학적이고 사색적인 말을 피하고, 오로지 성경의 복음의 말씀으로부터 평이한 진리를 평범한 사람들에게 평범한 언어로 전했습니다. 웨슬리의 설교 내용과 성격과 특징을 알기 위해서 인쇄된 설교 집을 읽는다면, 너무나 딱딱한 설교로 어떻게 심령을 움직이는 전도와 부흥의 설교인가 하고 회의가 생길 것입니다. 그의 설교 집에는 감리교의 교리와 윤리를 체계적으로 가르치는데 주력했습니다 (김 진두, 195-6).

존 웨슬리의 설교에서 이론과 실제를 적절히 효과적으로 조화시켰으며, 또한 감정과 이성적 이해력과 의지와 결심에 동시에 호소하는 적절한 균형을 유지하였습니다. 이는 청교도 설교 방식을 취하였습니다. 그는 "누가 복음적인 목회자인가?"라는 논문에서 칭의 만을 강조하는 설교자나 하나님의 은혜와 축복 또는 하나님의 위로와 약속만 강조하는 설교자가 아니라, 칭의와 성화, 복음과 율법, 믿음과 사랑을 균형 있게 강조하는 설교자가 복음적인 목회자라고 보았습니다.

이에 따라서, 그는 설교의 네 단계를 가르쳤습니다. 첫째는 초청의 단계이고, 둘째는 그리스도를 제시하는 단계, 셋째는 확신시키는 단계, 넷째는 거룩함에 이르는 단계로 보았습니다(김 진두, 198. 재인용 Thoughts Concerning Gospel Minister, Works X., 455-6).

웨슬리 설교는 회심에서 결심, 확신, 그리스도인의 삶의 희망과 목표를 이루는 축복된 생활 즉, 성화에 이르는 설교이었습니다(198).
웨슬리가 노인이 되었을 때는 설교 중에 너무 자기의 경험담이나 오래된 경험담에 빠져들어 요점에 빗나가기도 했지만, 그러나 그의 설교가 지루하고 빈약해서 회중에게 실망을 주는 경우는 거의 없었고, 감동적인 설교를 했습니다(196).

고(故) 염필원 박사는 웨슬리 설교의 특징을 여섯 가지로 보았습니다.

"첫째, 복음의 핵심 부분을 실생활에 적용하는 설교, 둘째, 권위가 있는 설교입니다. 폭도들과 깡패, 빈민들의 항의와 횡포를 잠잠케 하는 설교이었습니다. 셋째, 짧고 방대한 제목 설교, 넷째, 설교 내용을 전개하는데 있어서 신학적 논리적 설교, 다섯째, 구어체, 담화체, 쉬운 설명, 대화 도입 등 쉬운 설교, 여섯째, 그의 스타일은 날카로운 논리성과 다양한 인격이 표출되는 설교로 보았습니다."(웨슬리 복음주의협의회 편, 웨슬리 복음주의 총서 1집, 염 필원, 웨슬리의 목회와 설교, 서울: 도서출판 광림, 1992, 147)

먼저, 웨슬리 설교의 도입부인 서론은 설교 제목에 대한 제시하는 기초를 제안하였습니다. 그러면서 그는 본문 접근법과 제목 접근법을 사용했습니다. 그의 설교 주제는 설교 본체를 포함하고 있는 하나의 서술문으로써 설교를 압축하는데 간결하고 명확했습니다.

본론에서 논리적이고 또 변증적인 교리에 대한 설명과 반증을 제시했습니다. 변증적인 실천적인 제안을 제시하면서 성도의 교훈과 각성과 확신과 결단을 촉구했습니다. 그의 설교 구성은 통일성, 배열, 균형, 진행 네 가지 가운데서 통일성과 진행은 뛰어나지만, 배열과 균형에는 보편적이었습니다. 그는 결론 부분에서 특별한 설교했던 본론에 대한 최종적인 마무리와 결단을 촉구하지 않고 본론의 지속적인 전개이며 설교를 듣는 청중들에게 축원하는 내용으로 설교를 마쳤습니다.

그의 설교는 다른 인물들의 예화를 좀처럼 사용하지 않았습니다. 그의 예화이라면 자신의 영적인 체험담을 통해서 직접적인 교훈과 훈계와 책망과 바르게 함에 주력했습니다. 그는 본론에서 설교 계획의 다양화에서 한 가지 사상만을 전달하는 설교로써 대지 수의 사용법에서 설교하는 동안 대지 수를 사용하지 않고 연혁적인 주제에 의한 설교이었습니다. 대지에서 소지를 여덟 내지 열까지 논증적인 변론과 확증을 하는 설교이기거나 대지를 스무 개 이상 나열식 설교를 했습니다.

그래서 그의 설교는 적어도 한 시간이나 되는 원고가 없는 논리적인 본문 주제 설교 형식을 취했습니다. 그의 설교 문체(style)는 명료성은 뛰어났습니다. 그래서 그의 설교를 듣는 회중 가운데 하나도 오해가 없는 설교였습니다. 그러나 그의 설교에 나타난 흥미성은 미흡하다고 봅니다. 그의 문체에 있어서 균형성도 미흡합니다. 그의 설교의 활력은 처음부터 마지막까지 넘친다고 볼 수 있습니다. 그는 설교 전달에 있어서 칼빈주의 청교도 설교 형식으로써 원고 없는 설교이었습니다. 웨슬리 설교의 핵심은 구원, 구원에 대한 확신, 성경적인 거룩한 생활, 사회 정의에 초점이 맞추어졌습니다(고 수철, 웨슬리의 설교와 성서, 300).

　　염필원 박사는 웨슬리는 현대 신학적인 면에서 복음과 상황과의 연관 즉, 상황의 물음과 요청에 대한 신학적인 응답을 실천적으로 보여주었고, 또한 그의 목회와 설교에 구체적으로 나타납니다. 복음과 케리그마, 그리고 인간의 경험과 상황을 상호 비판적으로 연결시키는 해석학적 기능이 오늘의 신학의 특성입니다. 인간이 지닌 문제에 대한 복음에 기초한 실천적 응답의 실천적인 기능이 웨슬리의 설교에 나타납니다. 그의 설교는 신학과 실천의 통전적 조화라는 점에서 산 표본입니다. 그의 설교는 이론과 실천의 종합 및 하나됨이 그의 설교의 특징적인 요소입니다. 현실을 직시하여 거기에 타당한 메시지 형성과 동시에 구원을 강조한 웨슬리의 설교이었습니다. 웨슬리 설교의 궁극적인 관심은 역시 전도와 선교에 두었습니다. 인간 변혁, 교회 변혁, 세상 변혁에 두었으며 이를 위한 모든 노력들은 그리스도의 은총 안에서 이루어짐을 강조했습니다(염 필원, 147).

　　존 웨슬리 설교는 개인 전도를 향한 개인적인 믿음의 결단을 촉구하였습니다. 그러면서도 그의 설교는 개인의 내적인 성화인 성결을 향한 성령의 내재적인 변화의 역사에 대한 긍정적이고도 또 확신에 찬 하나님의 능력에 대한 실천에 대한 영적인 역사를 추구하였습니다. 그는 내면적인 영적인 변화를 통한 새로운 신앙 공동체인 메소디스트의 신앙 요체를 지속적인 믿음의 결실을 추구하는 개인의 결실을 추구했습니다. 조지 횟필드는 존 웨슬리의 설교처럼 개인적인 "중생"에 대한 같은 강조점을 두었습니다. 그러나, 웨슬리는 중생한 성도의 성화인 성결을 내재적인 실존적인 삶 가운데 이루어지도록 가르쳤습니다. 이에 반하여 횟필드는 성도의 성화인 성결을 하나님의 주권과 또 미래적인 삶 가운데 성취하는 것을 증거했습니다.

3. 조지 휫필드와 존 웨슬리 설교의 비교

휫필드는 웨슬리와 마찬가지로 원고 없는 전도 옥외 설교에 주력했습니다. 휫필드는 본문 주제 강해 설교를 취하는 경우가 많았습니다. 반면에 웨슬리는 본문 주제 설교가 많았습니다. 이제 휫필드와 웨슬리의 설교를 비교하고자 합니다. 먼저 1. 주제 2. 범주 3. 문체(단순성) 4. 강력성 5. 현시성 6. 효과성 7. 결단성을 살펴보고자 합니다.

1. 주제

휫필드는 메시지의 본질을 복음 전도에 두었습니다. 그는 죄인의 중생이 설교의 주제였습니다. 그는 우리 주 예수 그리스도의 십자가 외에는 자랑하지 않고 오직 하나님께 영광을 돌리는데 주력했습니다. 그의 설교 주제는 개인에게 그리스도를 전파하여 각자가 그리스도께로 돌아가라 함입니다. 그는 도덕적인 피상적인 설교에 따르지 않고 근원적인 설교인 그리스도의 구속과 회개의 복음을 전파했습니다. 그가 메시지의 주제에 대하여 변함 없는 자세를 취했던 것은 전도 목적과 그의 믿음의 견실함에서 비롯됩니다. 그의 설교의 주제는 그의 매일 삶 가운데서 가치를 강조했습니다.

또한 그는 믿음의 사람들을 세워주고 하나님의 은혜를 증거하고 하나님이 주신 그의 영광인 영생에 대한 약속을 심어주려고 했습니다. 웨슬리도 휫필드처럼 복음 전도의 구령에다 두었습니다. 그도 구원의 복음을 통해서 거듭남을 강조하였으며 특히, 구원을 받은 성도의 성화인 완전성에 주력하면서 성령의 변화에 대한 확신을 증거했습니다.

2. 범주

그의 설교 범주는 성경의 범위와 삶의 모든 영역을 포함했습니다. 그들은 삶 가운데 매우 구체적인 것까지 메시지의 유용성을 위해서 활용하지만 영적인 가치를 훼손을 우려할 정도는 아니었습니다. 특히, 그들은 교리적인 전도 복음 설교와 구원의 가르침에 있어서 성경의 토대에 세워졌습니다. 먼저 그들은 하나님의 존재를 강조하는 설교였으며, 하나님의 위대함을 찬송하며 하나님의 도덕적인 속성을 배제하지 않았습니다. 그들은 하나님의 심판, 그리스도의 구속에 대한 필요성, 칭의, 성령의 인격성과 사역을 증거하였습니다. 그들은 그리스도인들이 체험할 성령의 사역을 강조했습니다. 그들은 철저하게 정통주의 교리와 신학과 가르침에 충실했습니다.

3. 문체(단순성)

휫필드나 웨슬리의 메시지는 설교하거나 혹은 저술한 책에서도 단순하다는 것을 봅니다. 그들은 수사학적인 적용을 사용치 않았습니다. 그들의 설교에 있어서도 단순한 문체를 사용한 것은 바로 메시지를 명확하게 이해시키기 위함입니다. 설교의 주제도 단순한 것은 지혜롭게 단순한 방식으로 밝히 증거하고자 했습니다. 그들은 새 신학을 수용하기보다는 가능한 하나님의 말씀을 선포하기를 바랬습니다. 그는 그리스도교가 진보하는 과학이 아니라, 하나님의 말씀에서 분명하게 밝혀진 객관적인 진리의 체계로 받아들였습니다. 그는 하나님의 충실한 종으로서 모든 사람에게 죄를 낱낱이 명백하게 증언했었습니다. 그들은 다른 사람들의 방식을 취하기보다는 자신의 고유한 개성이 있는 언사를 사용했습니다. 그는 하나님의 말씀을 증언하는데 군더더기가 되는 말을 사용한 적이 없었습니다. 그들의 메시지가 단순함은 믿음의 단순함에서 비롯합니다. 설교자의 단순함은 그 자신의 정직함을 극명하게 보여줍니다. 그는 설교자로서 통전성이 설교자 자신이 믿고 행하는 성경에 기초로 하는 신앙에 기초합니다. 그들의 설교가 단순함은 메시지의 단순화를 통해서 복음 전도를 통해서 회개하는 방법에서 드러납니다.

4. 강력성

그들은 회심하는 역사에 있어서 죄에 대한 회개와 그리스도를 영접케 하는 하나님의 은혜가 충만한 역사를 통해서 인간을 변화시키는 성령의 능력이 강하게 임했습니다. 그리고 그들은 성경의 해석에 있어서 영적인 감동과 역사가 따랐습니다. 그는 하나님의 말씀이 강하게 역사 하는 성령의 권능을 확신했습니다. 그래서 그들은 하나님의 말씀이 강력하게 임하시도록 기도로 무장했습니다. 그러면서도 찬양의 능력에 대해서도 귀중한 가치를 인정했습니다. 또한 그들의 메시지는 항상 강력했습니다. 그의 메시지가 직접적인 호소력이 있도록 강력한 것은 하나님에 대한 신뢰에서 비롯되었습니다. 그들은 메시지를 명확하게 본질적인 삶을 통해서 성경과 성령 안에서 인증된 확고한 메시지를 전달했습니다. 그들의 메시지는 하나님의 성령으로 충만했습니다. 웨슬리보다 휫필드의 설교는 더욱 강력한 힘과 능력이 수반된 폭발적인 설교였습니다. 두 설교자의 설교는 진정한 성령의 설교이었습니다. 그들의 설교를 통해서 하나님의 입으로써 하나님의 음성을 대변하는 사자이기에 놀라운 회개와 믿음과 은혜와 중생의 회심이 강력하게 일어났습니다.

5. 현시성

그들은 그의 메시지 전달에서 단순성에 기초로 해서 쉽게 이해할 수 있는 구체적이고 분명한 메시지를 전했습니다. 그들은 미사여구나 은유나 비유법을 좀처럼 사용하지 않았습니다. 그들은 복음을 분명하게 들어내는 설교의 목적에 배치되는 경우가 많다고 보았기 때문입니다. 그들은 진리를 제시하는데 조금도 오용되는데 원치 않았습니다. 그들은 메시지를 전달하는데 설교자 자신에게 더 관심을 갖는 것을 배제했습니다. 그는 오직 그리스도만이 드러내기를 소망하는 설교자로서의 정직을 고수했습니다. 그들은 오직 복음만 증거하려고 했습니다. 그는 설교자로서 태도도 현란한 제스처나 쇼맨십을 사용하지 않았습니다. 그는 복음에 대한 신실성에 기초로 하는 자세로 복음을 전달하는데 주력했습니다. 그래서 그들의 설교는 복음을 규모 있게 증거하여 하나님께 영광을 돌리는데 주력했습니다.

또한 그들이 증거한 메시지의 제시는 하나님의 영광이 되도록 섬기는데 있었습니다. 이에 대하여 휫필드의 메시지 전달도 청중들에게 들어내는데 웨슬리와 동일한 입장을 취했습니다. 전자는 후자보다 더욱 가시적인 면에서 자연스럽게 강력한 메시지를 전달하는 강력한 설교자로서 더욱 부각이 되었습니다. 이 차이는 타고난 재능에 있기보다는 전적인 자기 부인이라는 희생하는 삶과 중심에서 차이가 생긴다고 봅니다.

6. 효과성

그들의 메시지 전달로 오는 효과성이 인위적이지 않고 도리어 자연스럽습니다. 그는 설교에 있어서 성령의 감동과 청중에 영적인 유익을 주어 회중에게 그리스도를 전하는 복음 전도 효과를 극대하는 방안을 추구하였습니다. 그들은 영적인 힘과 감동과 역사들이 하나님의 최종적인 판단과 능력에 의지했습니다. 성령께서 복음에 기초로 하는 구령의 열정과 사역을 축복하도록 성령의 감동을 입은 메시지의 전달은 수많은 심령에게 '하나님의 소리'로 전달되었습니다. 그의 설교를 듣고 그리스도께로 결단을 촉구할 때마다 놀라운 성령의 변화가 임했습니다. 그는 성령의 임재로 오는 메시지의 충실한 증거와 복음 전도는 하나님의 큰 축복을 체험했습니다. 휫필드의 전달에 있어서 웨슬리처럼 동일한 메시지의 효과성을 산출했습니다. 이는 설교자로서 영적인 각성과 무장과 열망과 기도와 전력투구로 오는 성령께서 때에 따라 도우시는 역사로 이루어졌습니다.

7. 결단성

휫필드와 웨슬리 삶과 사역과 메시지는 하나님의 기본적인 말씀에 충성하려는 모든 하나님의 자녀에게 해당하며 결단을 줍니다. 그의 결단은 조직에서 나오기보다는 영적인 유기적인 역사에 나오는 생동적인 역사입니다. 하나님의 목적인 열매가 없는 인간만이 아니라 사회구조까지도 변화시키기를 바랍니다. 그는 영원한 결과를 가져오는 결단을 촉구했습니다. 또한 신앙적인 모든 위조나 거짓이나 우상을 타파하는데 결단을 주었습니다. 그들은 하나님께 대한 사랑과 감사와 복음 전파에 주력하는 결단을 주는 메시지의 효과를 가져왔습니다. 그래서 영적인 거듭남인 중생과 함께 영적인 소생인 부흥을 위한 개인적인 구령과 교회의 재기를 소원했습니다. 그들은 심판자 앞에서 그리스도인의 삶과 사명의 결단을 촉구했습니다.

휫필드는 하나님의 예정론적인 구원의 섭리 가운데 결단을 촉구했지만, 웨슬리는 하나님 앞에서 그리스도인의 삶으로서 책임의 윤리 가운데 결단을 촉구했습니다. 특히, 휫필드는 설교 자체가 결단의 선포로서 자주 결단을 촉구하는 외치는 주의 음성이었다고 한다면 웨슬리는 영적인 헌신을 향한 복종의 음성이었습니다. 웨슬리가 휫필드의 장점을 능가하는 강점으로서 첫째, 경건한 인격이 그의 설교를 진실하고 지속적인 영향력을 주었습니다. 둘째, 그의 논리적이고 해박한 지식이 교육적인 설교이었습니다. 셋째, 웨슬리의 여성적이고 모성적인 영성이 사람들의 영혼을 돌보는 전도자가 되었습니다. 넷째, 조직에 탁월한 은사를 활용한 설교자로 보았습니다(김진두, 212).

그리고 호르턴 데이비즈(Horton Davies)는 휫필드는 설교자로서 웅변적이고 감동적이고 유능하고 탁월한 교수 스타일 설교자이며 또한 성실하고 탁월한 강단의 명 설교자로써 보았습니다. 우리가 시대마다 위대한 설교자들을 하나님께서 보내시고 사용하심을 압니다. 하나님은 때와 장소와 목적을 따라서 각기 달란트와 은사에 따라 또한 개성을 따라 언제든지 설교자를 강력하게 사용하십니다. 진정한 위대한 설교자는 과연 누구입니까? 설교자 자신의 장점과 특성과 개성을 하나님의 말씀과 성령의 도구가 되어서 하나님의 뜻을 성취하기 위해서 한 알의 밀 알 같이 땅에 떨어져 죽어 열매를 맺는 내실이 있는 설교자라고 봅니다.

제 1 장
믿는 자의 지혜, 의로움, 성화와 구속함이 되신 그리스도

"너희는 하나님께로부터 나서 그리스도 예수 안에 있고, 예수는 하나님께로서 나와서 우리에게 지혜와 의로움과 거룩함과 구속함이 되셨으니,"(고전 1:30).

제가 읽어드린 본문의 말씀은 가장 포괄적인 기쁜 소식으로서 믿는 자들에게 주시는 하나님의 약속이라 봅니다! 이 본문은 신자에게 약속된 놀라운 보배로운 특권들이 나타납니다! 이 약속의 말씀에 대한 기초는 하나님 아버지의 영원한 사랑에서 기원합니다.

'너희는 하나님께로부터 나서 그리스도 예수 안에 있고, 예수는 하나님께로서 나와서 우리에게 지혜와 의로움과 거룩함과 구속함이 되셨으니.'

제가 본문에 대하여 말하기 전에 몇 가지 말씀을 드리고자 합니다.

첫째로, 모든 넘치는 축복의 근원이 예수 그리스도 안에서 참예케 하는 하나님의 선택하심이, '하나님께로부터 나서 우리에게 …하심' 입니다.

둘째로, 예수 그리스도 안에 있는 하나님의 축복들인 '지혜와 의로움과, 거룩함과 구속함'을 상고해 봅시다.

첫째로, 저는 하나님의 선택하심이 '하나님께로부터 나와서 우리에게…하심' 은 예수 안에서 받는 만복의 근원이신 하나님 아버지 이심을 보여주고자 합니다. 예수 그리스도가 하나님이 아니라는 뜻이 아니라, 하나님 아버지가 신성의 근원자이십니다. 그리고 우리가 예수 그리스도를 중재자로 본다면, 하나님 아버지가 그보다 크신 분이실 것입니다. 이처럼 아버지와 아들 사이에 영원한 계약을 맺으신 것입니다.

"나의 택한 자와 언약을 맺으며 내 종 다윗에게 맹세하기"를 여기서, 다윗은 하나님께서 한 언약을 세우사, 그리스도의 모형으로 삼았습니다. 그가 하나님께 순종하기 위해서 고난을 받으시고, 속죄의 제물이 되심으로 인해서, '그가 그 씨를 보게되며 그 날은 길 것이요 또 그의 손으로 여호와의 뜻을 성취하리로다.' 이라는 언약을 세웠습니다. 이 언약을 우리 그리스도가 요한복음 17장에 나타난 그리스도의 중보 기도에서 보여줍니다.

그러므로 주께서는 아버지께서 자기에게 주신 모든 자들을 위해 기도하십니다. "아버지여, 내게 주신 자도 나 있는 곳에 나와 함께 있어(아버지께서 창세 전부터 나를 사랑하시므로 내게 주신 나의 영광을 저희로 보게 하시기를 원하나이다.)" 이런 연유로, 사도 바울은 우리 주께서 찬송한 대로, 예수 그리스도의 아버지를 찬양하십니다. 하나님은 택하신 자이신 그리스도를 영원히 사랑하셨기 때문입니다. 또는 우리 주께서 말씀대로 '창세 전부터' 이미 택하셨습니다. 그러므로 우리 주께서는 구원을 입을 자들에게 약속하셨습니다.

"내 아버지께로 복 받을 자들이여, 나아와 창세로부터 너희를 위하여 예비 된 나라를 상속하라'고 내세웁니다(마 25:34).

따라서 그는 세베대의 아들들의 어머니의 요청에 대답하시기를 '내 좌우 편에 앉는 것은 나의 줄 것이 아니라 내 아버지께서 누구를 위하여 예비하셨든지 그들이 얻을 것이니라."

여기서 바울은 그리스도인들의 특권을 말할 때, 믿는 자들이 자기 생각대로 희생을 하거나, 자신의 충실함이나 자신들의 자유의지로 온전히 구원을 얻지 않도록 가르쳐줍니다. 도리어 하나님 아버지의 영원한 사랑으로 인해서, '하나님께로 나와서 우리에게……' 그리스도 되신 아버지 하나님의 사랑'의 중심을 가지게 합니다. 하나님 신실한 사람들이 구속의 가르침을 더욱 탐구한다면, 성부 하나님과 성자 예수 그리스도 사이에 맺은 구속의 언약에 더욱 붙잡아야 합니다. 우리는 선택론이나 아무리 선한 자들이라도 악마론을 더 이상 비난할 수가 없을 것입니다. 저의 신앙적인 입장에서 보건대, 이 성경의 선택론을 모른다면 진정한 겸손을 성도는 찾을 수가 없습니다.

또한 저는 선택을 부인하는 사람들을 다 나쁘다고 말하지 않겠지만, 선택을 부인하는 유혹적인 가수 트레일(Trail) 씨에 동조하는 것은 아주 나쁜 징조입니다. 이런 부류의 사람이라면 자기 자신을 바로 알 수 없다고 저는 생각합니다. 그러기 때문에, 저는 선택을 부인한다면 적어도 부분적이라도 자기 자신에서 영광을 찾습니다. 그렇지만 구속은 하나님의 계획 가운데 이루어지기에, 누구도 하나님 면전에서 자신의 영광을 드러내는 육체는 있을 수 없습니다. 그런고로, 사람의 자랑은 선택론을 부정합니다. 왜냐하면 이 하나님의 선택에 따르면, "자랑하는 자는 오직 주안에서 자랑할지니,"라고 했기 때문입니다. 이제 제가 이외에 무슨 말을 하겠습니까?

선택이란 아주 눈부신 빛을 발하는 신비입니다. 선택이라는 용어는 하나님이 인간을 선택하신 사랑은 하나님이 사랑하는 자녀에게는 눈이 부실 정도로 영적인 빛을 발합니다. 하나님의 자녀들이 선택된 사랑을 받아도, 자신들이 받는 모든 복으로 인해서 앞으로 누릴 모든 특권이 예수 그리스도를 통하여 하나님 아버지의 영원한 사랑으로 옵니다. "너희는 하나님께로부터 나서 그리스도 예수 안에 있고, 예수는 하나님께로서 나와서 우리에게 지혜와 의로움과 거룩함과 구속함이 되셨으니."

둘째로, 저는 예수 그리스도를 통해서 선택함을 입은 자들에게 받는 복들에 대하여 살펴보겠습니다. 예수 그리스도께서 주신 선택함을 입은 자에게 주는 네 가지 축복들 가운데 첫째로 '지혜'의 축복을 살펴보겠습니다.

첫째로, 그리스도는 택하신 자들에게 지혜가 되셨습니다.
참된 지혜는 어디에서 활동하겠습니까? 어떤 이들은 지혜란 육신의 정욕을 충족하는데 있다고 말하기도 합니다. 그러나 이 육신의 지혜는 먹고 마시고 즐기려는 세속주의자의 생각입니다. 이런 지혜는 동물적인 지혜입니다. 이런 자는 육욕과 관능의 쾌락을 추구하며 또 향락주의자로 전락합니다. 또 한편으로 세상을 살아가는 지혜는 집집마다, 농장마다 자기 땅을 소유하고 사고 이름을 날리면서 사는 것을 말합니다. 그러나 이것이 진정한 지혜일 수는 없습니다. 세상의 부는 자주 날개가 달린 독수리처럼 하늘을 향해 날아버리기 때문입니다.

성경에서 가르치는 지혜는, "사람의 생명이 그 소유의 넉넉한 데 있지 아니하니라." 그러므로 인간의 부요란 헛되고 헛되며 또한 모든 것이 헛됩니다. 재물이란 그 주인을 떠나지 않으면, 그 주인이 곧 재물을 떠나기 마련입니다. '부자는 반드시 죽기에, 그 재물도 남에게 남기고 가기 때문입니다.' 재물이 인간들의 죽음에서부터 구속할 수는 없습니다. 인생이란 지금도 무덤으로 빠르게 나아갑니다. 그러나, 여러분은 재물과 쾌락을 경멸하고 지혜를 지식에서도 찾을 수 있습니다. 인간이 아무리 무수한 별들을 헤아려 이름을 정해 줄지라도 인간은 어리석은 존재에 불과합니다. 아무리 학식이 많더라도 항상 지혜로운 자가 아닙니다. 학식은 흔히 칭송할지라도 오히려 훈련된 바보로 바꿉니다. 그러므로 우리는 겸손하게 자신을 낮춥시다.

저는 여러분이 잘 아시는 그리스 고대 철학자인 소크라테스는 "너 자신을 알라."고 지혜를 설파했습니다. 이것도 확실히 지혜는 지혜입니다. 그렇지만 성경 본문에서 말한 지혜, 곧 예수 그리스도께서 모든 택하신 죄인들에게 알게 하신, 그 지혜가 참된 지혜입니다. 그들은 자기 자신을 겸손 가운데서 하나님 앞에서 자신을 알게 합니다. 이 전에 우리는 어두움이었지만 이제는 우리도 주안에서 빛의 자녀입니다. 그리스도의 빛 안에서 그들은 자기 자신의 어두움을 봅니다. 우리들은 본래 타락한 존재로서, 결함과 죄로 죽었으며 또한 지옥의 자식과 마귀의 상속인으로서 진노의 자녀가 된 것을 통탄합니다. 이제 우리는 자신의 모든 의가 더러운 걸레 조각에 불과합니다.

우리 심령이 비참하고, 또 눈이 멀었기에, 구원을 얻을 수 있는 이름은 오직 예수그리스도 이외에는 지혜를 찾습니다. 그래서 우리는 구세주에게 부어주신 하나님의 지혜를 주목합시다. 우리는 이제 주께서 주시는 구원을 받아들이고, 그를 모든 것의 전부로 모시면 그리스도께서 우리들의 지혜가 되십니다.

예수 그리스도께서 주신 두 번째 축복은 '의로움'이십니다.

"예수 그리스도는 하나님께로서 나와서 우리에게 지혜와 의로움이 되셨습니다."

둘째로, 그리스도의 인격적인 의로움이 우리들에게 양도되어, 우리의 것이 되셨습니다. 우리는 믿음으로 그리스도를 붙잡으며, 하나님께서는 검은 구름을 헤치듯이 우리들의 모든 죄를 씻기십니다. 그는 이제 우리의 죄와 허물을 기억하지 않습니다. 우리는 "모든 믿는 자에게 의를 이루기 위하여 율법의 마침이 되신" 예수 그리스도 안에서 하나님의 의로움을 입었습니다. 그래서 전체적인 구속 언약을 우리들 안에서 성취되었습니다. 우리는 실제로 의롭게 되었고 속죄를 받았으며 또 하나님 보시기에 의롭다는 인정을 얻었습니다. 우리는 사랑하시는 자 안에서 완전히 영접을 받았습니다. 우리는 그 안에서 온전합니다. 하나님의 진노의 불 칼은 전에 사방으로 움직였으나 이제는 옮겨갔고 생명 나무가 개방되었습니다. 이제는 우리가 믿음의 팔을 펼쳐 생명과를 따먹고 영원히 살게 되었습니다.

따라서 사도 바울은 복된 특권으로 인해서 승리의 확신을 가졌습니다. "의롭다 하신 이는 그리스도시니 누가 정죄하리요?" 그렇다고 죄가 정죄할 수 있겠습니까? 하나님께서 그리스도의 의를 믿는 자들을 범죄의 행위에서 구하십니다.' 그리스도는 우리의 구세주이며 우리의 죄를 위한 대언자이십니다. 그러므로 누가 하나님이 의롭다 하신 자에게 정죄할 수 있겠습니까? 그렇다고 율법이 그리스도의 피 값으로 산 우리들을 정죄를 하겠습니까? 그리스도의 의가 그리스도를 믿은 자에게 전가됨으로써 율법에 대한 행위에 대하여 한 언약으로서 율법에 대하여 죽었습니다.

그리스도께서 우리들을 위하여, 그리고 우리를 대신하여 그 언약을 이루었습니다. 어떻게 사망이 우리들을 위협하겠습니까? 이제 우리는 예수 그리스도 안에서 그들을 두려워할 필요가 전혀 없습니다. 사망을 쏘는 것은 죄요 죄의 강력(强力)은 율법입니다. 그러나, 하나님이 주 예수 그리스도의 의를 우리들에게 입혀 주심으로써 죄와 사망에서 승리케 하셨습니다. 이 얼마나 소중한 특권이라는 말입니까!

그리스도가 탄생하시던 날 천사들이 비천한 목자들에게 놀라운 소식을 전했습니다. "보라, 내가 온 백성에게 미칠 큰 기쁨의 좋은 소식을 너희에게 전하노라." 곧, 그리스도를 믿는 너희에게 '구주가 나셨음을' 전한다는 말씀입니다. 그래서 불쌍한 죄인들이 주께로 회개하고 돌아오면 천사들이 기뻐하는 것은 당연합니다. 주가 우리 죄인들에게 의가 되셨기 때문입니다. 우리는 그리스도의 피를 통하여 하나님과 화목하였으니 결코 정죄는 없습니다. 이 말씀을 사모하는 오, 신자들이여! 주를 향하여 고개를 쳐드으시오.

"주안에서 항상 기뻐하라. 내가 다시 말하노니 기뻐하라."

그리스도는 하나님께로서 나와서 의로움이 되셨으니, 우리가 무엇을 두려워하겠습니까? 여러분, 그리스도 안에서 우리에게 하나님의 의가 입혀졌습니다. 우리는 '우리의 의가 되신 주'로 부를 수 있습니다. 그러니까 우리가 무엇을 두려워하겠습니까? 이제 그 무엇이 우리를 그리스도의 사랑에서 끊을 수 있겠습니까? "환난이나 고난이나 핍박이나 기근이나 적신이나 위험이나 칼이랴....내가 확신하노니 사망이나 생명이나 천사들이나 권세자들이나 현재 일이나 장래 일이나 권력이나 높음이나 깊음이나 다른 아무 피조물이라도 우리를 우리 주 예수 그리스도 안에 있는 하나님의 사랑에서 끊을 수 없으리라."(롬 8:35-39).

그리스도는 하나님께로서 나와서 우리의 의가 되셨습니다. 이것이 바로 신자의 영광스러운 특권입니다. 그렇지만 이 약속을 믿는 자들에게는 행복의 시작에 불과합니다.

예수 그리스도께서 주시는 세 번째 축복은 '성화'입니다.

세 번째로, 예수 그리스도는 우리들에게 의로움과 성화도 되셨습니다. 보통 그리스도인들이 생각하는 신앙적인 의무나 규정에 충실하는 외적인 태도에 대한 문제이기보다는, 제가 보는 성화는 마음은 그대로 있고 겉만 회개한 것을 뜻하는 것이 아닙니다. 또한 저는 보기 드물게 나타나는 급격한 뉘우침이나 하찮고 형식적인 슬픔으로도 보지 않습니다. 이런 모든 양상들은 성화가 되지 않은 자가 가지고 있는 속성들일 수 있습니다. 그러나 저는 성화란 전인(全人)의 총체적인 혁신(renovation)으로 봅니다. 그리스도의 의로움은, 성화에 의해서 신자들은 합법적으로 영적인 존재가 됩니다.

그리스도의 의로 인해서 우리는 구원을 얻어 사는 그리스도인이 되며 또한 그리스도의 성화에 힘입어서 영광을 입습니다. 그러므로 우리는 영혼과 마음과 몸이 모두 성화를 입습니다. 이전에는 우리가 죄로 인해서 심령이 어두웠으나, 이제는 주안에서 밝아졌습니다. 그리고 우리의 뜻이 이전에는 하나님의 뜻과 정반대였지만 이제는 그리스도 안에서 하나가 되었습니다. 우리의 애정은 이제 위에 계신 그리스도를 향해 흔들리지 않으며, 우리의 심사는 이제 신성한 것들로 채워집니다. 우리의 본성은 이제 밝아졌고 더러운 신체가 이제는 불의에서 벗어버리고 새로운 피조물이 되었습니다. "이전 것은 지나갔으니 보라 새것이 되었도다."(고후 5:17).

우리들의 심령에서 죄가 왕 노릇할 수 없습니다. 우리는 죄가 내재하는 것은 아니지만, 죄의 권능으로부터 해방되었습니다. 그래서 우리들은 마음과 삶과 언어에서도 다 거룩합니다. 우리는 하나님의 신성에 참예하는 자가 되었으며, 예수 그리스도로 말미암아 동일한 은혜를 받았습니다. 그리스도 안에 있는 모든 은혜가 신자의 영혼에 그대로 옮겨지고 씌워짐으로 인해서 우리는 주의 형상을 입게 되었습니다. 그가 우리 안에서 자신의 인격을 형성하셨습니다. 우리는 그 안에 거하고, 그는 우리 안에서 내주합니다. 우리는 성령의 인도를 받고 그로 말미암아 성령의 열매를 맺게 되었습니다. 이 열매는 성화의 열매입니다. 우리는 그리스도께서 임마누엘이시기에, 하나님이 친히 우리 안에 동거하십니다. 우리는 성령이 거하시는 살아있는 성전입니다. 그러므로 주의 거룩한 처소가 된 우리 안에서 삼위일체 온전하신 하나님이 사시고 행하십니다. 지금 이곳에도, 우리는 그리스도와 함께 천국에 앉을 것이며, 산 믿음에 의해 우리의 머리가 되시는 주와 연합합니다. 우리의 창조자이며 또 구속자는 우리의 남편입니다. 우리는 그의 살 중의 살이요 뼈 중의 뼈입니다. 우리는 그와 동거동락을 합니다. 자기 친구와 말하고 걷는 것처럼, 우리는 예수 그리스도와 한 몸을 이룹니다. 그리스도께서 믿는 자들에게 성화가 되셨습니다.

이 얼마나 놀라운 은혜의 특권입니까! 짐승으로부터 성도로 바뀌고, 악마로부터 하나님의 성품에 참예한 존재가 되며, 사단의 왕국에서 하나님이 사랑하시는 아들의 나라로 옮겨집니다! 썩은 옛 사람을 벗어버리고 하나님의 형상을 따라 의와 참된 거룩함을 따라 새사람을 입는 것은 이 얼마나 지극한 축복인지 그것을 생각만 해도 놀랄 뿐입니다. 사도 바울이 믿는 자들에게 주안에서 기뻐하라고 권고할 만 합니다. 그리스도인은 언제나 기뻐할 이유가 있습니다. 우리는 죽는 순간까지 기뻐할 만합니다. 하나님 나라가 우리 가운데 있기 때문입니다. 우리는 주의 성령으로 인해서 영광 중의 영광스러운 변화를 입습니다. 이것은 본성적으로도 신비인 것처럼 하늘이 허락하심 신비인 것입니다. 왜냐하면 그것은 영적인 존재인 자신에게도 헤아릴 수 없는 비밀이기 때문입니다.

하나님의 자녀가 주의 촛대가 빛을 밝혀 비추고, 구주의 복된 눈빛이 우리의 심령을 비추실 때, 우리 자신을 바라볼 때, 빛나는 모습에 우리 자신도 눈이 부시지 않겠습니까! 하나님의 사랑이 성령에 의해 우리 심령에서 뜨겁게 느낄 때, 하나님이 취하신 그의 자비의 황금 홀을 높이 드시고 우리의 구함을 물으실 때에 은혜를 풍성하게 입히지 않겠습니까? 하나님이 주시는 평강은 우리의 총명과 마음을 아시고 초월하시는 놀라운 역사가 아니겠습니까? 또한 우리가 느끼는 그 기쁨은 말로 표현할 수가 없습니다! 영광 가운데 흘러 넘치는 은밀한 교제를 통해서 우리 심령에 영광으로 입혀주시는 영광스런 사역입니다.

그래서 바울은 이렇게 고백했습니다. '하나님의 모든 충만하신 것으로' 충만하신다고 고백했습니다. 솔로몬도 이 영광에 동참했더라면 '주께서 진정 사람과 함께 거하시리이까?' 라고 탄성을 외쳤을 것입니다. 정말, 전능하신 하나님의 아들이나 딸이 된다는 것이 얼마나 놀라운 일입니까! 여러분이 하나님의 자녀로서 아버지와 그 아들 예수 그리스도와 교제가 무엇인가를 바로 안다면, 보는 것으로 행하지 않고 믿음으로 행한다는 고백을 자주 할 것입니다. 이제, 신자들이여, 앞을 바라보시오. 그리고 여러분 앞에 전개되는 무한한 행복을 내다보시오!

여러분이 이미 받은 것은 가나안 땅에서 이스라엘 정탐꾼이 가져온 첫 열매인 포도송이에 불과합니다. 우리에게 하나님의 확실하고도 보장된 말할 수 없이 더 풍성한 결실의 약속입니다. 추수 때가 다가옵니다. 우리가 은혜를 앞으로 영광스럽게 받아들입시다. 위대한 여호수아처럼 자비한 대제사장이신 예수 그리스도는 하나님의 자녀에게 기다리는 안식이 있는 언약의 땅으로 담대하게 인도해 나아갑니다. 그리스도는 믿는 자들에게 지혜와 의로움과 성화가 되셨을 뿐만 아니라 구속함이 되셨습니다.

이제 이 놀라운 신령한 축복의 특권을 살펴보기 전에, 첫째로, 일반적으로 신자들은 진정으로 대하고자 하지만 흔히 피상적으로 말합니다. 성화와 내적인 깨끗함을 대개 칭의의 원인으로 생각하거나 대개는 칭의의 결과로 보는 경우가 있습니다.

"너희는 하나님께로부터 나서 그리스도 예수 안에 있고 예수는 하나님께로 나와서 우리에게 지혜와 의로움과 거룩함과 구속함이 되셨으니."에서 보건대, 그리스도의 의는 우리 밖에서, 그리스도가 대신하여 행하신 의가 하나님 보시기에, 우리에게 합당한 존재가 되게 하는 유일한 원인입니다. 그리고 우리 안에 역사 하신 모든 거룩함의 유일한 원인입니다. 이것을 칭의의 원인으로 알아야 하며, 또한 그 안에 있는 빛이나 그로 인해서 이루어진 어느 것이나 하나님 보시기에 의로운 것입니다.

여기서는 우리는 근원을 구하지 말고, 오직 하나님께서 그리스도의 의를 우리에게 호의를 베푸시는 것이지, 우리가 행한 어떤 행위 때문도 전혀 아닙니다. 우리의 성화는 아무리 온전해져도 이 세상에서는 완성되는 것이 아닙니다. 우리는 비록 지옥 권세로부터 구원을 받았으나, 죄의 개재로부터 해방이 된 것은 아닙니다. 그러나 하나님의 완전한 율법에 의하면, 죄의 지배는 물론하고 그 개입까지도 금합니다. 따라서, 너희는 탐욕에 양보하지 말라고 하시지 않고 '탐내지 말라' 고 하십니다. 그래서 우리 마음에 조금이라도 탐욕의 뿌리가 남아 있는 동안, 우리는 하나님의 영접을 할 길이 없습니다. 그래서 우리는 먼저 우리 밖에 있는 의인 예수 그리스도의 의를 바라봅시다. 이로 인해서 바울이 그리스도인의 의는 예수 안에서 받는 칭의의 진리입니다.

둘째로, 이 점에 관련해서, 도덕 폐기론자들과 위선자들에게 논박을 당합니다. 불신자들은 자신들 밖에 계신 그리스도에 대하여 말하나, 그들 안에서 이루어지는 성화에 대하여 아무 체험을 할 수 없는 것입니다. 그러므로 그들이 무엇으로도 가장하더라도, 그리스도께서 그들 안에 계시지 않으므로, 주가 의와 영광이 되심에 바랄 수 있는 아무런 근거가 없습니다. 그러므로, 우리의 성화는 원인은 아니지만, 우리가 하나님을 영접한 결과입니다. "예수는 하나님께로서 나와서 우리에게 의로움과 거룩함이 되셨습니다."

그러므로, 진실로 그리스도 안에 있는 자가 새로운 피조물이 됩니다. 새 피조물이 되는 것은 행위 언약에 되돌아가는 것이 아닙니다. 우리의 심령이 변화하여 온전한 상태가 된 것은 오직 그리스도의 의에 힘입는 성화에 둡니다. 성경에서 이것을 가르칩니다. 이제 우리가 마음의 열매를 내어놓아, 진실로 하나님의 성령에 참여했는가에 대하여 심판을 받아야 합니다. 사도 요한은 우리에게 증언합니다. "우리가 형제를 사랑함으로 사망에서 옮겨 생명으로 들어간 줄을 알거니와," 그러므로, 우리가 아무리 그리스도의 의로움을 말하고 율법을 가르치는 자들을 반박을 하더라도, 우리의 마음과 삶이 성령으로 새롭게 되지 않았다면, 우리는 자신을 스스로 속이는 자요 또 명백한 위선자일 뿐일 것입니다.

이제 우리는 하나님께서 맨 것을 풀어서 안되며, 양극단의 중용을 지켜야 하고, 우리 자신이 그리스도의 것이요 또한 장래의 행복을 보장받는 증거로서 우리 밖에서 역사 하는 그리스도를 한편으로 지나치게 주장한 나머지 우리 안에서 역사 하는 그리스도를 배척해서는 안됩니다. 반면에, 우리 안에 이루어진 내재하는 의로움이나 거룩함에 너무 의존하는 나머지 우리 밖에서 역사 하신 예수 그리스도의 의로움을 배제시켜서도 안됩니다.

예수 그리스도가 주시는 네 번째 축복인 구속에 대하여 상고합시다.

넷째로, 우리는 믿는 자가 누리는 황금 사슬 같은 구속함을 살펴보겠습니다. 우리는 아주 높이 계신 하나님의 보좌를 바라봅시다. 그곳의 꼭대기는 야곱의 사다리처럼 모든 믿는 자들이 하나님 우편에 앉게 할 하늘에 맞닿아 있기 때문입니다.

"예수는 하나님께로서 나와서 우리에게 지혜와 의로움과 거룩함과 구속함이 되셨으니."

　　이것이 진정한 황금 사슬입니다. 우선 무엇보다도 그 사슬고리 하나라도 결코 따로 떨어지지 않습니다. 성경에서는 진실로 믿는 자들을 보호하시는 사실을 보여주는 본문이 달리 없습니다. 따라서 하나님은 의롭게 하거나 구속하지 않은 자를 성화를 하신 적이 없었습니다! 하나님은 그의 길과 그의 사역이 완전하신 분입니다. 그는 항상 사역하시며 시작했던 일은 필히 마치십니다. 처음 창조 할 때도 그랬고 새 창조 시에도 그럴 것입니다. 하나님이 "빛이 있으라!" 하면 빛이 있을 것이고 또 그 빛이 더욱 더 밝아져 한 날이 됩니다. 그때 하나님이 자기 거처로 드시듯이 믿는 자들도 영원한 안식처로 인도하십니다. 그는 의롭다하신 자들을 친히 영화롭게 하셨습니다. 하나님은 사람의 가치에 따라, 그리스도의 의를 주시는 것이 아닙니다. 사람의 가치가 없음을 인해서 그리스도의 의를 빼앗지 않습니다. 하나님의 은사와 부르심에는 후회가 없습니다. 저는 성도들의 견인을 부인하는 자들이 그리스도의 의로움에 대하여 명백히 안다고 생각할 수 없습니다. 저는, 몇년 전에 안 일이지만, 그들이 그리스도의 의로움을 '속죄를 나타낼 뿐'이라고 보는 어설픈 의미로 이해하고 있지나 않는 것인지 매우 염려됩니다.

　　진정한 그리스도의 의는 인간에게 지난 죄의 용서만 아니라, 다가올 모든 좋은 것들의 연합적인 권리를 포함합니다. 하나님이 자기 독생자까지도 우리에게 아끼시지 않았다면, 어떻게 그가 값없이 우리에게 모든 것으로 주시지 않겠습니까? 그래서 바울은 분명하게 확증합니다. "예수는 하나님께로서 나와서 우리에게 의로움이 되셨다."고 명확하게 선포했습니다.

　　이 축복된 특권들은 서로 영원하고 또 불변한의 약속입니다.

그리스도 대속에 대하여 믿고 순종하는 자들에게 전가된 이 놀라운 구속의 은혜는 결실하는 은혜로 우리들에게 전가됩니다. 이 은혜의 사실을 반박하는 자들이 은혜와 구속에 대한 언약에 무지하다는 것을 반증합니다. "구속함"은, 모든 악으로부터 완전히 구원을 받습니다. 그래서 성도의 몸과 영혼도 모든 선을 온전히 누리게 합니다. 저는 '몸과 영혼이 함께' 라고 증거합니다. 주는 우리 몸의 주이십니다. 이 세상에서 성도들의 몸은 성령이 거하시는 성전입니다. 하나님은 믿는 자들의 티끌인 흙, 곧 육신과 언약 하셨습니다. 인간이 죽은 뒤 비록 벌레가 그들의 육신을 파괴하더라도 그 육신으로 그들은 하나님을 볼 것입니다. 저는 오늘날 사두개인처럼 적어도 육신의 부활이 없다거나 "부활은 이미 지났습니다. 다시 말해서 우리의 중생을 통해 이미 지났다."라는 이단들이 있음을 우려합니다.

결국, 주께서 심판 날에 육신을 입고 오시는 것을 부인하면, 결국 주의 만찬을 기념하는 성찬식을 폐기되고 말 것입니다. 우리가 무엇 때문에 주가 심판하러 오실 날까지 그의 죽음을 기억해야 합니까? 그는 이미 우리 심정을 심판하러 오셨고, 다시 오시는 날까지 그의 죽음을 기억해야 합니다! 이 모든 것을 주장하는 것이 무엇인지도 모르는 무지한 자의 추론일 뿐입니다. 우리는 중생의 과정에서 주를 따라야 하며, 또 새로 태어나는 자가 되어야 합니다. 그리고 그리스도께서 심령에 오심을 우리가 거리낌없이 고백합시다. 또한 우리는 이것들에 대하여 증언할 때, 알고 느끼는 것 이상을 말하지 않기를 바랍니다.

그러나 예수 그리스도께서 이후에 심판하러 오실 것이며, 그가 이 땅에서 친히 육신으로 함께 하늘로 오르셨다는 것은 명백한 사실입니다. 그가 부활하신 후에, 제자들에게 친히 부활의 몸을 가르쳐

주었습니다. "나를 만져 보라. 영은 살과 뼈가 없으되 너희 보는 바와 같이 나는 있느니라."

그러므로 그리스도의 부활은 중요한 사건이었습니다. 그래서 바울도 증언합니다.

"그러나 이제 그리스도께서 죽은 자 가운데서 다시 살아 잠자는 자들의 첫 열매가 되셨도다. 사망이 사람으로 말미암았으니 죽은 자의 부활도 사람으로 말미암는도다. 아담 안에서 모든 사람이 죽은 것같이 그리스도 안에서 모든 사람이 삶을 얻으리라. 그러나 각각 자기 차례대로 되리니 먼저는 첫 열매인 그리스도요 다음에는 그리스도 강림하실 때에 그에게 붙은 자요."(고전 15: 20-23).

그러므로, 신자들이여! 우리가 비록 가장 낮은 자리에 살고 있지만, 앞으로 참예할 구속이 기다립니다. 저는 신자에게 임할 육체의 구속을 말하고 있습니다. 이 썩을 육신이 썩지 않을 것을 입어야겠고, 이 죽을 것이 죽지 않을 것을 입는 일이기 때문입니다. 우리의 육신과 영혼까지 하나님 아버지께서 예수 그리스도께 주셨습니다. 육신은 깨어서 금식하며 기도해 왔습니다. 그러므로 우리 육신과 영혼까지 예수 그리스도께서 마지막날 일으킵니다. 그러므로 신자들이여, 죽음을 두려워하지 맙시다. 무덤은 육신이 부활의 아침까지 고요히 잠자는 성별된 기숙사입니다. 천사장의 음성이 들리고 하나님 심판의 나팔이 울리면서 '일어나라, 너희 죽은 자들아, 심판을 받으러 오라'고 경고하실 때, 땅과 공기와 불과 물이 여러 분을 분해 됐던 원소들을 뿜어낼 것이며, 우리 육신과 영혼이 온전해져서 항상 주와 함께 살 것입니다. 저는 부활을 전혀 의심하지 않습니다.

그러나, 많은 사람들이 얼빠진 육신에 짓눌려 신음하면서, 죽을 육신이 죽지 않는 영혼을 주장한다고 불평합니다. 저도 그렇습니다. 그러나 우리가 조금 참고 기다리면, 이 세상 감옥에서 해방됩니다. 오래지 않아 이 흙덩이에 불과한 육신이 분해되고, 우리는 천국의 영생으로 변화될 것입니다. 거기서, 육신은 영적으로 변화되어, 영혼을 훼방하는 육신의 연약함을 완전히 벗어버리고 또 온전해질 것입니다. 우리는 육신의 연약함이 이제는 영원한 최고의 영광을 감당할 만큼 강건해질 것입니다. 우리 가운데 질병과 노동과 나이로 인해서 기력이 쇠해지며 허약한 육신을 가진 사람도 있습니다. 그렇지만 죽음이 와서 육신이 복된 변화를 입기까지 조금만 기다립시다. 그러면 우리 육신은 그리스도의 영광스러운 몸으로 새롭고 영광스럽게 변할 것입니다. 이 같은 역사를 변화 산에서 변모하신 주의 모습을 기록한 기사를 통해 얼마든지 상상할 수 있습니다. 그 당시에, "그의 옷이 희어져 광채가 나며 그 얼굴이 해보다 더 빛나더라."고 했습니다. 그러니까 믿는 자라면 사도 바울처럼 당당하게 외칠 수 있습니다.

"사망아 너의 쏘는 것이 어디 있느냐! 무덤아 너의 이기는 것이 어디 있느냐!"

그런데 육신의 구속은 영혼의 구원에 비교해 볼 때 무엇이라고 말하겠습니까? 천사가 사도 요한에게 '올라 앉으라!' 고 말한 것처럼 놀라운 영광의 계시입니다. 이 같은 그리스도의 구속은 자기 몸을 주시고 사셔서 자신의 소유가 될 구속함을 입은 자에게 명백하게 바라보게 하십니다. 우리는 이미 의롭다함을 인정받았고, 성화를 입었기에, 그로 인해서 죄의식과 죄의 지배로부터 해방되었습니다. 그러나 제가 살펴보면, 비록 구속을 입은 몸이지만 죄의 존재와 그 내재하심이 아직도 우리에게 남아있습니다. 하나님은 언약의 땅인 가나안에다가 아말렉을 약간 남겨 두시고 이스라엘의 행실을 경계하는

데 주장하십니다. 아무리 온전한 그리스도인이라도 교회의 신조 가운데 하나인 '이 본성의 오염은 중생한 사람까지도 아직 남아 있어, 육신은 언제나 심령을 거스리고, 또 심령은 육신을 거스린다는 것'에 동의할 것입니다. 그래서 신자라도 자신들이 원하는 것을 완벽하게 하나님을 섬길 수 없습니다. 이 때문에 날마다 의로운 영혼이 번민하는 것이며, 거룩한 사도 바울처럼 탄식합니다. '이 사망의 몸에서 누가 나를 건져내랴!'

저는 하나님께서 우리 주 예수 그리스도를 통해서 저를 건져내심을 감사합니다. 그러나 우리가 죽어서 육신이 부활하기 전에는 완벽하게 건져낼 수 없습니다. 우리가 죽어서 부활의 영광을 입게 될 때, 죄 그 자체가 소멸될 것이며 죄 때문에 생긴 내적인 타락도 영원히 종식될 것입니다. 그러기에 이 얼마나 위대한 구속이 아닙니까? 저는 신자들도 저같이 생각할 것이라고 믿습니다. 하나님 자녀의 심령에 내재하는 죄가 남아 있기에, 고통스럽게 만드는 것은 없기 때문입니다. 그래서 신자들은 다양한 시험에 짓눌리곤 합니다. 하나님은 여러 시험을 당하는 것이 유익하다고 하십니다. 우리가 큰 은혜를 입고 하나님과 긴밀한 교제를 나누면서 천상 삼층으로 오르더라도, 풍성한 계시를 받을 수 없도록 사단의 훼방을 받습니다. 그렇다고 두려워하거나 낙망하지 마십시오. 우리는 완전한 구속을 이룰 때가 가까웠습니다. 천국에서 마귀가 성도들을 더 이상 괴롭힐 수 없게 될 것입니다. 지친 우리 영혼이 영원한 안식을 누릴 것입니다. 마귀의 불 시험은 저 복된 곳에 이를 수 없습니다. 사단은 더 이상 하나님의 자녀들을 방해하거나 참소하지 못할 것입니다.

그때, 곧 예수 그리스도께서 천국 문을 닫으실 것이기 때문입니다. 의로운 심령은 날마다 악인들의 악행을 인해서 슬퍼합니다.

이 세상은 어디에서나 알곡 가운데 가라지가 있습니다. 또한 늑대들이 양의 탈을 쓰고 들어옵니다. 그러나 본문에서 말하는 구속함은 이 모든 걱정 근심으로부터 신자를 해방시킬 것입니다. 이제로부터 우리는 성도들과 온전한 교제를 나눌 것이며, 여러분을 위하여 예비한 지성소에 세속적이거나 더러운 것이 전혀 틈을 타고 들어 올 수 없기 때문입니다. 우리의 구속함이 앞으로 천국에서 완전히 이루어질 때 어떠한 악도 우리를 괴롭힐 수 없을 것입니다. 그럴지라도 우리는 모든 선함을 넘치도록 누립시다.

모든 성도들이 똑같은 영적인 행복을 누리는 것은 아니지만, 심령이 원하는 만큼 행복할 것입니다. 앞으로 신자가 악인을 심판할 것이며 선인과 천사들과 격의 없이 사귈 것입니다. 우리가 아브라함, 이삭, 야곱과 함께 앉을 것이며, 모든 의인의 심령은 온전해질 것입니다. 또한 모든 신자의 행복을 한마디로 표현하자면, 하나님 아버지와 아들과 성령과의 교제입니다. 더욱이 성도가 하나님을 대면함으로써 더욱 그를 닮아 갈 것이고, 또한 그와 함께 영원한 영광을 누릴 것입니다. 그렇습니다! 저는 그 영광스런 장면을 이야기를 잠시 멈춰야 하겠습니다. 저는 천국의 많은 영광이 제 심령을 사로잡고 있습니다. 형제들이여, 이제까지 증거 한 구속은 말로 다 표현할 수 없는 은혜입니다. 우리는 이 세상에서 그것을 다 찾을 수 없습니다. 더욱이 우리가 볼 수 없고 들을 수도 없기에, 아무리 거룩한 사람들이라도 얼마나 큰 은혜인가를 깨달을 수도 없습니다. 제가 신자들에게 아무리 즐겁게 증거 해도, 여러분이 천국에 갔을 때, 스바 여왕과 더불어 이렇게 말할 것입니다. '우리에게 말한 것은 절반도 못되니, 아니 천 분의 일도 못됩니다.'

우리는 비스가(Pisgah) 산정에 올라가서, 모세가 믿음의 눈으로 언약의 땅인 가나안을 바라보는 것처럼, 우리도 아브라함처럼 천국을 멀리서 바라보며 기뻐합니다. 그러나 우리가 아는 천국은 일부분에 불과합니다. 복되신 하나님이여! 그가 모든 것에 모든 것이 되심을 알 때가 옵니다. 주 예수여! 선택하신 자의 수를 채우소서! 주 예수여! 주의 나라가 속히 임하옵소서! 그런데도 아직도, 그리스도인들의 삶이 미쳤다고 보고 또 그들의 종말이 비참할 것이라고 비방하는 이 말세의 기롱하는 자들이 어디에 있습니까?

사실은 그들이야말로 정말 가장 불행한 자들입니다. 그들은 자신이 무엇을 행하고 있는지 모르고 있습니다. 그들이 심령이 밝아져서 영적인 것들을 깨닫는다면, 하나님의 자녀들에게 온갖 훼방하는 악담을 피했을 것입니다. 도리어 그들이 천상으로 가는 천로역정에 서 있는 이 땅에 사는 신자들을 제일 행복한 자들로 부러워했을 것입니다. 그들의 심령은 그리스도인들의 행복에 사모할 것입니다. 또한 그들은 그리스도로 인해서 미련한 자인 줄 알게될 것입니다.

처음에는 그들은 고린도의 철학자들처럼 지혜롭다고 자만했었습니다. 자신이 보배롭게 여기는 지혜가 구원을 주는 믿음으로 이끌지 않는다면 무슨 유익이 있겠습니까? 이방 철학자는 자신의 지혜로 진정한 구원의 체계를 세울 수 있겠습니까? 이 세상 모든 사유의 힘을 통틀어서, 주 예수 그리스도의 의가 이룩한 것보다 하나님께 더 합당한 구원의 길을 발견합니까? 어찌하든지 당신은 자기 자신의 행위로써 구원을 얻습니까? 그렇지 않다면 당신은 왜 그런 사람을 추종합니까? 왜 당신은 그의 의에 복종하지 않습니까? 당신은 타락한 피조물임을 부인할 수 있겠습니까? 왜 당신 자신이 모순으로 차 있으며 이 모순과 무질서 때문에 불행한 사실을 알지 못합니까? 당신은 자력으로 자신의 마음을 변화시킬 수 없음을 알지 못하십니까? 당신이 아무리 결심을 하고 또 결단했더라도 여전히 타락된 자신을 보고 있지 않습니까? 당신은 욕망의 노예가 되어 마귀의 뜻에 따라 살고 있지 않습니까? 그런데 왜 당신은 그리스도께서 나아와 성화를 입지 않습니까?

당신이 의의 죽음으로 살려고 하지 않는다면 당신의 생애는 마귀들의 비참한 상태로 전락할 것입니다. 저는 영원히 허무한 가련한 존재가 된다는 것을 확신합니다. 당신은 무슨 말을 하든지, 진실을 말한다면 양심으로 인해서 자신을 괴롭히며 또 한 지옥을 결코 꾸며낸 이야기가 아니라고 시인할 것입니다. 그런데 왜 당신은 그리스도께 나오지 않습니까? 주만이 영원한 구속을 주십니다. 가련하고 불쌍한 죄인들아, 어서 속히 그에게 나아 가시오. 당신은 지혜가 없습니다. 그리스도께 지혜를 구하십시오. 오직 그만이 지혜를 주십니다. 주께서 지혜를 주실 수 있음을 아십니다. 주는 하나님 아버지의 지혜요, 그가 영원 전부터 계시된 지혜였기 때문입니다. 당신에게는 의로움이 없습니다. 그래서 불의에서 떠나 그리스도께로 나가시오. "그는 모든 믿는 자에게 의를 이루기 위하여 율법의 마침이 되시니라."

당신은 거룩하지 않습니다. 주 예수께 피하십시오. 그는 은혜와 진리가 넘쳐나는 분이십니다. 그리고 그의 은혜와 진리로 말미암아 그를 믿는 자에게 그의 충만하심을 모두 얻을 수 있습니다. 당신은 죽음이 두려우시면, 언제든지 그리스도께 달려가십시오. 그는 사망과 지옥의 열쇠를 가지신 분이십니다. 그 안에서만 충만한 구속이 넘치고 있습니다. 오직 그만이 영생에 이르는 문을 여실 수 있습니다. 그러므로 자기 자신과 악마에게 속임을 당하는 자는 자신의 헛된 뜻과 생각을 더 자랑하지 맙시다. 당신이 하나님이 보내신 예수 그리스도를 믿지 않겠다는 생각은 이 세상에서 가장 터무니없는 일입니다. 왜 당신은 죽고자 하십니까? 왜 당신은 생명을 얻으려고 주에게로 나오지 않습니까?

"너희 목마른 자들은 다 생명수로 나아와 마음껏 마시라. 와서 돈 없이, 값없이 사라(너희 목마른 자들아 물로 나아 오라. 돈 없는 자도 오라. 와서 사먹되 돈 없이 값없이 와서 포도주와 젖을 사라.)"

성경 본문은 복이 있는 특권을 돈으로 사야 한다면, 당신은 이렇게 말할 수도 있습니다. "우리는 가난해서 살 수가 없습니다. 또는 이 특권이 어떤 신분이나 특별한 사람들에게만 혜택을 준다면, 비천한 우리 같은 죄인들이 어떻게 고귀한 은혜를 받을 수가 있겠는가?" 그러나 하나님께서 가장 가련한 죄인들에게 값없이 주시는 은혜입니다. 사도 바울은 그리스도인을 철저하게 박해했던 '더럽고 술 취하고, 탐람하고 우상 숭배를 했던' 고린도인들과 '우리에게' 아낌없이 주시는 은혜라고 말씀하십니다. 그래서 가련한 죄인인 나에게 왜 그런 은혜를 주시는지 의아합니다. 그리스도께서는 오직 한 가지 축복만 갖고 있습니까? 그가 수많은 사람들에게 이미 복을 내려서, 죄인들의 죄악에서 돌이키시면 어떻게 할까 염려도 하지 마십시오! 그는 지금도 똑같은 은혜를 베푸십니다. 그는 영원히 사시면서 우리를 위하여 중재하시고 계십니다.

그러므로 주께서 모든 사람과 당신에게 복을 주십니다. 당신이 에서처럼 장자권을 경멸하여 언약의 기업을 더럽힘으로써, 하나님의 기업을 경시하였더라도, 이제라도 지금 그리스도께로 나아가 죄사함을 얻고자 그를 영접한다면, "그리스도께서는 하나님께로서 나와서 여러분에게 지혜와 의로움과 거룩함과 구속함이 되십니다."

그러나 저는 이 설교를 통해 주의 가르침을 되새기고자 합니다. 하나님의 부르심에 참여 한 형제들이여! 우리의 머리되신 그리스도 예수 안에 얼마나 큰 신령한 복이 쌓여 있으며, 또 그의 이름을 믿음으로 말미암아 얻는 하나님의 자녀가 되심을 명심해야 합니다. 그러므로 여러분은 부르심을 받은 자의 소명에 적합한 삶을 살도록 주의합시다. 자주 얼마나 귀한 은혜를 입고 사는 가를 생각하십시오! 그리고 기억하십시오! 당신이 그리스도를 택한 것이 아니라, 그리스도께서 당신을 택하셨습니다. 하나님의 택하심을 입은 자로서 겸손한 마음으로 영광의 옷을 덧입되, 오직 주안에서 행하십시오!

당신은 오직 하나님으로부터 받은 것을 이외에는 아무 것도 없기 때문입니다. 당신은 타고난 천성은 남과 다름없이 어리석고 율법에 매어 있으며, 또 더럽고 저주받을 상태입니다. 그러므로 우리는 주 앞에서 인자하고 예의 바르게 행하십시오. 그리고 성화는 끊임없이 전진하는 과정이므로, 이미 자기 자신은 성화에 이르렀다고 생각하지 않도록 조심합시다. 거룩하신 주께서 항상 거룩한 주로 우리 안에 모십시다. 심령이 정결한 자가 하나님을 뵈올 수 있다는 것을 명심합시다. 우리가 내재하는 죄가 있다면, 날마다 삶의 경고로 삼으십시다. 그 죄를 슬퍼하고 애통할 뿐 아니라, 날마다 하나님의 은혜로 그것을 정복한다는 것을 깨달으십시다.

그리고 그리스도께서 당신의 믿음의 성취자이며 또 주인이심을 생각하며 그에게 모든 것을 맡겨야 합니다. 당신은 자기 자신의 신실함이 아니라 하나님의 불변하심에 믿음을 두어야 합니다. 당신은 자기 자신의 자유 의지로써 자신이 믿음에 서 있다는 것을 착각하지 맙시다. 하나님 아버지의 영원한 사랑이 당신의 유일한 소망이요 위안입니다. 하나님의 사랑이 모든 시련을 이깁니다. 하나님의 은혜와 부르심은 여러 분이 회개했기 때문에 허락하시는 것이 아니라, 그리스도께서 한번 당신을 사랑하신 이상 끝까지 사랑하심을 기억합시다. 이것을 앎으로 그에게 순종케 하고 오래 참으며 그의 축복이신 지혜와 의로움과 성화만이 아니라 완전하고 영원한 구속함을 사모하게 합니다. 지고하신 보좌에 계신 하나님께 영광이 있으시기를 바랍니다!"(J. C. Ryle., Select Sermons of George Whitefield, "Christ The Believer's Wisdom Righteousness, Sanctification and Redemption(I. Cor.1:30)", Edinburgh: The Banner of Truth Trust, 1997, 96-115).

제 2 장
하나님과 동행

"에녹이 하나님과 동행하더니 하나님이 그를 데려가시므로 (세상에)있지 아니 하였더라."(창 5:24).

부패한 심성을 가진 자들이 올바르고도 거룩한 하나님의 명령에 여러 가지 핑계를 논박하려고 듭니다. 그런데 하나님을 거역하는 무리들이 반대하는 것은, 주님의 명령이 실제적으로 보이지 않은 것은 혈육에 거슬리기 때문입니다. 그래서 그들은 주님에 대하여 오해합니다. 그는 '굳은 사람이라, 심지도 않은데서 거두고 해치지 않은데서 모으는 줄'로 말입니다. 이 말씀은 마태복음 25장에서 주께서 사악하고 나태한 종에게 한 말입니다. 그런데 이 말은 앞서도 말했듯이 오늘날 사악하고 음탕한 세대들에게도 해당합니다. 성령께서는 이 사실을 미리 아시고 옛 성인의 손을 통하여 많은 신실한 남녀들의 실례를 기록하도록 하셨습니다. 이들은 비록 구약 율법 시대에 살고 있었음에도 불구하고 그리스도의 멍에가 어떠한 것인가를 깨달아 그분께 헌신하는 것을 완전한 자유로 여겼습니다.

히브리서 11장에는 나오는 성도들은 진정한 순교자 신앙의 자유를 보여줍니다. 믿음의 선진들은 진리의 확증이었습니다. 믿음의 선진들이 보통 성도들보다도 뛰어난 인물이었습니다. 아벨은 진정한 순교자의 선봉이었습니다. 그리고 에녹은 그 세대에서만 아니라 오는 세대에도 뛰어난 믿음의 사람입니다. 그에 대해서 성경은 간략하게 기록되었지만, 그 내용은 최정상 신앙의 삶을 보여줍니다. 에녹의 영적인 승리와 믿음의 행진을 살펴보기로 하겠습니다.

에녹의 믿음 행진은 "에녹이 하나님과 동행하더니"라는 본문에서 보여줍니다. 에녹의 천국 행진은 '하나님이 그를 데려 가시므로 있지 아니하였더라.'는 본문에서 보여줍니다. 이 세상에서 그를 찾아도 볼 수가 없었습니다. 하나님께서 그를 산 채로 천국으로 인도하셨기 때문입니다. 그는 평범하게 이 세상에서 살지 않았습니다. 그는 죽음을 맛보지 않았다는 말입니다. 하나님께서 친히 그를 옮기셨습니다(히 11:5).

우리는 에녹에 대하여 자세히 알 수는 없습니다. 제 생각으로는 그도 대중적인 인물이었을 것입니다. 제가 생각하기로도 그도 노아처럼 의의 설교자였을 것입니다. 사도 유다에 의하면, 그는 불타는 설교자였습니다. 유다는 에녹의 여러 예언 중에 이렇게 기록하였습니다.

"보라, 주께서 그 수만의 거룩한 자와 함께 임하셨나니 이는 뭇 사람을 심판하사 모든 경건하지 않은 자의 경건하지 않게 행한 모든 경건하지 않은 일과, 또 경건하지 않은 죄인의 주께 거슬려 한 모든 강퍅한 말을 인하여 저희를 정죄하려 하심이라."(유 14-15절).

그러나 그가 공적이나 개별적으로 활동했더라도 그 자신 자체가 살아 있는 하나님의 고귀한 신탁이었습니다. 히브리서 기자는,

그는 하나님에 의해서 옮기기 전에 "하나님을 기쁘시게 하는 자"라고 증언했습니다(히 11:5).

그가 천국으로 옮겨진 그 사실 자체가 증명합니다. 구약 율법 시대에 하나님께서 에녹과 엘리야를 친히 옮기신 것은 그의 놀라운 지혜에 의한 것이었습니다. 주 예수께서 하늘로 들려 올라가실 때에, 그 당시의 유대인들에게는 믿을 수 없는 사건은 아니었습니다. 칠 백년 전에 이미 여러 예언자들 중 그 두 사람이 하나님에 의해서 옮겨진 사실을 그들도 시인하기 때문입니다. 그러나 저는 성경에 그에 대한 기록이 없기에 그의 특성에 대해서 장황하게 말씀을 드리는 것이 아닙니다. 다만 제가 전하고 싶은 중심은 주께서도 그랬듯이, 그가 하나님과 동행했다는 사실입니다. "에녹이 하나님과 동행하더니"를 통해서, 우리가 죽은 후에도 에녹처럼 이런 평가를 받는다면, 허무한 삶이라도 한탄할 필요는 없습니다.

저는 설교 제목대로, 첫째로, 하나님과 동행했다는 의미를 증거 합니다. 둘째로, 저는 그리스도인들이 하나님과 어떻게 동행하려는 방법에 대해서 말씀드리고자 합니다. 셋째로, 우리가 지금까지 하나님과 동행하지 못했다면, 이제부터라도 하나님과 동행하는 삶을 제시하고자 합니다. 이런 내용에 한 두 가지를 들어 적용하고자 합니다.

첫째로, 저는 '하나님과 동행'은 어떤 뜻이며, 또한 하나님과 동행하는 신앙의 행로를 증거하고자 합니다. 하나님과 동행함은 각 사람의 마음 속에 있는 거역함이 축복된 성령에 의해서 사라집니다. 어떤 사람들은 이 말 뜻이 제대로 이해되지 않지만, 여러 성경의 말씀이 우리의 삶을 증명합니다. 즉, 육욕에 가득 차 있는 자의 마음이나 변화가 되지 않는 자연인의 마음인 회심하지 않은 자들의 심령에는 거역 자체가 하나님에게 대적합니다. 그렇지만 불신자들은 하나님의 법을 따르지도 않기에 또한 그들은 증오나 대적을 피할 수가 없습니다. 인간이 하나님의 형상을 입은 가장 사랑스런 피조물이면서도 하나님께 증오심을 나타내는 사실은 놀라운 것이 아닐 수 없습니다. 그런데 얼마나 슬픈 일이 어찌 하겠습니까? 이것이 사실입니다! 최초 조상이 먹지 말라고 금지된 나무 실과를 따먹고는 하나님과 멀어지자 악한 습성에 물들었습니다. 이 몹쓸 독성은 전염병처럼 모든 후손들에게도 전해지고 말았습니다. 이러한 죄악의 증오심은 동산 나무들 사이에 숨으려고 했던 아담의 행동 속에서도 찾아볼 수 있습니다.

아담은 여호와 하나님의 음성을 들었을 때, 마음을 활짝 열어놓고 '제가 여기 있습니다.'고 대답하면서 그에게 뛰어가야 했음에도 불구하고, 슬프게도 그는 전혀 하나님과 아무런 대화조차 하고 싶지 않았습니다. 이런 심각한 사태가 아담이 하나님에게 핑계를 대는 말에서도 분명히 드러납니다.

"하나님께서 내게 주셔서 함께 하신 여자, 그가 그 나무 실과를 내게 주므로 내가 먹었나이다."(창 3:12).

아담은 하나님께 회개하지 않고 오히려 자신의 죄를 변명하였습니다. 그는 하나님께서 자신에게 배필을 주지 않았더라면, 자신은 범죄치 않을 수 있었다는 입장이었습니다. 그는 죄를 지은 것도 하나님이 주신 아내로 인한 것으로, 죄의 책임을 자기 아내와 하나님께 전가했습니다. 아담의 후손에게는 하나님을 향한 거역함과 이러한 증오심은 변함 없이 전해내려 왔습니다. 여전히 인간은 하나님께 거역하는 말을 합니다. 인간의 행실에 대한 연구를 했던 학식이 깊은 오웬(Owen) 박사는 인간 속에 내재하는 죄에 대하여 언급했습니다. "증오심은 하나님보다는 더 평범한 사람들을 경멸합니다."

그 악의 지배력은 아합 왕에 대한 앗수르의 지배력과도 같습니다. 앗수르인들이 왕복을 입었던 여호사밧 왕을 공격했던 것처럼 증오심은 신앙심처럼 보이는 모든 사람들에 대항합니다. 그렇듯이 앗수르인들이 자신들을 공격했던 자가 이스라엘 아합 왕이 아니라, 유다 여호사밧 왕인 줄 사실을 알았습니다. 그에게서 향했던 증오가 그 대상자가 아님을 알고서 증오의 대상자를 다시 찾는 것과 같습니다. 가인에게서도 똑같은 증오심을 엿볼 수 있습니다. 그래서 가인은 자기 동생 아벨을 증오하여 죽였습니다. 이는 하나님께서 아벨을 총애하였기 때문입니다. 이런 증오심은 아담의 후손인 모든 사람들의 마음속에서도 전해졌습니다. 우리는 기도와 그밖에도 하나님께서 지키라고 명하신 여러 의무들에 대한 혐오감을 어린이들이나 성인들에게 신앙 교육을 받은 자까지도 발견됩니다. 이 세상에 범람하는 공공연한 죄와 사악한 홍수가 이 증오라는 전염된 근원에서 흘러 나옵니다. 이는 우리 각자 마음속에 자리잡고 있는 사악한 거짓에 가득 찬 증오심에서 비롯합니다. 이런 사실을 분명히 알지 못하는 자들은 성경과 하나님의 능력에 대해서 전혀 알지 못하는 자들입니다.

우리는 하나님과 동행한다고 말하기 전에, 우리 마음속에 가득 찬 증오심부터 제거하여야 합니다. 우리가 서로를 향해 화해할 수 없는 증오심과 혐오감을 가지고 있다면 다른 사람들과 함께 교제나 동행할 수 없기 마련입니다. 여기에서 우리가 분명해야 할 점은 인간의 증오부터 제거합시다. 우리가 성령께 굴복하지 않는 한, 우리 심령에 개재하는 악한 세력은 결코 제거되지 않습니다. 사도 바울도 분명히 이 사실을 증언했습니다. 그가 바리새인으로서 그리스도인을 박해했었습니다. 그가 그리스도인이 되었을 때에 비로소 자신 안에 악이 있다는 것을 깨달았습니다. 그래서 그는 탄식하였습니다.

"선을 행하기 원하는 나에게 악이 함께 있는 것이로다."(롬 7:21).

이 악한 세력은 바울을 완전히 사로잡지는 못했지만, 그의 선한 의지와 행동들를 거슬리고 방해하여 그가 원하는 선한 일들을 하지 못하도록 막았습니다. 이로 인해서 그는 그 자신 속에 개재하는 죄라고 불렀습니다. 어떤 사람들은 회심한 자들 속에 남아 있는 육신적인 지혜이고, 어떤 사람들은 육욕이나 애착이나 욕망이라고 말합니다. 그렇습니다. 이 세력은 하나님에 의해서 거듭난 자들의 심령에서 제거되며 또한 하나님의 은총으로 영적인 성장이 이루어질수록 더욱 그 세력이 약화되고 하나님의 성령으로 마음속에 터를 잡습니다.

둘째로, 하나님과 동행한다는 것은 인간의 마음속에 내재하는 증오심이 제거된 상태일 뿐만 아니라, 성부 하나님과 화목한 상태를 가리킵니다. 이런 화목은 독생자의 온전한 의와 속죄를 통해서 이루어집니다.

"두 사람이 의합하지 못하고서 어떻게 동행하겠느냐?"고 솔로몬은 말했습니다. 여기서 아모스 3장 3절을 참조하시기를 바랍니다. 예수는 우리의 평화이며 우리에게 화평자입니다. 우리가 그리스도 안에서 믿음으로 의로워질 때에, 비로소 하나님과 비로소 화해가 됩니다. 그 전까지는 불가능합니다. 우리는 일반적으로 친구가 되면 그 표시로 동행하는 것이 관례입니다. 의견이 조금씩은 다를지라도 곧 화해하면 다시 친구가 될 수 있습니다. 바로 이것이 하나님께서 복음의 사역자를 보내신 목적입니다. 우리가 화해를 한다는 것이 우리의 임무입니다. 우리는 하나님의 사도로서 그리스도를 대신하여 죄인들에게 간청하여 하나님과 화해하도록 힘써야 합니다. 그들이 하나님의 초대에 응해서 믿음으로 말미암아 하나님과 화해할 때에 비로소 하나님과 동행하기 시작했다고 말할 수 있습니다. 그 이전까지는 결코 그렇게 말할 수 없습니다.

셋째로, 하나님과 동행한다는 말은 하나님과 내적인 친교를 나눈다는 말입니다. 성경은 "성령께서 우리 가운데에 거하신다."고 증거합니다. 주님도 이런 사실을 그의 제자들에게 말씀하셨습니다.

'성령께서 너희들 안에 함께 하실 것이다. 성령은 밤에만 유숙하는 여행자 같지 않고 하나님과 동행하는 자들의 마음 속에 늘 거합니다.'

이 말은 또한 사도 요한의 말처럼, 그리스도께서 걸으실 때에 항상 그와 같이 동행하는 바로 그러한 상태를 가리킵니다. 이 말씀은 특히 오늘 성경 본문의 내용과도 부합합니다. "에녹이 하나님과 동행하더니," 곧, 그는 예수 그리스도를 통하여 하나님과 끊임없는 친교를 나누지는 않았다 할지라도, 그는 언제나 거룩한 생활을 하였습니다. 하나님과 동행한다는 뜻을 요약하자면, 하나님을 위하여 의지를 꼭 붙잡아 놓는 것입니다. 주의 능력과 약속을 끊임없이 의지하며, 고난 중에서도 그의 즐거움으로 끊임없이 즐거워하고, 그의 영광을 위하여 우리의 모든 것을 아낌없이 바치고, 일상적인 삶 속에서 그의 법을 끊임없이 지키려고 노력하는 것을 말합니다.

넷째로, 하나님과 동행한다고 하는 것은 신적인 삶이 계속해서 전진한다는 것을 뜻합니다. 동행하심은 계속적으로 앞으로 나아가는 의미입니다. 비록 천천히 걷는 사람은 한 곳에만 머물지 않고 앞으로 나아갑니다. 하나님과 동행한다는 사람도 이와 마찬가지입니다. 시편 기자의 표현처럼 '힘을 얻고 더 얻어' 앞으로 나아갑니다. 또한 사도 바울의 증언대로, "영광으로 이르니 곧 주의 영으로 말미암음이니라."

사실 한편으로 생각해보면, 신령한 삶에는 전진이나 후회도 없습니다. 한 영혼이 하나님에게서 거듭난다면 그의 삶의 내용이나 목적이 하나님의 자녀에게 속한 자입니다. 그가 비록 무두셀라 시대에 살았다 할지라도 모든 사람이 그처럼 역시 하나님의 자녀인 것입니다. 또 다른 한편으로 생각해보면 신령한 삶에는 오직 자신이 썩음으로써 그리스도 안에서 발전하는 전진만이 있을 뿐입니다. 하나님의 백성들 중에는 주에 대한 첫사랑을 잃어버린 사람들도 있습니다. 그래서 믿음의 상태에 따라 영적인 어린아이, 청년, 장년으로 나누어 볼 수 있습니다. 이러한 이유 때문에 사도 바울도 디모데에게 권면했습니다. "너의 진보를 모든 사람에게 나타나게 하라."(딤전 4:15).

또한 사도 베드로도 권합니다.

"오직 주 곧, 구주 예수 그리스도의 은혜와 저를 아는 지식에서 자라가라."(벧후 3:18).

사도 바울의 권면은 모든 그리스도인들에게 해당됩니다. 새로운 피조물은 영적으로 성장해야 합니다. 또한 사람이 그리스도 안에서 새로운 피조물이 되었다 할지라도, 더욱더 하나님의 형상을 닮아

가려고 노력합시다. 그래서만 죽은 후에 하나님의 큰 축복은 받을 수 있습니다. 이러한 사실을 제대로 파악하지 못하기에 하나님의 은총으로 좋은 심성을 가지고 있는 사람들뿐만 아니라 믿음을 저버린 부패한 사람들'은 무의식중에 도덕 폐기론에 빠져서, 신자들의 은총 안에서 계속 성장한다는 사실과 성경에 기록되어 있는 은총의 표징들을 부인하게 됩니다. 이러한 잘못된 주장으로부터 만유의 주께서 우리를 구원해 주시기를 바랍니다!

지금까지 우리가 생각해온 것들을 통해서 우리는 '하나님과 동행' 한다는 말의 뜻은, 즉 하나님의 성령의 능력을 힘입어 우리 마음 속에 가득 차 있는 증오심을 버리고서, 예수 그리스도에 대한 믿음을 통하여 화해하고 연합하여 그와의 끊임없이 교제를 나누는 것입니다. 또한 이러한 교제를 통하여 더욱더 하나님의 형상에 가까워지도록 날마다 진보함을 알게 됩니다. 지금부터는 어떻게 또는 무슨 방법으로 모든 믿는 자들이 하나님과 끊임없이 동행하는 지를 생각해 봅시다.

첫째로, 믿는 자들이 끊임없이 계속해서 하나님과 동행하기 위해서는 주의 거룩한 말씀을 읽으십시다. 우리 주 그리스도께서는 말씀하셨습니다. "성경을 상고하거니와 이 성경이 곧 내게 대하여 증거하는 것이로다." 그리고 시편 기자는 증언합니다. "주의 말씀은 내 발의 등이요, 내 길의 빛이니이다!", "내가 주의 법을 어찌 그리 사랑하는지요, 내가 그것을 종일 묵상하나이다."

사도 바울은 믿음의 아들 디모데에게 권했습니다. "읽는 것에... 착념하라."

하나님께서는 여호수아에게 명하셨습니다. "이 율법 책을 네 입에서 떠나지 말게 하며"

하나님의 말씀은 하나님의 신실한 자녀들의 의로운 일과 선한 일을 하도록 책망하고 지도하며 또 올바른 길로 인도합니다. 우리가 성경을 덮어버리고 더 이상 그 말씀을 우리의 믿음과 실행의 원칙으로 삼을 때에, 믿음과 맑은 마음은 난파된 배처럼 말할 수 없는 위험에 처하게 됩니다. 하나님의 성령으로 충만하였던 우리 예수그리스도까지도 항상 사단의 유혹과 씨름하셨지만, 그 때마다 그는 "하나님의 말씀에 이렇게 기록되어 있다."고 사단의 유혹에 대적하셨습니다. 사도들은 하나님의 말씀을 '성령의 검'이라고 불렀습니다.

그러므로 우리는 다윗이 골리앗의 칼을 보고 '전쟁은 여호와께 속한 것'이라고 외친 것처럼, 말할 수 있어야 합니다. 성경은 하나님의 생생한 증인이라고도 말합니다. 그 말씀이 우리를 새롭게 할 뿐만 아니라 영혼을 끊임없이 진보케 만들기 때문입니다. 사도 베드로는 그의 두 번째 편지에서 그리스도께서 변화 산상에서 변모하신 주의 모습에 특별한 주의를 기울여 말하였습니다. 그는 말했습니다.
"이 소리는 우리가 저와 함께 거룩한 산에 있을 때에 하늘로서 나옴을 들은 것이라. 또 우리의 더 확실한 예언이 있어 어두운데 비추는 등불과 같으니, 날이 새어 샛별이 너희 마음에 떠오르기까지 너희가 이것을 주의하는 것이 가하니라."(벧후 1:18-9).

곧, 우리가 육신을 벗어버릴 때까지, 예수님과 얼굴을 맞댈 수 있을 때까지 그렇게 해야 합니다. 그때까지 그의 말씀을 읽음으로써 그 분을 만나서 대화할 수 있습니다. 우리는 주의 증언을 삶의 지침서로 삼아 날마다 마리아처럼 예수의 발 아래에 가까이 앉아 믿음으로 주의 말씀을 경청합시다. 그 말씀이 우리의 영혼에 진정으로 필요한 양식이 되는 것을 깨닫게 됩니다.

둘째로, 믿는 자들이 끊임없이 계속해서 하나님과 동행하기 위해서 주께 은밀한 기도를 드립시다. 성령께서는 늘 간구하는 심령에 함께 하십니다. 기도는 새로운 피조물의 호흡이며, 그 자체이며, 경건한 삶에 필요 불가결한 필수품으로 기도를 통해서만 하나님에 의해서 우리의 삶은 끊임없이 진보할 수 있습니다. 이 은밀한 기도를 게을리 할 때 우리의 영혼은 병들게 되며 그 결과는 치명적이지 않을 수 없습니다. 오리겐(Origen)은 일찍이 이 같이 간파하였습니다. "골방에서 은밀히 기도를 드리지 않고 나가는 그 날은 곧 우상에게 분향을 드리는 날이다."

기도야말로 모든 믿는 자들의 영적인 갑주 중에서도 가장 고귀한 부분 중에 하나입니다. 사도 바울도 성도들에게 기도를 권했습니다. '모든 기도와 간구로 하되 무시로' 말입니다. 주님께서도 겟세마네 동산에서 제자들에게 명하셨습니다. "시험에 들지 않게 깨어 있어 기도하라."

또한 주님께서는 제자들에게 낙심하지 말고 기도할 것을 비유로 교훈을 하신 적도 있습니다. 주님께서 이렇게 말씀하신 것은 우리가 해야할 일을 제쳐놓고 골방에 앉아 무릎만 꿇고 기도하라는 뜻이 아니라, 우리의 영혼이 승리하는 삶을 살라고 말씀하신 것입니다. 그래서 스코틀랜드에서 살았던 한 성도가 임종할 때에 그의 친구들에게 말했습니다. "이 방에 있는 커텐이, 그리고 이 벽이 내가 지금 내 하나님과 누리고 있는 이 아름다운 교제를 과연 설명할 수 있을까?"

기도! 기도야말로 하나님과 인간을 함께 묶어주는 수단이며, 또 하나님을 우리 인간들에게로 끌어내리는 수단입니다. 그러므로 신자들이여! 하나님과 끊임없이 동행하고자 한다면 쉬지 말고 기도

하십시오! 그리고 은밀히 기도에 힘을 쓰시오! 일상적인 일을 시작하려 할 때에도 애타는 심정으로 기도하시오!. 시간이 생길 때마다 믿음의 날개를 타고 하늘에 계신 하나님께 짤막한 편지를 써보십시다. 이 편지들은 하나님께 배달되어 말할 수 없는 영적인 축복으로 우리에게 되돌아옵니다.

셋째로, 신령하고 계속적인 명상을 믿는 자들은 끊임없이 하나님과 동행하는 또 하나의 방법입니다. 루터는 말하였습니다. "기도와 말씀의 상고와 유혹과 명상이 하나님의 사역자를 만듭니다."
이러한 것들은 온전한 그리스도인을 만들기도 합니다. 명상이 영혼에 미치는 영향은 소화력이 몸에 미치는 영향과 같습니다. 다윗은 이 사실을 깨닫고 자주 밤중에 명상에 잠기곤 하였습니다. 또한 우리는 이삭이 저녁 때 명상하기 위하여 들로 자주 나갔다는 말씀을 성경에서 읽을 수 있습니다. 그 본문의 설명 가운데 기도하려고 나갔다고 기록하기도 하였습니다. 명상은 침묵의 기도로서 우리의 영혼은 하나님께로 가까이 갈 수 있으며, 또한 이 명상을 통하여 하나님 아버지의 얼굴을 보는 통찰력을 갖게 됩니다. 오직 이러한 신령한 삶에 깊이 침잠해 있는 영혼만이 거룩한 삶으로 우리를 이끄는 명상이 무엇인지를 분명하게 설명할 수 있습니다.

다윗은 고백하였습니다. "내가 묵상할 때에...불이 나와 사름이여!"
신자들이 하나님의 역사(役事)와 말씀을 묵상할 때, 특히 하나님의 역사 중에서도 가장 위대한 역사입니다. 기사 중에서도 가장 기이한 기사이며, 신비스런 일 중에 가장 신비한 일은 '하나님이 육신의 옷을 입으셨다'는 사실입니다. 하나님의 어린양이 이 세상의 죄를 대신하여 제물이 되신 일을 묵상할 때에, 하나님 사랑의 불꽃을 느낄 수 있습니다. 그래서 우리는 입을 열어 주의 말할 수 없는 자애로움을 고백할 수 있습니다. 그러므로 지고하신 하나님과 진정으로 동행하고자 하는 자여, 시간이 나는 대로 묵상하도록 합시다!

넷째로, 신자들이 하나님과 끊임없이 동행한다고 하는 것은 하나님께서 자신들을 당신의 섭리로 이끄신다는 사실입니다. 우리가 성경의 말씀대로 "너희에게는 머리털까지 다 세신 바 되었나니"라는 말씀이나, "너희 아버지가 허락지 아니하면 그 (참새) 하나라도 땅에 떨어지지 아니하리라."는 말씀도 믿으십시다! 각자의 십자가에는 그 나름대로 하나님의 섭리가 있기에, 각자의 율법에도 직접 받아들인 자들이 행해야 할 몫입니다. 하나님은 경고하십니다. "내 아들아 우상을 멀리하라."

우리가 그분의 말씀에 성실한 때에도 그 분은 세미한 음성으로 말씀하십니다.

"내 아들아, 너의 마음을 내게 달라."

그러므로 신자들이 끊임없이 하나님과 동행하려 한다면, 하나님께서 섭리대로 말씀하는 음성을 때때로 들어야 합니다. 우리는 이러한 전형을 아브라함의 종에게서 볼 수 있습니다. 그는 자기의 주인인 이삭의 아내를 구하러 나섰을 때, 하나님의 섭리가 어떠한 것인지를 잘 간파하여 주인의 아내로 예정된 여인을 찾아내었습니다. 신앙이 돈독했던 홀(Hall) 감독은 하나님의 섭리 중에 조그마한 것 하나라도 깨닫게 된다면 우리의 믿음으로 유지되기에 족하다고 말했습니다. 우리가 천국에서 누릴 기쁨 중에 하나는 세상에서 살아가는 동안 우리에게 드리워졌던 하나님의 섭리인 황금 사슬의 교리들을 기억하여 되돌아볼 것입니다. 또한 이 세상에서 지금 하늘나라의 가장 좋은 것들을 맛보고 즐거워하는 자들은 각자에게 알맞은 방법으로 역사하시는 하나님의 섭리를 깨닫는 것입니다.

다섯째로, 하나님과 가까이 동행하기 위해서 하나님의 자녀들은 자신과 직접적으로 관련이 없는 그분의 섭리의 역사를 자세히 관찰할 뿐만 아니라, 자신들의 심령 속에서 움직이는 성령의 역사에도 주의해야 합니다. 하나님의 자녀들이 많을수록 그만큼 성령의 인도하심을 받은 자들도 그만큼 더 많습니다. 어린 아이가 도움을 받기 위하여 간호원이나 부모에게 손을 내미는 것처럼 성령의 인도하심을 받기 위하여 자기 자신을 포기하여야 합니다. 이러한 의미에서 모두가 변화하여 어린 아이처럼 되어야만 합니다. 성경의 말씀을 도외시하고 성령의 인도하심을 받는 것은 열광주의이며 또한 하나님의 말씀인 성경과 함께 성령의 인도하심을 받는 것은 모든 그리스도인들이 피할 수 없는 의무입니다.

믿음의 형제 자매들이여! 제가 간곡히 부탁하는 것은 각자 영혼에서 역사하는 성령의 역사를 주시하십시오. 그리고 우리는 항상 정확한 법칙인 하나님의 거룩한 말씀을 읽을 때마다, 느끼는 감상과 그 말씀의 권면대로 행하도록 노력합시다. 앞서 말한 말씀과 성령, 이 두 가지가 일치하지 않을 때, 우리는 미혹이 되지 않도록 주의하시기를 바랍시다. 오늘날 많은 그리스도인들이 걷는 위험한 두 극단적인 태도에서 벗어나 중용을 지켜야합니다. 그 신앙의 두 극단적인 태도란 열광주의와 자연신교인데, 명백한 불 신앙의 태도라고 말합니다.

여섯째로, 하나님과 거룩한 동행을 계속하려는 자들은 그 분의 규례와 뜻에 따라 행동해야 합니다. 성경은 사가랴와 엘리사벳에 대해서 기록하고 있습니다. "이 두 사람이...주의 모든 계명과 규례대로 흠이 없이 행하더라."

모든 그리스도인들은 이 규례들을 빈약한 원리들로 볼 것이 아니라, 수많은 배신과도 같은 것으로 보아야 합니다. 한없이 겸손하신 여호와께서는 이 규례들을 통하여, 주의 은총을 각자의 영혼에 쏟아 부으십니다. 이 규례들은 어린 아이의 젖과 같이 최고의 특권으로 생각합시다. 그러므로 '자, 우리 모두 주님의 전으로 올라가자' 라는 말을 들을 때 기뻐할 것입니다. 그들은 하나님의 영광이 거하시는 곳을 순례할 때마다, 기쁨으로 가득할 것이며 또 주 예수 그리스도께서 다시 오실 때까지 그분의 죽음의 의미를 널리 전하려고 애타게 그 기회를 기다릴 것입니다.

일곱째로, 여러분이 하나님과 동행하려면 주님과 동행하고 있는 분들과 연합하여 사귐을 갖도록 노력합시다. 다윗은 고백했습니다. "나의 기쁨은 (덕이) 뛰어난 자들 안에 있나이다."
이러한 자들은 이 세상에서 뛰어난 자들입니다. 초대 교인들은 분명히 서로 사귐을 갖는 데에 온 힘을 다하여 첫 사랑을 지킨 성도입니다. 사도 바울도 이 사실을 잘 알고 있었기에, 모든 성도들에게 서로 사랑을 폐하지 말라고 하였습니다. 사람이 혼자서 어떻게 따뜻해 질 수 있겠습니까? '철이 날카롭게 하듯이 한 사람의 도움이 그의 친구들을 그렇게 만든다.'고 어떤 현자는 말하지 않았습니까? 그러므로 그리스도교 교계나 오늘날 상황을 살펴보면 하나님의 능력이 편만 할수록, 신앙 공동체와 친교 모임들도 많아질 것입니다. 또한 한 사람이 부패하면 동시에 다른 사람들도 알지 못하는 사이에 부패합니다. 그러므로 하나님과 동행하려는 자에게는 서로 선한 일과 사랑을 유발하도록 빈번한 모임이 필요합니다. 이제는 하나님과 동행하는데 몇 가지의 동기를 말하고자 합니다.

첫째로, 하나님과 동행하는 것은 매우 명예로운 일입니다. 이 동기는 그 어떠한 신분을 갖고 있는 사람들에게도 똑같이 매우 중요한 보증이 됩니다. 이 합당한 동기야말로 이 자리에 모여 있는 우리 모두에게도 합당한 동기인 것입니다. 왕의 추밀원에 참석하는 일원이 되어, 그 회무에 참여하는 일은 매우 명예로운 일이라고 생각합니다. 하만도 그렇게 생각하였던 것 같습니다. 에스더 5장 11-12절에는 그의 이러한 자랑이 기록되어 있습니다.

"왕이 자기를 들어 왕의 모든 방백이나 심복들보다 높인 것을 다 말하고 또 가로되 왕후 에스더가 그 베푼 잔치에 왕과 함께 오기를 허락받은 자는 나 밖에 없었고 내일도 왕과 함께 청함을 받았느니라."

후에 왕으로부터 하만에게 질문했습니다. "왕이 존귀케 하기를 기뻐하는 사람에게 어떻게 하여야 하겠느뇨?"(6:6)

그러자 그는 이렇게 왕에게 답변했습니다.

"왕의 입으시는 어의와 왕이 타시는 말과 머리에 쓰는 왕관을 취하고 그 왕복과 말을 왕의 방백 중에 가장 존귀한 자의 손에 붙여서 왕의 존귀케 하시기를 기뻐하는 사람에게 옷을 입히고 말을 태워서 성중 거리로 다니며 그 앞에서 반포하여 이르기를 왕을 존귀케 하기를 기뻐하는 사람에게는 이같이 할 것이라 하게 하소서."(8-9절)

이것이 바로 그 당시 지상에서 가장 위대했던 군주인 아하수에로가 줄 수 있을 것이라고 야망에 가득 찬 하만이 믿었던 최상의 것이었습니다. 그러나 이 모든 것들도 하나님과 동행하는 자들이 누리고 있는 것과 비교해 볼 때 그 얼마나 초라하기 그지없는 것이겠습니까? 그리스도 안에서 형제 된 여러분! 생각해 보십시오. 믿음의 주이신 그리스도의 비밀을 알고 있을 뿐만 아니라 하나님의 친구라고 불리는 우리에게 영광이겠습니까! 주님의 비밀이 그분을 두려워하는 자들에게는 이미 알려진 것입니다. 예수께서는 이렇게 말씀하셨습니다.

"이제부터는 너희를 종이라 하지 아니하리니 종은 주인이 하는 것을 알지 못함이라."

하나님과 동행하는 것이 명예로운 일이라는 사실을 깨닫고 다윗은 다음과 같이 말하였습니다. "악인의 장막에 거함보다 내 하나님 문지기로 있는 것이 좋사오니." 모든 사람들의 마음이 그의 마음과 같으면 얼마나 좋겠습니까!

둘째로, 하나님과 동행하는 것이 명예스러운 만큼이나 즐거운 일입니다. 어느 현자는 말하였습니다. "그 지혜의 길은 즐거운 길이요, 그 첩경은 다 평강이니라."

믿음이 깊었던 헨리(Henry)라는 분은 숨져가면서 그의 친구에게 말했다고 합니다.

"자네는 많은 사람들의 유언을 들었겠지. 이번에는 나의 유언을 들어보게. 하나님과 사귀며 일생을 보내는 삶이 이 세상에서 가장 즐거운 삶이라네!"

이 말은 진실이라고 저는 확신합니다. 사실 제가 예수의 깃발을 높이 치켜들고 살아온 기간은 몇 해 되지 않습니다. 그러나 내 하나님과 사귐을 가졌던 그 짧은 순간 순간이, 죄의 길에 빠졌던 내 삶보다도 훨씬 더 즐거움을 가져다 준 순간들이었습니다. 이러한 사실을 경험하였기에 지금도 경험하고 있기에 이것이 진실이라고 하나님과 동행하고 있으며 또한 그분을 두려워하는 당신에게 지금 전하고 있습니다. 하나님의 명령을 지킴으로서 당신은 값진 보상을 받지 못하였습니까? 그의 말씀은 꿀 송이보다 더 달지 않습니까? 야곱처럼 형제 자매여! 하나님과 씨름할 때에 어떠한 심정이었습니까? 당신은 들에서 명상할 때 주님을 종종 만난 일은 없습니까? 빵을 먹으면서 그분을 만난 일은 없습니까? 성령께서 당신의 심령에 하나님의 사랑을 물 붓듯이 쏟아 넣지 않으십니까? 이제 말로 다할 수 없는 기쁨, 영광이 넘치게 부어주시지 않았습니까? 저는 이 모든 질문에 긍정적으로 대답하리라고 확신합니다. 또한 당신은 그리스도의 멍에가 쉽고 가벼운 것임을 믿고 있다고 확신합니다.

한 마디로 요약하자면, 그분께 드리는 헌신은 완전한 자유를 의미합니다. 하나님과 동행하는 것이 매우 중요하다는 사실을 분명하게 밝히기 위해서 이외의 또 다른 동기가 필요합니까? 혹시 이렇게 생각하시는 분이 있지 않을까 상상해 봅니다.

'어떻게 이러한 일들이 가능이나 하겠습니까? 당신이 말한 대로 하나님과 동행하는 것이 그토록 명예스럽고 즐거운 일이라면, 어째서 이렇게 살아가는 사람들의 이름이 모욕당하고, 그리스도인이라고 불려지는 곳에서 배척을 당합니까? 어째서 그들은 자주 고난을 당하고 시험을 당하며 궁핍하고 고문을 당합니까? 이것이 소위 당신이 말하는 명예요, 즐거움이란 말입니까?'

이러한 생각도 얼마든지 가능합니다. 그러나 이러한 당신의 생각에 얼마든지 답변할 수 있습니다. 잠시만 기다리십시오. 서두를 필요는 없습니다. 언뜻 보이는 것만으로 판단하지 마십시오. 정당한 평가를 내리도록 하십시오. 저는 '이런 식으로 살아가는 사람들'을 잘 압니다. 우리도 이전에 바울도 그렇게 살았습니다. 박해자들은 그리스도의 사람들을 모독하였으며, 사실 그들을 배척하는 사람들은 같은 무리들뿐입니다. 그들은 과연 누구입니까? 바로, 하나님의 대적들입니다. 그들이 모욕하는 것이 은혜롭지 못하다는 것을 생각해 보았습니까? 하나님을 찬양하라. 우리 안에 그리스도가 계시기 때문입니다. 우리의 대장이 되신 그리스도께서는 말씀하십니다.

"너희를 욕하고 핍박하고 거짓으로 너희를 다스려 모든 악한 말을 할 때에는 너희에게 복이 있나니" 그리고 계속해서 "기뻐하고 즐거워하라."고 말씀하셨습니다. 이것이 우리의 특권이며, 하늘의 상이 크기 때문입니다. 그리스도께서 그렇게 고난을 받으셨습니다. 그러므로 피조물 된 우리들에게 영원히 찬양을 받으실 하나님의 아들에 버금가는 대우를 받는 것만큼 더 큰 명예가 어디 있겠습니까? 그리고 '이러한 식으로 사는 사람들'이 자주 고난을 당하고 시험을 당하며, 궁핍하고 고문당하는 것도 현실입니다. 그렇다고 해서 이러한 역경들로 말미암아 하나님과 동행하는 즐거움이 소멸합니까? 아닙니다. 결코 그렇지 않습니다.

하나님과 동행하는 사람들은 그리스도의 힘을 입어 시련 중에도 즐거워하며, 또 여러 시험에 빠진다 할지라도 기뻐하기 때문입니다. 저는 하나님과 진실하게, 그분과 가까이 동행하는 사람들의 경험을 분명하게 말할 수 있습니다. 그들이 고난 당하는 때가 그들에게 있어서 가장 기쁜 시간이든 아니든 간에, 다른 사람들이 그들을 경멸하고 모욕할 때에도 그들은 오직 하나님만을 기뻐했습니다. 우리는 이러한 모습을 그리스도의 첫 제자들에게서 발견됩니다. 그들은 유대 공의회 위원들에게 핍박받아 더 이상 예수의 이름으로 설교하지 말라고 명령받았을 때, 예수를 위하여 수치를 당하여도 값진 것으로 여기고 기뻐하였습니다.

바울과 실라는 복음을 전다가 감옥 속에서도 찬양의 노래를 불렀습니다. 그리스도 교회의 첫 순교자 스데반 집사는 죽는 순간에도 천사의 얼굴과 같이 빛났었습니다. 예수께서는 어제나 오늘이나 영원히 변함이 없는 사랑으로 고난과 시련을 유익한 것으로 바꾸어 주십니다. 그래서 그의 제자들은 고난이 크면 클수록 더 큰 위안을 받습니다. 따라서 이러한 장애물들은 하나님과 동행하려는 우리들에게 짐이 되기보다는 오히려 동기를 제공해 줍니다. 그러나 이러한 장애 요소들이 정당한 것이라고 생각하면, 하나님과 동행하는 사람들은 그만큼 더 불행하고 절망적일 수밖에 없습니다.

이제 세 번째 동기를 말씀드립니다. 이 동기는 이미 말한 그 모든 장애 요소들과는 비교가 되지 않습니다. 하나님과 동행의 종국에는 천국이 있다는 사실입니다. 신앙이 돈독했던 비버리지(Beveridge) 감독의 말을 빌리자면, "길은 좁을지라도 길지 않으며, 또 문이 반듯할지라도 영원한 생명을 향하여 열려 있는 것은 아닙니다."

에녹도 이러한 사실을 깨달은 사람입니다. 그래서 그는 이 세상에서 하나님과 동행하였습니다. 그러나 하나님께서 그를 취하셔서 하늘나라에 자신과 같이 앉게 하셨습니다. 그가 산채로 옮겨졌다고 상상하기란 어렵지 않습니다. 모든 사람들은 평범하며 또 보통 사람처럼 죽을 수밖에 없습니다. 그러나 죽은 후에는 하나님과 동행하였던 자들의 영혼은 그들에게 영혼을 주셨던 하나님께로 되돌아갑니다. 그리고 부활하는 날 아침부터 그들의 영혼과 몸은 영원히 주님과 함께 있을 것입니다. 당신의 육체는 그리스도의 영광스러운 육체처럼 변화할 것이요, 영혼은 하나님을 온전히 기뻐할 것입니다. 또한 당신은 보좌 위에 앉아서 천사들을 다스릴 것이며, 세상이 창조가 되기 전에, 예수 그리스도께서 성부 하나님과 함께 누리던 영광과 같은 영광을 누리게 될 것입니다.

아른트(Arndt) 학자는 머리를 숙여, 성령께 자신을 내어 맡기기 전에 외쳤습니다. "오! 이 얼마나 엄청나고 기이한 영광인가!" 왓츠(Watts) 박사는 우리들로 하여금 "인생 칠십년을 미리 뛰어 넘어" 이제 사후의 세계를 보도록 한다고 말하였습니다. 시편 기자는 자신의 심정을 피력하였습니다.

"내 영혼이 하나님 곧 생존하시는 하나님을 갈망하나니 내가 어느 때에 나아가서 하나님 앞에 뵈올꼬?"

놀라운 하나님의 사랑으로 신령한 삶을 살아가는 사람들이라도, 이러한 사상을 깨닫게 될 때 놀라지 않을 수 없을 것입니다. 스바 여왕을 놀라게 했던 솔로몬의 영광도 이보다 못할 것입니다. 또한 야곱을 아연실색하게 만들었던 요셉의 장엄한 바로 왕 행차 대열도 이에 비하면 아무 것도 아닙니다. 이러한 것들은 당시 잠시 후이면 사라지는 것들이었을 뿐입니다. 이 말할 수 없는 영광을 멀리서 보았던 다니엘은 죽은 자와 같이 천사의 발아래 엎드리지 않을 수 없었습니다. 이 영광은 멀리서 바라보았음에도 불구하고 그렇게 엄청났다면, 우리가 그 천국의 영광을 누리게 될 때, 누릴 영광의 기이함을 어떻게 설명할 수 있겠습니까? 그 부활의 첫 열매가 그렇게 영광스럽다면, 추수 때 그의 영광은 얼마나 더 하겠습니까? 아직도 그리스도는 이방인인 당신에게 하나님과 동행한다는 사실을 더 어떻게 분명하게 설명하겠습니까?

당신이 명예와 즐거움과 영광의 면류관을 진정으로 사랑한다면, 찾을 수 있을 때에 구하시오. 오라, 주 예수께 몸을 드리시오. 오라, 서둘러 하나님과 동행하시오. 더 이상 육신의 욕망을 따라 행하지 마시오. 오! 죄인들이여! 멈춥시다! 멈춥시다! 아직도 마음을 돌이키지 않은 자들이여! 회개하라, 진심으로 회개하라! 당신이 보는 그 길이 아무리 올바르게 보인다 할지라도, 그 길은 사망의 길이요, 몸과 영혼을 영원한 파멸로 이끄는 길임을 명심하라. 제가 진심으로 권면하노니 더 이상 한치 앞으로도 발을 내딛지 마시오. 한 발자국을 잘못 밟으면서 곧 영원한 음부로 향해 있음을 어찌하여 알지 못합니까? 사망이 그대들을 움켜쥘 것이며, 심판이 그대들을 집어삼키려고 찾고 있으니 그대들과 끝없는 영광 사이에는 뛰어 넘을 수 없는 엄청난 구덩이가 가로놓이게 됨을 명심하시오!

하나님과 동행하고자 하는 자여, 이 사실을 기억하십시오! 이 사실을 잊어버리지 마시오! 우리 주님의 능력으로 이제는 이렇게 선언하십시오. 육신의 욕망이여, 영원히 안녕! 이제는 더 이상 너와 동행치 않으리라. 안목의 정욕이여, 이생의 자랑이여, 이제는 영원히 안녕! 육에 속한 지식이여, 십자가의 원수들이여, 영원히 안녕! 더 이상 너희와 동행치 않을 것이며 더 이상 만나지 않으리라! 저는 예수님을 환영합니다. 주의 말씀과 규례와 성령과 주의 백성을 환영합니다. 이제부터는 당신과 동행하겠나이다. 당신의 심령에 이러한 생각이 가득 차기를 바랍니다! 하나님은 우리 마음속에 자신의 명령을 두실 것이며, 하늘의 인장으로, 성령의 인장으로 인치십니다.

그렇습니다! 비록 우리가 이 세상에서 태어난 이래로 계속해서 사악한 생각과 욕망을 따라서 행하여도, 이것도 마찬가지입니다. 지존무상하며 영원하고 거룩하신 여호와께서는 분명히 말씀하셨습니다.

"내가 높고 거룩한 곳에 거하며 또한 통회하고 마음이 겸손한 자와 함께 거하나니"

우리가 예수 그리스도를 통하여 아버지께 나아갈 때, 죄의 고귀한 회개를 통해서 우리 모든 죄에서 깨끗이 하실 것입니다. 저는 성도라고 자칭하면서 아직도 변화하지 않은 죄인에게 성경의 말씀으로 강권하고 있습니다. 하나님과 동행하는 삶은 명예스러울 뿐만 아니라, 즐겁고 유익한 일 임을 더 이상 설명할 필요는 없습니다. 이미 당신이 경험을 통해 이 사실을 깨달아 알고 있으며 앞으로도 일상의 삶 속에서 이 사실을 더욱더 분명하게 드러납니다.

오직 순결한 마음으로 이 사실을 기억하시오. 그리스도 예수를 통하여 하나님의 자비를 간구하시오. 항상 깨어 이전 보다 더욱더 가까이 그분과 동행하시오. 그분과 가까이 동행하면 할수록, 우리는 삶 속에서 주의 즐거움에 참여합니다. 그가 오른 손으로 우리를 인도할 것이고, 또한 영원한 즐거움을 얻습니다. 예수님을 멀리서 따라가지 마시오! 형식이고 죽은 자처럼 주의 규례에 대하여 피하지 마십시다! 서로 모이기를 부끄럽게 생각하지 말고, 또 하나님의 일에 인색하지 마십시다! 주 예수께서 라오디게아 교회에게 하신 말씀을 기억합시다.

"네가 이같이 미지근하여 덥지도 아니하고 차지도 아니하니 내 입에서 너를 토하여 내치리라."

예수님의 사랑을 생각하십시오! 그 사랑으로 그분께 가까이 가십시다! 그를 위하여 죽는 한이 있어도, 그 분을 부인하지 마십시다! 어떠한 일이 있어도 그 분에게서 멀리 떠나지 마십시오. 이 자리에 참석한 네 형제 자매들이여, 오직 한 말씀만 여러분에게 증언하였습니다. 내 형제 자매들이여, 여러 분도 아는 것처럼 제 믿음은 지금 마음껏 부풀어 있습니다. 저는 너무나 부풀어 있어서 말할 수도 없지만, 그렇다고 해서 침묵할 수도 없습니다. 성경은 그리스도의 사도 된 자들에게나 종들에게 특별한 방법으로 말씀하지는 않습니다.

저는 설교를 시작할 때에 아마도 에녹은 공중 앞에서 활동한 인물이며, 또 불타는 설교자이었을 것이라고 증거한 것이 생각납니다. 비록 그가 이 세상에 없다 할지라도, 우리가 열심을 내어 영원히 찬양을 받으실 주인이 되신 주의 일에 더욱더 정진할 것을 말씀하고 있지 않습니까? 에녹이라면 어떻게 설교했겠습니까? 에녹이 비록 사악하고 타락한 세대와 함께 살았음에도 불구하고, 어떻게 그는 하나님과 동행하였습니까? 그가 예수 그리스도를 따랐던 것처럼, 우리도 그 분을 따릅시다. 머지 않아, 우리도 그가 있는 곳에 함께 있을 것입니다. 그는 지금 천국의 안식을 누리고 있습니다. 우리도 그처럼 안식을 누릴 것입니다. 우리는 에녹 보다도 더 빨리 안식을 누릴 것입니다. 그는 이 세상에서 삼백년이나 살았습니다. 그렇지만 하나님을 찬양합시다. 우리 연수는 그보다 훨씬 짧아졌습니다. 우리 인생 여정도 끝날 것입니다. 지금 우리 앞에 재판관이 문 밖에 와 계십니다! 오실 그 분은 머무르지 않고, 계속해서 찾아오고 계십니다. 누구나 자신이 행한 대로 보상을 받을 것입니다. 우리가 만군의 여호와께 대하여 열심을 가질진대, 우리도 얼마 지나지 않아서 영원토록 하늘 아버지의 나라에서 별처럼 빛날 것입니다. 복되신 예수와 영원하신 성령께 모든 영예와 영광이 지금부터 영원토록 함께 하시기를 바랍니다! 아멘, 아멘."(J. C. Ryle., Select Sermons of George Whitefield, "Walking with God(Gen. 5:24)" Edinburgh: The Banner of Truth Trust, 1997, 162-182).

제 3 장
선한 목자

"내 양은 내 음성을 들으며 나는 저희를 알며 저희는 나를 따르느니라 내가 저희에게 영생을 주노니 영원히 멸망치 아니할 터이요 또 저희를 내 손에서 빼앗을 자가 없느니라."(요 10:27-28).

사랑하는 청중들이여, 제가 믿기로는 일반적으로 말해서 악습(惡習)이 좋은 법을 생기게 한다는 말을 대개 맞는 말이라고 생각합니다. 이 말이 이 세상에서 적용되는지에 대하여 접어 두더라도 저 세상에서도 적용하고자 합니다. 제가 의미하는 악습, 폭행, 폭언이 하나님의 주권적인 은혜로 지배됨으로써, 하나님이며 동시에 참 사람이신 그리스도 예수의 입을 통해서 귀한 설교가 나왔습니다. 세상 사람은 그가 하나님의 권능을 입고 오신 분으로서, 자신에 대하여 설명하지 아니하셨더라도 그의 진리의 지혜 앞에 맞설 수 없었다고 생각합니다. 또한 어떤 사람은 그를 통하여 나타난 성령의 역사에 압도되어 '모세처럼 세우심을 받은 선지자'라고 인정하지 않을 수 없다고 생각할 수도 있습니다. 더욱이 당신은 우리 주께서 가르치신 설교 가운데 흠을 잡을 데가 없다는 것을 알 것입니다. 오히려, 대적

자들의 시기심 때문에 무례하게 그의 가르침을 곧잘 훼방했습니다.

그러므로, 그들은 자주 하나님께서 죄가 없으신 그의 피를 흘리도록 허락되기 전부터 이미 품어왔던 그들의 적개심이 드러났습니다. 성경 본문을 읽어보더라도 그는 자기 자신을 자기 양떼를 위하여 자기 목숨을 버리는 선한 목자라고 하셨습니다. 그런데도 그가 받은 대접은 기껏해야 귀신 들린 자나 미혹하는 자로 경멸을 당했습니다. 따라서 이 말씀 때문에 유대인들끼리 의견이 나누었으며, 많은 자들이 '저가 귀신이 들려 미쳤거늘 어찌하여 그 말을 듣느냐?'고 경멸했습니다. 그 집 주인이 이처럼 푸대접을 받았다면 그 종들은 어떻게 고난을 당하겠습니까? 조금 더 정상적인 정신을 가진 다른 자들은 '이 말은 귀신 들린 자의 말이 아니라'고도 하였습니다. 주께서 귀신의 가르침을 전하거나 이런 마귀의 행위를 한 적도 없었습니다.

오히려 그는 "귀신이 소경의 눈을 뜨게 할 수 있느냐?"고 도리어 선행하는 자에게 비판하는 자에게 반문했습니다. 그렇지만 예수를 비판하는 대중 가운데 그를 지지하는 무리들도 있었습니다. 언제나 주께서 실망치 않았습니다. 그는 자기 일을 꾸준히 하셨습니다. 그러므로 우리도 주처럼, 세상의 평판에 좌우되지 맙시다. 우리는 당당하게 아무리 마귀가 주의 사역을 훼방하더라도, 하나님의 일을 막을 수 없습니다. 주께서는 수전절 때 예루살렘에 계셨고, 그 때는 겨울이었습니다. 수전절의 잔치는 한 주간 계속되었습니다. 이 날은 안티오쿠스(Antiochus)에 의해 파괴된 성전과 제단을 복원하여 봉헌할 날을 기념하는 명절이었습니다. 그런데 이 잔치는 확실히 사람의 제도에 불과했으며, 하나님의 형상이나 하나님의 글과 관련이 없었습니다. 그런데도 주 예수께서 이 잔치를 반대한 설교를 저는 발견하지 못했습니다. 그렇다고 그가 이 잔치를 함께 즐겼다는 사실도 발견할 수 없습니다. 그의 마음은 더욱 중대한 일 때문에 그런 사소한 일에 매일만큼 편협하지 않았습니다. 우리도 그처럼 성령 충만을 하면 의식이나 전례로 논란을 벌이지 않을 것입니다. 그들은 오직 복음의 본질을 말할 것이며, 따라서 의식과 전례에 대하여 더욱 무관심하게 될 것입니다. 주께서는 그 명절을 먹으러 성전에 올라가시지 않겠다고 말하지 않았습니다. 이와 반대로 그는 절기를 준수하기보다는 복음 전파의 기회를 얻기 위하여 가셨습니다. 그리고 그것이 이 같은 믿음의 방식이 취할 것이며, 논쟁을 일삼는 무리를 본받지 맙시다. 그런 자세가 이제 사십년 간 성장해 온 우리 교회 성도들의 영광입니다. 저는 동역 하는 목회자들 가운데 신앙의 본질과 거리가 먼 문서들을 펴낸 사람이 하나도 없었음을 하나님께 감사를 드립니다.

주께서는 항상 모든 기회의 최고를 만드셨습니다. 그는 "성전 안 솔로몬 행각에서 다니시니"라고 하였습니다. 우리 가운데 서기관과 바리새인들을 일등 석에 모셔 놓고 가르침을 받으려고 생각하는 사람이 있을지 모르겠습니다. 그들은 그렇지 않았습니다. 그들은 주께서 솔로몬 행각을 거니시는 것 조차도 경계했습니다. 누구도 그와 사귀려고 하지 않았습니다. 그는 성전을 둘러보시면서, 그 성전이 파괴되는 날을 예견하였습니다. 그는 이스라엘 땅에 임할 무서운 재난을 내다보시고, 깊은 시름에 빠져서 거닐었습니다. 그러나 사람들은 그 재앙이 임할 날을 아무도 몰랐습니다. 그리고 그가 민중 앞에 자신을 두려움 없이 드러내심은 자기 자신을 세상 사람들에게 알림이셨습니다. 그는 마치 누군가 나와 이야기할 사람이 없느냐고 하면서 거니신 것 같았습니다. 그는 자신의 문제를 고민하는 자에게 응답할 준비가 되었고, 유대인들이 그를 푸대접했어도 구원의 도리에 대하여 가르쳐 주실 준비가 되었습니다.

성경 본문 24절을 보면, "유대인들이 에워싸고 가로되 당신이 언제까지나 우리 마음을 의혹케 하려하나이까?"고 물었습니다. 그들은 주가 솔로몬 행각에서 거니시는 모습을 보자, 그를 에워싸고 공격하는 것을 더 좋아했습니다. 그래서 그들은 시편의 기자 말처럼 "벌떼와 같이 나를 에워싸고 그를 쏘아보았습니다."

더욱 그들은 그를 에워싸고 도대체 어떤 사람인지 보고 그를 시험해보자고 했습니다. 그들은 그에게 다가와서 말했습니다. "당신이 언제까지나 우리 마음을 의혹케 하려하나이까?"라는 이 질문은 그럴듯한 말입니다. '선생, 도대체 언제까지나 우리를 언제까지 불안하게 할 작정이십니까?' 이 질문을 해석할 사람도 있을 것입니다. 곧, '선생, 언제까지나 우리들을 당혹하게 할 작정이십니까?' 그들은 주를 압살롬처럼 정치적인 야망가로 내세워, 백성을 자기편에 끌어들인 다음 자기 자신을 메시야로 추켜서 몰아가고자 했습니다. 세속적인 자들은 착한 사람의 행실을 거꾸로 해석하는 법입니다.

그러나 그들의 의도는 그리스도를 의심한다는 사실에서 알아야 합니다. 의심하거나 확신이 없는 자들의 불신을 의심하는 것은 하나님의 실수라고 생각합니다. 그러나 하나님은 인간의 의심을 인간의 책임에 두십니다. "당신이 언제까지나 우리 마음을 미혹케 하려하나이까?" 저 같으면, '선생님, 조금 더 명백하게 말씀해 주시고, 비유는 이제 더 말씀하시지 마십시오.'라고 말했을 것입니다. '선생님, 제발 자신이 누구인지를 알게 하시고 또 분명하게 말씀해 주십시오. 주께서 그리스도이시거든 밝히 말하시오.' 저는 전혀 의심치 않았습니다. 그러나 그들은 아주 근엄한 표정을 짓고 침착했습니다.

'그리스도이시거든 밝히 말하시오.'는 그를 붙잡으려는 의도를 가지고 한 말입니다. 주가 그리스도가 아니라 한다면 그가 자신이 미안하다고 말할 것이오, 그가 스스로 그리스도라고 분명히 밝힌다면 '메시야' 라고 말할 것입니다. 우리는 메시야에 대하여 아는 바가 없지만, 그러나 시저를 그 보좌에서 밀어낸 자가 부르터스라는 사실을 잘 압니다. 마귀는 언제나 세상에서 가장 신실한 하나님의 백성들이 세상 통치자들의 다스림을 받고 사는 정부를 거역한다고 모략합니다. '그리스도이시거든 밝히 말하시오.' 우리 주께서 그들에게 답변을 오래 참으시지 않습니다. 그의 정직은 곧 드러납니다.

"내가 너희에게 말하였으되 믿지 아니 하는도다. 내가 내 아버지의 이름으로 행하는 일들이 나를 증거하는 것이어늘 (너희가 내 양이 아니므로 믿지 아니하는도다)"

우리 주께서 '내가 메시야다.'고 말씀하셨다면, 그들은 그를 잡아갔을 것입니다. 그는 그것을 아셨으므로 '비둘기 같은 순결함으로' 그리고 '뱀 같은 지혜로움'을 발휘하셨습니다. 그는 말씀하셨습니다. '나는 나의 행하는 일과 가르침으로 너희에게 호소한다. 너희가 내가 메시야 인 줄 깨닫는다면 더 논증할 것이 없다.' 그리고서 그는 덧붙이십니다. 그는 탄식하였습니다. '너희가 내 양이 아니므로 믿지 아니하는도다.' 그들의 불신은 그리스도의 마음을 가장 아프게 하였습니다. 그리고 그는 성경 본문에서 계속하여 말씀하십니다.

"내 양은 내 음성을 들으며 나는 저희를 알며 저희는 나를 따르느니라. 내가 저희에게 영생을 주노니 영원히 멸망치 아니할 터이요 또 저희를 내 손에서 빼앗을 자가 없느니라."

내 양은 내 음성을 듣지만, 너희는 나를 곤경에 빠뜨리고 이런 식으로 나를 박대하였다고 생각하였습니다. 그러기에 너희 생각이

틀렸고, 너희가 나를 믿지 않는 것은 내 양떼가 아니기 때문입니다. 뉴잉글랜드에서 그처럼 하나님의 이름을 드려냈던 위대한 스토다드(Stoddard) 씨는 이 말씀으로 본문 설교를 했습니다. "너희가 내 양이 아니므로 믿지 아니하는도다."

많은 회중들에게 확신을 주기에 어려워서, 설교하기가 매우 까다로운 말씀이었습니다. 그러나 하나님께서 축복하시어 그의 설교를 듣고서, 이 삼백 명의 심령이 깨어났습니다. 하나님은 그의 신실한 모든 목자들의 일들을 이처럼 성공을 거두는 법입니다. '내 양은 내 음성을 들으며 저희는 나를 따르느니라.'

성경에서 두 종류의 인간을 언급한다는 사실에 주목해야 합니다. 성경은 침례교 교도나 독립 교회 교도를 말하거나 감리교 교도와 장로교 교도를 말하지도 않습니다. 오히려 예수께서는 온 세상을 오직 두 부류인 양과 염소로 가르십니다. 주는 이 아침 우리가 어느 부류에 속하는지 알고 계십니다. 그런데 항상 신자들에게는 선하고 유익한 것을 더하시고, 불신자들에게는 악하고 허무한 것에 지배를 받는 사실에 주의할 필요가 있습니다.

여러 분, 그리스도의 백성을 왜 양이냐고 묻는다면, 저는 하나님께 간단히 답변을 하겠습니다. 그리고 그 답변이 여러 분에게도 만족한 해답이 되기를 바랍니다. 여러분도 잘 알 듯이, 양은 대개, 무리를 지어 다니기를 좋아합니다. 우리는 양 떼(a flock of sheep)라고 하지, 양 무리(a herd of sheep)고 하지는 않습니다. 양은 연약한 짐승입니다. 그리고 그리스도의 백성은 양이라고 부를 수 있습니다. 그들은 세상 사람들이 볼 때, 연약한 소수이며 또한 자기 자신들이 보기에도 연약하기 때문입니다.

어떤 사람들은 이 세상의 위대한 왕이나 군주가 우리를 지지한다면, 순수한 성도라면, 이 세상 모든 지도자가 우리의 편이라고 생각할 수 있습니다. 그런데 세상의 지도자들이 모두 우리의 지원자라고 가정합시다. 정말 슬픈 일이 있습니다! 여러 분은 교회가 더욱 개선되리라고 생각하십니까? 국내외에서 감리교 교도가 많아지면 그들이 소설책 대신 성경과 찬송가를 들고 다니겠습니까? 그러나 신앙은 결코 대낮 길거리에서 드러내놓고 자랑할 정도로 발전하지는 않습니다.

"육체를 따라 지혜 있는 자가 많지 아니하며 능한 자가 많지 아니하며 문벌 좋은 자가 많지 아니하도다. 그러나 하나님께서 세상의 미련한 것들을 택하사 지혜 있는 자들을 부끄럽게 하려 하시고 세상의 약한 것들을 택하사 강한 것들을 부끄럽게 하려 하시며."

왓츠(Watts) 박사는 이 세상 여기 저기서 왕을 보고, 또한 천국 여기 저기서 위대한 인물을 보지만 그 숫자는 지극히 적다고 말합니다. 양은 하나님이 지으신 생물 중에서 가장 온순하고 해가 없는 짐승으로 생각됩니다. 아, 하나님께서 그의 한없는 자비를 베푸사, 우리로 하여금 우리들 자신이 그의 성령의 감동으로 말미암아 그의 양이 되었음을 알게 하소서! 복되신 우리 주께서 '내게 배우라'고 하십니다. 무엇을 행하려고 하십니까? 무슨 기적을 베풀려고 하십니까? 아닙니다!

"나는 마음이 온유하고 겸손하니 나의 멍에를 메고 나를 배우라."

아주 선한 어떤 사람이, 지금도 살아 있는데, 이런 말을 한 적이 있었습니다. 곧, 어떤 특별한 일이 생겨서 화가 날 경우, 내가 무엇보다 바라는 것은 묵묵히 나쁜 대접을 받아들이고 또 잊어버리며 용서하는 겸손함입니다. 그리고 동시에 내가 손해를 받았음을 알 때라도, 악에 넘어가지 말고 악을 선으로 극복하도록 오직 은혜를 입는 것입니다. 모세는 이 세상에서 가장 온유한 자였다고 하였습니다. 지도자에게는 온유함이 필요합니다. 지도자가 열정적이고 격정적이면 위험합니다. 통치자는 모두가 양순한 기질을 가져야 합니다.

그러나 성급하고 남을 용서할 줄 모르는 자는 제우스의 사륜차를 잘못 몰아 번개 불에 맞아 죽은 태양신(Helios)의 아들 파에돈(Phaethon)는 통치자로서 적합지 못합니다. 그런 인물은 세상에 불을 지를 뿐입니다. 여러분은 모두 양이 모든 불 가운데 길을 잃기 쉬운 짐승임을 잘 압니다. 이런 면에서 그리스도의 백성을 양에다가 비교해도 좋을 것입니다. 그러므로 우리는 아침 예배를 이끄는 기도를 통해 고백합니다. '우리는 잃은 양처럼 잘못하여 주의 길을 잃고 헤매었나이다.'

그러면 말이나 개를 봅시다. 그들은 집을 찾아 올 것입니다. 그러나 양은 길을 잃으면 헤매어 다닙니다. 양은 울면서 여기 저기로 유리합니다. '내 집으로 돌아갈 길을 가르쳐 줄 사람이 없어요.' 라고 애달게 울부짖는 것 같습니다. 이처럼 주의 양은 양떼를 떠나 헤매기 쉽습니다. 자기가 위대한 목자의 인도를 떠나, 이곳 저곳으로 헤매다가 털이 다 벗겨져서 집으로 돌아오곤 합니다. 그러나 동시에 양은 이 세상에서 가장 유용한 짐승입니다. 그들은 땅을 기름지게 하여 씨앗이 잘 자라게 합니다. 우리에게 털옷을 입혀주는 등 양은 하나도 버릴 것이 없는 유익한 생물입니다. 아, 내 형제들이여, 하나님은 이런 면에서 저와 여러 분이 양의 특성을 본받을 수 있는 은혜를 주십니다.

이 세상 사람들은 우리가 믿음을 가르치기 때문에 착한 행실을 부인한다고 말합니다. 이것이 전가된 의인(義認) 교의에 대한 보편적인 반박입니다. 그러나 그것은 터무니없는 중상 모략입니다. 전가된 의인 교의는 최초의 개혁자들이 시대에 있어서 하나의 부인할 수 없는 공론이었습니다. 비록 아르미니안주의가 착한 행실을 내세웠으나, 여러 분은 칼빈주의자에게서 그 가르침을 따라 배워야 할 것입니다. 그리스도의 양은 유용한 사람이 되고 할 수 있는 대로 이웃들에게 따뜻한 사랑으로 옷을 입히는 법을 익혀야 할 것입니다. 우리의 손으로 일하여 없는 자들에게 줄 수 있어야 할 것입니다. 믿는 자들은 그리스도의 후사로 그의 소유를 물려받는 사실을 생각해야 할 것입니다. 그는 '내 양'이라고 말씀하십니다. 정말 사랑스러운 내 양이라고 하시는 위대한 말씀을 하신 하나님이시여 복이 되심이여! 우리는 그가 영원히 택하신 양입니다. 그리스도는 '아버지께서 제게 주신 양'이라고 말씀하십니다. 우리는 영원 전부터 아버지와 아들 사이에 맺으신 언약을 통해 하나님 아버지께서 그리스도 예수께 주신 양입니다. 이 사실을 알지 못하는 자들은 깊이 생각하시기를 바랍니다. 그러나 나는 이 사실을 부인하는 많은 사람들의 마음이 더 태평하다고 생각합니다. 주께서 우리에게 능력을 주시어 서로 정직한 마음을 가지고 참고 견디기를 바랍니다. 그는 '내 양'이라고 부르셨습니다. 그가 값을 내시고 죄인들인 양을 사신 것입니다.

죄인들이여! 여러분은 이 아침 불쌍하고 가련한 이 동물이 드리는 나의 '고별 인사'를 들으려고 왔습니다. 그러나 나를, 설교하고 있는 이 생물을 여러분이 잊어 주시기를 바랍니다. 나는 성도들을 장막 교회보다 더 안전한 곳에 인도하고 싶습니다. 어디로 이끌기를 원하십니까? 골고다이십니까? 거기서 그리스도가 자신의 피를 주고 그가 자기의 것이라고 말씀하신 자들을 사셨던 내력을 보기를 바랍니다. 그는 자기의 피로 그들을 구속하셨습니다. 그러므로 그들은 그의 영원한 택하심에 의해서만 아니라 이 세상에서 실제로 구속하신 은혜에 의해서도 그의 것, 그의 양이 된 것입니다. 그리고 그들은 하나님 아버지께서 그에게 주신 것이며 그 조건은 그 자신의 피로 그들을 구속하는 것이었습니다. 그것은 힘겨운 거래였습니다. 그러나 그리스도는 그 계약을 자원하셨습니다.

여러 분과 내가 영원한 정죄를 당하지 않게 하시기 위함이었습니다. 그들은 그의 양입니다. 그들은 하나님의 권능이 임하는 날에 그들 자신들을 자원하여 그에게 드릴 수 있게 되었기 때문입니다. 그리스도는 이 양떼에 대하여 특히 '내 음성을 들으며 나를 따르는 양'이라고 하십니다. 여러 분도 그처럼 선한 마음 자세를 가지게 되기를 바랍니다. 여기 한 사람의 목자가 암시되어 있습니다. 성경 어디든지 그 목자가 자기 양떼를 지키며 따라가고 있는 것으로 묘사되어 있습니다.(참조 삼하 7:8; 시 78:71).

그것이 영국에서 우리가 양을 칠 때 행하는 방식입니다. 그러나 동양에서는 목자들이 대개 양떼의 앞에 갑니다. 그들은 구부러진 지팡이를 들고 양떼가 알아듣는 특별한 소리를 지르며 앞서갑니다. 주께서 지금 '내 양은 내 음성을 들으며'라고 말씀하십니다. 하나님은 명하십니다. "이는 내 사랑하는 아들이니 너희는 저의 말을 들으라!"

그리고 그는 다시 "죽은 자도 하나님의 아들의 음성을 듣고 살리라."고 하십니다. 그런데 그리스도의 음성을 듣는 저는 어떻게 이 말씀을 이해해야 합니까?

첫째, 우리는 모세의 음성인, 율법의 음성을 듣습니다. 그것은 시온 산에 오르는 길이 아니라 시내 산을 향한 길입니다. 그것은 바르고 곧은 길입니다. 나는 언제 자기가 회심을 했는지 모른다고 말하는 사람들이 있음을 압니다. 그런 사람들이 아주 드물 것이라고 생각합니다. 대개 하나님은 사람과 다른 방식으로 대하신다고 나는 늘 말할 것입니다. 실제로 어떤 사람은 남보다 먼저 하나님의 부르심을 받습니다. 그러나 이들이 하나님의 영광을 알게 되기 전 그들은 율법의 음성을 듣게 마련입니다. 그러므로 여러 분도 하나님의 구원의 부르심을 받기 전 율법의 음성을 들어야 합니다. 폭풍우가 몰아치면 외투를 벗을 사람은 없습니다. 오히려 더욱 단단히 허리띠를 맬 것입니다. 마찬가지로 율법은 사람으로 하여금 자기의 썩은 것을 더욱 불안하게 합니다(롬 7:7-9).

그러나 하나님 아들의 복음이 심령에 비취이면 꼭 끼어 입었던 썩을 것들을 벗어 던질 것입니다. 그들은 '아들 딸들아, 기뻐하여라, 너희의 많은 죄가 모두 용서함을 받았다.'라는 그의 음성을 듣습니다. 저들은 그의 음성을 듣습니다. 이 말씀은 그의 정신적인 자세를 나타냅니다. 악인은 마귀의 음성, 육신의 정욕, 안목의 정욕, 이생의 자랑을 듣습니다. 그리고 그리스도의 양떼도 회심하기 전에는 마귀의 음성을 들었습니다. 그러나 나중에 하나님의 부르심을 듣고 회개하고 또 이제 그들을 구속하신 그리스도의 피가 그들에게 평안케 하리라는 음성을 들을 것입니다. 그의 말과 성령의 음성을 듣고 있습니다. 그의 음성을 들으면 그를 따르게 됩니다. 그것이 그의 음성을 듣는 증거입니다.

예수께서 자기 제자들에게 이렇게 말씀하셨습니다. "아무든지 나를 따라오려거든 자기를 부인하고 자기 십자가를 지고 나를 쫓을 것이니라."

그리고 영광의 빛 속에 있는 성도들에 대하여 "어린 양이 어디로 인도하든지 따라가는 자"라고 하였습니다. 목자가 지팡이로 가리키는 방향을 따라 그의 양은 그 음성을 듣고 따라가는 것입니다. 그들은 가끔 서로 밟아 상처를 낼 정도로 서둘러서 천국의 길을 갑니다. 그리스도를 따른다는 것은 그의 삶의 본을 따라 산다는 뜻입니다. 그가 하는 한 마디와 행위를 따른다는 뜻입니다. 그를 따라서 이 고장에서 다른 고장으로 말씀을 전한다는 뜻입니다. 베드로는 예수님께 간청했습니다. "나를 명하사 물 위로 오라 하소서!"

그러므로 우리도 만일 그리스도를 위하여 물 위로 걸으라는 명령을 받는다면, 하나님이 그 한없으신 자비하심으로 우리를 도울 것입니다. 우리는 먼저 위대하신 목자께서 우리를 위하여 그의 지팡이로 이끄는 방향을 따라야 합니다. 그리스도의 참된 종의 자세는 생각과 말과 행동으로 그리스도를 힘껏 따르는 것입니다. 내 형제여, 우리가 이 세상에서 작별하기 전, 우리가 산다면, 이것이 내가 여러 분에게 말할 몇 달 안 남은 마지막일 것입니다. 여러 분 중에는 대개 오늘 아침처럼 일찍 일어나지 않은 사람들이 있을 것입니다. 나는 지금 여러 분이 잠자리에서 일어나기 전 이 세상의 덧없는 생각들이 여러 분의 마음을 빼앗기지 않기를 바랍니다.

여기에 나온 여러 분은 자기 자신이 그리스도께 속했는지를 잘 검토해 보십시오. 여러 분의 손을 가슴에 얹고 대답해 보십시다! 여러 분은 그리스도의 음성을 듣고 또한 그를 따르기 위하여 지체하지 않고 자기 자신의 일을 버린 적이 있었습니까? 나는 지금 내가 많은 보배로운 심령을 가진 사람들에게 설교를 하고 있다는 사실을 내 영혼 깊숙이 진정으로 믿고 있습니다. 그리고 이것이 나의 위안이요, 또 나는 지금 여러 분과 작별하는 중입니다. 그러한 여러 분에게 하고 싶은 말이 있다면, 그것은 비록 우리가 자주 주를 떠나 방황하였고 또 그에게 아무 열매도 맺어드리지 못한 부끄러운 존재들일지라도, 한 마리 양으로서 그리스도 예수를 따를 수 있음을 하나님께 감사를 드리자는 말입니다.

진정한 감사가 성도의 심정에서 우러러 나온다면, 저는 여러분도 함께 기뻐하기를 바랍니다. 사랑하는 이들이여, 주께 오시오! 주께로 오는 자를 진심으로 환영합니다. 아, 복이 되도다! 하나님은 그 풍성한 은혜와 지고하신 사랑으로 성도와 저를 구별하셨습니다. 또한 그가 기꺼이 성도로 하여금 그의 음성을 듣게 하셨다면, 이 불쌍하고 죄가 많은 저를 통하여 그의 음성을 들으셨다면, 오직 복되신 순례자 되시는 주 예수 그리스도께 이 모든 영광을 돌립니다.

성도여! 그리스도 예수께 속했다면, 그가 우리들에게 말씀하십니다. 그가 "난, 저희를 안다."고 말씀하십니다. 그렇습니다! 그는 우리의 이름을 아시며, 또 모든 형편을 잘 아십니다. 그러므로 만일 그가 위하여 죽으신 자들 가운데 하나라도 잃은 자가 생긴다면, 하나님 아버지께서 잃은 그를 찾기 위하여 아들을 다시 내려보내실 것입니다.

그는 놀라운 고백과 약속을 하셨습니다. "아버지께서 내게 주신 자 중에서 하나도 잃지 아니하였삽나이다."

그리스도는 자기의 양을 아십니다. 그는 말하는 성도의 한계도 아시며 또한 특성도 아십니다. 그는 마치 세상에 한 마리의 양처럼 한 사람을 끔찍이 사랑하시고 돌보십니다. 그는 위선자에게는 이렇게 말씀하십니다. "진실로 나는 너를 모른다."

그러나 그는 자기의 성도들을 아십니다. 저희의 모든 슬픔과 시련과 시험을 잘 아십니다. 그는 저희의 모든 눈물을 씻겨 주시고 또 그들의 가정의 어려움과 내적인 죄와 방황들을 다 아시고 또 그들을 돌보십니다.

나는 서민들이 즐겨 쓰는 말로써 설교하는 매리얏(Marryat)

박사가 여성 회관에서 행한 설교를 기억합니다. 저는 항상 그 같은 설교자로 넘치기를 바랍니다. 그는 설교할 때에 했던 말이 기억납니다.

"하나님께서는 자기 양떼를 돌아보기 위해서 아주 위대한 한 마리의 개가 있습니다."

성도인 양떼가 흩어지면, 목자가 개를 보내서 되돌아 오게 합니다. 이와 같이, 그리스도의 양떼가 헤맬 때, 그는 마귀를 그들에게 보내어, 그들에게 짖어대게 하십니다. 목자는 마귀를 멀리 쫓아 내는 대신에, 그리스도 우리 안으로 이끕니다. 성도여! 주목할 귀한 말씀이 있습니다. "나는 저희를 알며," 라는 말씀입니다. 어느 경우, 어떤 시련을 당하더라도 그 말씀이 위로가 될 것입니다. 우리는 때때로 그리스도께서 우리의 기도를 듣지 않으신다는 생각이 들 때가 있습니다. 그가 우리를 모르신다는 생각이 들 때가 있습니다. 그는 우리에게 은혜 베푸시기를 잊은 것처럼 의심할 때가 있습니다.

그러나 그가 우리를 아신다는 말씀은 얼마나 은혜로운 말씀이십니까? 우리는 서로 흠을 뜯고, 서로 마귀로 변하여 형제들을 상처를 줍니다. 하나님의 백성은 둘로 갈라서서 서로를 심판할 때, 저의 신실함을 아시고 모든 일을 아시는 주께서 누구의 편을 드시겠습니까? 그러나 내 형제들이여, 더 좋고 또 선한 소식이 있습니다. 그것은 무엇인가 하면, "내가 저희에게 영생을 주노니 영원히 멸망치 아니할 터이요 또 저희를 내 손에서 빼앗을 자가 없느니라."는 약속입니다.

이 말씀은 삼십 오년 전에 저에게 부어주셨던 것처럼 따뜻한 위로와 능력을 여러분의 마음에 넘치게 할 것입니다. 나는 나의 썩을 것을 대비하여 기도한 적이 없었고 나의 친구들이 너무 일찍이 성직에 나아가기를 원했을 때도 반대하였습니다.

    그런데 벤슨 교주께서 기쁘게도 저에게 특별한 우의를 보여 주셨고, 또 명예롭게도 저를 발탁하시겠다는 제의를 하셨습니다. 그는 제가 발탁을 수락하지 않는다면 무엇인가를 도우시겠다고 하셨습니다. 내 친구들은 서둘러 교회 강단에 내가 서기를 원했습니다. 그들은 내가 너무 어린 나이에 강단에 서서 좌충우돌하면서 성장하는 사역자가 되기를 바랐습니다. 그러나 젊은 사람들이 이곳 저곳 강단에 서서 설교를 하는 것이 자신들에게 무슨 유익함이 있는지 몰랐습니다. 그러나 하나님은 목회와 설교의 직분을 맡는다는 것이 나에게 얼마나 중대한 관심사였던가를 아십니다. 나는 수천 번 기도했습니다. 땀이 얼굴에서 비가 오듯이 쏟아져 내렸습니다. 하나님이 그의 무한하신 은혜로 나를 부르시고 또 나를 교회에 세워서, 그의 일을 하게 하시기까지 기도하였습니다.

    나는 어느 때 글로세스터에서 기도했던 일이 생각납니다. 제가 기도했던 그 방이 떠오릅니다. 내가 거기 있을 때 거리를 거닐면서 그 방의 창문을 올려다보았습니다. 나는 그 창과 침대와 내가 엎드려 있었던 마루 바닥을 잘 알고 있는데, 나는 이렇게 말했습니다. "주님, 저는 갈 수 없습니다. 저는 부풀어 터지고 말 것입니다. 결국 마귀의 정죄에 떨어지고 말 것입니다. 주님, 아직 저를 가게 하지 마십시오."

    저는 옥스퍼드에 이 삼년 더 있으면서 공부할 수 있게 해달라고 기도했습니다. 저는 백 오십 편의 설교를 준비할 예정이었고, 좋은 평가를 받게 되리라고 생각하였습니다. 그러나 나는 하나님께 기도하고 또 쟁론하며 또한 다툰 일들을 기억하고 있습니다. 나는 주께 고백했습니다. "저는 부족합니다. 저는 하나님의 위대하신 이름으로 설교할 자질이 없습니다. 저를 보내지 마십시오! 제발, 주여, 저를 보내지 마십시오."

나는 나의 모든 친구들에게 편지를 써서, 주교의 제의를 막도록 기도하라고 하였으나, 그들은 내가 스물 두 살이 되기 전에 성직을 맡아야 한다고 고집해 왔습니다.

모든 친구들의 제의가 있은 다음 이런 말씀이 떠올랐습니다. "내 양은 내 음성을 들으며 저희를 내 손에서 빼앗을 자 없느니라."

내 사랑하는 친구들이여, 그 말씀이 여러 분에게도 복된 은혜로 임하시기를 바랍니다. 그 말씀이 저의 마음을 뜨겁게 임하신 그 때처럼 여러 분에게도 임하시기를 바랍니다. 저는 여러 분과 작별을 하고 있습니다. 그 때 나는 기도했었습니다. "주님, 제가 가겠나이다. 주께서 원하실 때, 저를 보내소서!"

저는 조지아 부근 도버 아일랜드라는 곳에 있었던 때가 생각납니다. 몹시 사나운 바람이 불고 있었습니다. 저는 백 오십 명의 식구를 고아들을 먹여 살리고 있었습니다. 저에게는 왕의 자애로운 영토 안에서 살면서도 동전 한 잎도 없었습니다. 제가 생각이 납니다. 지금은 천국에 가신 어느 목사에게 저의 심정을 말했습니다.

"지금 이 말씀이 생각납니다, 목사님, 저희를 내 손에서 빼앗을 자가 없느니라."

그러자, 그가 나에게 말했습니다. "그 말씀으로 위로를 받읍시다. 하나님이 목사에게 그런 말씀을 다시 하시지 않으시더라도, 그 말씀처럼 선하고 또 인자하신 목사님이 알 것입니다."

그리고 주께서는 자기의 불쌍한 양 떼가 언제나 의심하고서, 결코 천국에 이르지 못하리라는 사실을 아셨기 때문에 "내가 저희에게 영생을 주노니 영원히 멸망치 아니할 터이요."고 약속하셨습니다.

오늘 본문 말씀에는 세 가지 복된 선언과 약속이 있습니다.

첫째, 나는 저희를 알며, 둘째, (저희가) 영원히 멸망치 아니할 터이요. 비록 그들은 탐욕과 부패로 멸망당할 것이요. 그러나 그들의 마음의 속임수로 멸망하나, 그리스도께서 저희가 "영원히 멸망치 아니할 터이요."고 명하십니다. 제가 몸소 성도 여러 분을 세상에서 구하였는데, 제가 성도들을 지옥에 떨어지게 버려 두리라고 생각하십니까? "내가 저희에게 영생을 주노니" 지금 기도하라고 명하십니다. 제가 앞으로 영생을 주겠다는 뜻이 아니라, 지금 주께서 우리들에게 영생을 준다는 뜻입니다. 어떤 자들은 심판 날에 의롭다함을 받는다고 말합니다. 그것은 망발입니다. 이 세상에서 의롭다는 인정을 받지 못한 자는 저 세상에서도 의롭다는 인정을 받지 못할 것입니다. 그는 우리에게 영생을 주십니다. 다시 말해서, 주는 영생, 곧 의롭다는 인정을 하시고 그것을 확인하십니다. 이 세상에서 사는 우리에게 하나님의 성령께서 저 세상에서 누릴 영광을 확증합니다.

셋째, 저희를 내 손에서 빼앗을 자가 없느니라. 그가 저희를 손에 확보하고 계십니다. 다시 말해서, 그가 자기의 권능으로 저희를 보호하고 계십니다. 그의 권능을 깨고 성도를 빼앗을 자는 없습니다. 언제나 그리스도의 양떼를 훔치려는 자들이 있습니다. 마귀, 육신의 정욕, 안목의 정욕, 이생의 자랑, 이 모든 것이 그리스도의 손에서 양을 훔치려고 하는 마귀입니다. 내 형제들이여! 저들이 우리를 빼앗아 갈 수 없습니다. 오히려 우리 자신이 마귀를 도와 우리 자신을 그리스도의 손에서 떠나갑니다. 그러나 예수께서는 선언하십니다. "저희를 내 손에서 빼앗을 자가 없느니라."

"내가 저희에게 영생을 주노라. 내가 저희를 위하여 처소를 예비하러 가노니, 나 있는 곳에 저희도 있게 하리라."

내 형제들이여, 내가 너무 쇠진하지 않았다면, 성도에게 기뻐하고 뛰놀라고 합니다. 주께서 성도의 최후까지 지키고 보존하신다는 이 복된 말씀이 없습니다. 나는 불쌍한 심령을 보면 언제나 놀랍습니다. 선한 사람들도 성도들이 유종의 은혜를 받는다는 가르침을 반대하고 나설 수 있음을 저도 압니다. 성도가 마지막으로 죄의 심판을 받는다면 어떠하겠습니까? 정말, 이 그릇된 가르침입니다. 좋은 음식을 버리는 사람이 있다고 해서, 우리가 그 음식을 먹어서는 안 되는 것입니까? 그러나, 내 형제들이여, 저는 이 본문을 통해서 모든 염려를 묻어버릴 수 있습니다. 나의 벗이며 그리스도의 양들을 그리스도 예수의 한없는 사랑의 말씀에 맡길 수 있습니다.

저는 오늘 아침 이곳에 오기 위해 이 고을 끝에서 마차를 타고 오면서 생각했습니다. 저는 마치 공개 처형장으로 나가는 죄인과 같다고 생각이 들었습니다. 마차가 골목을 막 돌았을 때, 나는 여러분이 달려오는 것을 보았습니다. 아, 그리고 나는 처형당하기 위해 형장으로 끌려가는 죄인과 같다고 생각하였습니다. 연단에 올라 가운을 입으면서, 나는 그리스도를 위하여 공개 처형을 당함으로써 저의 피를 많은 사람들에게 보여주기 위하여 수의를 입는 것처럼 생각이 들었습니다. 저는 하늘과 땅을 들어 증인을 세우고 하나님과 천사들이 증언하였습니다.

"비록 벤슨 주교가 나를 발탁했다는 제의를 하셨고, 그 주교가 저를 안겨 주셨습니다. 제가 스물 두 살이 되기도 전에 두 개의 교구를 맡겼고 또 언제나 식사에 초대를 하셨습니다. 비록 제가 안수를 받았을 때, 남다른 선택을 받은 것은 사실이나, 주교께서 저에게 안수하실 때, 저는 하나님의 어린 양을 위하여 사람 앞에서 고난을 당하겠다는 것 이외의 다른 선택을 하지 않았다는 사실을 성도들은 아십니다."

이런 정신으로 저는 사역해 왔으며 또한 이런 정신으로 저는 이 도시에 왔던 것입니다. 저는 야곱이 지팡이를 짚고 얍복 강나루를 건너는 대목을 읽으면서 생각했습니다. 저는 많은 지팡이를 가졌다고 말할 수는 없었습니다. 그러나 친구 한 사람 없이, 런던에 올라와 옥스퍼드 대학교에 입학하였습니다. 저에게는 하인도 없었고 또 저를 소개할 사람도 없었습니다. 그러나 하나님이 그의 성령의 옷을 입혀 주시고 위대한 당신의 이름으로 설교하도록 저를 세우셨습니다. 저는 성령을 힘입어서, 오늘까지 계속하여 전도하고 있습니다. 그리고 살아 계신 하나님의 일과 백성을 향한 저의 애정은 항상 강렬하기만 합니다. 하나님은 이 교회를 세우고 다른 곳에도 교회를 세울 수 있는 영예로운 은혜를 허락하셨습니다.

그리고 그가 처음으로 저를 조지아에 부르셨을 때, 저는 하나님의 복되신 이름에 런던의 사역에 대한 모든 염려를 맡기고 떠날 수 있었습니다. 그 때는 런던의 대부분의 교회가 저를 환영했습니다. 그리고 제가 집회하는 장소에는 수 십 명의 순경들이 사람들이 너무 몰려오지 않도록 성문을 닫아 둘 정도였습니다. 저는 그때 런던에 정착하라는 무수한 제의를 받고 있었습니다. 그러나 나는 모든 것을 포기하고 하나님을 위하여 외국 땅에 순례의 길을 택했습니다.

저는 주와 같이 한 가지 뜻을 굽히지 않고 지금도 행하고 있습니다. 이제, 저는 가장 감당하기 어려운 일을 할 때가 된 것 같습니다. 저는 집을 나올 때 발작을 견딜 수 있을까 염려하였습니다. 그러나 저는 그리스도께서 내가 견딜 수 있도록 도와주시기를 원합니다. 그리고 성도여! 저를 복되신 하나님께 넘기도록 도와주시기를 원합니다. 그가 원하시는 대로 저에게 행하시기를 바랍니다. 제가 대서양을 건너는 것은 이번으로 열 세 번째입니다. 이번에는 제 생애 중 처음으로 조금 힘겨웠습니다. 저의 심령이 어느 정도 진작된 것은 사실이나 연약함이 저의 가장 강한 점입니다.

저를 부르신 하나님의 빛 안에서 그리고 하나님이 저에게 채워 주신 헤아릴 수 없는 주의 평강 안에서 제 심령을 주의 손에 맡깁니다. 그리고 저는 여러 성도들을 위해서 이렇게 기도합니다. "주님, 그들을 지키시고, 또 아무도 그들을 주의 손에서 빼앗아가지 않게 하소서!"

저는 마차를 타고 돌아갈 때, 많은 시련을 당할 것 같습니다. 사단은 항상 거기서 저를 만납니다. 그러나 저를 지켜 오신 하나님이 지켜주실 것을 믿습니다. 저는 하나님께 감사를 드립니다. 저는 영예롭게도 모든 것을 잘 정리하였습니다. 그러므로 내 사랑하는 자들이여, 내가 하나님께 올리는 기도는 아무도 여러 분을 그리스도의 손에서 빼앗지 못하게 하여 주시라는 것입니다. 제가 내 자신을 위하여 파당을 지었다면 저를 정죄하기를 바랍니다.

이 세상에서 어느 목사가 제가 사랑하는 어느 목사를 비방한 적이 있다고 말할 수 있겠습니까? 저는 하나님께 감사합니다. 그가 저에게 능력을 주셔서, 언제나 모든 사람의 선을 강하게 할 수 있었음을 감사합니다.

저는 여러 분에게 밝힙니다. 하나님이 저와 함께 하실 것이요, 또 저를 강하게 하실 것이라는 사실을 믿습니다. 저는 하나님께서 여러 성도의 기도에 응답하여, 저의 심령을 되살아나게 하시리라고 믿습니다. 주께서 여러 분을 도와서 기도하기를 빕니다. 제가 만일 바다에 빠져서 가라앉는 동안, 저는 기도할 것입니다.

"주님, 저의 런던을 돌보아 주십시오! 저의 영국의 벗들을 돌보시고 아무도 저희를 당신의 손에서 빼앗아가지 못하게 하십시오!"

그리고 그리스도께서 영생을 우리에게 주셨으니, 사랑하는 형제들이여, 여러 분 중에는 제가 돌아오기 전에 그에게 갈 사람이 있으리라는 것을 의심치 않습니다. 그러나, 내 사랑하는 형제들이여, 그런 것을 염려하지는 마십시오. 우리는 헤어집니다. 그러나 영원히 다시 만나기 위하여 헤어지는 것입니다. 저는 지금 여러 분을 만나고 싶지 않습니다. 저는 여러 분과 작별하려고 저를 만나러 오는 것을 감당할 수 없습니다. 그러면 저의 마음이 찢어질 따름입니다. 그 슬픔이 저를 삼키고 말 것입니다. 그러나 이별이란 시간이 가면 다 잊어지는 법입니다. 모두 눈에서 눈물을 거두기 바랍니다. 하나님이 저와의 이별을 슬퍼하여 우는 여러 분 중에 심판 날에 다시 만날 때 아무도 울지 않게 하시기를 빕니다. 그리고 성도 가운데 전에 그리스도의 양떼에 들지 못하였던 사람이 있다면, 그리스도 예수께서 그를 지금 맞아들이기를 원합니다.

아! 오라! 와서 영생을 얻는 것이 무엇인가를 보라! 영생을 거부하지 말라! 죄인들아, 서둘러 나오라! 서둘러 주의 길을 따르라! 저 위대하고 선하신 목자가 심령을 이끄시기를 바랍니다! 여러 분이 그의 음성을 전에 들은 적이 없었다면, 하나님이 지금 그의 음성을 듣도록 허락하시기를 바랍니다! 제가 마지막 떠나는 고별 설교를 통해 깨어난 심령이 있다는 사실로 위안을 받게 되기를! 제가 마지막으로 떠나면서 드리는 고별 설교가 되기를! 그리고 이 설교가 육신의 정욕과 안목의 정욕과 인생의 자랑과 결별하는 방편이 되기를! 오, 오라! 오라! 오라! 주 예수 그리스도께로 오라! 저는 여러 분의 곁을 떠나 그에게로 갑니다. 그러므로 사랑하는 양들은 이미 주의 품안에 있는 귀하신 분입니다. 하나님! 이들이 방황하지 않도록 지켜 주시고, 또 그리스도의 발아래 평안히 지켜 주시기를! 저는 어떤 목자들이 여러 분을 지키든지 염려하지 않습니다. 여러 분은 이미 위대하신 목자요, 또한 심령의 주인이신 그리스도 예수께 가까이 있어 보호를 받고 있기 때문입니다.

"주 하나님은 너희를 지키시고 그 얼굴로 너희에게 비춰사 은혜 베푸시기를 원하며 그 얼굴을 너희에게로 향하여 드사, 평강 주시기를 원하노라. 아멘."((J. C. Ryle., Select Sermons of George Whitefield, "The Good Shepherd"(John 10:27-8), Edinburgh: The Banner of Truth Trust, 1997, 183-199).

결 론

1. 휫필드의 영적인 유산

휫필드 생애를 디모데 후서 4장 1-10절을 통해서 그가 후대에 남긴 영적인 유산을 더듬어 보고자 합니다.

첫째로, "하나님 앞과 산 자와 죽은 자를 심판하실 그리스도 예수 앞에서 그의 나타나실 것과 그의 나라를 두고 엄히 명하노니 너는 말씀을 전파하라 때를 얻든지 못 얻든지 항상 힘쓰라"(1-2 상).

그는 진정한 전도자로서 일생 전부를 전도하는데 바쳤습니다. 그는 죽는 순간까지 하나님 앞과 산 자와 죽은 자를 심판하실 그리스도 예수 앞에서 그의 나타나실 것과 그의 나라를 두고 자신이 하나님의 전도자와 설교자로서 하나님의 나라를 위해서 한 밀 알이 된 희생 제물이었습니다

둘째로, "범사에 오래 참음과 가르침으로 경책하며 경계하며 권하라 때가 이르리니 사람이 바른 교훈을 받지 아니하며 귀가 가려워서 자기의 사욕을 좇을 스승을 많이 두고 또 그 귀를 진리에서 돌

이켜 허탄한 이야기를 좇으리라."(2-4)

그는 설교자로서 복음의 진리를 증거하는 진리를 거역하고 또 거부하는 타락한 세대에서 비관하고 쉬운 설교자로서 흔들림이 없었습니다. 그는 수많은 비판과 비방과 훼방과 핍박 가운데서 범사에 오래 참음으로써, 끝까지 십자가의 도를 증거했던 진정한 스승이며 참 설교자였습니다. 그는 성경의 교훈과 본을 떠나서 한 순간도 자신을 허락지 않았으며 또한 한 생명이라도 주의 도 가운데 살도록 권면하는 삶은 변함 없는 설교자로서 본분이었습니다.

셋째로, "그러나 너는 모든 일에 근신하여 고난을 받으며 전도인의 일을 하며 네 직무를 다하라. 관제와 같이 벌써 내가 부음이 되고 나의 떠날 기약이 가까왔도다."(5-6)

그는 진정한 하나님의 전도인으로서 직무를 다하기 위해서 모든 일에 근신하고 또 고난을 받으며 또한 충성하여 관제와 같이 벌써 부음이 될 정도로 사역했습니다. 휫필드가 나이가 마흔 네 살인 중년이고 그가 하나님의 부름을 받기 바로 오년 전이었습니다. 이에 반하여 존 웨슬리는 육십 삼 세로 회갑이 넘었을 때, 그의 일기 기록을 살펴보겠습니다.

"1765년 1월 28일 월요일, 휫필드 목사와 같이 식사했다. 오십 세도 안된 것 같은데, 그는 주님에게 봉사하느라 지쳤는지 아주 피곤해 보였습니다. 그런데 나는 육십 삼 세가 되었어도, 몸에 이상이 없고 또 기운도 왕성하고 아직도 이가 좀 빠지고 머리가 희다는 것 외에는 스물 다섯 살 청년이나 마찬가지로 보이니 얼마나 기쁜 일인가."(존 웨슬리 일기, 김 영운 역, 서울: 크리스챤 다이제스트, 1999, 273).

존 웨슬리 목사는 횟필드가 사망하기 전인 일년 반 전부터 형제 우애를 나누면서 그의 건강과 사역에 대하여 염려했습니다.

"1769년 1월 9일 월요일, 횟필드 목사와 만나 즐겁고도 유익한 시간을 가졌다. 옛날 일을 상기하며 당시에는 알아채지 못했지만 하나님께서 어떻게 우리에게 일을 마련해 놓으셨던가를 생각하며 얘기를 나누었다."(291).

"1769년 2월 27일 월요일, (런던) 나의 오랜 친구이며 동역자인 조지 횟필드와 진지한 대화를 나누었다. 그의 영혼은 아직도 불타는 듯 했으나 몸은 이미 쇠약해 있었다. 하나님이 붙들어 주지 않는 한 일에서 손을 뗄 수밖에 없을 것 같았다."(291).

조지 횟필드는 자신의 생명을 제물로 삼는 전도자이며 또 목사이며 또한 선교사이며 부흥사로서 주를 위해서 오직 하나님의 성령의 능력을 좇아 복음과 함께 고난을 받았습니다.

"하나님이 우리를 구원하사 거룩하신 부르심으로 부르심은 우리의 행위대로 하심이 아니요 오직 자기 뜻과 영원한 때 전부터 그리스도 예수 안에서 우리에게 주신 은혜대로 하심이라. 이제는 우리 구주 그리스도 예수의 나타나심으로 말미암아 나타났으니 저는 사심을 폐하시고 복음으로써 생명과 썩지 아니할 것을 드러내신지라. 내가 이 복음을 위하여 반포자와 사도와 교사로 세우심을 입었노라" (딤후 1:9-11).

횟필드는 전도자인 반포자로서, 목사인 사도로서, 스승인 교사로서 사명과 사역을 이 세상에서 하나님이 주신 최고의 아름다운 사역이며 보배로운 하나님의 직분이라고 확신하고 죽도록 충성했습니다. 그는 전도자로서 성령의 능력과 믿음의 능력을 힘입어 전도했으며, 목사로서 사랑의 실천을 하는 목회자였으며 스승으로서 근신함으로 겸손과 절제와 기도로 깨어 있어 주의 증거와 주의 백성을 고난받는 자리에 자원했습니다.

넷째로, "내가 선한 싸움을 싸우고 나의 달려갈 길을 마치고 믿음을 지켰으니"(7).

그는 믿음의 선한 싸움을 싸웠습니다. 그는 영국 국교회에서 안수를 받은 목사였지만 그는 구원의 복음과 전도의 복음인 진리를 선포하는데 고독한 믿음의 선한 싸움을 싸웠습니다. 또 불신자들의 완악함과 핍박과 사단의 훼방과 동역자들이나 성도들로부터 오는 시련 가운데서 변치 않은 믿음의 도를 사수해 왔습니다. 그는 특히, 동역자이었던 존 웨슬리와 구원론에 있어서 자유 의지나 자유로운 은혜에 대한 이해와 해석의 차이로 인해서 휫필드의 예정론과 웨슬리의 성도 완전 성화론에 대한 상치된 이해로 인해서 갈등도 있었습니다.

그는 칼빈주의 청교도 신학에 주력했지만 웨슬리는 칼빈주의 청교도 신학을 수용하면서도 아르미니안 신학과 모라비안 경건주의 신학을 종합한 독특한 메소디스트 실천 신학을 정립해 나갔습니다. 그러나 휫필드는 여전히 청교도 신학과 장로교적인 신학 위에 종합한 독특한 전도와 선교를 위한 독특한 실천 신학이 형성되었습니다.

이런 신학적인 저변은 같으나, 서로 구별되는 점으로 인한 휫필드의 메소디스트는 교리와 정치적인 이해 관계에서 철저하게 자신을 부인하는 바울 사도처럼 십자가의 신학을 증거하였습니다. 그래서 휫필드는 교단을 남기지 않고 오직 예수 그리스도만 증거 되기를 바랬습니다. 이는 진정한 전도자로서 하나님의 영광을 위해서 살려고 했던 하나님의 종으로서 선한 양심을 끝까지 지켜 나갔습니다.

또한 그는 달려 갈 길을 마쳤습니다. 그는 18 세기에 아무도 알아주지 않는 아메리카 대륙에서 청교도 후예들이 영적으로 피폐해지고 또 쇠약해진 심령들에게 새 힘을 주고자 했습니다. 그래서 그는 영국에서 사역하는 것이 더 안정적이고 또 영광을 받는 사역인 줄을 잘 알고 있었습니다. 존 웨슬리가 먼저 미국 조지아에 선교를 하러 갔지만 재판정에 나가는 시련의 연단을 받고서 1737년 12월 22일 목요일에 미국을 떠나서 1738년 1월 29일 주일에 영국의 디알에 도착했습니다.

그 후로 1791년 3월 9일에 하나님의 부르심을 입기까지 무려 오십년이나 미국 선교의 발을 끊고서 여든 여덟 살로 하나님의 부르심을 입었습니다. 휫필드는 1769년 9월에서 1770년 9월까지 7 차 미국 방문을 계기로, 십 오년 성상을 아메리카 선교에 매진했습니다. 그의 마지막 설교도 미국에서 1770년 9월 29일 엑서터에서 설교하고, 그 다음 날인 9월 30일 매세츄세츠에 뉴베리포트에서 안식을 받았습니다.

그리고 그는 믿음을 지켰습니다. 그 믿음의 순례자인 청교도들이 천로역정으로서 위에 계신 하나님의 부르심을 끝까지 사역과 함께 감당했습니다. 존 웨슬리는 영국 국교회에서 휫필드처럼 질시를 받아가면서, 그도 1739년 3월 15일 브리스톨에 있는 휫필드의 편지를 받고서, 1739년 4월 2일 월요일 오후 네 시에 이사야 61장 1-2절과 누가복음 4장 18-9절 본문으로 설교하였습니다.

존 웨슬리가 휫필드처럼 야외 전도의 설교가 성공적으로 이루어지자, 1739년 5월 9일 수요일에 브리스톨 시에 있는 호스 페어

(Horse Fair)에다 야고보 교회 가까이에 있는 대지에다가 최초의 감리교 회관을 건립하고자 시공에 들어갔습니다. 존 웨슬리는 휫필드가 사망하기 십 사 개월 전인 1769년 7월 30일 주일 일기에 보겠습니다.

"뉴욕에 있는 형제를 통해서 최근 미국에 첫 감리교 교회를 세우면서, 자금과 설교자가 부족해서 애로 사항이 있다는 소식을 들었습니다. 그러자 그는 리차드 보오드맨(Richard Boardman)과 조셉 필모어(Joseph Phillmor) 형제가 기꺼이 자원 봉사를 사랑의 뜻으로 오십 파운드를 모금해서 지원했습니다(294).

존 웨슬리는 미국의 감리교 선교를 지원하는 방법으로 선교의 후원자가 되었습니다. 이에 반하여 휫필드는 자신의 삶 자체가 전도자와 선교사로서 미국과 영국 두 국가 사이에 헌신적인 사역자로서 확신하는 믿음의 길을 달려갔습니다. 웨슬리도 루터와 칼빈의 개혁주의 청교도 신앙을 유산으로 받았습니다. 그는 휫필드와 달리 영국을 중심으로 하여 웨슬리안 메소디스트 전도 활동 본부를 세웠습니다. 이와 달리 칼빈주의 청교도 신앙을 유산으로 받은 휫필드는 웨슬리처럼 메소디스트로서 영국 안에서 모든 기득권을 저버리고서, 청교도 신앙의 불모지인 아메리카에다가 새 하나님 나라의 건설을 위해서 순례자의 삶을 살았습니다.

"주께서 내 곁에 서서 나를 강건케 하심은 나로 말미암아 전도의 말씀이 온전히 전파되어 이방인으로 듣게 하려 하심이니 내가 사자의 입에서 건지웠느니라."(딤후 4:17).

다섯째로, "이제 후로는 나를 위하여 의의 면류관이 예비되었으니 주 곧 의로우신 재판장이 그 날에 내게 주실 것이니 내게만 아니라 주의 나타나심을 사모하는 모든 자에게니라."(7-8).

횟필드는 하나님의 뜻인 전도인의 직무를 통해서 하나님 나라와 의를 먼저 구하는 삶이었습니다. "또 아는 것은 우리는 하나님께 속하고 온 세상은 악한 자 안에 처한 것이며 또 아는 것은 하나님의 아들이 이르러 우리에게 지각을 주사 우리로 참된 자 곧 그의 아들 예수 그리스도 안에 있는 것이니 그는 참 하나님이시오 영생이시라. 자녀들아 너희 자신을 지켜 우상에게서 멀리하라."(요일 5:19-21).

그는 복음 전도를 통해서 하나님께 속한 자와 악한 자인 마귀에 속한 자가 있다는 사실을 칼빈주의 청교도 신앙과 신학을 통해서 확신 속에서 복음을 전했습니다. 또한 그는 이 정통 신학은 참된 자인 하나님의 아들인 예수 그리스도의 복음을 통해서 영생의 복음을 전했습니다. 그러면서도 자신이 예수 그리스도가 영광을 받도록 전도자 자신이 우상이 되는 것을 멀리하여 칼빈주의 혹은 횟필드 메소디스트의 지도자로서 직책을 내놓았으며 또한 영국 보다 더 어려운 형편에 있는 아메리카 대륙에서 청교도의 순례자 신앙과 신학을 증거했습니다. 그는 세상은 내 교구라는 그 확신대로 땅 끝까지 복음을 전하면서 자신의 이름을 사라지도록 하라고 그의 추종자들에게 부탁했었습니다. 우리는 위대한 설교자나 신학자나 전도자나 선교사나 부흥사, 저술가나 지도자라면 우리는 언제든지 자기 자신이 우상이 되는 명예가 되지 않도록 횟필드의 생애를 통해서 재다짐을 합시다.

여섯째, 그는 전도자로서 사도 베드로와 같고, 그는 선교사로서 사도 바울과 같고, 그는 목사로서 사도 요한 같은 신실한 참 목자상이었습니다.

"만일 그리스도인으로 고난을 받은즉 부끄러워 하지 말고 도리어 그 이름으로 하나님께 영광을 돌리라. 하나님 집에서 심판을 시작할 때가 되었나니, 만일 우리에게 먼저 하면 하나님의 복음을 순종치 아니하는 자들의 그 마지막이 어떠하며 또 의인이 겨우 구원을 얻으면 경건치 아니한 자와 죄인이 어디 서리요? 그러므로 하나님의 뜻대로 고난을 받는 자들은 또한 선을 행하는 가운데 그 영혼을 미쁘신 조물주께 부탁할찌어다."(벧전 4:16-19).

일곱째, 다 회개하기를 기다리시는 우리 아버지 하나님의 심령에 사로잡힌 하나님의 사자였습니다.

"사랑하는 자들아 주께는 하루가 천년 같고 천년이 하루 같은 이 한 가지를 잊지 말라. 주의 약속은 어떤 이의 더디다고 생각하는 것같이 더딘 것이 아니라 오직 너희를 대하여 오래 참으사 아무도 멸망치 않고 다 회개하기에 이르기를 원하시느니라."(벧후 3:8-9).

여덟째, 하나님의 의를 사모하는 자로서 그는 강직하고 직선적이고 진솔하고 열정적인 베드로 같은 전도자였습니다. 그는 너무 진솔하게 말함으로써 다른 이들에게 비난과 불평도 받았습니다. 그러나 그를 알면 알수록 오랫동안 친숙할수록 얼마나 진실한 사람이며 하나님의 신실한 종인 것을 재확인케 됩니다. 그는 자신의 허물과 부족을 언제든지 시인하고 사과하고 용서를 구하고 또 용서를 하는 평강의 사람이 되고자 노력했습니다.

"우리는 그의 약속대로 의의 거하는 바 새 하늘과 새 땅을 바라 보도다. 그러므로 사랑하는 자들아 너희가 이것을 바라보나니 주 앞에서 점도 없고 흠도 없이 평강 가운데서 나타나기를 힘쓰라. 또 우리 주의 오래 참으심이 구원이 될 줄로 여기라…"(벧후 3: 13-15).

휫필드 사역은 칼빈주의 청교도 설교인 원고 없는 설교를 제시했으며 또 전도 설교와 야외 설교 및 부흥 설교에 대한 대안을 주었습니다. 그의 설교 사역이 영국 전도 복음화에만 국한되지 않고 아메리카 대륙에까지 선교 복음화의 불씨를 지폈습니다. 이로 인해서 제1차 대각성 운동과 부흥의 불길이 붙었는데 영국에서는 존 웨슬리와 미국에서는 조나단 에드워즈와 함께 동역했습니다. 이로 인해서 영국 교회에 전도와 사회와 영적인 개혁이 일어났습니다. 신대륙을 일곱 번이나 선교 여행을 통해서 미국 청교도 부흥 운동의 기수였던 조나단 에드워즈(Jonathan Edwards 1703-1758)를 동역했습니다.

존 웨슬리가 1737년에 미국 조지아 선교를 하다가 영국으로 돌아온 지 십 개월만에 1738년 10월 9일 런던에서 옥스퍼드로 가는 도중에 조나단 에드워즈가 자신이 부흥을 체험된 기록했던 「노스앰프톤 대 부흥 운동사」를 읽고서 미국의 부흥 운동이 영국에서도 일어나기를 간절히 열망하였습니다(송흥국, 웨슬리 신학, 41).

노스앰프톤(Northampton)는 조나단 에드워즈가 믿음으로 말미암아 의롭다 하심을 입는 설교를 1734년 12월에 시작하자 부흥의 불길이 붙었습니다. 당시 그는 칼빈주의자들이 경계했던 아르미안주의에 빠지면, 로마교도로 다시 전향할 것을 염려했습니다. 이로 인해서 조나단 에드워즈는 18세기에 아르미안 원리의 지지자인 존 웨슬리 조차도 위장한 제슈이트(Jesuit)라고 비난했습니다. 그의 설교에서 회개하지 않은 사람은 아무리 선한 행위를 할지라도 구원을 받는데 아무런 유익이 없다고 증거했습니다(윌리엄 W. 스위이트,

미국 교회사, 김기달 역, 영남 신학교 출판부, 1978, 161).

횟필드는 1738년 10월에 보스톤을 떠나서 노스앰프턴에서 행한 네 번의 설교는 조나단 에드워즈와 그 지역 교회와 성도들에게 감명을 주었습니다. 그래서 새로운 부흥이 다시 불이 붙어서 그 후 이년간 지속했습니다. 1740년 12월에서 1741년 3월까지 부흥의 역사가 최고조에 달했습니다. 이 당시에 성공적인 부흥 설교자들이 많이 배출했습니다. 그들 가운데 엘리저 휠록(Eleazer Wheelock), 조셉 벨라미(Joseph Bellamy)가 순회 부흥 전도자로 등장했었습니다.

미국에서 일어난 뉴잉글랜드 부흥 운동으로부터 뉴잉글랜드 지역 목사들이 두 부류로 나누어졌습니다. 부흥 운동과 방편을 지지하는 조나단 에드워즈의 그룹이 있었고, 또 반대 그룹은 보스톤에 있는 제일 교회의 자유주의 목사였던 찰스 쵸오니(Charles Chauncy)이 대표였습니다. 그는 1743년에 「뉴잉글랜드 종교 상태에 관한 시기에 맞는 사상들」이라는 부흥의 반대 문서였습니다. 이로 인해서 부흥을 찬성하는 인사들은 "새 빛(New Lights)"로 알려지고, 반대하는 이들은 "낡은 빛(Old Lights)"로 구별되었습니다 (166).

후에 뉴잉글랜드에 콘네티넷트(Connecticut)에서 열린 목사 총 연합회에서 순회 전도 목사들을 정죄하였고, 후에는 순회 전도자 활동을 금지시켰습니다. 부흥을 지지하는 자들이 더 이상 신앙 활동을 할 수 없게 되자, 새로운 교회를 세우게 되자, "분리주의자"로 비방했습니다. 1744년 가을에 이런 상황에서 횟필드가 제 2 차 뉴잉글랜드 전도 시에 많은 반대를 받았지만 불굴의 신앙으로 그를 돕는 동역자들과 부흥 전도 사역을 이루었습니다. 그는 제 3 차 뉴잉글랜드 전도를 1754년, 1764, 1770년 마지막 순간까지 뉴베리포트(Newburyport)에서 사망하자, 올드 사우스(Old South) 장로 교회 강단 아래에 매장했습니다.

"그러므로 우리가 저 안식에 들어가기를 힘쓸찌니, 이는 누구든지 저 순종치 아니하는 본에 빠지지 않게 하려 함이라."(히 4:11).

부 록

[참고도서]

I. 조지 휫필드 영문서

Whitefield, George., The Works of George Whitefield, 6 Vols., London and Edinburgh, 1771. Vol. I. II. III., Letters, IV., Miscellaneous Writings, V. VI., Sermons. Vol. I. Republished with additional letters, The Banner of Truth, 1976.

Whitefield, George., Eighteen Sermons Preached by the late Rev. George Whitefield, M.A., London, 1771.

Whitefield, George., George Whitefield's Journals, Edinburgh: The Banner of Truth Trust, 1978.

Whitefield, George., George Whitefield's Letters: For the period 1734-1742, (reprint.) Edinburgh: The Banner of Truth Trust, 1976.

Whitefield, George., Newly Discovered Letters of George Whitefield's Letters: For the period 1745-1746, John W. Christie, (ed.), Journal of the Presbyterian Historical Society, XXXII, Nos. 2, 3 & 4, 1954.

Whitefield, George., Sermons on Important Subjects by the Rev. George Whitefield, A.M., with Memoir by Samuel Drew and Dissertation by the Rev Josiah Smith, London, 1825 (Includes 75 Sermons).

Whitefield, George., Whitefield's Sermon Outline, Sheldon B. Quincer., (edit.)., Grand Rapids: Wm. B. Eerdmans Publishing Company, 198?)

Whitefield, George., Eighteen Sermons, "Recorded and Transposed by Joseph Gumey", London, 1770.

II. 조지 휫필드에 관한 저작

Andrew, J. R., George Whitefield, London: Sovereign Grace Union(seventh Edit.), 1930.

Austine, Roland, A Bibliography of the Works of George Whitefield, Proceedings of Wesley Historical Society, Vol. X. part 7 & 8.

Labours of the Rev. George Whitefield With two Discourses of 1739. Johnston, Edinburgh and London, n. d.

Backhouse, Robert.(ed.), The Journals of George Whitefield, London: Hodder & Stoughton, 1993.

Belcher, Joseph., George Whitefield, A Biography of with special reference to his labours in America. New York: America Tract Society, 1857.

Bleden, Albert D., George Whitefield: The Awakener. A Modern Study of the Evangelical Revival, London: Sampson Low, Mattson, 1930.

Bennett, R., The Early Life of Howell Harris, Edinburgh: The Banner of Trust, 1962.

Clarke, Samuel., Annotations on the Bible: With a Recommendatory Preface by George Whitefield, London: 1759.

Billingsley, Amos Stevens, The Life of the Great Preacher Rev. George Whitefield, 'Prince of Pulpit Orators' with the Secret of His Sucess And Specimens of His Sermons. Philadelphia: P. Z. Ziegler, 1878.

Dallimore, Arnold. A., George Whitefield, vol. I., (1979) II., (1980), Westchester, Illinois: Cornerstone Books.

Gillies, John., Memoirs of the Life of the Reverend George Whitefield, M. A., London: Edward and Charles Dilly, 1772.

Gledstone, James Paterson, George Whitefield, M. A., Field-Preacher, London: Hodder and Stoughton, 1900.

Ninde, Edward S., George Whitefield (Prophet-Preacher), New York: The Abingdon Press, 1924.

Philip, Robert. The Life and Times of the Reverend George Whitefield, M.A., London: Paternoster Row, 1838.

Pollock, John, George Whitefield and The Great Awakening, London: Hodder & Stoughton, 1972,

Ryle, J. C., Select Sermons of George Whitefield, Edinburgh: The Banner of Truth Trust, 1997.

Smith, Josia., The Character, Preaching & c. Of The Rev. Mr. George Whitefield, Impartially Presented and Supported, in a Sermon. Preached in Charleston, South Carolina March 26, 1740. (reprint.), Sermons on important Subjects by the Rev. George Whitefield, London, 1825.

Spurgeon, Charles Haddon., Religious zeal Illustration and enforced by the Life of the Rev. George Whitefield, London: The Gospel Atlas, 1855.

Stout, Harry S., The Divine Dramatist: George Whitefield and the Rise of Modern Evangelicalism, Grand Rapids: William B. Eerdmans Publishing Company.

Tyerman, Luke., The Life of the Rev. George Whitefield, B.A., of Pembroke College, Oxford, vol. I, II, London: Hodder

& Stoughton, 1890.

Wakeley, J. B., Anecdotes of the Rev. George Whitefield, with a Biographical Sketch, London: Hodder and Stoughton, 1900.

Wicks, George Hosking., Whitefield's Legacy to Bristol and the Cotswolds, Bristol: Taylor Bros., 1914.

Ⅲ. 조지 휫필드에 관련 도서

Baber, Frank., John Cennick, A Handlist of His Writing, Publication No. 5 of the Wesley Historical Society, 1958.

Beynon, Tom., (ed.), Howell Harris's Visits to Pembrokeshire. Aberystwyth, Cambrian Newa Press, 1960.

Bennett, Richard., The Early Life of Howell Harris, First published in Welsh under title The Dawn of Welsh Calvinistic Methodism, 1909. Published in English, Edinburgh: The Banner of Trust, 1962.

Bull, Josiah, John Newton, An Autography and Narrative, London: The Religious Tract Society, 1868.

Butler, Dugald., John Wesley and Geroge Whitefield in Scotland, or the influence of the Oxford Methodists on Scottish Religion, Edinburgh and London: Wm. Blcakwood, 1898.

Couilard, Vernon Williams., The Theology of the John Cennick, Nazareth, Pa., U. S. A., The Moravian Historical Society, 1957.

Hughes, H. J., Life of Howell Harris, London: Nisbet, 1892.

Lloyd Jones, D. M., The Puritans: Their Origin and Successors, Edinburgh: The Banner of Trust of Truth, 1987.

V. 휫필드와 관련된 영문 서적

Wesley, John., The Works of John Wesley, Grand Rapids: Baker Books, 1996

v. 1. Journals from October 14, 1735 to November 29, 1745.

v. 2 . Journals from December 2, 1745 to May 5, 1760.

v. 3. Journals from May 6, 1760 to September 12, 1773.

v. 4. Journals from Sept ember 13, 1773 to October 24, 1790.

v. 5. First series of sermon s (1-39), a life of John Wesley.

v. 6. First series of sermons (40-53), second series begun (54-86).

v. 7. Second series of sermons (87-108), third series of sermons (109-126), fourth series of sermons (127-133), fifth series of sermons (134-141).

v. 8. Addresses, essays, and letters. v. 9. Letters and essays. v. 10. Letters, essays, dialogs, and addresses.

v. 11. Thoughts, address es, prayers, and letters. v. 12-13. Letters. v. 14. Grammars, musical works, letters, and indexes.

Wesley, John., The Holy Spirit and power, Plainfield, NJ. : Logos International, 1977.

Wesley, John., Sermons on Several Occasions, London: Wesleyan Conference Office, 1874.

Wesley, John., Sermons on Several Occasions, London: Wesleyan Methodist Book-Room, 18.

Wesley, John., John Wesley's theology: A collection from his works/ edited by Robert W. Burtner & Robert E. Chiles., Nashville: Abingdon Press, c1982.

Wesley, John., John Wesley's commentary on the Bible/ edited by G.

Roger Schoe nhals., Grand Rapids, Mich. : Francis Asbury Press, c1990.

Wesley, John., Devotions and prayers of John Wesley/by John Wesley; ed. by Donald E. Demaray, Grand Rapids: Baker Book House, 1957.

Wesley, John., A Plan Account of Christian Perfection, London: Epworth Press 19.

Wesley, Edgar Bruce, 1891. Teaching the social studies/by Edgar Bruce Wesley., Boston: D. C. Heath and Co., 「c1942」.

Edwards Jonathan, Select Works of Jonathan Edwards, V. I., A Narrative of Surprising Conversions., The Distinguishing Marks of A Work of the Spirit of God., An Account of the Revival of Religion in Northampton 1740-1742 Sermons, London: The Banner of Truth Trust, 1958.

IV. 조지 휫필드 한글서

J. C. 라일, 죠지 휫필드, 정 역식 역, 서울: 새순 출판사, (1986) 1994.

셸든 B. 퀸서 편집, 죠지 휫필드 요약 설교 선한 목자이신 그리스도, 지상우 역, (1989)1992.

송삼용, 위대한 설교자 조지 휘트필드, 서울: 생명의 말씀사, 1998.

박세환, 조지 휫필드의 신학 사상과 설교, 서울: 도서 출판 영문, 2002.

V. 조지 휫필드 관련 웨슬리 한글 서적

김진두, 웨슬리의 실천신학, 서울: 도서 출판 진흥, 2000.

로버트 버트너, 로버트 차일즈 공 편, 웨슬리 신학 개요, 김기운 역, 서울: 전망사, 1988.

마르틴 슈미트, 존 웨슬리: 신학적 전기 회심으로서 내적 발전(상), 김영선, 김덕순 공역, 서울: 도서 출판 은성, 1997.

마르틴 슈미트(M. Schmit), 존 웨슬리(중): 신학적 전기 및 복음주의 운동의 과정과 반대, 김덕순, 김영선 공 역, 서울: 도서 출판 은성, 1998.

마르틴 슈미트, 존 웨슬리: 위대한 사역자(하), 김영선, 김덕순 공역, 서울: 도서 출판 은성, 1999.

밀드레드 와인쿱, 칼빈주의와 웨슬리 신학, 한영태 역, 서울: 생명의 말씀사, (1987) 2000.

송흥국, 요한 웨슬리, 서울: 대한 기독교 서회, (1961) 1991.

송흥국, 웨슬리 신학 (구원론을 중심으로), 서울: 대한 기독교 서회, (1975) 1997.

아더 T. 피어선, Evangelistic Work in Principle and Practice, 전도 사역의 원리와 실제, 편집부 역, 서울: 보이스 사, 1985.

조종남, 요한 웨슬리의 신학, 서울: 대한 기독교 출판사, (1984) 1993.

웨슬리 복음주의협의회 편, 웨슬리 복음주의 총서 1집, 서울: 도서 출판 광림, 1992.

존 웨슬리, 존 웨슬리의 일기, 김영운 역, 서울: 크리스챤 다이제스트사, 1999.

존 웨스리, 존 웨슬리 표준 설교집 I., 잠자는 자여 일어나라, 마 경일 역, 서울: 기독교 대한 감리회 홍보 출판국, 1999.

존 웨스리, 존 웨슬리 표준 설교집 II., 새로운 탄생, 이 계준 역, 서울: 기독교 대한 감리회 홍보 출판국, 1999.

VI. 설교학에 관련 한글 서적

간하배 (편집), 성경 무오와 해석학, 정광욱 역, 서울: 도서 출판 엠마오, 1992.

곽안련, 설교학, 서울: 대한 기독교 서회, 1990.

김덕신, 설교와 강단, 대구: 대구 동부 교회 출판부, 1993.
김진두, 웨슬리의 실천신학, 서울: 도서 출판 진흥, 2000.
김재술, 설교학, 서울: 세종 문화사, 1993.
고재수, 구속사적 설교의 실제, 서울: 기독교 문서 선교회, 1991.
데니스 레인, 강해 설교, 최 낙재 역, 서울: 성서 유니온, 1991.
로이드 M. 페리, 현대인을 위한 성서적 설교, 박명홍 역, 서울: 은혜 출판사, 1994.
루이스 벌코프, 성경 해석학, 윤종호 외 공역, 서울: 개혁주의 신행 협회, 1965.
A. W. 블랙우드, 설교 준비법, 양승달 역, 부산: 성암사, 1984.
앤드류 블랙우드, 현대인을 위한 강해 설교, 양낙흥 역, 서울: 생명의 말씀사, 1994.
에드먼드 클라우니, 설교와 성경신학, 김정훈 역, 서울: 한국 기독교 교육 연구원, 1982.
염 필형, 설교 신학, 서울: 성광 문화사, 1994.
매카트니, 원고 없는 설교, 박세환 역, 서울: 개혁주의 신행 협회, 1998.
박세환, 링컨과 성경 그리고 정치, 서울: 개혁주의 신행 협회, 1998.
박세환, 존 번연의 신학 사상과 설교, 서울: 도서 출판 영문, 2001.
박세환, 존 칼빈의 신학 사상과 설교, 서울: 도서 출판 영문, 2001.
박세환, 찰스 하던 스펄젼의 신학 사상과 설교, 서울: 도서 출판 영문, 2001.
박세환, 클라렌스 에드워드 매카트니의 신학 사상과 설교, 서울: 도서 출판 영문, 2001.
박세환, 디 엘 무디의 신학 사상과 설교, 서울: 도서 출판 영문, 2001.
박세환, 알 에이 토레이의 신학 사상과 설교, 서울: 도서 출판 영문, 2002.
정성구 편, 설교학 개론, 서울: 세종 문화사, 1993.
정성구, 개혁주의 설교학, 서울: 총신대 출판부, 1993.

존 맥아더 외 공저, 강해 설교의 재발견, 김 동완 역, 서울: 생명의 말씀사, 1997.
제랄드 케네디, 설교의 이론과 실제, 백 리언 역, 서울: 대한 기독교 서회, 1971.
허순길, 개혁주의 설교학, 서울: 기독교 문서 선교회, 1996.
토마스 롱, 성서의 문학 유형과 설교, 박 영미 역, 서울: 대한 기독교 서회, 1995.
한 제호 편집, 한국 설교 아카데미, 설교와 신학, I-V., 서울: 도서 출판 바울, 1990.
한제호, 성경의 해석과 설교, 서울: 도서 출판 진리의 깃발, 1995.
헨리 C. 브라운 외 공저, 설교의 구성론, 정 장복 역, 서울: 도서 출판 양서각, 1987.

VII. 기타

윌리엄 W. 스위이트, 미국 교회사, 김 기달 역, 영남 신학교 출판부, 1978.
후스토 L. 곤잘레스, 이 형기, 차 종순 공역, 기독교 사상사 (III) 현대 편, 서울: 대한 예수교 장로회 총회 출판국, 1988.
이장식, 기독교 사상사 제 2 권, 서울: 대한 기독교 서회, (1966) 1992.
박용규, 근대 교회사, 서울: 총신대 출판부, 2001.

| 판 권 |
| 소 유 |

조지 휫필드 신학사상과 설교

2002년 9월 10일 1판 1쇄 인쇄
2002년 9월 15일 1판 1쇄 발행

지은이 ● 박 세 환
발행인 ● 김 수 관
발행처 ● 도서출판 영 문

등록 / 제 03-01016호(1997. 7. 24)
주소 / 서울시 은평구 역촌동 10-82
전화 / (02) 357-8585
FAX / (02) 382-4411

ISBN 89-8487-093-5 03230

값 12,000원

* 본서의 임의인용·복제를 금합니다.
* 파본·낙장은 교환해 드립니다.